Prest. Lett. no. 4521, d,
1859.
H.

CATALOGUE
DES LIVRES
DE LA BIBLIOTHÈQUE
DE
M. LE BARON D'H**

Dont la Vente se fera le lundi 22 Juillet 1782, & jours suivans, en une des Salles de l'hôtel de Bullion, rue Plâtriere.

A PARIS,
Chez GUILLAUME DE BURE, fils aîné, Libraire, quai des Augustins.

M. DCC. LXXXII.

AVERTISSEMENT.

La Bibliotheque dont on donne aujourd'hui le Catalogue, offre, dans toutes les claſſes, beaucoup d'articles précieux & recommandables. La partie de l'Hiſtoire Naturelle dans les Sciences & Arts, la claſſe des Belles-Lettres ſur-tout, & celle de l'Hiſtoire, préſentent de belles ſuites qu'il eſt difficile de ſe procurer, & qui dépendent de différentes circonſtances qu'il faut attendre. Formée par une perſonne qui n'y avoit épargné ni ſoins ni dépenſe, cette Bibliotheque a été acquiſe par M. L. M. de Paul... connu par ſon amour éclairé pour les livres, dont il ſait faire l'uſage le plus utile. Quelques articles en ont été diſtraits pour compléter ſon immenſe collection qui, après celle du Roi, eſt ſans contredit la plus précieuſe de l'Europe, & la mieux compoſée pour fournir aux Savans

AVERTISSEMENT.

les secours dont ils ont continuellement besoin. Aux manuscrits près, c'est la Bibliothèque bien choisie du premier possesseur qu'on présente aujourd'hui au public.

TABLE
DES DIVISIONS.

THÉOLOGIE.

Versions grecques & latines de la Bible, page 1
Versions françoises de la Bible, 4
Versions italiennes, angloises, &c. 5
Histoires & Figures de la Bible, 6
Interpretes & Commentateurs de l'Ecriture Sainte, 8
Philologie sacrée, 9
Traités critiques des Rites judaïques, &c. ibid.
Dictionnaires de l'Ecriture Sainte, 10
Liturgies, ibid.
Conciles & Peres de l'Eglise, 21
Théologie scholastique. 23
Traités des Créatures, & premierement des Anges, 24
Traités de la Grace & du libre Arbitre, de la Prémotion physique, &c. ibid.
Traité de l'Incarnation de Jésus-Christ, de sa Passion, &c. 26
Traités des Cérémonies Ecclésiastiques, &c. ibid.
Traités des quatre dernieres Fins de l'Homme, &c. 27

THÉOLOGIE MORALE. Traités moraux des Loix, &c. 28
Traités moraux des Sacremens, & de ce qui y a rapport. 29
Catéchistes & Sermonaires, 30
Théologie mystique. Traité de l'Amour de Dieu, &c. 31
Théologie polémique, 37
Théologie Hétérodoxe. 38

a ij

JURISPRUDENCE.

Droit canonique,	43
Droit Ecclésiastique de France,	44
Droit Ecclésiastique des Réguliers, &c.	45
Droit civil. Droit de la Nature & des Gens,	48
Droit Romain,	49
Droit François, & ses différentes parties,	50
Droit Etranger,	54

SCIENCES ET ARTS.

Philosophie. Philosophes anciens & modernes.	54
Logique,	56
Morale,	ibid.
Traités de Philosophie morale, des Vertus, &c.	57
Economie,	59
Politique,	60
Commerce; Monnoies & Finances.	65
Métaphysique,	66
Traités des Esprits & de leurs Opérations; & premierement de la Cabale, &c.	67
Physique,	70
Histoire naturelle,	72
Histoire naturelle des Elémens,	74
Histoire naturelle. Agriculture.	76
Histoire naturelle des Métaux, Minéraux, &c.	84
Botanique,	70
Histoire naturelle des Animaux,	80
Histoire naturelle des Oiseaux,	81
Histoire naturelle des Poissons,	83
Histoire naturelle des Insectes,	84
Histoire naturelle des différens Pays, &c.	85
Médecine,	86
Chirurgie & Anatomie,	90

DES DIVISIONS.

Pharmacie & Alchimie,	91
Mathématiques, &c.	95
Astronomie,	ibid.
Astrologie,	96
Hydrographie, ou la Science de la Navigation,	99
Perspective, &c.	ibid.
Musique,	ibid.
ARTS. Dictionnaires & Traités généraux des Arts libéraux & méchaniques,	100
Arts de l'Ecriture & de l'Imprimerie,	101
Arts du Dessin, de la Peinture, de la Gravure, &c.	ibid.
Architecture Civile,	104
Architecture Militaire,	ibid.
Architecture Navale,	106
Art Militaire,	ibid.
Traités des Armes, Machines & Instrumens de Guerre & de l'Artillerie,	112
Art Pyrotechnique ou du Feu,	ibid.
Art Gymnastique, &c.	113

BELLES-LETTRES.

INTRODUCTION à l'étude des Belles-Lettres, &c.	115
Grammaires & Dictionnaires des Langues Orientales,	116
Grammaires & Dictionnaires de la Langue Grecque,	117
Grammaires & Dictionnaires des Langues Latine & Françoise,	118
Grammaires & Dictionnaires des Langues Italienne, Allemande, &c.	120
Rhéteurs & Orateurs,	ibid.
Poétique,	123
Poëtes Grecs,	125
Poëtes Latins anciens,	128
Poëtes Latins modernes, &c.	134
Poëtes François,	135
Poëtes Dramatiques François,	137

TABLE

Poëtes Italiens,	144
Poëtes Allemands, Espagnols, &c.	147
Mythologie & Fables,	148
Facéties,	151
Contes & Nouvelles,	153
Romans Grecs,	154
Romans d'Amour, &c.	155
Romans de Chevalerie,	175
Critique,	184
Satyres, Invectives, Défenses, Apologies, &c.	185
Dissertations Philologiques, &c. avec les Traités critiques & apologétiques de l'un & de l'autre sexe,	187
Sentences, Apohthegmes, Adages, Proverbes, &c.	193
Emblêmes, Devises, Symboles, &c.	194
Polygraphes,	195
Dialogues & Entretiens,	199
Epistolaires,	200

HISTOIRE.

GÉOGRAPHIE,	203
VOYAGES. Collections de Voyages,	208
Voyages autour du Monde,	211
Voyages particuliers en diverses parties de la Terre,	ibid.
Voyages particuliers faits en Europe,	213
Voyages particuliers faits en Asie,	215
Voyages particuliers faits en Afrique,	217
Voyages particuliers faits en Amérique.	218
Voyages imaginaires,	219
Chronologie,	220
Histoire Universelle,	221
Histoire Universelle de certains Temps & de certains Lieux,	222
Histoire Ecclésiastique,	225
Histoire des Conciles, générale & particuliere,	226
Histoire des Papes, des Conclaves & des Cardinaux,	227
Histoire Monastique, Ordres Religieux,	228
Ordres Militaires & de Chevalerie,	232

DES DIVISIONS.

HISTOIRE SAINTE. Vie des Saints,	234
Vies particulieres de Saints, &c.	235
Histoire des Reliques, Lieux Saints, &c.	236
Des Hérésies & des Hérétiques,	237
Histoire des Juifs & Histoire ancienne,	240
Histoire Grecque,	241
Histoire Romaine,	244
Histoire d'Italie,	249
HISTOIRE DE FRANCE. Géographie & Préliminaires,	254
Histoire Ecclésiastique de France,	257
Histoire générale de France,	261
Histoire générale sous plusieurs Regnes particuliers,	265
HISTOIRE DES ROIS DE FRANCE. Premiere & seconde Races.	268
Troisieme Race jusqu'à Charles IX,	ibid.
Henri III & Henri IV,	273
Louis XIII,	281
Louis XIV,	287
Louis XV,	299
Histoire générale & particuliere des Villes & Provinces de France,	301
MÉLANGES DE L'HISTOIRE DE FRANCE. Traités concernant la succession au Royaume de France, &c.	319
Cérémonial, Gouvernement, Etats Généraux,	323
OFFICES ET MAGISTRATURE DE FRANCE. Militaires de France,	325
Histoire d'Allemagne,	328
Histoire de Flandre & de Hollande,	332
Histoire de la Suisse & de Geneve,	336
Histoire d'Espagne & de Portugal,	338
Histoire d'Angleterre, d'Ecosse & d'Irlande,	341
Histoire des Pays Septentrionaux de l'Europe,	346
Histoire de l'Asie,	350
Histoire d'Afrique,	356
Histoire de l'Amérique,	357
Histoire Héraldique & généalogique,	359
Généalogies de France,	362
Généalogies particulieres de France, &c.	366
GÉNÉALOGIES. Italie, Allemagne, Flandre, &c.	369

TABLE DES DIVISIONS.

ANTIQUITÉS. Rites, Usages & Coutumes des anciens
   & des modernes, 371
Inscriptions & Médailles, 374
DIVERS MONUMENS D'ANTIQUITÉ. Pierres gravées, 376
Mélanges d'Antiquités, 379
HISTOIRE LITTÉRAIRE. Histoire des Lettres & des
   Langues, &c. Histoire des Académies, &c. 379
BIBLIOGRAPHIE. Traités singuliers des Livres en
   général. &c. Bibliographes généraux, 380
Bibliographes périodiques, ou Journaux littéraires, 382
BIBLIOGRAPHES NATIONAUX. Bibliographes ou
   Catalogues des Bibliotheques, &c. 384
Vies des illustres personnages, anciens & modernes, 388
Vies des illustres Personnages modernes, 390
Vies des Hommes illustres dans les Sciences, &c. 379
DIVERSES COLLECTIONS. Dictionnaires historiques, 395

SUPPLÉMENT, 397

Fin de la Table des Divisions.

CATALOGUE

CATALOGUE
DES LIVRES
DE LA BIBLIOTHÉQUE
DE
M. LE B. D'H***.

THÉOLOGIE.

Versions grecques & latines de la Bible.

1 Oratio dominica, plus centum linguis, versionibus, aut caracteribus reddita & expressa. *Londini, Dan. Brown,* 1700, *in*-4, v. f. . . . . 1 . . . 0 . . . 0
2 Quincuplex Psalterium, gallicum, romanum, hebraïcum, vetus, conciliatum : additis commentariis à Jacobo Fabro Stapulensi, ecunda semissio. *Parisiis, Typis Henrici Stephani,* 1513, in-fol. v. b. . . . . 3 . . . 15 . . . 0
3 Psalterium Davidis græco-latinum, cum Ge- 2 . . . 0 . . . 0

A

THEOLOGIE

nebrardi argumentis. *Parisiis*, 1605, *in*-12, *l. r. v. b. avec fil d'or.*

4 Tentamen descriptionis Codicum veterum aliquot græcorum novi Fœderis manuscriptorum qui in bibliothecâ Cæsareâ Vindobonensi asservantur, &c. autore Herm. Treschow. *Hauniæ*, 1773, *in*-8. *encartonné.*

5 Novum Testamentum, gr. cum duplici interpreratione Desid. Erasmi, & veteris interpretis. *Ex Officinâ R. Stephani*, 1551, 2 *vol. in*-8. *mar. lav. réglé.*

6 Georg. Pasoris Manuale novi Testamenti, auctum vocibus quæ occurrunt in versionibus antiquis græcis veteris Testamenti, autore Christ. Schotano. *Amstelodami*, 1683, *in*-12.

7 Biblia Sacra latina. *MS. sur velin du* XIII°. *siècle, avec des ornemens & de petites miniatures.* 2 *vol. in*-fol. *velin, avec fil. d'or.*

8 Biblia Sacra latina. *MS. sur vélin du* XIII°. *siècle, in*-8, v. b.

9 Biblia Sacra latina, cum interpretationibus hebraïcorum nominum. *in*-fol. *velours v. avec fermoirs. MS. de la fin du* XIII°. *siècle, sur vélin avec capitales peintes en or & couleur.*

10 Biblia Sacra latina, cum interpretationibus hebraïcorum nominum. *in*-4. *mar. r. doré sur tr. avec dent. MS. du* XV°. *siècle, sur vélin, bien conservé.*

11 Biblia Sacra latina, cum interpretationibus hebraïcorum nominum. *in*-8, v. bl. avec fil. d'or. *MS. du* XV°. *siècle, sur vélin, bien conservé.*

12 Biblia Sacra latina, cum interpretationibus hebraïcorum nominum. *in*-8. v. br. doré sur tr. MS. du XIV°. siècle sur vélin.

THEOLOGIE

13 Biblia Sacra latina. *MS. sur vélin du* XVe. *siècle, in-4. bas.* . . . . 1 . . 16 . . . 0

14 Biblia Sacra latina. *Beau MS. sur vélin, du* XVe *siècle, in-4, reliure en bois.* . . . . 3 . . 1 . . . 0

15 Biblia Sacra latina. *MS. sur vélin, du* XVe. *siècle, in-8, demi-reliure.* . . . . 1 . . 16 . . . 0

16 Biblia cum concordantiis veteris & novi Testamenti. *Nurembergæ, Anthon. Koberger,* 1501, *in-fol. rel. en bois.* . . . . 1 . . 4 . . . 0

17 Biblia Sacra latina, breves in eâdem annotationes, ex doctiss. interpretationibus, & Hebræorum commentariis. *Parisiis, ex Officinâ Roberti Stephani,* 1532, *in-fol. lav. r. v. b.* . . 3 . . 2 . . . 0

18 Biblia Sacra ad optima exemplaria diligenter castigata. *Lugduni, apud Joannem Tornæsium,* 1554, *in 8. fig. v. m.* . . . . 1 . . 6 . . . 0

19 Biblia Sacra vulgatæ editionis, vulgò dicta (des Evêques). *Coloniæ Agrippinæ, Bern. Gualterus,* 1630, *in-12, v. f.* . . . . 1 . . 4 . . . 0

20 Biblia Sacra vulgatæ editionis. *Parisiis, e Typographiâ regiâ,* 1653, *in-4. v. ec. avec fil. d'or.* . . 6 . . 0 . . . 0

21 Psalterium Davidis. *MS. sur vélin du* XIVe. *siècle, avec des ornemens en or & en couleurs, in-8. v. f. d. s. tr. avec fil.* . . . . 8 . . 3 . . . 0

22 Psalterium Davidis. *in-24, v. b. MS. sur vélin très joli.* . . . . 1 . . 3 . . . 0

23 Psalterium Davidis ad exemplar Vaticanum, anni 1592. *Lugduni, apud Joh. & D. Elzevirios,* 1653, *in-12, m. v. d. s. tr. avec fil.* . . . . 1 . . 4 . . . 0

24 Psalmorum Davidis Paraphrasis poetica, autore Georg. Buchanano; ejusdem Buchanani Tragœdia quæ inscribitur Jephtes seu Votum, (cum ejusdem aliis carminibus). *Lutetiæ, ex Officinâ Rob. Stephani,* 1580, *in-12, v. d. s. tr. avec fil. d'or.* . . . . A ij . . . 1 . . 4 . . . 0

THEOLOGIE

25 Novum Testamentum vulgatæ editionis. *Parisiis, Sim. Colinæus*, 1533, 2 vol. *in*-12, *l. r. v. m.*

Versions françoises de la Bible.

26 La sainte Bible translatée en françois selon la pure version de Saint Hiérôme, par Jacq. Lefebvre d'Estaples. *Anvers, Martin l'Empereur, in*-fol. *gothique.* (Cette Bible, connuë dans la République des Lettres sous le nom de Bible de l'Empereur, est recherchée).

27 La Sainte Bible traduite en françois sur la Vulgate par le Maître de Sacy. *Paris*, 1701, 2 vol. *in*-4, *v. f.*

28 La sainte Bible, qui est toute la sainte Ecriture, en laquelle sont contenus le viel & le nouveau Testament, translatés en françois; le viel de l'Hébreu, & le nouveau du grec par Robert-Pierre Olivetan (aidé de Jean Calvin). *Neuf-Chastel, Pierre de Wingle, dit Pirot Picard*, 1535, *in*-fol. *gr. p. lav. r. v. m. d. s. tr. avec fil.*

29 La Bible qui est toute la Sainte Ecriture, contenant le viel & nouveau Testament, avec annotations, fig. & cartes. *Genève, François Perrin*, 1563, *in*-fol. *gr. pap. v. b. d. s. tr.*

30 La Sainte Bible en françois, sur la version de Genève, avec des notes disposées par Samuel & Henri Desmarests. *Amsterdam, Elzévier*, 1669, 2 tom. 1. vol. *in*-fol. *v. b.*

31 Les Pseaumes de David mis en vers françois, approuvés par les Pasteurs de l'Eglise de Genève, avec les cantiques qui se chantent dans l'Eglise de Genève. *Amsterdam*, 1708, *in*-8. *v. b.* (avec la musique).

THEOLOGIE

32 Le Nouveau Testament traduit en françois, selon l'édition vulgate, avec les différences du grec. *Mons, Gasp. Migeot,* 2 *vol. in*·12. *l. r. m. r. d. s. tr.* doublé *de mar.*

33 Nouveau Testament trad. en françois, selon la vulgate; avec les différences du grec. *Mons,* 1667, *in*-12, *m. n. d. s. tr. avec fil. d'or.* ... 1 ... 12 ... o

34 Le Nouveau Testament traduit en françois par le P. D. Amelote, Prêtre de l'Oratoire. *Paris, Fr. Muguet,* 1683, *in*-12. *m. r. d. s. tr. avec fil.*

35 Le nouveau Testament traduit en françois par le P. D. Amelote. *Paris,* 1686, *in*-12, *v. b.*

36 Le Nouveau Testament trad. sur l'ancienne édition latine, avec des remarques littérales & critiques sur les principales difficultés. *Trevoux, Etienne Ganeau,* 1702, 4 *tom.* 2 *vol. in*-8. *v. b.* ... 1 ... o ... o

Versions italiennes, angloises, &c.

37 Biblia italica, interprete Nicolao de Mallermi. *Venetiis, per Joan. Rossi,* 1494, *in*-fol. demi-rel. ... 2 ... o ... o

38 Biblia vulgare per Nicolao de Mallermi, venetiano, novamente impressa, corretta & historiata. *In Venetia, per Georgio de Rusconi,* 1517, *in*-fol. *fig. v. b. d. s. tr.* ... 1 ... o ... o

39 Il Genesi di M. Pietro Aretino, con la visione di Noe. 1539.—I sette Salmi della Penitentia di David, del divino Pietro Aretino. —I tre Libri della Humanita di Christo, di M. Pietro Aretino. *in*-8. *v. f.* ... 5 ... imparfait

40 The Holy Bible. *London, James Flesher,* 1657, *in*-12. *v. b.* ... 1 ... o ... o

THEOLOGIE.

180...0...0 41 Holy Bible. *Cambridge, John Baskerville, 1763, in-*fol. *C. M. cuir de Russie, d. s. tr. avec dent. d'or.* (*Superbe exemplaire*).

4...0...0 42 Histoire du vieux & du nouveau Testament, trad. en vers polonois par le feu Roi Stanislas, Duc de Lorraine & de Bar. *Nancy, Pierre Antoine*, 1761, *in-*fol. *v. m.*

Histoires & Figures de la Bible.

8...1...0 43 La Bible historiaux, ou les Histoires escolâtres de la Bible, translatées en françois par Guyats Desmoulins, Chanoine de Saint-Pierre d'Aire. *MS. sur vélin, avec de belles miniatures & ornemens peints en or & couleurs*, 2 *vol. in-*fol. (*Ce MS. du XIVe. siècle finit aux Actes des Apôtres*).

2...19...0 44 La Bible en françois historiée. *Paris, Anth. Verard, in-*fol. goth. *avec fig. en bois, v. b.*

1...4...0 45 Le Miroir de la Rédemption de l'humain lignage, translaté de latin en françois par le Frere Julien des Augustins de Lyon. 1482, *in-*fol. *fig. en bois, m. v. d. s. tr. avec dent.* (manque les premiers feuillets).

3...2...0 46 Opus quod inscribitur Vita Christi, à quodam religioso Fratre Ludolpho, Ordinis Carthusiensis, compilatum. *Nurembergæ, Antonius Koburger*, 1483, *in-*fol. *v. f.*

4...11...0 47 Le Grant Vita Christi, translaté de latin en françois par Guillaume le Menand. 2 t. 1 *vol. in-*fol. goth. *v. ec. avec fil. d'or* (un peu piqué des vers).

1...11...0 48 Manuel d'oraisons & prieres dévotes sur la Vie de Jesus-Christ, selon la description des Evangélistes, par frere Ludolphe Carthusian, trad.

THEOLOGIE.

du latin par Georges Farinart. *Anvers, Christ. Plantin*, 1588, *in-*12, *fig. en bois v. f.*

49 Vita D. N. Jesu-Christi, ex verbis Evangeliorum, in ipsismet concinnata, per R. P. Bartholomæum Riccium. *Romæ*, 1607, *in-*8. *fig. v. f. avec fil. d'or.*

50 Josephus, hoc est sancti Educatoris Christi, ac æternæ Virginis Mariæ Sponsi vitæ Historia, autore F. Carolo Stengelio, cum fig. Raph. Sadeler. *Monaci*, 1616, *in* 12. *m. bl. d. f. tr. avec fil.*

51 Biblia Sacra, artificiosis picturis effigiata, latinè & germanicè. *Francofurti*, 1554, *in-*8. *v. f.*

52 Quadrins historiques de la Bible, revus & augmentés d'un grand nombre de figures. *Lyon*, 1583, *in-*8. *vélin.*

53 Figures de la Sainte Bible, accompagnées de briefs discours, par Jean Leclerc. *Paris, Jean Leclerc*, 1614, *in-fol.*

54 Icones biblicæ, præcipuas S. Scripturæ historias eleganter & graphicè repræsentantes, ære incisæ, cum explicatione latinâ, gallicâ, germanicâ & belgicâ. *Amstelodami, Corn. Danckestsz*, 1648, *in-*4. *oblong, mar. r. d. f. tr.*

55 Les Peintures sacrées sur la Bible par le P. Antoine Girard. *Paris*, 1656, *in-fol. v. b. l. fig.*

56 Histoire Sacrée en tableaux, pour M. le Dauphin : avec leur explication suivant le texte de l'Écriture, & quelques remarques chronologiques, par M. de Brianville. *Paris, Charl. de Sercy*, 1693, 3 *vol. in-*12, *fig. de Leclerc, v. b.*

57 Histoire du vieux & du nouveau Testament, enrichie de plus de 400 fig. en taille douce.

THEOLOGIE.

Amsterdam, Pierre Mortier, 1700, 2 vol. in-fol. v. f.

6...1...0 58 Biblia Sacra, figuris æneis eleganter incisis, à Joanne Ulrico Krausen, cum explicationibus germanicis. *Augustæ Vindelicorum*, 1700, in-fol. v. b.

43...19...0 59 Discours historiques, critiques, théologiques, & moraux, sur les événemens les plus mémorables du vieux & du nouveau Testament, par Jacq. Saurin, avec fig. de MM. Hoet, Houbraken & Picart. *La Haye, Pierre de Hondt*, 1728-1736, 4 vol. in-fol. pap. med. v.

26...19...6 60 Histoire de la Bible représentée en cinq cents tableaux, avec l'explication par Demarne. *Paris*, 1728, 3 vol. in-4. v. b.

142...0...0 61 Physique sacrée, ou Histoire naturelle de la Bible, trad. du latin de J. Jacq. Sceuchzer, enrichie de figures en taille douce, gravées par les soins de Jean-André Pfeffel. *Amsterdam*, 1732—1737, 8 tom. 5 vol. in-fol. v. f. d. sur tr. avec dent. (belles épreuves).

Interprètes & Commentateurs de l'Ecriture Sainte.

48...0...0 62 Commentaire littéral sur tous les Livres de l'ancien & du nouveau Testament, par Dom Augustin Calmet. *Paris*, 1709, & ann. suiv. 23 vol. in-4. v. b.

15...0...0 63 La Sainte Bible trad. en françois, avec des explications & réflexions qui regardent la vie intérieure. *Cologne, Jean de la Pierre*, 1713 & 1714, 20 vol. in-12, v. m.

1...0...0 64 Paraphrase des Pseaumes de David, en vers françois par Antoine Godeau, & mis en chant

THEOLOGIE.

par Thomas Gobert. *Paris*, 1659, *in-12. avec filets d'or.*

65 La Pastorale sacrée, ou Paraphrase du Cantique des Cantiques, selon la lettre, avec plusieurs discours & observations, par Charl. Cotin. *Paris, P. le Petit*, 1662, *in-12. v. f. d. s. tr. avec fil.* . . . . 1 . . . 0 . . . 0

66 Solemne Opus expositionis Evangeliorum dominicalium totius anni, Magistri Alberti de Paduâ. *Venetiis, Adam de Rotuvil & Andr. de Coronâ*, 1476, in-fol. v. m. . . . . . . 5 . . . 10 . . . 0

Philologie sacrée.

67 Traités géographiques & historiques pour faciliter l'intelligence de l'Ecriture Sainte, par divers Auteurs célèbres. *La Haye*, 1730, 2 vol. in-12. encart. . . . . 5 . . . 4 . . . 0

68 Conjectures sur les Mémoires originaux dont il paroît que Moyse s'est servi pour composer le livre de la Genèse, avec des remarques par M. Astruc. *Bruxelles, Fricx*, 1753, *in-12, broch.* Ouvrage singulier. . . . . *Gâté* 1 . . . 10 . . . 0

69 Observationes philologicæ in loca selecta sacri Codicis : accedunt emendationes in Dionem, Chrysostomum & alios Scriptores græcos, autore Jo. Bern. Kœhler. *Lugd. Batavorum*, 1765, in-8. broch. . . . . 1 . . . 4 . . . 0

70 Hierozoïcon, sive bipartium Opus de animalibus sacræ Scripturæ, autore Sam. Bocharto. *Londini*, 1663, 2 vol. in-fol. v. b. . . . . . . 4 . . . 0 . . . 0

Traités critiques des Rites judaïques, & des autres choses mentionnées en la Sainte Ecriture.

71 La Vie d'Adam, trad. de l'italien de Loredano. . . 1 . . . 0 . . . 0

THEOLOGIE.

Paris, Edme Couterot, 1695, *in-*12, *v. b.*

72 Melchifedech, ou Difcours auquel on voit qui eft ce Grand Preftre-Roi, & comme il eft encores aujourd'hui vivant en corps & en ame, bien qu'il y aye plus de 3700 ans qu'il donna fa bénédiction à Abraham, par Jacques d'Auzolez la Peire. *Paris, Sébaft. Cramoify,* 1622, *in-*8. *v. b.*

73 La République des Hébreux, où l'on voit l'origine de ce peuple, fes loix, fa religion, fon gouvernement, fes cérémonies, fes coutumes, &c. : nouv. édition augmentée de deux vol. contenant des remarques critiques fur les antiquités judaïques, par M. Bafnage. *Amfterdam, frères Chatelain,* 1713, *in*-8. *fig.* 5 *vol.* dont 3 en vélin de Hollande, & les deux derniers brochés.

Dictionnaires de l'Ecriture Sainte.

74 Dictionnaire hiftorique, critique, chronologique, géographique & littéral de la Bible, par Dom Auguft. Calmet : nouv. édition augmentée. *Paris, Emery,* 1730, 4 vol. *in*-fol. *fig. v.*

LITURGIES.

75 Guil. Durandi Rationale Divinorum Officiorum. *Parifiis per Martinum Ulricum,* 1475, *in*-fol. *v.*

76 Guil. Durandi Rationale Divinorum Officiorum. *Venetiis, Georg. Walch,* 1482, *in*-fol. rel. en bois.

77 De l'ancienne coutume de prier & d'adorer debout le jour du Dimanche & de Fêtes, & durant le temps de Pâques, ou Abrégé hiftorique des cérémonies anciennes & modernes. *Liége.* 1700, (livre curieux).

THEOLOGIE.

78 De la dédicace ou confécration d'une Eglife, trad. du Pontifical Romain. *Paris, Impr. Royale, in-8. v. m. avec fil. d'or.*

79 Queftions fur la Meffe publique & folemnelle, ou Méthode pour entrer dans le fens hiftorique & littéral des cérémonies de la Meffe, par Theraize. *Paris, P. Emery, 1699, in-12, v.* } 2..4..0

80 Differtation fur l'honoraire des Meffes, où l'on traite de fon origine, des illufions & autres abus qui s'en font fuivis, tant parmi les Miniftres de l'Autel, que parmi le commun du peuple, &c. *1748, in-8. v. m.* . . . . 2..0..0

81 L'ordinaire de la Sainte Meffe, avec l'explication des principales cérémonies qui s'y obfervent, pour l'ufage des nouveaux convertis. *Paris, Ant. Dezallier, 1685, in-12, l. r. m. n.*

82 Traités des cloches & de la fainteté de l'offrande du pain & du vin aux Meffes des morts, par J. B. Thiers. *Paris, 1721, in-12. v.* } 1..11..0

83 Breviarium vetus fecundùm ufum Romanæ Eccleſiæ. *in-fol. rel. en bois. MS. fur vélin, avec miniatures, majufcules & ornemens peints en or & couleurs.* . . . . 28..5..0

84 Breviarium vetus. *gr. in-8. v. br. MS. fur vélin, imparfait dans plufieurs parties.* . . . . 1..10..0

85 Breviarium. *in-8. v. m. MS. du XVe. fiècle, avec quelques pet. miniatures & ornemens en or & couleurs.* . . . . 2..8..0

86 Breviarium latinum. *MS. fur vélin du XVe. fiècle, avec lettres grifes, & ornemens en or & couleurs, in-8, velours n.* } 1..7..0

87 Breviarium vetus. *in-8. v. b. Codex membranaceus XVI°. fæculo exaratus.*

88 Breviarium latinum. *MS. fur vélin, avec lettres* 3..15..0

THEOLOGIE.

grises & divers ornemens en or & couleurs, in-8. v. b.

89 Missale vetus. in-fol. vélin. MS. sur vélin, orné de capitales peintes en or & couleurs.

90 Officium Hebdomadæ Sanctæ secundùm Missale & Breviarium Romanum. *Venetiis*, 1729, in-16, v. d. s. tr.

91 Processionnaire latin avec le plein-chant, fait pour Marie Seguier, Religieuse des Cordelières Saint-Marcel-lès-Paris, in-8. m. b. MS. sur vélin du XVIIe. siècle, avec encadr. en fleurs, or & couleurs, formant frontispice.

92 Rituale Parisiense. MS. sur vélin d'une écriture moderne, in-8. m. n. d. s. tr.

93 Breviarium secundùm usum & consuetudinem Ecclesiæ Carcassonensis. MS. sur vélin du XVe. siècle, avec ornemens & beaucoup de lettres majuscules peintes en or & couleurs.

94 Officia propria Sanctorum trium ordinum S. P. N. Francisci, ab Innocentio Papâ XII. approbata. *Antverpiæ, e Typog. Platiniana*, 1715, in-12.

95 Heures à l'usage de Rome. *Paris, Germ. Hardouyn*, in-8. Imp. sur vélin, avec miniatures.

96 Heures à l'usage de Rome. *Paris, Thielman Kerver*, 1500, in-8. Imp. sur vélin avec fig. en bois, mar. n.

97 Heures à l'usage de Rome. *Paris, Thielman Kerver*, 1500, in-8. avec fig. en bois, vélin.

98 Heures latines gothiques. in-4. parvo, v. s. MS. sur vélin du XVe. siècle, orné de 14 fig. avec cadres en or.

99 Heures latines gothiques. in-4 parvo, m. r. d. s. t. avec fil. MS. sur vélin, avec 13 fig. & ornemens or & couleurs.

THEOLOGIE.

100 Heures latines gothiques. *in-4. parvo. m. bl. d. f. tr. & fil.* MS. *fur vélin avec* 10 *fig. & ornemens or & couleurs.* . . . . 4...6...o

101 Heures latines gothiques. *in-4. v. f.* MS. *fur vélin avec* 8 *fig. ornemens or & couleurs.* 2...3...o

102 Heures latines gothiques. *in-4. v. m.* MS. *fur vélin, avec* 14 *gr. fig. pluf. petites, & ornemens or & couleurs.* . . . . 4...4...o

103 Heures latines gothiques. *in-4. v. b.* MS. *fur vélin, remarquable par la beauté des miniatures & des ornemens.* . . . . 16...19...o

104 Heures latines gothiques. *in-4. v. b.* MS. *fur vélin, avec de très-jolies lettres grifes.*

105 Heures latines gothiques. *in-4. m. r.* MS. *fur vélin, avec* 5 *belles fig. & ornemens or & couleurs.* } 4...0...o

106 Heures latines gothiques. *in-4. v. br.* MS. *fur vélin, remarquable par les miniatures & les ornemens or & couleurs.* . . . . 3...11...o

107 Heures latines gothiques. *in-4. v. br.* MS. *fur vélin, avec de jolies miniatures, & ornemens recherchés.* . . . . 4...11...o

108 Heures latines gothiques. *in-8. m. r.* MS. *fur vélin, orné de cinq miniatures & encadremens or & couleurs.* . . . . 4...4...o

109 Heures latines gothiques. *in-4. m. r.* MS. *fur vélin, orné de miniatures, avec cadres or & couleurs.* . . . . 3...0...o

110 Heures latines gothiques. *in-4. v. maroq. r.* MS. *fur vélin, avec miniatures & ornemens or & couleurs.* . . . . 2...1...o

111 Heures latines gothiques. *in-4. m. r. d. f. tr.* MS. *fur vélin, orné de* 14 *grandes miniatures, &* 16 *petites. On trouve à la tête du vol.* 3...5...o

THÉOLOGIE

mais d'une écriture récente, que ces heures sont de 1420.

3...0...0 112 Heures latines gothiques. *in*-8. m. r. d. f. tr. MS. fur vélin, avec jolies miniatures & ornemens foignés, or & couleurs.

3...1...0 113 Heures latines gothiques. *in*-8. velours vert. MS. fur vélin, orné de 2 gr. miniatures & de plufieurs petites.

3...1...0 114 Heures latines gothiques. *in*-8. v. br. MS. fur vélin, orné de 4 miniatures affez belles.

6...15...0 115 Heures latines gothiques. *in*-8. velours. MS. fur vélin, décoré de 12 miniatures & ornemens or & couleurs.

1...0...0 { 116 Heures latines gothiques. *in*-24. panc bl. MS. fur vélin, avec 2 miniatures.
117 Heures latines gothiques. *in*-32. panc bl. MS. fur vélin.

4...6...0 118 Heures latines gothiques, *in*-4. baf. r. MS. fur vélin, avec 5 miniatures, & des ornemens or & couleurs.

8...6...0 119 Heures latines gothiques. *in*-4. v. br. MS. fur vélin du XIVe. fiècle, orné de 60 petites miniatures & de lettres capitales, peintes en or & couleurs.

1...15...0 120 Heures latines gothiques. *in*-8. vel. vert. MS. fur vélin, avec belles miniatures, & ornemens or & couleurs.

2...6...0 121 Heures latines gothiques. *in*-8. v. f. d. f. tr. & fil. MS. fur vélin, avec miniatures, & ornemens or & couleurs.

27...0...0 122 Heures latines gothiques. *in*-8. v. f. d. f. tr., avec dent. MS. fur vélin, très précieux par la beauté des miniatures & des ornemens qui le décorent.

THEOLOGIE.

123 Heures latines gothiques. *in-8. mar. r. d. f. tr. & fil.* MS. *fur vélin avec de très-jolies miniatures & ornemens or & couleurs*. . . . . 7 . . . 15 . . . 0

124 Heures latines gothiques. *in-8. v. br.* MS. *fur vélin avec miniatures.* . . . . 1 . . . 0 . . . 0

125 Heures latines gothiques. *in-8. v. br.* MS. *fur vélin, remarquable par les miniatures, les fig. en camayeu gris-blanc, & les ornemens or & couleurs.* . . . . 3 . . . 10 . . . 0

126 Heures latines gothiques. *in-12. vélin.* MS. *fur vélin avec miniatures, & ornemens or & couleurs.* . . 1 . . . 0 . . . 0

127 Heures latines gothiques. *in-12. baf. marb.* MS. *fur vélin orné de 44 fig. celles des 12 mois comprifes.* . . . . 3 . . . 4 . . . 0

128 Heures latines gothiques. *in-24. v. br.* MS. *fur vélin avec fig.* . . . . 1 . . . 0 . . . 0

129 Heures latines gothiques. *in-4. peau de truie.* MS. *fur vélin avec miniatures.* . . . . 1 . . . 5 . . . 0

130 Heures latines gothiques. *in-4. mar. r. d. f. tr. & fil.* MS. *fur vélin, très-bien confervé & orné de belles miniatures, & de cadres or & couleurs fort jolis.* . . . . 13 . . . 12 . . . 0

131 Heures latines gothiques. *in-4. vélin.* MS. *fur vélin avec belles miniatures & ornemens or & couleurs.* . . . . 3 . . . 1 . . . 0

132 Heures latines gothiques. *in-4. mar. c. d. f. tr.* MS. *fur vélin avec miniatures & ornemens or & couleurs.* . . . . 1 . . . 0 . . . 0

133 Heures latines gothiques. *in-8. v. ec.* MS. *fur vélin, avec de très-jolies figures & ornemens en camayeu.* . . . . 1 . . . 14 . . . 0

134 Heures latines gothiques. *in-8. v. br.* MS. *fur vélin, avec miniatures, & ornemens or & couleurs.* . . . . 1 . . . 18 . . . 0

135 Heures latines gothiques. *in-8. mar. r. d.* . 12 . . . 0 . . . 0

THÉOLOGIE.

f. tr. & fil. MS. sur vélin avec de très-jolies miniatures, & ornemens or & couleurs.

9...0...6 136 Heures latines gothiques. *in-8. m. n. MS. sur vélin, remarquable par les miniatures & les ornemens.*

1...14...0 137 Heures latines gothiques. *in-4. v. br. d. f. tr. MS. sur vélin avec miniatures & ornemens or & couleurs; il est imparfait à la fin.*

2...5...0 138 Heures latines gothiques. *in-4. v. br. avec dent. MS. sur vélin, remarquable par d'assez belles fig. & par des ornemens or & couleurs.*

3...6...0 139 Heures latines gothiques. *in-4. v. j. d. f. tr. MS. sur vélin avec belles miniatures & jolis ornemens or & couleurs.*

1...10...0 140 Heures latines gothiques. *in-4. v. f. MS. sur vélin avec miniatures, imparfait au commencement & à la fin.*

3...3...0 141 Heures latines gothiques. *in-4. v. br. MS. sur vélin avec miniatures, & singulier pour les ornemens or & couleurs; il paroît imparfait vers le commencement.*

1...0...0 142 Heures latines gothiques. *in-12. mar. r. avec fil. MS. sur vélin avec miniatures, & ornemens or & couleurs.*

4...19...0 143 Heures latines gothiques. *in-8. mar. d. f. tr. avec dent. MS. sur vélin, remarquable par les miniatures & les ornemens or & couleurs. On trouve à la fin du mf. les Litanies de J. Chr. & des Oraisons dévotes par le P. Coton, imprimées par Eustache Foucault.*

4...0...0 144 Heures latines gothiques. *in-12. rel. en étoffe de soie avec des fleurs argent & couleurs. MS. sur vélin avec de très-jolies miniatures & une grande quantité d'ornemens or & couleurs.*

145

THEOLOGIE.

145 Heures latines gothiques. *in-8. v. f.* MS. *sur vélin, avec miniatures & ornemens or & couleurs.* . . . . 1 . . 11 . . 0

146 Heures latines gothiques. *in-8. v. br.* MS. *sur vélin, avec miniatures & grande quantité d'ornemens or & couleurs : il est réparé d'une écriture moderne dans quelques endroits.* . . . . . . 4 . . 6 . . 0

147 Heures latines gothiques. *in-4. mar. v. avec chiffres sur la couverture.* MS. *sur vélin, remarquable par les miniatures & les divers ornemens or & couleurs.* . . . . 2 . . 12 . . 0

148 Heures latines gothiques. *in-4. v. br.* MS. *sur vélin, avec miniatures, & ornemens or & couleurs : il est imparfait dans quelques parties.* . . . 1 . . 0 . . 0

149 Heures latines gothiques. *in-4. v. br.* MS. *sur vélin avec miniatures & capitales peintes en or & couleurs.* . . . . 18 . . 19 . . 0

150 Heures latines gothiques. *in-4. v. br. avec jolies miniatures, & ornemens or & couleurs.* . . . 2 . . 15 . . 0

151 Heures latines gothiques. MS. *sur vélin, avec grandes & petites miniatures, & divers autres ornemens. in-8. m. r. d. s. tr. avec coins dorés.* . . . 5 . . 6 . . 0

152 Heures latines gothiques. MS. *sur vélin avec miniatures, bas. avec dent. d'or.* . . . . 2 . . 4 . . 0

153 Heures latines gothiques. MS. *sur vélin, avec jolies petites miniatures. in-8. m. r. d. s. tr. avec fil.* . . . . 1 . . 10 . . 0

154 Heures latines gothiques. MS. *sur vélin, avec miniatures. in-8. velours v.* . . . . 1 . . 0 . . 0

155 Heures latines du XVe. siècle. *in-8. mar. n.* MS. *sur vélin, orné de 11 gr. miniatures & de 13 petites.* . . . . 1 . . 2 . . 0

156 Heures latines anciennes. *in-12. v. d. s. tr. & fil.* MS. *sur vélin, remarquable par les miniatures & la singularité des ornemens.* . . . . . 2 . . 10 . . 0

B

THEOLOGIE

157 Heures latines. *in-*8. *d. f. tr. v. f. avec fil. MS. fur vélin.* Ces heures font anciennes, à en juger par les petites miniatures & les ornemens dont elles font décorées.

158 Heures latines anciennes. *in-*24. *v. br. avec fermoirs. MS. fur vélin avec miniatures.*

159 Heures latines anciennes. *in-*8. *m. r. d. f. tr. MS. fur vélin,* remarquable par les miniatures & ornemens or & couleurs.

160 Heures latines. *in-*8. *étoffe verte. MS. fur vélin,* orné de 14 gr. fig. & de beaucoup de petites.

161 Heures latines. *in-*8. *m. v. MS. fur vélin,* remarquable par les ornemens & les miniatures.

162 Heures latines. *MS. fur vélin avec miniatures. in-*8. *m. r. d. f. tr. avec fil.*

163 Heures latines. *MS. fur vélin avec petites miniatures.* Ces heures, à en juger par l'infcription qui fe trouve au bas de la premiere page du Calendrier, font celles de Henri II.

164 Heures latines. *MS. fur vélin,* avec de belles miniatures, & grand nombre d'ornemens en or & couleurs. *in-*8. *velours violet.*

165 Heures latines. *MS. fur vélin,* décoré de 21 miniatures, & de divers ornemens en or & couleurs, *in-*8. *m. r. d. f. tr. avec dent.*

166 Heures latines modernes. *in-*12. *m. n. d. f. tr. MS. fur vélin,* décoré d'un gr. nombre de capitales peintes en or & couleurs : l'écriture eft d'une main bien exercée.

167 Heures latines modernes. *in-*12. *m. n. d. f. tr. MS. fur vélin,* avec capitales peintes en or & couleurs.

168 Heures de Paris, au long fans rien requérir. *Paris, Jehan Poitevin, in-*8. *fur vélin,* avec miniatures, *velours n. d. f. tr.* (manque la fin).

THEOLOGIE

169 Heures à l'usage de Paris, au long sans rien requérir. *Paris, Guil. Eustace*, 1500, *in-8. sur vélin, avec fig. en bois. v. b.* . . . . 1 . . 0 . . 6

170 Heures nouvelles à l'usage du Diocèse de Rouen, selon les nouveaux Missel & Breviaire. *Rouen, Fr. Oursel*, 1735, *in-8. m. n. d. s. tr.*

171 Horæ Virginis Dei Genitricis Mariæ, secundùm usum Ecclesiæ Romanæ. *Parisiis, per Egidium Hardouyn*, 1515, *in 8. sur vélin avec miniatures, mar. r.* } 2 . . 8 . . 0

172 Horæ in laudem B. Virginis, Mariæ ad usum Romanum. *Lugduni, Guil. Rouillius*, 1553, *in-8. fig. en bois, v. f. d. s. tr. reliure à compart.* . . . 1 . . 4 . . 0

173 Heures de la Vierge &c. en latin. *in 8. m. r. d. s. tr. avec fil.* MS. *sur vélin, avec jolies petites miniatures, & lettres peintes en or & couleurs.* . . 4 . . 19 . . 0

174 Heures de la Vierge, &c. en latin. *in-12. vélin marbr.* MS. *sur vélin, avec quelques petites miniatures.* . . . . 1 . . 10 . . 0

175 Heures de Notre-Dame, translatées de latin en françoys, & mises en rhymes, additionnées de plusieurs chantz royaulx figurez & moralisez; composez par Pierre Gringoire. *Paris, Jehan Petit, in-4. v. m. avec fil. d'or.* Le dernier feuillet un peu déchiré). Heures très-singulières, tant parce qu'elles sont en vers du XVe. siècle, que parce que l'Auteur étoit connu sous le nom de *la Mère Sotte*, & est l'inventeur des farces appelées *Soties*, si renommées dans l'histoire du premier siècle de notre Théâtre. . . . . 1 . . 0 . . 0

176 Heures de la Sainte Vierge, par le sieur de Saint-Perés, à Madame la Princesse de Conty. *Paris, Franç. Coustellier*, 1671, *in-8. v. br.* } 2 . . 7 . . 0

177 Officium B. Mariæ Virginis, ad usum Eccle-

B ij

THEOLOGIE.

siæ Gratianopolitanæ. *in-*fol. *velours v. MS. du XV*e. *siècle sur vélin*, *avec le plain-chant.*

178 Officium Beatæ Mariæ Virginis, nuper reformatum, & Pii V. Pont. Max. jussu editum, &c. *Antuerpiæ, ex Officinâ Plantinianâ Balth. Moreti*, 1657, *in-*8. *fig. chag. n. d. s. tr.* (On trouve à la tête & à la fin du vol. des prieres manuscrites sur vélin, avec des lettres grises très-bien exécutées en or & couleurs.

179 Saintes Prières recueillies des Pseaumes de David, par le Docteur Pierre Martyr Vermile, Florentint trad. en françois. *La Rochelle*, 1581, *in-*12. *v. f. d. s. tr. avec fil. d'or.*

180 Heures nouvelles tirées de la Sainte Ecriture, écrites & gravées par L. Senault. *in-*8. *m. r. d. s. t. avec dent.*

181 Libellus Precum ex SS. Patrum soliloquiis collectarum, anno 1627. *in-*12. *m. r. d. s. tr. avec fil.* MS. *sur vélin, avec* 3 *gr. miniatures, capitales peintes en or & couleurs & ornemens.*

182 Livre de Prieres en latin. *m. n. d. s. tr. & fil.* MS. *sur vélin avec capitales peintes en or & couleurs.*

183 Heures contenant des Prieres particulieres, tant latines que françoises, *in-*8. *m. r. d. s. tr. & fil.* MS. *sur vélin en caract. ronds, avec miniatures & beaucoup de fig. d'ornemens autour des pages.*

184 Livre de Prieres, écrit pour Mll^e. Doucet en 1699. *in-*8. *fig. chag. noir.*

185 Heures particulieres à l'usage des femmes enceintes. *Paris*, 1658, *in-*8. *fig. m. n. d. s. tr. avec dent.*

186 Heures Flamandes. MS. *sur vélin, avec jolies*

THEOLOGIE.

petites miniatures, & autres ornemens en or & couleurs. in-8. velours v.

187 Le Manuel de la grande Phrairie (Confrairie) des Bourgeoys & Bourgeoyses de Paris. *Paris*, 1534, *in-8. vélin.*

Conciles & Peres de l'Eglise.

188 Le Bureau du Concile de Trente, auquel est montré, qu'en plusieurs points, icelui Concile est contraire aux anciens Conciles & Canons & à l'autorité du Roi, par J. Gentillet. 1586, *in-8. v. b.*

189 Athenagoræ Apologia pro Christianis, & de resurrectione mortuorum, lib. græcè. *Ex Officinâ Henr. Stephani*, 1557, *in-8. v. b.*

190 Lactance Firmian, des divines institutions contre les Gentils & Idolâtres, trad. de latin en françois par René Fame. *Lyon, Guil. Gaseau*, 1547. *in-12. v. b.*

191 Sancti Epiphanii de Hæresibus libri III. græcè. *Basileæ*, 1544, *in-fol. v. b.*

192 Sancti Epiphanii Physiologus, & Sermo in die festo Palmarum, græcè, cum interpr. & scholiis D. Consali Ponce de Leon. *Romæ*, 1587, *in-4. cum fig. vélin.*

193 Synesius de Regno. Dion. Calvitii laudatio de Providentiâ, &c. græcè. *Parisiis, Typis Regiis*, 1553, *in-fol. vélin.*

194 S. Hieronymi Epistolæ CXXXIX. editio vetustissima, absque loci & anni indicatione, nec nomine Impressoris, sed excusa, circa ann. 1470, *in-fol. C. M. v. m. avec fil. d'or.*

195 S. Aurelii Augustini, Episcopi Hipponensis

THEOLOGIE.

de Civitate Dei libri XXII. cum Commentariis Thomæ Valois & Nicolaï Triveth. *Moguntiæ, per Petrum Schoiffer de Gernsheim*, 1473, 2 tom. 1 vol. in-fol. *v. b. avec fil.* (manque un feuillet dans le 2e. vol. vers la fin).

196 Sancti Aurelii Augustini de Civitate Dei libri XXII. *Venetiis, per Bonetum Locatellum*, 1486, *in*-4. *mouton j.*

197 La Cité de Dieu de Saint Augustin, trad. en françois par M. Lombert, revue sur plusieurs anciens manuscrits, avec des remarques, des notes, & la vie de M. Lombert. *Amsterdam, P. Mortier*, 1736, 4 *vol. in*-12. *v. m.*

198 Sancti Augustini Meditationes. *MS. sur vélin du XVe. siècle, avec une belle miniature à la tête du vol. in*-8. *v. b.*

199 Les Confessions de S. Augustin, trad. en françois, avec des notes, par M. Dubois. *Paris*, 1712, *in*-12. *v. b.*

200 Les Confessions de S. Augustin, trad. en françois par M. Arnaud d'Andilly, avec le Traité de la Vie heureuse du même Saint. *Paris, Guil. Desprez*, 1740, *in*-12. *v.*

201 S. Augustin, de l'ouvrage des Moines, ensemble quelques Pièces de S. Thomas & de S. Bonaventure sur le même sujet, trad. par J. P. Camus, Evêque de Belley. *Rouen, Adr. Ouyn*, 1633, *in*-8. *vélin.*

202 La Conduite de S. Augustin contre les Pélagiens, suivie par les Evêques de France contre les Jansénistes, par Claude Morel. *Paris, P. Rocolet*, 1658, *in*-8. — Les Enluminures du fameux Almanach des PP. Jésuites; l'Etrille du Pégase Janséniste; la Sausse-Robert avec sa justi-

THEOLOGIE.

fication; Avertissemens salutaires de la Bien-Heureuse Vierge à ses Dévots indiscrets. *in-8. vélin.*

203 Cassianus de institutis cœnobiorum, origine, causis & remediis vitiorum, collationibus Patrum. *Basileæ*, 1485, *in-fol. v. b.* . . . . 1 . . . 18 . . . 0

204 L'Echelle de S. Jean Climachus, enrichie des plus belles fleurs du Pré spirituel. *Paris*, 1634, *in-12. vélin n.* . . . . 1 . . . 10 . . . 0

205 Beati Gregorii Papæ Homeliæ quadraginta de diversis Evangelii lectionibus. *Parisiis, Georgius Wolff, Badensis,* 1491, *in-4. v. m.* 1 0

206 Divi Gregorii Papæ Moralia, diligenter emendata. *Parisiis, Uldaricus Gering & Bercht. Rembolt,* 1495, *in-fol. demi-rel.* . . . . 1 . . . 1 . 1 . 0

207 Traduction de trois Ouvrages de S. Bernard, de la Conversion, des Mœurs, de la Vie solitaire & des Commandemens & des Dispenses, par le sieur Lamy. *Paris, Ant. Vitré,* 1649, *in-12. vélin.* . . . . 0 . . . 5 . 1 . . 0

208 Diæta Salutis cum Vitâ Christi, auctore Beato Bonaventurâ. *Parisiis, Joh. Petit,* 1499, *in-8.* — Regulæ Mandatorum Johannis de Gersonno, Concellarii Parisiensis. *Parisiis, Magister Guido,* 1497. — De Reformatione virium animæ. 1493, *in-8. v. f.*

Théologie scolastique.

209 Institutiones ad christianam Theologiam, autore Fr. Johan. Viguerio, cum ejusdem Commentariis in D. Pauli Epistolam ad Romanos. *Antuerpiæ,* 1565, *in-fol.* . . . . 1 . . . 4 . . . 0

210 Le Théologien familier & facile, où par une méthode aisée sont enseignés briévement les principes du Christianisme & de la Théologie, par Phil. Coquerel. *Paris, Jean de la Caille,* 1655, *in-12. vélin.*

THEOLOGIE.

211 Joannis Filefaci, Theologi Parifienfis, Opera varia. *Parifiis*, 1614, *in*-8. *v.*

212 Théologie curieufe, contenant la naiffance du Monde, avec 12 Queftions belles & curieufes fur ce fujet, traduit du Docteur Ozorio, Portugais. *Dijon, P. Palliot*, 1666, *in*-12. *v. b.*

Traités des Créatures, & premiérement des Anges.

213 Le Livre des Saints Anges, qui contient plufieurs beaux traités, & par efpécial de Monfeigneur Saint-Michel leur honorable Préfident. *Paris, Michel Lenoir*, 1518, *in*-4. *fig. m. v. d. f. tr. avec fil.*

214 Le Livre des Saints Anges. *Lyon, Guil. le Roi*, 1586, *in*-fol. *fig. enluminées*, *v. b.*

215 Traité des Anges & Démons, du P. Maldonat, mis en françois par Franç. de la Borie. *Rouen, J. Befongne*, 1616, *in*-8. *vélin.*

216 Hiftoire du Diable, avec quelques réflexions fur les erreurs de certains auteurs touchant la raifon & la maniere de fa chûte, trad. de l'anglois. *Amfterdam*, 1730, 2 *tom.* 1 *vol. in*-12. *v. b.*

217 Deux Livres de la haine de Satan & malins Efprits contre l'homme, & de l'homme contre eux, par le P. F. P. Crefpet. *Paris, Guil. de la Noue*, 1590, *in*-8. *vélin.*

Traités de la Grace & du Libre Arbitre, de la Prémotion phyfique, &c. & des Difputes qui fe font élevées dans l'Eglife à ce fujet.

218 Liber Gratiæ Venerabilis Patris Vincentii Belvacenfis, Sacræ Theologiæ Profefforis. *Bafileæ, Joh. de Amerbach*, 1481, *in*-fol. *v. m.*

THÉOLOGIE.

219 Histoire générale du Jansénisme, par l'Abbé ***. Amsterdam, Louis de Lorme, 1700, 2 vol. in-12. fig. v. b.

220 Les Imaginaires, ou Lettres sur l'hérésie imaginaire, par le sieur de Damvilliers (P. Nicole). Liége, Adolphe Beyers, 1667, 2 vol. in-12. m. r. d. s. tr. avec fil.

221 Relation contenant les Lettres que les Religieuses de Port-Royal ont écrites pendant les dix mois qu'elles furent renfermées sous l'autorité de la Mere Eugénie. in-4. v. b.

222 Abregé chronologique des principaux événemens qui ont précédé la Constitution Unigenitus, qui y ont donné lieu ou qui en sont les suites, avec les 101 Propositions du P. Quesnel mises en parallele avec l'Ecriture & la Tradition. 1732. — Explication abrégée des principales questions qui ont rapport aux affaires présentes. 1731. in-12. demi-reliure.

223 La Constitution Unigenitus, avec des remarques. 1739, in-12. v. b.

224 Les Hexaples, ou les six Colomnes sur la Constitution Unigenitus. Amsterdam, 1714, in-4. v. b.

225 Anecdotes ou Mémoires secrets sur la Constitution Unigenitus. 1730, 3 vol. in-12. v.

226 Journal de M. l'Abbé Dorsanne, contenant tout ce qui s'est passé à Rome & en France dans l'affaire de la Constitution Unigenitus. Rome, 1753, 2 vol. in-4. v. f.

227 Appellans célèbres, avec un Discours sur l'appel, 1753, in-12. v.

228 Vie de M. de Pâris, Diacre du Diocèse de Paris, avec les Requêtes des Curés à M. l'Archevêque, & d'autres pièces curieuses. Utrecht, 1732, in-12. broch.

THEOLOGIE.

229 La Vérité des Miracles de M. Pâris, demontrée contre l'Archevêque de Sens. 1737, 2 vol. in-4. fig. v. m.

230 Les Enluminures du fameux Almanach des Jésuites. 1654, in-8. v. b.

Traités de l'Incarnation de Jesus-Christ, de sa Passion & de sa Mort, &c.

231 Tractatus de singulari puritate & prærogativâ Conceptionis Salvatoris nostri Jesu Christi, ex auctoritabus 260 Doctorum, editus per Fr. Vincentium de Bandelis de Castro-novo, ad exemplar Bononiæ. 1481, in-12. v.

232 Traité du séjour du Verbe incarné dans les entrailles immaculées de la Vierge sacrée Marie, par le P. Edme Martin. *Paris, Jean de Heuqueville*, 1628, in-12. vélin.

233 Dissertations physico-théologiques touchant la Conception de Jesus-Christ dans le sein de la Sainte Vierge, & sur un tableau de J.-C. qu'on appelle la Sainte Face, & qu'on a voulu faire passer pour une image constellée, par M. P... C... D... C... *Amsterdam*, 1742, in-12. v.

234 Traité de l'immaculée Conception de la Vierge traduit de l'espagnol du P. Vincent-Justinien Antist. *Paris, Jean-Baptiste Cusson*, 1706, in-8. v. f. d. s. tr.

Traités des Cérémonies Ecclésiastiques, des Superstitions, &c.

235 Traité de l'Exposition du Saint Sacrement de l'Autel, par J. B. Thiers. *Paris, veuve Jean Dupuis*, 1677, 2 vol. in-12. v. m.

THEOLOGIE. 27

236 Traité des Superstitions, selon l'Ecriture Sainte, les Décrets des Conciles, &c. par J. B. Thiers. *Paris, Antoine Dezallier*, 1697, 2 vol. *in*-12. *v. b.*
237 Discours Ecclésiastiques contre le Paganisme des Rois de la fève & du Roi-boit, par Jean Deslyons. *Paris*, 1664, *in*-12. *m. bl. d. s. tr. avec fil.*
238 Discours Ecclésiastiques contre le Paganisme des Rois de la fève & du Roi-boit, par Jean Deslyons. *Paris, Guil. Desprez*, 1664, *in*-12. *v. b.*
239 Traités singuliers & nouveaux contre le Paganisme du Roi-boit, par Jean Deslyons. *Paris, veuve C. Savreux*, 1670, *in*-12. *v. m.*

Traités des quatre dernieres Fins de l'Homme; la Mort, le Jugement dernier, &c.

240 L'Avant-coureur de l'Eternité, Messager de la mort, adressé aux sains, aux mourans & aux malades, trad. du latin du P. Jérémie Drexellius, par Me. Legrand. *Rouen*, 1689, *in*-12. *vélin.*
241 Les Délices de la mort, par le sieur de la Serre. *Rouen, J. Berthelin*, 1645, *in*-8. *fig. v. m.*
242 Le Livre de Pensez-y-bien, contenant le moyen court, facile & assuré de se sauver. *Paris*, 1676, *in*-24. *v. b.*
243 La maniere de se bien préparer à la mort par des considérations sur la Cène, la Passion & la Mort de Jesus-Christ, avec de très-belles estampes emblématiques expliquées par M. de Chertablon. *Anvers, George Gallet*, 1700, *in*-4. *v. b.*
244 Traité de l'état des morts & des ressuscitans, par Thomas Burnet, trad. du latin par J. Bion. *Roterdam, Jean Hofhout*, 1731, *in*-12. *v. b.*

THÉOLOGIE MORALE.

Traités Moraux des Loix, de la Justice, des Actions humaines, des Jeux, des Divertissemens & Spectacles, des Contrats, Usures, &c.

245 Traité de Théologie morale en latin. *in-*8. parchemin. MS. *sur vélin du* XIII. *siècle.*

246 Dissertazione theologico-morale-critica intorno all'incompatibilità del digiuno col mangiare delle carni, opera delle Abate Pietro Copelloti, in riposta all' apologia della dissertazione del Dottor Alessandro Mantegazzi. *Venezia*, 1738, *in-*8. *demi-reliure.*

247 Traité de l'état honnête des Chrétiens dans leur accoûtrement. *Genève*, 1580, *in-*8. *d. s. tr. avec fil. d'or.*

248 Traité de l'état honnête des Chrétiens dans leur accoûtrement. *Genève*, 1580, *in-*8.——Deux Traités de Florent Tertulian, l'un des parures & ornemens, l'autre des habits & accoûtremens des femmes chrétiennes ; plus un Traité de S. Cyprian, touchant la discipline & les habits des filles. *Genève*, 1580. *in-*8. *v.*

249 De la modestie des femmes & des filles chrétiennes dans leurs habits & dans tout leur extérieur, par Thimothée Philalethe. *Lyon*, 1686, *in-*12.

250 De la modestie des Postulantes contre l'abus des parures à leur prise d'habit, par Héron. *Paris, Sim. Benard*, 1698, *in-*12. *v. b.*

251 Traité contre le luxe des coeffures, par l'Abbé de Vassetz. *Paris, Edme Couterot*, 1694, *in-*12. *v. b.*

THEOLOGIE. 29

252 *Bannissement des folles amours, par S.t d'Avity. Lyon, Barth. Vincent, 1618. in 8°. v.*

253 Le Fouet des Paillards, ou juste punition des voluptueux & charnels, conforme aux Arrêts divins & humains, par M. L. P. Curé du Mesnil Jourdain. *Rouen*, 1623, *in-12. vélin.* . . . . . 3..19..0

254 Le Fouet des Jureurs & Blasphémateurs du Nom de Dieu, par le P. Vincent Mussart. *Rouen*, 1608, *in-12. vélin.*

255 Le Fouet de l'Académie des Pécheurs, bâtie sur la famine du Prodigue évangélique, par le P. Philip. Bosquier. *Paris*, 1597, *in-8. vélin.*

} 2..9..0

256 Le Fouet des Menteurs, par le P. Jacques d'Ambrun. *Lyon*, 1638, *in-16. vélin.* . . . . 2..19..0

257 Traité des Jeux & des Divertissemens qui peuvent être permis ou qui doivent être défendus aux Chrétiens, par J. B. Thiers. *Paris*, 1686, *in-12.* . . . . *piqué* 1..0..0

258 Traités contre les Danses & les Comédies, composé par S. Charles Boromée. *Paris*, 1664, *in-12. v. b.* . . . . 1..4..0

259 Dissertation théologique & canonique sur les Prêts par obligation stipulative d'intérêts, par le P. Jean-Joseph Petitdidier. *Nancy, François Midon*, 1748, *in-12. v. b.*

Traités Moraux des Sacremens & de ce qui y a rapport.

} 1..11..0

260 Manipulus curatorum, officia Sacerdotum secundùm ordinem septem Sacramentorum perbreviter complectens, per Guidonem de monte Rotherii. *Coloniæ, per Henricum Quintell*, 1498, *in-4. demi-reliure.*

THÉOLOGIE.

261 Stella Clericorum. *Vetus editio, sine anno & loco impressionis. in-4. v. jasp.*

262 Instruction sur les dispositions qu'on doit apporter aux Sacremens de Pénitence & d'Eucharistie. *Paris, Guil. Desprez, 1710, in-12. v. b.*

263 Serpens antiquus de septem peccatis criminalibus, per F. Carolum Rivaldi. — Decalogi seu decem Præceptorum Domini Explanatio, Fr. Francisco de Maronis auctore. *In ædibus Jod. Badii Ascensii, 1519, in-4. v. f.*

264 De Leprâ morali, autore Joh. Nider. *Vetus editio, sine anno & loco impressionis, in-8. v. jasp. l. régl.*

265 Les Provinciales, ou Lettres écrites par Louis de Montalte (Blaise Pascal), avec les Notes de Guill. Wendrock (Nicole). *Amsterdam, 1761, 4 vol. in-12. v. m.*

266 Liber qui dicitur Supplementum, autore Nicolao de Auxmo, ordinis Minorum. *MS. sur vélin de 1470, bien conservé, in-fol. parvo, demi-rel.*

267 Dictionnaire des Cas de Conscience, ou Décisions des plus considérables difficultés touchant la morale & la discipline ecclésiastique, par Jean Pontas. *Paris, 1740, 3 vol. in-fol. encarton.*

268 Dictionnaire des Cas de Conscience par MM. de Lamet & Fromageau. *Paris, 1740, 2 vol. in-fol. encarton.*

Catéchistes & Sermonaires.

269 Instructions générales en forme de Catéchisme, imprimées par ordre de Messire Charles-Joachim Colbert, Evêque de Montpellier. *Paris, Simart, 1741, 3 vol. in-12. v.*

THEOLOGIE.

270 Jacobi de Voragine Sermones de tempore & de Sanctis. Vetus editio sine anno & loco impressionis, *in*-fol. *v*.

271 Quadragesimale Joh. Gritsch. unà cum Registro Sermonum de tempore & de Sanctis per circulum anni in fine libri contento. 1486, *in*-fol. *v. n.*

} 3...0...0

272 Sermones Gabrielis de Festivitatibus Christi & Beatæ Virginis Mariæ (1499) *in*-4. *rel. en bois.*

273 Sermones Breves intitulati, Dormi securè. *Coloniæ, Quentel,* 1507, *in*-4. *rel. en bois.*

} 1...16...d

274 Quadragesimale, Opus declamatum in Parisiorum urbe Ecclesiâ Sancti Johannis in Graviâ, per Fratrem Oliverium Maillardi. *Parisiis, Joh. Petit,* 1508, *in*-8. *m. c. d. s. tr. avec fil.* .. 3...11...0

275 Fratris Michaelis Menoti Sermones quadragesimales, ab ipso olim Turonis declamati. *Parisiis, Claud. Chevallonus,* 1525, *in*-8. *m. bl. d. s. tr. avec fil.* .. 6...1...0

276 Sermones quadragesimales Fratris Guillel. Pepin. *Parisiis, Joh. Petit,* 1529, *in*-8. *v. b.* } 1...0...0

277 Sermons du Pere Bourdaloue, avec ses Exhortations & Instructions chrétiennes, sa Retraite spirituelle à l'usage des Communautés Religieuses & ses pensées. *Paris,* 1712 & ann. suiv., 18 *vol. in*-12. *v. b.* .. 39...0...0

278 Sermons de Massillon & ses Oraisons funèbres. *Trevoux, Etienne Ganeau,* 1740, 5 *vol. in*-12. *v.* 4...5...0

Théologie mystique. Traités de l'Amour de Dieu, &c.

279 Thomæ à Kempis de imitatione Christi Libri IV. *Lugduni, apud Joh. & Dan. Elzevirios, in*-12. *m. n. d. s. tr. avec fil.* . . . . 6...19...0

THEOLOGIE.

280 De Imitatione Christi Libri IV ad optimarum editionum fidem recensiti. *Parisiis, fratres Guerin*, 1727, *in*-24. *v. b.*

281 De Imitatione Christi Libri IV. ex recensione J. Vallart, qui Dissertationem de ejus operis auctore addidit. *Parisiis, J. Barbou*, 1764, *in*-12. *fig. v. m. d. s. tr. avec fil.*

282 Le Livre de l'internelle Consolation. *Paris, Joland Bonhomme*, 1554, *in*-8. *goth.* — Petit Traité appellé l'Armure de patience en adversité, avec aucunes belles préparations pour dévotement recevoir le Saint Sacrement de l'Autel. *Paris, Joland Bonhomme*, 1539, *in*-8. *goth. v.*

283 Le Livre de l'internelle Consolation, composé premiérement en latin par M. J. Gerson, & trad. en françois. *Paris*, 1573, *in*-12. *v. ec. d. s. tr. avec fil. d'or.*

284 De l'Imitation de Jesus-Christ, trad. en françois par le sieur de Beuil. *Paris, Charles Savreux*, 1665, *in*-12. *v. b.*

285 Imitation de Jesus-Christ, traduction nouvelle par l'Abbé Vallart. *Paris J. Barbou*, 1773, *in*-12. *fig. v. m. d. s. tr. avec fil.*

286 L'Imitation de Jesus-Christ, en vers françois, par Pierre Corneille. *Paris*, 1715, *in*-12. *v. b.*

287 Suite de l'Imitation de Jesus-Christ, ou les Opuscules de Thomas à Kempis, trad. du latin d'Horstius, par l'Abbé de Bellegarde. *Paris, Jacq. Colombat*, 1717, *in*-12. *v.*

288 Les Enseignemens de l'Ame pour bien vivre. *in*-fol. *v. f. avec fil. MS. du XIV*e. *siècle sur vélin.*

289 L'Horloge de Sapience composé par le Frere Jehan

THÉOLOGIE.

Jehan de Souhan de l'Ordre des Freres Prêcheurs. *In-fol. v. br. en bois. MS. du XVe. siècle sur papier.*

290 Les Allumettes du feu divin, pour faire ardre les cœurs humains en l'amour de Dieu, avec les voies de Paradis, par F. Pierre Doré. 1540, *in-8. vélin.* . . . . 1 . . 5 . . o

291 La céleste Pensée de graces divines arrousée, où sont déclarés les sept dons du Saint-Esprit, & la maniere de les demander à Dieu, par le P. Pierre Doré. *Paris, Jehan André,* 1543, *in-8. v. b.* . . . . 1 . . 16 . . o

292 Les Allumettes d'amour du Jardin délicieux de la Confrairie du Saint Rosaire de la Vierge Marie, patrimoine très-riche des Religieux de Saint Dominique, par le P. Ant. Alar. *Valencienne, Jean Veruliet,* 1617, *in-12. vélin.* . 1 . . 5 . . o

293 Le Charriot spirituel fait de l'union de divine & humaine volonté, pour conduire les ames dans le Ciel, &c. par N. Catinal Vaufroger. *Rouen, Du Petit Val,* 1627, *in-12. v. b.* . . . . . 3 . . 15 . . o

294 Cabinet royal de l'époux meublé par son épouse, avec le Jardin spirituel, par Jean le Jau, avec l'Oraison funèbre dudit sieur le Jau, par N. Hebert. *Evreux, Nic. Hamillon,* 1631, *in-8. vélin.* . . . . 2 . . 2 . . o

295 La Vierge mourante sur le Mont Calvaire, par le sieur Puget de la Serre. *Paris,* 1626, *in-8. fig. m. r. d. s. tr. avec fil. d'or.* . . . . 1 . . 16 . . o

296 Les saintes Affections de Joseph, & les Amours sacrées de la Vierge, par le sieur Puget de la Serre. 1631, *in-8. fig. vélin.* . . . . 1 . . 4 . . o

297 Le Lys du Val de Guaraison, où il est traité en général de tous les points qui concernent . 1 . . o . . o

C

THEOLOGIE.

la dévotion des Chapelles votives de la Vierge, & en particulier de l'origine & des Miracles de la Chapelle de Guaraison, par M. E. Molinier. *Auch, Arn. de S. Bonnet*, 1646, *in-8. vélin.*

1..12..0 298 Le Tombeau des délices du monde, par le sieur Puget de la Serre. *Bruxelles*, 1632, *in-8. fig. vélin.*

9..16..0 { 299 Les Pensées de l'Eternité, par le sieur de la Serre. *Paris, Ant. Robinot,* 1639, *in-8. bas.*

300 Le Bréviaire des Courtisans, & le Réveil-matin des Dames, renouvellés par le sieur Puget de la Serre. *Bruxelles*, 1653, *in-8. fig. vélin.*

301 Le Trésor de l'ame chrétienne, par H. Belon. *Genève, Jacques de la Pierre*, 1646, *in-12. vélin.*

1..0..0 302 Le Flambeau mystique, ou Adresse des ames pieuses ès secrets & cachés sentiers de la vie intérieure, par la Sœur Jeanne-Marie de la Présentation. *Tournay, Adr. Quinqué*, 1631, *in-12. vélin.*

..0..0 303 La Cité mystique de Dieu, de la Sœur Marie de Jésus d'Agreda, trad. de l'espagnol par le P. Thomas Croset, Recolet. *Bruxelles, Fr. Foppens*, 1717, 8 vol. *in-8. v. b.*

4..4..0 304 De la plus solide, la plus nécessaire, & souvent la plus négligée de toutes les Dévotions, par J. B. Thiers. *Paris, Jean de Nully*, 1702, 2 vol. *in-12. v. b.*

2..0..0 305 La Vie de Madame J. M. Bouvieres de la Mothe Guion, écrite par elle-même. *Cologne, J. de la Pierre*, 1720, 3 vol. *in-8. encartonné.*

1..13..0 306 Opuscules spirituels de Madame J. M. B. de la Mothe Guion, avec son rare Traité des Tor-

THEOLOGIE.

rens. *Cologne, Jean de la Pierre*, 1704, *in-12. vélin*.

307 Relation de l'origine, du progrès, & de la condamnation du Quiétisme répandu en France, avec plusieurs Anecdotes curieuses. 1732, 2 vol. *in-12. v. b.* .... 0 .. 0

308 La Dévotion aisée, par le P. le Moine. *Paris*, 1672, *in-12. v. b.* ... 10 .. 0

309 Le vrai Pédagogue Chrétien, par le P. Philippes d'Outreman, revu & augmenté par R. Coulon. *Lyon*, 1666, *in-4. v. b.*

310 Le Chevalier Chrétien, contenant un Dialogue entre un chrétien & un payen, par le P. Benoît, Anglois, Prédicateur Capucin. *Paris, Charl. Chastellain*, 1609, *in-8. fig. vélin*. } ... 0 .. 0

311 Alphabetum Christi, seu Virtutes præcipuæ quæ adolescentes ornant, cum Alphabeto Diaboli, seu Vitia præcipua quæ adolescentes perdunt, à Raphaele Sadelero imaginibus exornatum. *Monaci*, 1618, *in-12. v. b.* } ... 5 .. 0

312 Du Célibat volontaire, ou la Vie sans engagement, par Mlle Gabrielle Suchon. *Paris, Guignard*, 1700, 2 vol. *in-12. v. b.*

313 De la Solitude, par M. Hamon. *Amsterdam*, 1734, *in-12. v. b.*

314 Le Riche sauvé par la Porte dorée du Ciel, & les Motifs sacrés & grande Puissance de l'aumône, par le P. Etienne Binet. *Paris, Sébast. Cramoisy*, 1627, *in-12. vélin.* } ... 13 .. 0

315 De la Mendicité légitime des pauvres séculiers, par J. P. C. E. D. Belley. *Douay*, 1634, *in-12. vélin.* } .... 0 .. 0

316 L'Avocat des pauvres, qui fait voir l'obligation des Bénéficiers de faire bon usage des biens } ... 0 .. 0

C ij

THEOLOGIE

de l'Eglise, & d'en assister les pauvres, par J. Baptiste Thiers. *Paris*, 1676, *in-12. v.*

317 Explication des Caracteres de la charité selon S. Paul, par M. Duguet. *Bruxelles, Paris,* 1735, *in-12. v. b.*

318 La Cour Sainte du P. Nicolas Caussin. Derniere édition augmentée de la Vie de l'auteur, & de diverses Histoires. *Paris, Denis Bechet,* 1664, 2 *vol. in-fol. v. m.*

319 La sainte Désoccupation de toutes les créatures pour s'occuper en Dieu seul, par le P. Chrysostôme de S. Lo. *Paris,* 1659, *in-16. v. b.*

320 La Réformation de l'homme & son Excellence, & ce qu'il doit accomplir pour avoir Paradis, par Guillaume Parvi, Evêque de Senlis. *Paris, Jehan Longis,* 1540, *in-8. vélin.*

321 Le Pélerin de Lorette, Vœu à la glorieuse Vierge Marie, Mère de Dieu, par Louis Richeome. *Bourdeaus, Sim. Millanges,* 1607, *in-8. fig. v. b.*

322 Formulaire pour dévotement réciter le Chapelet, par Guillaume Gazet, *Arras,* 1595, *in-12.* — Le Guide des Spirituels & Contemplatifs, contenant douze Mortifications du R. P. Henri Harpius. *Arras,* 1596, *in-12.* & autres Œuvres de piété, *in-12. bas. bl.*

323 Sacrum Sanctuarium Crucis, & patientiæ Crucifixorum & Cruciferorum, emblematicis imaginibus Laborantium & Ægrotantium ornatum, Artifices gloriosi novæ artis bene vivendi & moriendi, autore R. P. Petro Bivero. *Antverpiæ, ex Officinâ Plantinianâ Balthasaris Moreti,* 1634, *in-4. v. f. avec fil. d'or.*

324 Meditationes & Sermones devoti de Vitâ

THEOLOGIE.

Christi, secundùm testimonia Scripturarum, cum Admonitionibus ad spiritualem vitam utiles. *MS. sur vélin du* XVe. *siècle. in-*8. *m. r. d. s. tr. avec fil.*

325 Méditations chrétiennes, par le P. Mallebranche. *Cologne, Balth. d'Egmond,* 1683, *in-*12. *v. b.*

Théologie Polémique.

326 Traité de la Vérité de la Religion Chrétienne, par Abbadie. *Roterdam, Reinier Leers,* 1724, 3 *vol. in-*12. *v. b.*

327 Traité de la Divinité de Jesus-Christ, par Abbadie. *Roterdam, R. Leers,* 1690, *in-*12. *vélin.*

328 Pensées de M. Pascal sur la Religion & sur quelques autres sujets. *Paris, Guil. Desprez,* 1670, *in-*12. *v. b.*

329 Bref & facile Moyen par lequel toute personne, bien qu'elle ne soit versée en Théologie, peut faire paroître à tout Ministre qu'il abuse, & à tout Religionaire qu'il est abusé, en tous & un chacun des points de sa prétendue réformation, par le P. François Veron. *Pont-à-Mousson, Melch. Bernard,* 1617, *in-*12. *vélin, d. s. tr. avec fil.*

330 Moyen de réunir les Protestans avec l'Eglise Romaine, par M. Camus, Evêque de Belley; avec des Remarques servant de Supplément, par M ***. *Paris, L. Coignard,* 1703, *in-*12. *v.*

331 Histoire des Variations des Eglises Protestantes, par Jacq. Benigne Bossuet. *Paris,* 1734, 4 *vol. in-*12. *v. b.*

332 Etat présent des Controverses & de la Re-

THÉOLOGIE.

ligion Protestante, contre M. Jurieu, par Jacq. Benigne Bossuet. *Paris*, 1691, *in-4. gr. pap. vélin, avec fil. d'or.*

333 Instruction de la fille de Calvin démasquée, à M. de la R. P. R., avec des Lettres en prose & en vers libres, par le sieur de Rostagny, 1re. partie. *Paris, Claude Barbin*, 1685, *in 8. vélin.*

334 Alciphron ou le petit Philosophe, contenant une Apologie de la Religion Chrétienne contre ceux qu'on nomme Esprits forts. *La Haye, Benjam. Gibert*, 1734, 2 *vol. in-*12. *v. ec.*

335 Apologie de la Religion Chrétienne contre l'auteur du Christianisme dévoilé, & contre quelques autres critiques, par M. Bergier. *Paris*, 1769, 2 *vol. in* 12. *v.*

336 Dictionnaire anti-philosophique, pour servir de Commentaire & de Correctif au Dictionnaire philosophique, & aux autres livres qui ont paru de nos jours contre le Christianisme, par l'Abbé Paulian. *Avignon*, 1769, *in-8. v. m.*

Théologie Hétérodoxe.

337 D. Joannis Calvini Institutio Christianæ Religionis. *Lausannæ, Franc. le Preux*, 1576, *in-8. vélin.*

338 Tractatio de Polygamiâ, in quâ & Ochini Apostatæ pro Polygamiâ, & Montanistarum ac aliorum adversus repetitas nuptias argumenta refutantur, ex Thod. Bezæ Vezelii prælectionibus in priorem ad Corinthios Epistolam. *Genevæ*, 1587, *in-8. encart.*

339 Bouclier de la Foi, ou Défense de la confession de Foi des Eglises réformées du Royaume

THEOLOGIE.

de France, contre les objections du sieur Jehan Arnoux, Jésuite, par Pierre Dumoulin. *Genève*, 1619, *in-8. vélin.*

340 Traité des anciennes Cérémonies, ou Histoires contenant leur Naissance & Accroissement, leur entrée en l'Eglise, & par quels degrés elles ont passé jusqu'à la superstition. *in-8. v. ec. avec fil. d'or.*

341 Accomplissement des Prophéties, par Pierre Dumoulin. *Sedan*, 1621, *in-8. vélin.*

342 Traité des Religions contre ceux qui les estiment toutes indifférentes, par M. Amyraut. *Saumur*, 1652, *in-4. vélin.* } 1...0...0

343 Traité contre l'impureté, par J. F. Ostervald, Pasteur de l'Eglise de Neuf-Châtel. *Neuf-Châtel. J. Pistorius*, 1708, *in-8. encart.*

344 Sermons sur divers Textes de l'Ecriture sainte par Jacques Saurain, Pasteur à la Haye. *Lausanne, M. Michel Bousquet*, 1759, 12 *vol. in-8. demi-reliure.* . . . . 14...19...0

345 Les Entretiens des Voyageurs sur la mer. *Cologne*, 1715, 4 *vol. in-12. fig. v. b.* . . . . 3...12...0

346 Traité sur les Miracles, dans lequel on prouve que le Diable n'en sauroit faire pour confirmer l'erreur, par Jacques Serces. *Amsterdam, P. Humbert*, 1729, *in-8. v. m.* . . . . . 2...0...0

347 Discours des Dissensions & Confusions de la Papauté. *Ambrun, J. Guzeaud*, 1587, *in-12. v. f. d. s. tr. avec fil.* (manquent les 15 premieres pages). . . . . 2...0...0

348 La Chasse de la Bête Romaine, où est réfuté le 23ᵉ. chap. du Catéchisme ou Abrégé des controverses de notre temps, touchant la Religion Catholique, & est recherché, & évi- 2...9...0

C iv

THÉOLOGIE.

demment prouvé que le Pape est l'Antichrist, par George Tomson. *La Rochelle, H. Haultin*, 1611, *in-8. v. f.*

349 La Messe en françois, exposée par Jean Bede. *Genève, Paul Marceau*, 1610, *in-8. v. m.*

350 Anatomie de la Messe, où est montré par l'Ecriture Sainte & par le témoignage de l'ancienne Eglise, que la Messe est contraire à la parole de Dieu, & éloignée du chemin de salut, par Pierre Dumoulin. *Genève, P. Aubert*, 1640, *in-8. vélin.*

351 Le Tombeau de la Messe, par David Dérodon. *Amsterdam*, 1682. — La Vie de Galeas Caraciol, Marquis de Vico, & l'Histoire de la fin tragique de François Spiere, mises en françois par le sieur de Lestan. *Amsterdam*, 1682, *in-12. vélin.*

352 Præadamitæ, sive exercitatio super versibus 12, 13 & 14 capitis quinti Epistolæ D. Pauli ad Romanos, quibus inducuntur primi homines ante Adamum conditi, autore Is. La Peyrere. Anno Salutis 1655, *in-4. vélin.*

353 Œuvres d'Antoinette Bourignon. *Amsterdam*, 1676 & années suivantes, 29 *vol. in-8. v. f.* avec *fil. d'or.*

354 La Théologie du cœur, ou Recueil de quelques Traités qui contiennent les lumieres les plus divines des ames simples & pures, avec une Lettre sur l'éducation chrétienne des enfans, par P. Poiret. *Cologne, Jean de la Pierre*, 1690, *in-12.* 2 *part.* 1 *vol. v. b.*

355 Alcorani, seu Legis Mahometi & Evangelistarum Concordiæ Liber, in quo de calamitatibus Orbi Christiano imminentibus tractatur,

THEOLOGIE. 41

autore Guil. Postello. *Parisiis , Petrus Gromorsus*, 1543. —— Sacrarum Apodixeon, seu Euclidis Christiani Libri II, autore Guil. Postello. *Parisiis , Petrus Gromorsus* , 1543. —— De Rationibus Spiritûs Sancti Libri II, autore Guil. Postello. *Parisiis , Petrus Gromorsus* , 1543, *in*-8. *v. b.*

356 Sacrarum Apodixeon , seu Euclidis Christiani Libri II. , autore Guil. Postello. *Parisiis, Petrus Gromorsus* , 1543, *in*-8. *v. m.*

357 Description & Charte de la Terre Saincte, qui est la Propriété de Jesus-Christ, pour y voir sa pérégrination , & pour inciter ses très-chrestiens Ministres à la recouvrer pour y replanter son Empire , descripte par Guil. Postel. *A Paris,* 1552, in-16. *m. b. d. s. tr.* (avec la carte.) *manque deux feuillets à la fin.*

} 3...19...o

358 Les très-merveilleuses Victoires des femmes du Nouveau Monde , & comment elles doibvent à tout le monde commander, & même à ceulx qui auront la Monarchie du monde vieil ; par Guil. Postel. *Paris, Jehan Ruelle,* 1553, *in*-12. *m. r. d. s. tr.* avec fil. (Edition renouvellée.) . . . .

} 4...19...o

359 Amphitheatrum æternæ Providentiæ divinomagicum, Christiano-Physicum, nec non Astrologico-Catholicum, adversùs veteres Philosophos Atheos, Epicureos, &c. autore Julio Cæsare Vanino. *Lugduni , viduâ Antonii de Harsy,* 1615, *in*-8. *v. b.*

360 Julii Cæsaris Vanini , Neapolitani Theologi, de admirandis naturæ reginæ deæque mortalium Arcanis, Libri IV. *Lutetiæ , Adr. Perrier,* 1616, *in*-8. *m. r. d. s. tr.* avec fil.

} 23...19...o

THEOLOGIE.

361 Pensées de Simon Morin, avec ses Cantiques & Quatrains spirituels. 1647. — Procès-verbal d'exécution de mort de Simon Morin, brûlé vif le 14 mars 1663. — Arrêt de la Cour de Parlement rendu à l'encontre dudit Simon Morin. *Paris, L. Barbete*, 1663, *in-8. m. bl. d. f. tr. avec dent. & doubl. de tabis*. Recueil rare.

362 Du Rappel des Juifs, par Isaac La Peyrere. 1643, *in-8. vélin*. Rare.

363 Histoire de l'Etat de l'homme dans le péché originel, trad. du latin de Béverland. 1731, *in-12. v. m. avec fil.* (Les derniers feuillets ont été restitués à la main).

364 La Religion du Médecin, c'est-à-dire Description nécessaire, par Th. Brown, touchant son Opinion accordante avec le pur Service Divin d'Angleterre. 1668, *in-12. m. r. d. f. tr. avec fil.*

365 Les Princesses Malabares, ou le Célibat philosophique, avec des Notes historiques & critiques. *Andrinople (Paris), Thom. Franco*, 1734, *in-8. v. m.*

366 Nouvelles Libertés de penser. *Amsterdam*, 1743, *in-12. v. m.*

367 L'Alcoran de Mahomet, translaté d'arabe en françois par le sieur du Ryer. *Suivant la copie de Paris, chez Ant. de Sommaville*, 1672, *in-12. v. b.*

368 Confusion de la Secte de Mahumed, composée 1º. en langue espagnole par Jean André, jadis Alfaqui de Sciatiria, & depuis fait Chrétien & Prêtre ; & tourné d'italien en françois par Guy le Févre de la Boderie. *Paris*, 1574, *in-8. vélin.*

JURISPRUDENCE.

Droit canonique.

369 Institution au Droit Ecclésiastique, par M. l'Abbé Fleury. *Paris*, 1721, *in-*12. *v. b.* } 14..19..o
370 Bonifacii VIII max. Pontificis Liber sextus Decretalium. *Moguntiæ, Petrus Schoyffer de Gernszheym*, 1476, *in-*fol. *v. f. d. s. tr. avec fil.*

371 Bartholomei Brixiensis Casus Decretorum. *Basileæ, Nicol. Keßler*, 1489, *in-*fol. rel. en bois.
372 Le Songe du Vergier, lequel parle de la Disputation du Clerc & du Chevalier, Ouvrage qui traite de la puissance ecclésiastique & temporelle. *Paris, Jean Petit, sans date d'année*, (1491) *in-*fol. *gothique vélin.* (quelques feuillets réparés à la main). } 4..o..o

373 Tractatus de Potestate Imperatoris ac Papæ, & an apud Papam sit potestas utriusque gladii, & de materiâ Conciliorum qui appellatur Monarchia, per Antonium de Rosellis de Aretio. *Venetiis*, 1487, *in-*fol. — 2..o..o

374 Taxe de la Chancellerie Romaine, ou la Banque du Pape, traduit du latin. *Rome, Pierre la Clef*, 1744, *in-*12. *v. b.* — 3..o..o

375 La Politique charnelle de la Cour de Rome. 1719, *in-*12. *v.* — 4..11..o

376 Traité de l'Absolution de l'hérésie, où l'on fait voir que le pouvoir d'absoudre de l'hérésie est réservé au Pape & aux Evêques, par J. B. Thiers. *Lyon*, 1695, *in-*8. *v.* — 1..18..o

JURISPRUENCE.

377 Mémoire sur l'obligation des Prêtres d'administrer les Sacremens dans les cas de nécessité, & deux autres Pièces relatives à cet objet. *Paris*, 1755, *in*-12. *v. m.*

378 Pro Sacerdotum barbis, autore Jo. Pierio Valeriano. *Parisiis*, 1533, *in*·8. *vélin.*

379 Histoire des Perruques, où l'on fait voir leur origine, leur usage, leur forme, l'abus & l'irrégularité de celles des Ecclésiastiques, par J. B. Thiers. *Paris*, 1690, *in*-12. *v. b.*

380 Traité des Bénéfices de Fra Paolo Sarpi, avec des Notes. *Amsterdam*, *Wetstein*, 1690, *in*-12. *v. b.*

381 Essai de Dissertation, ou Recherches sur le Mariage. *Paris, Gabr. Martin*, 1760, *in*-12. *v. b.*

382 Capitulaire auquel est traité qu'un homme nay sans testicules apparens, & qui ha néantmoins toutes les autres marques de virilité, est capable des œuvres du mariage, par Sébastien Rouillard. *Paris, Cl. Morel*, 1600, *in*-8. *vélin.*

383 Traité des Eunuques, dans lequel on explique toutes les différentes sortes d'Eunuques, quels rangs ils ont tenu, &c. On examine principalement s'ils sont propres au mariage, & s'il leur doit être permis de se marier, par M***. D***. (Ancillon). 1707, *in*-12. *broch.*

Droit Ecclésiastique de France.

384 Exposition de la Doctrine de l'Eglise Gallicane, par rapport aux prétentions de la Cour de Rome, par M. du Marsais. *Genève*, 1757.
— Recueil des Titres & Pièces qui servent à prouver le Droit d'annexe dont la Provence

JURISPRUDENCE.

jouit de toute ancienneté, par le Baron de Moissac. *Avignon*, 1756, *in-*12. *v.*

385 De l'Autorité du Roi touchant l'âge nécessaire à la Profession solemnelle des Religieux, par M. le Vayer de Boutigni. *Amsterdam*, 1751, *in-*12. *v.*

386 L'Evêque de la Cour, touchant la Domination épiscopale exercée dans le Diocèse d'Amiens, en cinq entretiens. 1674, *in-*12. *v. b.*

387 Factum pour M. Jean-Baptiste Thiers, défendeur, contre le Chapitre de Chartres, Demandeur. *in-*12. *v. b.*

388 Traité de la Dépouille des Curés, par J. B. Thiers. *Paris, Guil. Desprez*, 1683, *in-*12. *v. b.*

389 Traité du Délit commun & cas privilégié, ou de la puissance légitime des Juges séculiers, sur les personnes ecclésiastiques, par B. M. C. *Paris*, 1611. — Traité de la grande prudence & subtilité des Italiens. 1590. — Déploration de la mort de Henri III, & du Scandale qu'en a l'Eglise. *Caen*, 1590, *in-*8. *vélin.*

Droit Ecclésiastique des Réguliers, &c.

390 L'Apocalypse de Meliton, ou Révélation des Mysteres cénobitiques, par Meliton. *Saint-Léger, Chartier*, 1662, *in-*12. *v.*

391 Mémoires pour servir à l'établissement de la Jurisdiction des Abbés Généraux de Cluni sur tout l'Ordre de Cluni. *Paris*, 1706, *in-*fol. *v. b.*

392 Statuta Ordinis Carthusiensis, à Guigone, Priores Carthusiæ edita, cum Repertorio & Privilegiis. *Basileæ, Joan. Amorbachius*, 1510, *in* fol. *mar. r. d. s. tr. avec fil.* (Exemplar elegans & integrum libri rari).

JURISPRUDENCE.

393 Défense de l'Humilité Séraphique, par le P. Paulin. *Lyon*, 1643, *in-*8. *vélin.*

394 Constitution des Jésuites, avec les Déclarations trad. sur l'édition de Prague. *En France*, 1762, 3 *vol. in-*12. *v. ec. avec fil. d'or.*

395 Le Catéchisme des Jésuites, ou Examen de leur Doctrine. *Ville-Franche*, 1602. — La Chasse du Renard Pasquin, découvert & pris en sa tanniere du libelle diffamatoire faux marqué, le Cathéchisme des Jésuites, par le sieur Félix de la Grace. *Ville-Franche*, 1602, *in-*8. *vélin.*

396 Le Catéchisme des Jésuites, par Etienne Pasquier. *Delft, Isaac Vorbuger*, 1717, 2 *vol. in-*12. *v. b.*

397 Les Mysteres les plus secrets des Jésuites. *Cologne*, 1727, *in-*8. *v. b.*

398 La Religion des Jésuites, ou Réflexions sur les inscriptions du P. Menestrier, & sur les écrits du P. le Tellier pour les nouveaux Chrétiens de la Chine & des Indes, contre la 19e. observation de l'Esprit de M. Arnaud. *La Haye*, 1689, *in-*12. *v. f.*

399 Le Testament des Jésuites, ou l'Esprit de la Société infidelle à Dieu, au Roi & à son Prince. *Londres*, 1738, *in-*12. *v. f.*

400 Les Jésuites criminels de lèze-Majesté dans la théorie & dans la pratique. *La Haye*, 1758, *in-*12. *v. m.*

401 Secreta Monita, ou Advis secrets de la Société de Jésus. *Paderborne*, 1761. — Secrets du Gouvernement Jésuitique. 1761, *in-*12. *v.*

402 Dénonciation des crimes & attentats des

JURISPRUDENCE. 47

soi-disans Jésuites dans toutes les parties du monde. 1762, 2 vol. in-12. v.

403 Dénonciation faite au Parlement de Normandie, de la conduite que les Jésuites ont gardée depuis leur entrée dans cette Province jusqu'à présent. 1762, in-12. v. avec fil. d'or. . . . . . 1 . . 0 . . 0

404 Appel à la raison des Ecrits & Libelles publiés par la passion, contre les Jésuites de France. Bruxelles, 1762, in-12. v. m. . . . . . . 1 . . 0 . . 0

405 Traité de la clôture des Religieuses, où l'on fait voir que les Religieuses ne peuvent sortir de leur cloître, ni les personnes étrangeres y entrer sans nécessité, par J. B. Thiers. Paris, Ant. Dezallier, 1681, in-12. v. m. . . . . . 1 . . 19 . . 0

406 Factum pour les Religieuses de Sainte-Catherine-lès-Provins, contre les Peres Cordeliers. Doregnal, Dierick Braessem, 1668, in-12. v. b.

407 Toilette de l'Archevêque de Sens, ou Réponse au Factum des Filles de Sainte-Catherine-lès Provins, contre les Peres Cordeliers. 1669, in-12. gr. pap. v.

} 1 . . 19 . . 0

408 Sommaire des Priviléges octroyés à l'Ordre de Saint Jean de Hiérusalem, du vivant de tous les Grands-Maîtres, avec leurs portraits, par Frere Anne de Naberat. in-fol. gr. pap. vélin. . 1 . . 10 . . 0

409 Statuts de l'Ordre de S. Michel. Paris, Imp. Royale, 1725, in-4. v. f. avec fil. d'or. . . . 1 . . 10 . . 0

410 Les Statuts de l'Ordre du S. Esprit, établi par Henri III au mois de décembre 1578. Paris, Impr. Royale, 1703, in-4. gr. pap. lav. reg. m. r. d. s. tr. avec dent. d'or. . . . . . . 1 . . 0 . . 0

411 Les Statuts de l'Ordre du S. Esprit. Paris, Impr. Royale, 1703, in-4. mar. r. d. s. tr. avec dent. l. r. . . . . 1 . . 6 . . 0

JURISPRUDENCE.

412 Etat général des Unions faites des biens & revenus des Maladeries, Léproseries, Aumôneties & autres lieux pieux, aux Hôpitaux des pauvres malades, en exécution de l'Edit du Roi du mois de Mars, & des Déclarations des 15 du même mois, & 24 Août 1693. *Paris*, 1705, *in-4. m. r. d. s. tr.*

413 Regla de la Orden y Cavalleria de S. Santiago de la Espada, por el Doctor Francisco de la Portilla. *En Anvers*, 1598, *in-8. vélin.*

414 Briéve & fidelle Exposition de l'origine de la Doctrine, des Constitutions, Usages & Cérémonies ecclésiastiques de l'Eglise de l'Unité des Freres connus sous le nom de Freres de la Bohême & de Moravie. 1758, *in-8. fig. encart.*

DROIT CIVIL.

Droit de la Nature & des Gens.

415 Code de la Nature, ou le véritable Esprit de ses Loix. 1755, *in-8. v. ec. avec fil. d'or.*

416 Principes du Droit naturel & politique, par J. J. Burlamaqui. *Genève*, 1764, 2 *vol. in-12. v. m.*

417 Essai sur les Principes du Droit & de la Morale, par M. d'Aube. *Paris*, 1743, *in-4. v. f.*

418 Le Droit de la guerre & de la paix, par Hugues Grotius, trad. par Jean Barbeyrac, avec des notes. *Basle*, 1746, 2 *vol. in-4. encart.*

419 Théorie des Loix civiles, ou Principes fondamentaux de la Société, par Linguet. *Londres*, 1767, 2 *vol. in-12. broch.*

420 Corps universel diplomatique du Droit des gens

JURISPRUDENCE.

gens, contenant un Recueil des Traités d'alliance, de paix, de trèves, de neutralité, &c. par Jean Dumont. *Amsterdam, P. Brunel,* 1726.—1731, 8 vol. *in-*fol. *v. m.*

421 Supplément au Corps universel diplomatique du Droit des gens, par MM. Dumont & Rousset. *Amsterdam, Janss. à Waesberge,* 1739, 8 part. 5 vol. *in-*fol. *v. m.*

422 Négociations secrettes touchant la paix de Munster & d'Osnabrug. *La Haye, Jean Neaulne,* 1725, 1726, 4 tom. 2 vol. *in-*fol. *v. m.*

423 Histoire des Traités de Paix & autres Négociations du XVIIe. siècle, depuis la paix de Vervins jusqu'à la paix de Nimégue, par Yves de Saint-Prest. *Amsterdam, J. Fr. Bernard,* 1725, 2 vol. *in-*fol. *v. m.*

424 Le Droit public de l'Europe, fondé sur les Traités conclus jusqu'en l'année 1740, par l'Abbé de Mably, avec des Remarques historiques, politiques & critiques par M. Rousset. *Amsterdam,* 1748, 2 vol. *in-*8. *v. b.*

425 Recueil historique d'Actes, Négociations, Mémoires & Traités, depuis la paix d'Utrecht jusqu'à présent par M. Rousset. *La Haye,* 1728—1744, 19 vol. *in-*12. *v. f.*

Droit Romain.

426 Imp. Cæs. Justiniani Institutionum Libri IV, cum notis perpetuis Georg. Davidis Locameri, & additionibus Joh. Rebhanii, editio accurata ab Ulrico Obrechto. *Argentorati,* 1611, *in-*12. *vélin.*

427 Les Institutes de l'Empereur Justinien, avec

JURISPRUDENCE.

des Observations, par Claude de Ferriere. *Paris, Denys Thierry*, 1692, 2 *vol. in*-12.

1...16...0   428 Imp. Juſtiniani, Juſtini, Leonis Novellæ Conſtitutiones, Juſtiniani edicta, græcè. *Pariſiis Henr. Stephanus*, 1558, *in*·fol.

1...13...0   429 Breviarium Juris Joannis Fabri. *in*-fol. *rel. en bois.* MS. *ancien, partie ſur vélin, partie ſur papier.*

Droit François, & ſes différentes Parties.

1...11...0   430 L'Excellence du mot de Clerc, Nobleſſe & Antiquité des Clercs, par le ſieur Gaſtier. *Paris, Nicolas Beſſin*, 1631, *in*-8.

1...0...0   431 Recherches pour ſervir à l'Hiſtoire du Droit françois, & ſur la Nobleſſe de Champagne. *Paris*, 1752, *in*-12. *v. f.*

1...0...0   432 Mémoire pour diminuer le nombre des procès, par l'Abbé de Saint-Pierre (Irené de Caſtel). *Paris, Cavelier*, 1725, *in*-12. *v. f.*

28...1...0   433 Capitularia Regum Francorum; additæ ſunt Marculfi Monachi & aliorum Formulæ veteres & notæ doctiſſimorum virorum, cum Notis Stephani Baluzii editoris. *Pariſiis, Franciſcus Muguet*, 1677, 2 *vol. in*-fol. *v. f. avec fil. d'or.*

1...4...0   434 Ordonnances du Roi pour la Réformation & Réglement de la Juſtice, faites en l'Aſſemblée tenue à Moulins au mois de février. 1566, *Paris, Rob. Etienne*, 1566, *in* 8. *v. b.*

435 Panégyrique de l'Henoticon, ou Edit de Henri III ſur la réunion de ſes ſubjets à l'Egliſe catholique, apoſtolique & romaine, par Honoré de Laurens. 1588. *in*-8. *v. b.*

436 Les Ordonnances Royaux ſur le faict & juriſdiction de la Prévoſté des Marchands & Eſ-

JURISPRUDENCE. 51

chevinage de la Ville de Paris. *Paris*, 1620, *in*-fol. *mar. r. d. f. tt. avec dentelles & fleurs de lys d'or.*

437 Code militaire, ou Compilation des Ordonnances des Rois de France concernant les gens de guerre, par Briquet. *Paris*, 1741, 5 *vol. in*-12. *v. b.*

438 Edits, Déclarations, Ordonnances, Arrêts & Réglemens concernant l'Hôtel Royal des Invalides. *Paris, Impr. Royale*, 1728, *in*-4. *v. b.* } 1...18...0

429 La Justice militaire de l'Infanterie, par le sieur Laurent de Ville. *Paris, Th. Osmont*, 1672, *in*-12. *v. b.*

440 Histoire tragique & Arrêts de la Cour du Parlement de Tholose, contre Pierre Arrias Burdeus, Religieux Augustin, & autres, avec 131 Annotations sur ce subjet, par Guil. de Segla. *Paris, la Caille*, 1613, *in*.8. *l. r. vélin.* .. 1—13—0

441 Histoire du Parlement de Tournay, par Math. Pinault. *Valenciennes*, 1701, *in*-4. *v. b.* ... 1...10...0

442 Code de la Police, ou Analyse des Réglemens de Police, par M. Duchesne. *Paris*, 1757, *in*-12. *v.*
443 Les Us & Coûtumes de la mer. *Bourdeaux*, 1647, *in*·4. *v. b. avec fil. d'or.* } 1...6...0

444 Los Fors & Costumas de Bearn. *Lescar, Louis Rabier*, 1602, *in*-4. *v.* ......1...6...0

445 Coûtume de Chasteau-neuf en Thimerais, avec les Notes de Ch. du Moulin, & Annotations du sieur du Lorens. *Chartres*, 1732, *in*-8. *v. f.* ....} 1...10...0

446 Coutumes générales du Duché de Lorraine. *Nancy*, 1748, *in*-12. ....1...0...0

D ij

JURISPRUDENCE.

1...0...0 447 Texte des Coutumes de la Prévôté & Vicomté de Paris. *Paris*, 1740, *in*-24. *v.*

1...10...0 448 Coutumes du Bailliage de Troyes, par Pierre Pithou. *Troyes*, 1609, *in*-4. *vélin.*

5...1...0 449 Dictionnaire portatif de Jurisprudence & de Pratique, avec une Notice des plus célèbres Jurisconsultes anciens & modernes, françois & étrangers, par M. D. P. D. C. Avocat. *Besançon, Charmet l'aîné*, 1764, 3 *vol. in*-8. *v.*

1...10...0 450 Du Franc-aleu & Origine des Droits seigneuriaux, par Galland. *Paris*, 1637, *in*-4. *vel.*

5...1...0 451 Traité des Fiefs, par Cl. Pocquet de Livoniere; 4ᵉ. édition. *Paris, P. G. le Mercier*, 1756, *in*-4. *v. m.*

1...5...0 452 Traité du Droit commun des Fiefs, par M. Gœtsmann. *Paris, Desventes de Ladoué*, 1768, 2 *vol. in*·12. *broch.*

2...0...0 453 Traité de la perfection & confection des Papiers terriers généraux du Roi, des Apanages des Princes, Seigneurs patrimoniaux, &c. par Mᵉ. Bellami. *Paris*, 1746, *in*-4. *v. m.*

454 Traité des Inscriptions en faux, & Reconnoissances d'écritures & signatures par comparaison & autrement, par Jacq. Raveneau. *Paris, Th. Jolly*, 1666, *in*-12.

3...0...0 455 La Practique & Enchiridion des Causes criminelles, avec plusieurs élégantes figures, par Josse de Damhoudere. *Louvain*, 1554, *in*·4. *v. f.*

456 Pratique judiciaire ès Causes criminelles, par Josse de Damhoudere, illustrée des Ordonnances, Statuts & Coutumes de France. *Lyon*, 1583, *in*-12. *vélin.*

JURISPRUDENCE.

457 Recueil général des Titres concernant les Fonctions, Dignités & Priviléges des Trésoriers de France, Généraux des Finances, & Grands-Voyers des Généralités du Royaume, tiré des Ordonnances, Edits, &c. par Simon Fournival. *Paris*, 1657, *in*-fol. *v. b.* 	*a*	5 — 4 — 0

458 Traité des Monnoies & de la Jurisdiction de la Cour des Monnoies, en forme de Dictionnaire, par M. Abot de Bazinghein. *Paris*, 1764, 2 *vol. in*-4. *baſ.* 	7 — 4 — 0

459 Création du Collége des Notaires & Secrétaires du Roi & Maison de France, Priviléges, Dons & Octrois faits par les Rois de France à icelui Collége. *MS. ſur vélin du XVIe. ſiècle avec ornemens, in*-4. *m. bl. d. ſ. tr. avec dent.* 6 — 12 — 0

460 Plaidoyez de M. ***. (Erard), Avocat au Parlement. *Paris*, 1696, *in*-8. *v. f.* 	1 — 1 — 0

462 Plaidoyers & Mémoires de M. Mannory, ancien Avocat au Parlement. *Paris*, 1759—1766, 18 *vol. in*-12. *v.* 	15 — 0 — 0

463 Discours d'un ancien Avocat Général dans la cause du Comte de **. & de la Dlle. **. Chanteuse de l'Opéra. *Lyon*, 1772, *in*-12. *demi-rel.* 	1 — 0 — 0

464 Causes célèbres & intéressantes, avec les Jugemens qui les ont décidées, par Gayot de Pitaval. *Paris*, 1739—1743, 20 *vol. in*-12. *v.* 	24 — 1 — 0

465 Mémoire pour le sieur de Buſſy, au sujet du Mémoire du sieur de Lally. *Paris*, *Lambert*, 1766, *in*-4. *v. m.* 	1 — 19 — 0

466 Recueil général des Pièces contenues au procès du Marquis de Gevres, & de Mlle. de Mascranni son épouse. *Roterdam*, 1713, *in*-12. *v.* 	3 — 6 — 0

467 Procès du P. Girard & de la Cadiere. *Aix*, 1733, *in*-fol. *v.*

D iij

JURISPRUDENCE.

468 Recueil général des Pièces concernant le procès de la D^{lle}. Cadiere & du P. Girard. *La Haye*, 1731, 8 *vol. in*-12. *broch.*

469 Pièces originales & Procédures du procès fait à Robert-François Damiens. *Paris, P. G. Simon*, 1757, 4 *vol. in*-12. *broch.*

Droit Etranger.

470 Capitulation harmonique de M. Muldener, trad. de l'allemand par M. Beffet de la Chapelle. *Paris*, 1750, *in*-4. *v. f.*

471 Instruction donnée par Catherine II., Impératrice de Ruffie, à la Commiffion établie pour la rédaction d'un nouveau Code de Loix, trad. en françois. *Laufanne*, 1769, *in*-8. *broch.*

472 Les Plans & les Statuts des différens Etabliffemens ordonnés par Sa Majefté Impériale Catherine II. pour l'éducation de la jeuneffe, trad. du ruffe de M. Betzky par M. Clerc. *Afterdam*, 1775, 2 *vol. in*-12. *demi-rel.*

SCIENCES ET ARTS.

PHILOSOPHIE.

Philofophes anciens & modernes.

473 HISTOIRE critique de la Philofophie par M. Deflandes. *Londres*, 1742, 4 *vol. in*-12. *v. b.*

474 Hiftoire abrégée de la Philofophie, par M. Formey. *Amfterdam*, 1760, *in*-12. *encart.*

475 Les Œuvres de Platon, trad. en françois par

SCIENCES ET ARTS. 55

M. Dacier. *Paris, Anisson*, 1701, 2 *vol. in-*12. *v. b.*

476 Le Timée de Platon, traitant de la nature du monde & de l'homme, translaté de grec en françois, avec Observations, par Loys le Roy. Et trois Oraisons de Démosthenes, dites Olynthiaques, translatées de grec en françois par le même Loys le Roi. *Paris, Michel de Vascosan*, 1551, *in-*4. *v. b.* avec *fil. d'or.* . . . . 1...4...0

477 Aristotelis Stagiritæ Opera quæ extant omnia; per Philip. Melanchthonem. *Basileæ*, 1538, *in-fol. vélin.* . . . . 1...10...0

478 Plotinus latinè, Marsilio Ficino Interprete. *Florentiæ, per Antonium Miscominum*, 1492, *in-*fol. *v. m.* (Edition originale & fort recherchée). . . . . 15...0...0

479 Traité de Porphyre touchant l'abstinence de la chair des animaux, par M. de Burigny. *Paris, de Bure*, 1747, *in-*12. *v.* . . . . 1...0...0

480 L. Annæi Senecæ Philosophi, & M. Annæi Senecæ Rhetoris quæ extant, ex recensione And. Schotti. *Lugduni, Batav. apud Elzevirios*, 1640, 3 *vol. in-*12. *v. b. d. s. tr.* (Optima editio). . 12...10...0

481 Les Œuvres de Séneque le Philosophe, trad. en françois par feu M. Lagrange, avec des Notes. *Paris*, 1778, 6 *vol. in-*12. *v.* . . . . . 13...15...0

482 L'Esprit de Séneque, ou les plus belles Pensées de ce Philosophe. *Bruxelles, S. T. Serstevens*, 1706, *in-*12. *v.* . . . . 1...0...0

483 Voyage du monde de Descartes, nouvelle édition augm. par le P. G. Daniel. *Amsterdam*, 1713, 2 *vol. in-*12. *v. b.* . . . . 1...0...0

484 Systême de Philosophie, par Pierre Sylvain Regis. *Lyon*, 1691, 7 *vol. in-*12. *v. b.* . . . 3...0...0

D iv

56   SCIENCES ET ARTS.

Logique.

1...6...0   485 La Logique ou l'Art de penser, par M. Nicole. *Paris, Guil. Desprez*, 1752, *in*-12. *v. m.*

1...0...6   486 Systême de Logique abregé par son auteur J. P. de Crousaz. *Lausanne*, 1735, *in*-12. *v.*

Morale.

1...0...0   487 Aristotelis Ethicorum Nicomachiorum Libri X ex Dion. Lambini interpretatione, græco-latini; Theophrasti Caracteres, interprete Cl. Auberio; Pythagoreorum veterum Fragmenta Ethica, à Gul. Cantero conversa & emendata. *Basileæ*, 1582, *in*-fol. *vélin.*

5...10...0   488 Les Ethiques d'Aristote, trad. en françois par Nicolas Oresme de Caen. *Paris*, 1488, *in*-fol. *goth. rel. en bois.*

1...10...0   489 Entretiens de Phocion sur le rapport de la Morale avec la Politique, trad. du grec de Nicoclès, avec des Remarques, par l'Abbé de Mably. *Zurich*, 1763, *in*-8. *encart.*

3...15...0   490 Le Manuel d'Epictete, & les Commentaires de Simplicius, trad. en françois, avec des Remarques, par M. Dacier. *Paris*, 1715. 2 vol. *in*-12. *v.*

23...19...0   491 Les Morales d'Epictete, de Socrate, de Plutarque & de Séneque. *Au Château de Richelieu, Etienne Migon*, 1653, *in*-8. *v. f. d. s. tr.*

1...11...0   492 Réflexions de l'Empereur Marc-Aurele Antonin, avec des Remarques par M. Dacier. *Paris*, 1742, *in*-12. *v. m.*

9...5...0   493 La Consolation de la Philosophie, trad. du

SCIENCES ET ARTS. 57

latin de Boece. *Paris, Etienne Loyson*, 1711, *in*-12. *v*.

494 Gulistan ou l'Empire des Roses, composé par Sadi, & trad. par André Duryer. *Paris*, 1634, *in*-8. *vélin*. . . . . 1...5...0

495 Le Jeu des Eschez moralisé. *Paris, Michel le Noir*, 1505, *in*-4. *goth. v. b.* . . . . 1...10...0

496 Le Cueur de Philosophie, translaté de latin en françois, à la requeste de Philippe le Bel, Roy de France. *Paris, François Regnault*, 1529, *in*·4. *gothique. v. m.* . . . . 6...12...0

497 Réflexions, Sentences & Maximes morales, avec des Notes politiques & historiques, par Amelot de la Houssaye. *Paris, Etienne Ganeau*, 1714, *in*-12. *v. b.* . . . . 1...1...0

498 Réflexions ou Sentences & Maximes morales de M. de la Rochefoucault. *Lausanne*, 1747, *in*-8.° . . . . 2...11...0

499 Pensées philosophiques, morales & politiques, par M. Contant d'Orville. *Paris, Grangé*, 1768, *in*-12. *v. m.* . . . . 1...16...0

Traités de Philosophie morale, des Vertus, des Vices & des Passions.

500 Traité des Vertus & des Vices, compilé & parfait par un Frere de l'Ordre des Prêcheurs. *MS. sur papier du XV*e. *siècle, in*-fol. *vélin avec fil. d'or.* . . . . 5...0...0

501 La Doctrine des mœurs représentée en 100 Tableaux & expliquée en 100 Discours, pour l'instruction de la jeunesse, par de Gomberville. *Paris*, 1646, *in*-fol. *v. b.* . . . . 18...3...0

502 Traité du vrai Mérite, par M. le Maître de Claville. *Amsterdam*, 1750, 2 *vol. in*-12. *broch.* 1...14...0

58 SCIENCES ET ARTS.

503 De la Sagesse, par Pierre Charron. *Leyde, Jean Elzevier*, 1656, *in-12. vel.*

504 Traité de la Paresse, ou l'Art de bien employer le temps en toute sorte de conditions. *Paris*, 1677, *in-12. v. b.*

505 Traité de la Paresse, ou l'Art de bien employer le temps dans toute sorte de conditions. *Paris, J. Fr. Josse*, 1743, *in-12. demi-rel.*

506 Le Spectateur ou le Socrate moderne, où l'on voit un portrait naïf des mœurs de ce siècle, trad. de l'anglois. *Basle, Jean Bandmuller*, 1737, 6 *vol. in-8. v. b.*

507 Le Spectateur ou le Socrate moderne, trad. de l'anglois. *Amsterdam, Wetstein*, 1741, 6 *vol. in-12. v. m.*

508 La Spectatrice, Ouvrage trad. de l'anglois. *Paris, Pissot*, 1751, 2 *vol. in-12. v. m.*

509 Le Misanthrope, par M. V. E. ***. *Lausanne, Marc-Michel Bousquet*, 1741, 2 *vol. in-8. v.*

510 Le Philosophe nouvelliste, trad. de l'anglois de M. Steele par A. D. L. C. *Amsterdam, François Changuion*, 1735, 2 *vol. in-12. v.*

511 Le Philanthrope. *La Haye, Jean-Martin Husson*, 1738, 2 *vol. in-8. encart.*

512 Le Monde, par Adam, Filtz-Adam, trad. de l'anglois. *Leyde*, 1757, 2 *vol. in-12. v.*

513 Considérations sur les mœurs de ce siècle, par M. Duclos. *Paris, Prault fils*, 1751, *in-12. v. m.*

514 L'Esprit du siècle. *Amsterdam*, 1746, *in-12. v. m.*

515 Lettres philosophiques sur les Physionomies. *La Haye, Jean Neaulme*, 1746, *in-12. v. m.*

516 Le Temple de la Félicité, où se voyent di-

SCIENCES ET ARTS.

vers tableaux qui représentent tout ce qui a pouvoir de rendre l'homme content & heureux en cette vie, par Pierre Vialar, Evêque d'Avranches. *Paris*, 1644, *in*-4. *vélin.* } 6...0

517 Les Délices de la solitude, par le Chevalier de Cramezel. *Paris, Pecquet,* 1752, *in*-12. *v. b.*

518 L'homme détrompé, ou le Criticon de Balthazar Gracian, trad. de l'espagnol. *La Haye, Jacob Van Ellinckuisen,* 1708, 3 *vol. in*-12. *vélin.* . . . . 2...0...0

519 La Jouissance de soi-même, par le Marquis Caraccioli. *Amsterdam, E. Van Harrevelt,* 1759, *in*-12. *v.* . . . . 1...0...0

Economie.

520 Roderici Zamorensis Speculum Vitæ humanæ. *Editio perantiqua Parisiensis, à Petro Cæsaris & Johanne Stol excusa, circa annum* 1471, *in*-fol. *rel. en bois.* . . . . . 25...0...0

521 Roderici Zamorensis Speculum Vitæ humanæ. *Bisuncii,* 1488, *in*-4. *mouton blanc.* . . 1...4...0

522 Traité de la Vocation & Maniere de vivre, à laquelle chacun est appellé, par Pierre de la Place. *Paris, Frédéric Morel,* 1561, *in*-4. *broch.*
523 Réflexions sur la politesse des mœurs, avec des Maximes pour la société, par l'Abbé de Bellegarde. *Paris,* 1698, *in*-12. } 2...17...0

524 Pratique universelle des Sciences les plus nécessaires au commerce & à la vie civile, par Nicolas Duval. *Paris,* 1725, *in*-fol. . . . 1...0...0

525 L'Ami des Hommes, par M. de Mirabaud. *Avignon,* 1758-1761, 7 *vol. in*-12. *v. b.* . . 9...4...0

526 Mémoire sur la population militaire. *Londres,* 1768, *in*-8. *v. avec fil. d'or.* . . . . . . 2...8...0

527 Essais sur la destination de l'homme. *Dresde, Walther*, 1752, *in-8. broch.*

528 Nouveau Traité de la civilité qui se pratique en France parmi les honnêtes gens. *Paris*, 1673, *in-12. v. b.*

529 La Bibliothéque des Dames, contenant des régles générales pour leur conduite, trad. de l'anglois du Chevalier R. Steele, par M. Janiçon. *Amsterdam*, 1724, *2 vol. in-12. v.*

530 De l'heur & malheur de mariage, ensemble les Loix connubiales de Plutarque, trad. en françois par Jehan de Marconville. *Paris, Jean Dallier*, 1571, *in 8. l. r. v. m. avec fil. d'or.*

531 Le Tableau du mariage représenté au naturel, par Me. Paul Caillet. *Orenge, Etienne Voisin*, 1635, *in-12. v.*

532 Testament ou Conseils fideles d'un bon pere à ses enfans, par P. Fortin, sieur de la Hoguette. *Leyde*, 1655, *in-12. vélin.*

533 Les Devoirs des maîtres & des domestiques, par Claude Fleury, Abbé du Loc-Dieu. *Paris, P. Auboin*, 1688, *in-12. v. b.*

Politique.

534 Institutions politiques, par M. le Baron de Bielfel. *Paris, Duchesne*, 1761, *4 vol. in-12. v. m.*

535 Elémens philosophiques du Citoyen, Traité politique où les fondemens de la Société civile sont découverts, par Thomas Hobbes, trad. en françois par de Sorbiere. *Amsterdam, Jean Blaeu*, 1649, *in-8. v.*

536 Le Corps politique, ou les Elémens de la Loi morale & civile, trad. de l'anglois de Tho-

SCIENCES ET ARTS. 61

mas Hobbes. 1652, *in-*12. *v. f. avec fil. d'or.*

537 Des Corps politiques & de leurs Gouvernemens. *Lyon*, 1764, 2 *vol. in-*12. *broch.* } 2...2...0

538 Discours politiques & militaires du Seigneur de la Noue. *Basle*, 1587, *in-*4.

539 Discours politiques & militaires du Seigneur de la Noue. *Basle, Fr. Forest*, 1587, *in* 8. *vélin.* 2...11...0

540 Joan. Bodini de Republicâ Libri VI, latinè ab auctore redditi. *Francofurti, Joan. Wechel*, 1594, *in-*8. 5...0...0

541 Propositioni, overo Considerationi in materia di cose di stato, sotto titolo di avvertimenti, auvedimenti civili & concetti politici, di Francesco Guicciardini, Gio. Franc. Lottini, Franc. Sansovini, ampliati & corretti. *In Vinegia*, 1588, *in-*4. *vélin.* 3...0...0

542 Joannis Jacobi Chifletii Opera politico-historica ad pacem publicam spectantia. *Antuerpiæ*, 1650, *in-*fol. *v. b.* } 3...10...0

543 Considérations politiques sur les coups d'estat, par Gab. Naudé. *Cologne*, 1744, *in-*12. *v. m.*

544 Raison & Gouvernement d'Etat, trad. de l'italien de Giovani Botero, par Gabriel Chappuis ; italien & françois. *Paris, Guil. Chaudiere*, 1599, *in* 8. *vélin.*

545 Nouvelle relation du voyage du Prince de Montberaut dans l'isle de Naudely, où sont rapportées toutes les maximes qui forment l'harmonie d'un parfait Gouvernement. *Merinde, in-*12. *v. f.* } 1...5...0

546 La Politique de Ferdinand le Catholique, Roi d'Espagne, par M. de Varillas. *Amsterdam*, 1688, 3 *tom.* 1 *vol. in-*12. *v. b.*

SCIENCES ET ARTS.

2...8...0 547 Testament politique du Cardinal de Richelieu. *La Haye*, 1740, 2 vol. *in*-12. *broch.*

1...0...0 548 Testament politique de M. le Marquis de Louvois. *Cologne*, 1695, *in*-12. *broch.*

1...4...0 549 Testament politique de J. B. Colbert. *La Haye, Van Duren*, 1711, *in*-12. *broch.*

1...16...0 550 Testament politique de M. de Vauban, Maréchal de France. 1707, 2 *vol. in*-12. *v.*

1...4...0 551 Testament politique du Cardinal Jules Alberoni, trad. de l'italien. *Lausanne*, 1753, *in*-12. *encart.*

1...4...0 552 Testament politique du Maréchal de Belle-Isle. *Amsterdam*, 1761, *in*-12. *v.*

1...10...0 553 Joannis Marianæ de Rege & Regis institutione Libri III. ejusdem de ponderibus & mensuris Liber. *Typis Wechelianis*, 1611, *in*-8. *vélin.*

1...0...0 554 L'Anti-Mariana, ou Réfutation des Propositions de Mariana, pour monstrer que la vie de Princes souverains doit estre inviolable aux subjects. *Paris, P. Metayer*, 1610, *in*-8. *v. bl. avec fil. dor.*

1...0...0 {
555 Maximes sur le devoir des Rois, & le bon usage de leur autorité, tirées de différens Auteurs. 1754, 2 *p. vol. in*-12. *broch.*

556 Lettres sur l'Esprit de patriotisme, sur l'idée d'un Roi patriote, & sur l'état des partis lors de l'avénement du Roi George I, trad. de l'anglois. *Edimbourg*, 1750, *in*-8. *broch.*
}

1...10...0 557 Le Miroir exemplaire du régime & gouvernement des Rois & Princes, selon la compilation faite par Gilles de Rome. *Paris, Guill. Eustace*, 1517, *in*-4. *l. r. v. m.*

SCIENCES ET ARTS.

558 L'Horloge des Princes, avec le très-renommé Livre de Marc Aurele, recueilli par Dom Antoine de Guevare, Evêque de Guadix, trad. par Nicolas de Herberay, sieur des Essars. *Paris*, 1555.—Les Illustrations de Gaule & Singularité de Troye, par Jean le Maire, avec la Couronne margaritique, & plusieurs autres Œuvres de lui; le tout revu & restitué par Antoine Dumoulin. *Lyon*, 1549, *in*-fol. *v. m. avec fil. d'or.* Bel exemplaire. — — — — — — 10 — 0

559 L'Histoire de Chelidonius Tigurinus, sur l'institution des Princes chrétiens, trad. de latin en françois par P. Bouaistuau, avec une autre Histoire de la fausse Religion de Mahomet, & par quel moyen il a séduit tant de peuples, laquelle est de l'invention du translateur. *Paris, de Marnef*, 1578, *in*-12. *vélin.* — — — — — — — 0 — 0

560 Codicille d'or, ou petit Recueil tiré de l'institution du Prince chrétien, composé par Erasme. 1666, *in*-12. *v.*

561 La Pratique de l'éducation des Princes, par Varillas. *Paris*, 1684, *in*-4. *v. b.*

562 Examen du Prince de Machiavel, avec des Notes historiques & politiques. *La Haye*, 1741, *in*-8. *v. f.*
} — 0 — 0

563 Le Rozier des guerres, composé par Louis XI, pour M. le Dauphin Charles son fils, par le Président d'Espagnet. *Paris*, 1616, *v. m. avec fil. d'or.* — — — — — — — — 4 — 0

564 Les Adieux du Duc de Bourgogne & de l'Abbé de Fénelon son Précepteur, ou Dialogue sur les différentes sortes de Gouvernemens. *Douai*, 1772, *in*-12. *demi-rel.* — — — — — 5 — 0

SCIENCES ET ARTS.

565 La Pratique de l'éducation de Charles-Quint, par Varillas. *Paris, Claude Barbin*, 1685, 2 vol. *in*-12. *v. b.*

566 Le Héros de Balthazar Gracian, trad. de l'espagnol par le P. de Courbeville. *Rotterdam*, 1729, *in*-12. encart.

567 Le véritable Mentor, ou l'éducation de la Noblesse, par le Marquis de Caraccioli. *Liége*, 1759, *in*-12. *v. m.*

568 Le Jouvencel qui traite des devoirs d'un homme de guerre. *MS. sur papier du* XVe. *siècle. in*-fol. *m. r. d. s. tr. avec fil.*

569 Mémoires de M. le Prince de Conty, touchant les obligations des Gouverneurs de Provinces. *Paris*, 1667, *in*-8. *v.*

570 Traité de la Cour ou Instruction des Courtisans, par M. du Refuge. *Leyde, Elzeviers*, 1649, *in*-12. *vélin.*

571 Nouveau Traité de la Cour, ou Instruction des Courtisans. *Paris*, 1672, *in*-12. *v. b.*

572 L'Homme de Cour de Balthasar Gracian, trad. & commenté par M. Amelot de la Houssaie. *La Haye*, 1707, *in*-12.

573 La Science des Personnes de Cour, d'Epée & de Robe, commencée par M. de Chevigny, *Amsterdam, Chatelain*, 1752 — 1757, 18 vol. *in*-12. *v. m.*

574 Mémoires & Instructions pour les Ambassadeurs, ou Lettres & négociations de Walsingam, Ministre sous Elisabeth, Reine d'Angleterre, trad. de l'anglois par Louis Boulesteys de la Contie. *Amsterdam*, 1717, 4 vol. *in*-12. *v. b.*

SCIENCES ET ARTS.

575 L'Ambassadeur & ses Fonctions, par M. de Wiquefort. *Cologne, P. Marteau,* 1715, 3 part. 1 vol. *in-*4. vélin. . . . . 5...10...0

576 L'Ambassadrice & ses droits, par M. Moser. *Berlin,* 1754, *in-*12. *broch.*

577 Le Secret des Cours, ou les Mémoires de Walsingham, Secretaire d'Etat sous la Reine Elisabeth, avec les Remarques de Robert Nanton sur le règne & les favoris de cette Princesse. *Cologne,* 1695, *in-*12. *v.*

} 1...10...0

578 Traité du point d'honneur & des Règles pour converser & se conduire sagement avec les incivils & les fâcheux, *Paris,* 1675, *in-*12. *v. b.*

579 La Paix générale ou Considération du Docteur Man'lover d'Oxfordt, mises en françois par M. Maubert de Gouvest. 1762, *in-*8. *broch.*

} 1...0...0

Commerce, Monnoies & Finances.

580 Dictionnaire universel de Commerce, par MM. Savari, avec le Supplément. *Paris,* 1723, 1730, 3 vol. *in-*fol. *v. b.* . . . . . . 6...0...0

581 Essai politique sur le Commerce, par M. Melon. *Amsterdam, Changuion,* 1754, *in-*12. *broch.*

582 Le Commerce & le Gouvernement, considérés relativement l'un à l'autre, par M. l'Abbé de Condillac. *Paris,* 1776, *in-*12. *broch.*

} 2...0...0

583 Remarques sur les avantages & les désavantages de la France & de la Grande Bretagne par rapport au commerce & aux autres sources de la puissance des Etats, trad. de l'anglois du Chevalier John Nickolls, 2ᵉ. édition. *Leyde,* 1754, *in-*12. *v.* doré *s. tr.* avec *fil.* . . . . . 2...6...0

584 Les Recherches des monnoies, poids, &c. par

E

66 SCIENCES ET ARTS.

François Garrault. *Paris*, 1576, *in-*8. *vélin.*

585 Traité des monnoies, de leurs circonstances & dépendances, par Jean Boizard. *Paris, Nic. Leclerc*, 1696, *in-*12. *v.*

586 Traité des monnoies, par M. de Bettange. *Avignon*, 1760, 2 *vol. in-*12. *v. b.*

587 Le Denier royal, Traité curieux de l'or & de l'argent, par Scipion de Gramont, sieur de Saint-Germain. *Paris, Toussaint du Bray*, 1620, *in-*8. *vélin.*

588 Critique historique, politique, morale, économique & comique sur les Loteries, trad. de l'italien de M. Leti. *Amsterdam*, 1697, 2 *vol. in-*12. *fig. v.*

589 Recherches & Considérations sur les finances de France, depuis 1595 jusqu'en 1721, par M. de Forbonnais. *Liége*, 1758, 6 *vol. in-*12. *v. m.*

590 Le Guidon général des finances, par Jean Hennequin, avec les Annotations de M^e. Vincent Celée. *Paris*, 1601, *in-*8. *vélin.*

591 Dictionnaire des finances. *Paris*, 1727, *in-*12. *v.*

592 Projet d'une Dixme royale, par M. de Vauban. 1708, *in-*8. *v.*

593 Projet d'une Dixme royale, par M. de Vauban. 1707, *in-*12. *encart.*

594 Mémoires concernant les impositions & droits, par M. Moreau de Beaumont. *Paris, Impr. royale*, 1769, 4 *vol. in-*4. *v. m.* très-rare.

Métaphysique.

595 Petri Pomponatii Mantuani Tractatus de Immortalitate animæ. 1534, *in-*12. *v. b.*

SCIENCES ET ARTS.

596 De l'Origine du mal, ou Examen des principales difficultés de Bayle sur cette matiere, &c., par M. le Comte d'Alès. *Paris, Duchesne*, 1758, 2 tom. 1 vol. in-12. v. f. .... 1 - 0 - 0

597 Introduction à la connoissance de l'esprit humain. *Paris, Ant. Cl. Briasson*, 1747, in-12. v. m. .... 2 - 0 - 0

598 De la Recherche de la Vérité, par N. Malebranche de l'Oratoire. *Paris, Dessaint*, 1762, 4 vol. in-12. v. m. .... 4 - 11 - 0

599 Essai philosophique concernant l'entendement humain, par M. Locke, trad. de l'anglois, avec des remarques par M. Coste. *Amsterdam*, 1735, in-4. v. .... 3 - 6 - 0

600 Coltura de gl'ingegni del M. R. P. Antonio Possevino. *Vicenza*, 1598, in-4. — I Marmi del Doni. *Vinegia*, 1553, in-4. vélin. .... 1 - 6 - 0

601 Essai sur les erreurs populaires, trad. de l'anglois de Thom. Brown. *Paris, Briasson*, 1738, 2 vol. in-12. v. m. .... 4 - 10 - 0

602 Amusement de la Raison. *Paris*, 1752, 2 vol. in-12. encart. .... 1 - 2 - 0

Traités des Esprits & de leurs Opérations ; & premiérement de la Cabale, &c.

603 La Philosophie des Anges, contenant l'art de se rendre les bons Esprits familiers, par L. Meysonnier. *Lyon*, 1648, in-8. vélin. .... 1 - 7 - 0

604 Le Monde enchanté, par Balthasar Bekker. *Amsterdam & Delff*, 1694 & 1696, 7 vol. in-12. v. .... 3 - 10 - 0

605 La Philosophie occulte de Henr. Corn. Agrippa, trad. en françois. *La Haye*, 1727, 2 vol. in-8. v.

E ij

8   SCIENCES ET ARTS.

3....0...0 606 Cinq Livres de l'imposture & tromperie des Diables, des enchantemens & sorcelleries, pris du latin de Jean Wier, & faits françois par Jacques Grévin. *Paris*, 1569, *in*-8. *vélin.*

3...12...0 607 Histoires, Disputes, & Discours des illusions & impostures des Diables, des Magiciens infâmes, Sorcieres & Empoisonneurs, &c. par Jean Wier, avec deux Dialogues de Thomas Erastus, touchant le pouvoir des Sorcieres & de la punition qu'elles méritent. *Genève*, 1579, *in*-8. *vélin.*

3...0...0 608 De l'Imposture & tromperie des Diables, Devins, Enchanteurs, Sorciers, Noueurs d'éguillettes, &c. par Pierre Massé. *Paris*, 1579, *in*-8. *v. f. avec fil. d'or.*

1...0...0 609 De la Démonomanie des Sorciers, par J. Bodin. *Anvers*, 1593, *in*-8. *vélin.*

1...0...0 610 Nicolai Remigi Dæmonolatriæ Libri tres. *Coloniæ Aggrippinæ*, 1596, *in*-8. *v.*

1...8...0 611 L'Antidémon, où les sacriléges, larcins, ruses & fraudes du Prince des ténèbres pour usurper la Divinité, sont amplement traités, tant par le témoignage des saintes Ecritures, Pères & Docteurs de l'Eglise, qu'aussi par le rapport des Historiens sacrés & profanes, par Jules Serclier. *Lyon*, 1609, *in*-8. *vélin v.*

2...8...0 612 Tableau de l'inconstance des mauvais Anges & Démons, où il est amplement traité des Sorciers & de la Sorcellerie, par Pierre de Lancre. *Paris*, 1613, *in*-4. *v. b.*

1...0...0 613 Le Fléau des Démons & Sorciers, par J. Bodin. *Nyort*, 1616, *in*-8. *v. b.*

1...2...0 614 Magica, seu mirabilium historiarum de spectris & apparitionibus Spirituum, item de magicis

SCIENCES ET ARTS. 69

& diabolicis incantationibus, de miraculis, oraculis, vaticiniis, &c. Libri II. *Islebiæ, Henningius Grosius*, 1597, *in*-4. *v. avec fil. d'or.*

615 Discours & Histoires des spectres, visions & apparitions des Esprits, Anges, Démons & ames se monstrant visibles aux hommes, &c. par Pierre le Loyer. *Paris*, 1605, *in*-4. *v.* . . . . . 2 . . . 6 . . . 0

616 Recueil de Dissertations anciennes & nouvelles sur les apparitions, les visions & les songes, avec une Préface historique & un Catalogue des auteurs qui ont écrit sur les esprits, les visions, &c. par l'Abbé Lenglet du Fresnoy. *Paris*, 1752, 2 *vol. in*-12. *v. avec fil. d'or.* . . 1 . . . 16 . . . 0

617 Discours exécrables des Sorciers, ensemble leur Procès, fait depuis 2 ans en · çà en divers endroits de la France, avec une instruction pour un Juge en fait de Sorcellerie, par Henri Boguet. *Rouen*, 1603, *in*-12. *vélin.* . . . . . . 2 . . . 0 . . . 0

618 Discours admirable & véritable des choses advenues en la ville de Mons en Hainaut, à l'endroit d'une Religieuse possedée, & depuis délivrée, mis en lumiere par ordre de l'Archevêque de Cambray. *Douay, Jean Bogart*, 1586, *in*-8. *v. f. avec fil. d'or.* . . . . . . 1 . . . 17 . . . 0

619 Le Thrésor & entierre Histoire de la triomphante victoire du Corps de Dieu sur l'Esprit malin Beelzébub, obtenue à Laon l'an 1566, recueillie des Œuvres & Actes publics, par Jehan Boulæse. *Paris*, 1578, *in*-4. *vélin.* . . . 3 . . . 4 . . . 0

620 Histoire véritable de ce qui s'est passé sous l'exorcisme de trois filles possédées ès Pays de Flandre, où il est aussi traicté de la police du Sabbat & secrets de la Synagogue des Magiciens & Magiciennes, de l'Antechrist & de la fin du

E iij

SCIENCES ET ARTS.

monde ; de la vocation des Magiciens & Magiciennes par le ministere des Démons, & particuliérement des Chefs de magie, &c. extraict des Mémoires de Nicolas de Momorenci, Comte d'Estarre, & des R. P. Sébastien Michaelis & Franc. Donsieux, & mis en lumiere par J. le Normant. *Paris*, 1623, 2 *vol. in-*8. *v. f.*

f....o....o 621 Histoire des Diables de Loudun, ou de la possession des Religieuses Ursulines, & de la condamnation & du supplice d'Urbain Grandier, Curé de la même Ville. *Amsterdam*, 1716, *in* 12. *v. f.*

f....o....o 622 Traité de la mélancholie, savoir, si elle est la cause des effets que l'on remarque dans les Possédées de Loudun. *La Fléche*, M. *Guyot*, 1635, *in*-4. *vélin.*

f....o....o 623 La Piété affligée, ou Discours historique & théologique de la possession des Religieuses dites de Sainte-Elizabeth de Louviers, par le P. Esprit du Bosroger. *Rouen*, 1652, *in*-4.

f....12....o 624 Histoire prodigieuse & lamentable de Jean Fauste, grand & horrible Enchanteur, avec sa mort épouvantable. *Rouen, Clem. Malessis*, 1667, *in*-12. *v.*

Physique.

f....6....o 625 Dictionnaire de Physique portatif, par le P. Paulian. *Avignon*, 1758, *in*-8. *v. avec fil. d'or.*

f....4....o { 626 Julii Cæsaris Scaligeri exotericarum exercitationum Liber quintus decimus de subtilitate, ad Hieronimum Cardanum. *Lutetiæ, Mich. Vascosanus*, 1557, *in*-4. *v.*

627 L'origine ancienne de la Physique nouvelle,

SCIENCES ET ARTS.

par le P. Regnault. *Amsterdam*, 1735, 3 *vol. in-12. encart.*

628 Les Entretiens physiques d'Ariste & d'Eudoxe, par le P. Regnault. *Paris*, 1755, 5 *vol. in-12. v.* .. 4...0...0

629 Mémoires littéraires sur différens sujets de Physique, de Mathématique, de Chymie, de Médecine, de Géographie, d'Agriculture, d'Histoire naturelle, &c. trad. de l'anglois. *Paris, André Cailleau*, 1750, *in-12. baf.* .... 1...0...0

630 Amusemens philosophiques sur diverses parties des Sciences, & principalement de la Physique & des Mathématiques, par le P. Bonav. Abat. *Amsterdam*, 1763, *in-8. demi-rel.* .... 2...13...0

631 Histoire naturelle de l'Univers, dans laquelle on rapporte des raisons physiques sur les effets les plus extraordinaires de la Nature, par M. Colonne. *Paris*, 1734, 4 *vol. in-12. fig. v. b.* 2...12...0

632 Nouveau Système de l'Univers, sous le titre de Croa-Génesie, ou Critique des prétendues découvertes de Newton, par M. Gauthier. *Paris*, 1750, *in-12. fig. v.*

633 Les secrets Miracles de Nature, & divers Enseignemens de plusieurs choses, par Levin Lemne, Médecin, trad. en françois. *Lyon, Jean Frellon*, 1566, *in-8. vélin.*

} 2...6...0

634 Dictionnaire philosophique ou Introduction à la connoissance de l'homme, par M. de Neuvillé. *Londres*, 1751, *in-12. v.* .... 1...7...0

635 L'Art de connoître les hommes, par le sieur de la Chambre. *Amsterdam, Jacques Lejeune*, 1660, *in-12. vélin.* .... 1...0...0

636 Catalogus gloriæ mundi, D. Barthol. Cassanæi, in quo de dignitatibus, honoribus, prærogativis & excellentiâ spirituum, hominum, ani- ... 1...0...0

SCIENCES ET ARTS.

mantium, &c. diſſeritur. *Francof. ad Mœnum*, 1586, *in-*fol. *vélin.*

2 — 19 — 0   637 Eſſai philoſophique ſur l'ame des bêtes, où l'on traite de ſon exiſtence & de ſa nature. *Amſterdam*, 1723, *in-*8. *v. b.*

2 — 2 — 0   638 Amuſement philoſophique ſur le langage des Bêtes, par le P. Boujeant. *Paris*, *Giſſey*, 1739, *in-*12. *v. b.*

6 — 1 — 0   639 Hiſtoire critique de l'ame des bêtes, par M. Guer, Avocat. *Amſterdam*, 1749, 2 *tom.* 1 *vol. in-*8. *mar. r. d. ſ. tr. avec fil. d'or.*

4 — 10 — 0   640 Journal d'Obſervations phyſiques, mathématiques & botaniques, faites par ordre du Roi ſur les côtes orientales de l'Amérique méridionale & dans les Indes occidentales, depuis 1707 juſqu'en 1712, par le P. Louis Feuillée, Minime. *Paris*, 1714, 2 *vol. in-*4. *fig. v. b.*

1 — 0 — 0   641 Recueil de différens Traités de Phyſique & d'Hiſtoire naturelle, propres à perfectionner ces deux ſciences, par M. Deſlandes. *Paris*, 1736, *in-*12. *v.*

8 — 0 — 0   642 Le Newtonianiſme pour les Dames, trad. de l'italien de M. Algarotti par M. du Perron de Caſtera. *Amſterdam*, 1741, 2 *vol. in-*12. *encart.*

10 — 4 — 0   643 Leçons de Phyſique expérimentale, par M. l'Abbé Nollet. *Paris*, 1749, 6 *vol. in-*12. *v. n.*

Hiſtoire Naturelle.

12 — 0 — 0   644 Caii Plinii Secundi naturalis Hiſtoria. *Venetiis, per Nicolaum Jenſon, gallicum*, 1472, *in* fol. *mar. r. d. ſ. tr. avec dent. & fil. d'or.*

4 — 2 — 0   645 C. Plinii ſecundi Hiſtoriæ naturalis Libri XXXVII. *Lugduni Batav., ex Officinâ Elzeverianâ*, 1635, 3 *vol. in-*12. *vélin.*

SCIENCES ET ARTS. 73

646 Histoire du Monde de C. Pline Second, avec un Traité des poids & mesures antiques; le tout mis en françois avec annotations par Antoine du Pinet. *Lyon*, 1566, 2 *vol. in-*fol. *v. f. avec fil. d'or.* — 4...0...0

647 Histoire naturelle de Pline, trad. en françois avec le Texte latin rétabli d'après les meilleures leçons manuscrites, accompagnée de notes critiques & d'observations, par M. Poinsinet de Sivry. *Paris, Desaint*, 1771—1772, *in-*4. *les 5 prem. vol. v. m.* — 15...0...0

648 Histoire naturelle de l'or & de l'argent, extraite de Pline le Naturaliste, livre 33ᵉ, avec des notes par David Durand. *Londres*, 1729 *in-*fol. *v. b. avec fil. d'or.*

649 Histoire de la Peinture ancienne, extraite de l'Histoire naturelle de Pline, liv. 35ᵉ, avec des notes, par David Durand. *Londres*, 1725, *in-*fol. *v. b.* } 18...0...0

650 Histoire naturelle générale & particuliere, avec la Description du Cabinet du Roi, par M. le Comte de Buffon. *Paris, Impr. Royale*, 1752 *& années suiv.*, 48 *vol. in-*12., *dont* 42 *sont rel. en veau, & le reste encart.* — 72...0...0

651 Cours d'Histoire naturelle ou Tableau de la nature considérée dans l'homme, les quadrupédes, les oiseaux, les poissons, les insectes. *Paris*, 1770, 7 *vol. in-*12. *fig. v.* — 7...1...0

652 Le Spectacle de la Nature, avec l'Histoire du Ciel, par M. l'Abbé Pluche. *Paris*, 1749, 10 *vol. in-*12. *v. m.* — 15...5...0

653 La Nature considérée sous ses différens aspects, par M. Buc'hoz, année 1771. *Paris, J. P. Costard*, 1771, *in-*12. *fig. demi-rel.* — 1...0...0

SCIENCES ET ARTS.

35..0..0 654 Dictionnaire raisonné universel d'Histoire naturelle, par M. Valmont de Bomare. *Paris*, 1775, 9 *vol. in*-8. *v. m. avec fil. d'or.*

2..3..0 655 Le Petit Cabinet d'Histoire naturelle, ou Manuel du Naturaliste. *Paris*, 1774, *in*-8. *v. m.*

Histoire Naturelle des Elémens.

6..12..0 656 Histoire naturelle de l'air & des météores, par l'Abbé Richard. *Paris*, 1770, 1771, 10 *vol. in*-12. *encart.*

9..0..0 657 Le Mirouer de l'air, par bon ordre & breves Sentences, donnant à un chascun veue, & avesque causes, cognoissance presque de toutes choses faictes & engendrées en l'air, comme sont pluyes, gresles, tonnoires, fouldres, esclairs, neiges, &c. par Antoine Mizauld. *Paris, Regnaud Chaudiere,* 1548, *in*-8. *vélin.*

658 Fr. Baconi de Verulamio Historia naturalis & experimentalis de ventis, &c. *Amstelodami, ex Officinâ Elzevirianâ,* 1662, *in*-12. *vélin.*

1..4..0 659 Mémoires historiques & physiques sur les tremblemens de terre, par M. E. Bertrand. *La Haye,* 1757, *in*-8. *v. avec fil. d'or.*

Histoire naturelle des Métaux, Minéraux, Fossiles, &c.

1..3..0 660 Traité de l'art métallique, extrait des Œuvres d'Alvaré Alfonse Barba, auquel on a joint un Mémoire concernant les mines de France. *Paris*, 1730, *in*-12. *fig. v.*

9..0..0 661 Traité de l'exploitation des mines, avec un Traité particulier sur la préparation & le lavage des mines; le tout trad. de l'allemand

SCIENCES ET ARTS.

par M. Monnet. *Paris*, 1773, *in-4.*, *v. m.* avec *fil. d'or.*

662 Dictionnaire minéralogique & hydrologique de la France, par M. Buc'hoz. *Paris, J. P. Coftard*, 1772, 2 vol. *in-8. demi-rel.* .... 1...16...o

663 Traité de l'aimant, par Dalencé. *Amfterdam, Henri Wetftein*, 1687, *in-12. fig. v. f.* avec *fil. d'or.* .... 4...1...o

664 Dictionnaire univerfel des foffiles propres & des foffiles accidentels, par M. E. Bertrand. *La Haye*, 1763, 2 tom. 1 vol. *in-8. baf.* ... 1...12...o

665 Traité des pétrifications. *Paris*, 1742, *in-4.* avec *fig.* .... 5...19...o

666 L'Hiftoire naturelle éclaircie dans deux de fes parties principales, la Lithologie & la Conchylioligie, par M. d'Argenville. *Paris*, 1742, *in-4. fig. v.* .... 12...19...o

667 Traité des pierres qui s'engendrent dans les terres & dans les animaux, par Nicolas Venette. *Amfterdam, Janffon à Waefberge*, 1701, *in-12. fig. v.* .... 2...12...o

668 Les Merveilles des Indes orientales & occidentales, ou nouveau Traité des pierres précieufes & perles, contenant leur nature, dureté, couleurs & vertus, par Robert de Berquen. *Paris*, 1669, *in-4. v. f.* avec *fil. d'or.* .... 3...o...o

669 Le parfait Joaillier, par Anfelme Boece de Boot, avec des annotations d'André Toll. *Lyon*, 1644, *in-8. fig. v. m.* avec *fil. d'or.* ..... 5...5...o

670 Traité des pierres précieufes & de la maniere de les employer en parure, par Pouget fils. *Paris*, 1762, *in-4. fig. v. m.* avec *fil. d'or.* .. 6...o...o

671 Hiftoire phyfique de la mer, Ouvrage enrichi de figures deffinées d'après le naturel, par 38...15...o

Louis-Ferd. Comte de Marsilli. *Amsterdam*, 1725, in-fol.

1...0...0 672 Traité de la verité des causes & effets des divers cours, mouvemens, flux, reflux & salure de la mer Océanne, mer Méditerranée & autres mers de la terre, par Claude Duret. *Paris*, 1600, in-8. vélin.

4...4...0 673 Traité des rivieres & des torrens, par le P. Frisi; augmenté du traité des canaux navigables, trad. de l'italien. *Paris, Impr. Royale*, 1774, in-4.

12...3...0 674 Histoire Naturelle des glacieres de la Suisse, traduction libre de l'allemand de M. Grouner, par M. de Keralio. *Paris*, 1770, in-4. fig. v.

2...11...0 675 Dissertation sur la glace, ou Explication physique de la formation de la glace & de ses divers phénomènes, par M. Dortous de Mairan. *Paris, Impr. Royale*, 1749, in-12. fig. v.

2...10...0 676 L'Hydrotermopotie des Nymphes de Bagnols en Gevaudan, ou les Merveilles des eaux & des bains de Bagnols, par Michel Baldit. *Lyon, J. Huguetan*, 1651, in-8. vélin.

1...0...0 677 Traité des eaux minérales de Bourbonne-les-Bains, par M. Baudry. *Dijon*, 1736, in-8. broch.

Histoire Naturelle. Agriculture.

3...0...0 678 Le Propriétaire des choses, translaté de latin en françois par Frere Jehan Corbichon, & revisité par Frere Pierre Ferget. *Lyon, Mathieu Husz*, 1487, in-fol. goth. v. f.

1...0...0 679 Le Propriétaire de toutes choses, trad. en françois par Jehan Corbichon & Pierre Ferget. *Imparfait.* *Lyon* 1491, in-fol. fig. v. f. avec fil. d'or.

9...4...0 680 Le Propriétaire des choses, translaté de latin

SCIENCES ET ARTS.

en françois par Frere Jehan Corbichon. *Paris, Jean Petit*, 1510, *in*-fol. *goth.*

681 Elémens d'Agriculture, par M. Duhamel du Monceau. *Paris*, 1762, 2 *vol. in*-12. *fig. v.* ... 3...15...o

682 Traité de la culture des terres, suivant les principes de M. Tull, par M. Duhamel du Monceau. *Paris*, 1750, *in*-12. *fig. v. b.* ..... 2...9...o

683 Manuel d'Agriculture, par M. de la Salle de l'Etang. *Paris*, 1764, *in*-8. *v.* .... 1...14...o

684 Essai sur l'amélioration des terres, par M. Pattullo. *Paris*, 1758, *in*-12. *v. b.* .... 1...o...o

685 Supplément au Traité de la conservation des grains, par M. Duhamel du Monceau. *Paris*, 1765, *in*-12. *v.* .... 1...11...o

686 Traité de la Garance & de sa culture, par M. Duhamel du Monceau. *Paris*, 1765, *in*-12. *fig. v.* .... 1...8...o

687 Des Semis & Plantations des arbres & de leur culture, par M. Duhamel du Monceau. *Paris*, 1760, *in*-4. *fig. v.* .... 12...o...o

688 La Physique des arbres, par M. Duhamel du Monceau. *Paris*, 1758, 2 *vol. in*-4. *fig. v.* . 12...o...o

689 Traité des arbres & arbustes qui se cultivent en France en pleine terre, par M. Duhamel du Monceau. *Paris*, 1755, 2 *vol. in*-4. *fig.* ... 38...o...o

660 De l'Exploitation des bois, par M. Duhamel du Monceau. *Paris*, 1764, 2 *vol. in*-4. *fig. v.* ... 17...19...o

691 Du Transport, de la conservation & de la force des bois, par M. Duhamel du Monceau. *Paris*, 1767, *in*-4. *fig. v.* .... 7...1...o

692 Dictionnaire économique contenant divers moyens d'augmenter son bien & de conserver sa santé, par Noel Chomel. *Commercy*, 1741, 2 *vol. in*-fol. *v.* .... 6...o...o

5...19...0 693 Discours économique non moins utile que récréatif, montrant comme de 500 liv. pour une fois employées, l'on peut tirer par an 4500 liv. de profit honnête, par M. Prudent le Choiselat. *Frejus*, 1598, *in-*8. *v. f.*

Botanique.

66...1...0 694 Elémens de Botanique ou Méthode pour connoître les plantes, par M. Pitton Tournefort. *Paris, Impr. Royale,* 1694, 3 *vol. in-*8. *fig. v. b.*

7...19...0 695 Mémoires pour servir à l'Histoire des plantes, dressés par M. Dodart. *Paris, Impr. Royale,* 1676, *in-*fol. *fig. v. avec fil. d'or.*

3...0...0 696 Mémoires pour servir à l'Histoire des plantes, dressés par M. Dodart. *Paris, Impr. Royale,* 1679, *in-*12. *v. b.*

1...16...0 697 Anatomie & Ame des plantes, avec un Recueil d'expériences & observations curieuses, par les sieurs N. Grew, R. Boile & N. Dedu. *Leyde*, 1691, *in-*12. *vélin.*

1...0...0 698 Image vivante & Représentation de toutes les plantes, par Léon Fuschs. *Basle*, 1545, *in-*8. *v.*

402...4...0 699 Phytantoza Iconographia, sive Conspectus aliquot millium plantarum, arborum, fruticum, florum, fructuum, fungorum, &c. à Joan. Guil. Weinmanno collectarum, vivis coloribus & iconibus repræsentatæ per Barth. Seuterum, Joan. El. Ridingerum & Joan. Jac. Haidium, pictores; quorum denominationes, characteres, genera & latino & germanico idiomate explicantur à Joan. Georg. Dieterico. *Ratisbonæ, Hier. Lenzius,* 1737—1745, 8 *vol. in-*fol. *v. ec. d. f. tr. avec fil.* (Les fig. parfaitement coloriées).

SCIENCES ET ARTS.

700 Plantæ selectæ quarum imagines ad exempla naturalia Londini in hortis curioforum nutrita, à Georg. Dion. Ehret pictæ, notifque illuftratæ à Chrift. Jac. Trew, & in æs incifæ & vivis coloribus repræfentatæ à Joan. Jacobo Haid, Decuriæ X. *Norimbergæ*, 1750 & ann. feq. *m. r. d. f. tr. avec partie en feuilles.* . . . . . . 71...19...0

701 Johannis Jacobi Scheuchzeri Herbarium Diluvianum. *Lugd. Batavorum*, 1723, *in*-fol. *fig. v. m.* . . . . 5...0...0

702 Joannis Jonftoni Dendrographia. *Francofurti ad Mœnum*, 1662, *in*-fol. *vélin.* . . . . 12...1...0

703 Traité des Arbres fruitiers, par M. Duhamel du Monceau. *Paris*, 1768, 2 *vol. gr. in*-4. *fig. v. m. d. f. tr. avec fil. d'or.* (Bel exemplaire). 52...1...0

704 Hefperides, five de malorum aureorum cultura & ufu Libri IV, auctore Jo. Bapt. Ferrario. *Romæ, Herm. Scheus*, 1640, *in*-fol. *fig. v. b.* . . . 9...0...0

705 Florilegium Emman. Sweertii. *Francofurti, ad Mœnum*, 1612, *in*-fol. *vélin à compart.* . . . . . 5...0...0

706 Florum Imagines collectæ à Chrift. Jac. Trew, in æs incifæ, vivifque coloribus pictæ à Joan. Mich. Seligmann. *Noribergæ*, 1750, *in*-fol. *encar.* . . 9...0...0

707 Le Florifte François, traitant de l'origine des tulipes, de l'ordre qu'on doit obferver pour les cultiver & planter, par le fieur de la Chefnée Monftereul. *Rouen, Louis du Mefnil*, 1658, *in*-8. *vélin.* . . . . 2...1...0

708 Traité des renoncules, avec des Obfervations phyfiques & des Remarques utiles, foit pour l'agriculture, foit pour le jardinage, par le P. d'Ardene. *Paris*, 1746, *in*-8. *fig. v.* . . . . . . 3...1...0

709 Hiftoire des plantes qui naiffent aux envi- . . . 13...0...0

rons d'Aix & dans plusieurs autres endroits de la Provence, par M. Garidel. *Aix*, 1715, *in-fol. fig. v.*

710 Hortus nitidissimis omnem per annum superbiens floribus, sive amœnissimorum florum Imagines, collectæ a Christ. Jacobo Trew, in æs incisæ, vivisque coloribus pictæ à Joh. Mich. Seligman. *Noribergæ*, 1768—1772, 2 *vol. in-fol.* dont 1 en m. r. d. s. tr. avec fil, & l'autre en feuilles.

711 Hortus Indicus Malabaricus, per Henricum Van-Reede, cum Commentariis & Notis Arnoldi Syen & Joannis Commelini. *Amstelodami, sumtibus Joannis Van Someren*, 1673 & ann. seq., *les cinq premiers vol. in-fol. fig. v. b.*

712 Georg. Everhardi Rumphii Herbarium Amboinense. *Amstelodami*, 1750, 3 *vol. in-fol. enc.* (Ce ne sont que les planches de cet Ouvrage; encore celles du petit Supplément manquent-elles).

Histoire Naturelle des animaux.

713 Conradi Gesneri Historiæ naturalis animalium Libri V. *Tiguri, Froschoverus*, 1551, 1558 & 1587; *Francofurti*, 1585 & 1586, 4 *vol. in-fol. lav. r. fig. enluminées, v. b. d. s. tr. avec fil.* (C'est le second vol. ou les Livres II & III qui sont imprimés à Francfort).

714 Joannis Jonstoni Historia naturalis de quadrupedibus, avibus, piscibus, insectis & serpentibus, fig. æneis Math. Meriani adornata. *Francofurti ad Mœnum*, 1650, 4 *tom.* 2 *vol. in-fol. vélin.*

SCIENCES ET ARTS.

715 Histoire naturelle des animaux, par M. Mayer, en Allemand. *Nuremberg*, 1748, 1756, 3 *tom.* 2 *vol. gr. in-*fol. *avec fig. parfaitement coloriées*, *m. r. d. f. tr. avec fil.* . . . . 240 - 0 - 0

716 A natural History of uncommon birds, and of some other rare, and undescribed Animals, Quadrupeds, Reptiles, Fishes, Insects, &c. by Georg. Edwards. *London*, 1743, 4 *part.* 2 *vol. in-*4. *broch. en cart. avec fig. coloriées.*

717 Histoire naturelle d'Oiseaux peu communs & d'autres Animaux rares & qui n'ont pas été décrits, consistant en Quadrupedes, Reptiles, Poissons, Insectes, par George Edwards. *Londres*, 1751, 4 *part.* 1 *vol. in-*4. *en cart.* } 361 - 0 - 0

718 Glanures d'Histoire naturelle, consistant en fig. de Quadrupedes, d'Oiseaux, d'Insectes, de Plantes, &c. par Georg. Edwards. *Londres*, 1758, 3 *vol. in-*4. *br. en cart. fig. coloriées.*

719 Dictionnaire raisonné & universel des Animaux, ou le Règne Animal, par M. de la Chesnay des Bois. *Paris*, 1759, 4 *vol. in-*4. *v.* . . . 8 - 6 - 0

720 Thomæ Bartholini de unicornu Observationes novæ, emendatiores, editæ à filio Casparo Bartholino. *Amstelodami*, Henr. *Wetstenius*, 1678, *in-*12. *vélin.* . . . . 1 - 10 - 0

721 Description anatomique d'un Caméléon, d'un Castor, d'un Dromadaire, d'un Ours & d'une Gazelle. *Paris*, 1669, *in-*4. *fig. broch.* . . . . 2 - 2 - 0

Histoire Naturelle des Oiseaux.

722 L'Histoire de la nature des Oiseaux, avec leurs descriptions & portraits, par Pierre Belon. *Paris*, 1555, *in-*fol. *v. b.* . . . . 4 - 0 - 0

723 Ornithologie, ou Méthode contenant la divi- . . . 33 - 19 - 0

F

SCIENCES ET ARTS.

sion des Oiseaux en ordres, sections, &c. à laquelle on a joint une description de chaque espèce, par M. Brisson, *Paris*, 1760, 6 *vol. in-4. v. m. avec fil. d'or.*

724 L'Histoire naturelle éclaircie dans une de ses parties principales, l'Ornithologie qui traite des Oiseaux de terre, de mer & de riviere, tant de nos climats que des Pays étrangers, par M. Salerne. *Paris, Debure*, 1767, *in-4. fig. enluminées, mar. bl. d. s. tr. avec fil.*

725 Histoire naturelle des Oiseaux, ornée de 306 estampes qui les représentent parfaitement au naturel, dessinées & gravées par Eléazar Albin, & augmentée de notes & remarques curieuses par W. Derham, trad. de l'anglois. *La Haye*, 1750, 3 *vol. in-4. m. r. d. s. tr. avec fil. fig. coloriées.*

726 Oiseaux au nombre de 600 planches coloriées, pour servir à l'Histoire naturelle de M. de Buffon. 6 *vol. pet. in fol. demi-rel.*

727 Traité de l'origine des Macreuses, par feu M. de Graindorge, & mis en lumiere par Thomas Malouin. *Caen, Jean Poisson*, 1680, *in-8. v. b.* (Rare).

728 Traité de l'origine des Macreuses, par feu M. de Graindorge & mis en lumiere par Thomas Malouin, avec le Traité de l'Adianton ou Cheveux de Vénus, par Pierre Formi. *Edition renouvellée. in-12. demi-rel.*

729 Nouveau Traité des Serins de Canarie, par M. Hervieux. *Paris*, 1713, *in 12. v. b.*

730 Aëdologie ou Traité du Rossignol franc ou chanteur, avec des Remarques sur la nature de cet oiseau. *Paris*, 1751, *in-12. fig. bas.*

731 Observations sur la formation du poulet, par Antoine Maître-Jan. *Paris*, 1722, *in*-12. *v. b.* ... 1 ... 0 ... 0

Histoire Naturelle des Poissons.

732 L'Histoire entière des Poissons, composée premierement en latin par Guil. Rondelet, & trad. en françois, avec fig. *Lyon*, *Macé Bonhome*, 1558, 2 *tom.* 1 *vol. gr. in*-4. *v. b. avec fil. d'or.* ... 3 ... 13 ... 0

733 Georgii Everhardi Rumphii Thesaurus Imaginum, Piscium, Testaceorum, ut & Cochlearum, quibus accedunt Conchylia, denique Mineralia. *Hagæ-Comitum*, 1739, *in*-fol. *fig. v. f.* ... 8 ... 0 ... 0

734 L'Histoire naturelle éclaircie dans une de ses parties principales, la Conchyliologie, augmentée de la Zoomorphose, ou Représentation des animaux à coquilles, avec leurs explications, par M. d'Argenville. *Paris*, *Debure*, 1757, *in*-4. *l. r. fig. enluminées, m. bl. d. f. tr. avec dent.* ... 85 ... 19 ... 0

735 La Zoomorphose ou Représentation des animaux vivans qui habitent les coquilles de mer, de riviere & de terre, avec leurs explications, par M. d'Argenville. *Paris*, 1757, *in*-4. *fig. demi-rel.* ... 4 ... 10 ... 0

736 Les Délices des yeux & de l'esprit à la représentation d'une collection universelle de coquilles & autres corps qui sont à trouver dans la mer, produite par George Guelphe Knorr. *Nuremberg*, 1757, *in*-4. *fig. coloriées, demi-rel.* ... 12 ... 0 ... 0

737 Recherches & observations naturelles de M. Boccone, touchant le Corail, la Pierre étoilée, les Pierres de figure de coquilles, &c. avec quelques Réflexions sur la végétation des plan- ... 2 ... 9 ... 0

F ij

84   SCIENCES ET ARTS.

tes. *Amsterdam, Jean Jansson à Waesberge*, 1674, *in*-8. *v.*

10 ... 2 ... 0   738 Essai sur l'Histoire naturelle des coralines, par Jean Ellis, trad. de l'anglois. *La Haye*, 1756, *in*-4. *fig. coloriées, v. ec. d. s. tr. avec dent.*

2 ... 10 ... 0   739 Essai sur l'Histoire naturelle du Polype insecte, trad. de l'anglois de Henri Baker, par M. P. Demours. *Paris*, 1744, *in* 12. *fig. v.*

3 ... 1 ... 0   740 Mémoires pour servir à l'Histoire d'un genre de Polypes d'eau douce, à bras en forme de cornes, par M. Trembley. *Paris*, 1744, 2 *vol. in*-12. *fig. v.*

Histoire Naturelle des Insectes.

64 ... 0 ... 0   741 Mémoires pour servir à l'Histoire des Insectes, par M. de Reaumur. *Paris, Impr. Royale*, 1734—1742, 6 *vol. in*-4. *fig. v. m.*

100 ... 0 ... 0   742 Histoire naturelle des insectes, par Aug. Jehan Rosel, avec le Supplément en allemand. *Nuremberg*, 1746—1761, 5 *vol. in*-4. *fig. coloriées, demi-reliure.*

18 ... 19 ... 0   743 Histoire naturelle des Insectes selon leurs différentes métamorphoses, par Jean Goedart. *La Haye*, 1700, 3 *vol. in*-8. *fig. coloriées, v. f.*

7 ... 0 ... 0   744 Histoire naturelle des Insectes selon leurs différentes métamorphoses, par Jean Goedart. *La Haye*, 1700, 3 *vol. in*-8. *fig. v.*

2 ... 5 ... 0   745 Le Gouvernement admirable ou la République des Abeilles & les moyens d'en tirer une grande utilité, par Jean Simon. *Paris*, 1742, *in*-12. *fig. v.*

4 ... 0 ... 0   746 Histoire naturelle des Abeilles. *Paris*, 1744, *fig.*, 2 *vol. in*-12. *v.*

SCIENCES ET ARTS.

747 Abrégé de l'Histoire des Insectes, pour servir de suite à l'Histoire naturelle des Abeilles. *Paris*, 1747, 4 *vol. in* 12. *fig. v.* . . . . 5 — 0 — 0

748 Histoire abrégée des Insectes qui se trouvent aux environs de Paris, par M. Geoffroy. *Paris*, 1762, 2 *vol. in* 4. *fig. v. m. avec fil. d'or.* . . . 8 — 0 — 0

749 A natural History of English insects exactly coloured by the autor Eleazard Albin, painter to which are added large notes and many curious observations by W. Derham. *London*, 1749, *gr. in-*4. *fig. parfaitement coloriées, v. m. avec fil. d'or.* . . . . 19 — 19 — 0

750 Dissertation sur la génération & les transformations des Insectes de Surinam, &c. par Marie Sibille Mérian. *La Haye, P. Gosse*, 1726, *in-*fol. *gr. pap. v. f. d. s. tr. avec fil.* . . . . . 29 — 19 — 0

751 Dissertation sur la génération & les transformations des Insectes de Surinam, par Marie Sibille Mérian. *La Haye*, 1726, *in-*fol. *gr. pap. fig.*——Histoire des Insectes de l'Europe, dessinés d'après nature, avec des explications par la même ; trad. du hollandois en françois, par Jean Marret. *Amsterdam*, 1730, *in-*fol. *gr. pap. fig. d. s. tr. avec fil.* (Bel exemplaire). . . . . 50 — 1 — 0

Histoire Naturelle des différens Pays, &c.

752 Histoire naturelle de la Caroline, de la Floride & des Isles de Bahama, contenant les dessins des Oiseaux, Animaux, Poissons, Serpens, Insectes & Plantes, &c. avec leurs descriptions en françois & en anglois, par Marc Catesby, revue par M. Edwards. *Londres*, 1771, 2 *vol. in-*fol. 438 — 0 — 0

magno, m. r. d. f. tr. avec fil. fig. parfaitement enluminées.

753 De Monstrorum naturâ, caufis & differentiis Libri duo, autore Fortunio Liceto. *Patavii*, 1633, *in* 4. *fig. v. b.*

754 Locupletiffimi rerum naturalium thefauri accurata Defcriptio: opus latinè & gallicè confcriptum per Alb. Seba. *Amftelodami*, 1734, 4 *vol. in-*fol. *C. M. cum fig. elegantiffimis, encart.*

Médecine.

755 Dictionnaire univerfel de Médecine, trad. de l'anglois de M. James, par MM. Diderot, Eidous & Touffaint, augmenté par M. Julien Buffon. *Paris*, 1746, 6 *vol. in*-fol. *v. m.*

756 Hiftoire naturelle de l'homme confidéré dans l'état de maladie, ou la Médecine rappelée à fa premiere fimplicité, par M. Clerc. *Paris*, 1768, 2 *vol. in*-12. *v. m. avec fil. d'or.*

757 Idée générale de l'économie animale, & obfervations fur la petite vérole, par M. Helvetius. *Paris, Rigaud,* 1722, *in-*8. *v. b.*

758 Obfervations diverfes fur la ftérilité, perte de fruit, fécondité, accouchement des femmes & enfans nouveaux-nés, par L. Bourgeois, dite Bourfier, Sage-Femme de Marie de Médicis. *Paris*, 1642, *in* 8. *vélin.*

759 De la Génération de l'homme, ou Tableau de l'amour conjugal, par Nicolas Venette. *Cologne, Claude Joly,* 1696, *in-*12. *fig. v.*

760 Lucina fine concubitu, par Abraham Johnfon. *Londres*, 1752.—Concubitus fine lucina,

SCIENCES ET ARTS. 87

ou le plaisir sans peine, par Richard Roe. *Londres*, 1752. — Pensées sur l'interprétation de la nature, par Diderot. 1754, *in-8. v. b.*

761 L'Antidote d'amour, avec un ample discours contenant la nature & les causes d'icelui, ensemble les remèdes les plus singuliers pour se préserver & guérir des passions amoureuses, par Jean Aubery, Médecin. *Delff, Arnold Bon*, 1663, *in-12. v.* - - - - - - - - - - - 2..1..o

762 Aglossostomographie ou Description d'une bouche sans langue, laquelle parle & fait naturellement toutes ses autres fonctions, par Jacques Rolland sieur de Bellebat, Chirurgien. *Saumur, Cl. Girard*, 1630, *in-8. vélin.* - - - - - - 4..o..o

763 Traité du Ris contenant son essence, ses causes & effets, par Laurent Joubert, Médecin; plus la cause morale du ris de Démocrite expliquée, trad. du grec d'Hippocrate, par J. Guichard, avec un Dialogue sur la Cacographie françoise, & des Annotations sur l'ortographe de M. Joubert, par Christophe de Beau-Châtel. *Paris, Nic. Chesneau*, 1579, *in-8. v. f.* - - - - - 6..2..o

764 Le vrai Cuisinier François, par le sieur de la Varenne. *Amsterdam*, 1712, *in-12. fig. v.* - - 1..o..o

765 Les Dons de Comus ou les Délices de la table. *Paris*, 1739, *in-12. v.* - - - - - - - 1..o..o

766 Discours de l'yvresse & yvrongnerie, auquel les causes, nature & effets de l'yvresse sont déduits, avec la guérison & préservation d'icelle, ensemble la manière de carousser & les combats bacchiques des anciens yvrongnes, par J. Mousin, Médecin. *Toul. Seb. Philippe*, 1612, *in-8. vélin.* - - - - - - - - - - - - - - - 2..1..o

767 Le bon usage du Caffé & du Chocolat, pour - 1..19..o

F iv

88 SCIENCES ET ARTS.

la préservation & la guérison des maladies, par M. de Blegny. *Paris* 1687, *in*-12. *v. b.*

768 Traités curieux du Caffé, du Thé & du Chocolat, par Philippe-Sylvestre du Four, avec la meilleure de toutes les méthodes pour composer l'excellent Chocolat. *La Haye, Adr. Moetjens*, 1693, *in* 12. *v.*

769 Dictionnaire portatif de santé. *Paris*, 1765, 2 *vol. in* 12. *v. ec.*

770 L'Art de conserver sa santé, composé par l'Ecole de Salerne, trad. en vers françois par M. B. L. M. *La Haye*, 1743, *in*-12. *v.*

771 Moyens faciles & éprouvés dont M. de l'Orme, Médecin, s'est servi pour vivre près de cent ans, par Michel de Saint-Martin. *Caen*, 1682, *in*-12. *v. b.*

772 Conseils pour vivre long-temps, trad. de l'italien de Louis Cornaro par M. D. ***. *Paris*, 1701, *in*-12. *v. b.*

773 Méthode aisée pour conserver sa santé jusqu'à une extrême vieillesse, trad. de l'anglois par M. L***. de Préville. *Paris*, 1752, *in*-12. *v.*

774 Histoire des personnes qui ont vécu plusieurs siècles, & qui ont rajeuni avec le secret du rajeunissement tiré d'Arnauld de Villeneuve, par de Longeville Harcouet. *Paris, veuve Charpentier*, 1715, *in*-12. *v. b.*

775 Erreurs populaires touchant la Médecine & régime de santé, par M. Gaspard Bachot. *Lyon*, 1626, *in* 8. *vélin.*

776 De la Santé des gens de lettres, par M. Tissot. *Lausanne*, 1768, *in*-8. *v.*

777 Avis au peuple sur sa santé, par M. Tissot. *Lyon*, 1767, 2 *v. in*-12. *v.*

SCIENCES ET ARTS.

778 Traité de Médecine & Chirurgie de Simon Requier. *MS. sur papier du XVIe. siècle, in-*fol. vélin, avec fil. d'or.

779 Sommaire de toute Médecine & Chirurgie, spécialement contre toutes maladies, par Jehan Goevrot; item un Régime contre la peste. *Sans nom de ville ni date d'impression, in-8. goth.* vélin.

780 Riverius reformatus, renovatus & auctus, sive Praxis Medica methodo Riverianæ non absimilis, à Francisco Calmette conscripta. *Lugduni*, 1712, 2 vol. *in-*8. *v. b.*

781 La Police de l'art & Science de Médecine, contenant la réfutation des erreurs & insignes abus qui s'y commettent pour le jourd'hui, par André du Breil. *Paris, Léon Cavellat*, 1580, *in* 8. *v. f. avec fil. d'or.*

782 La Médecine aisée, où l'on donne à connoître les causes des maladies, avec une petite Pharmacie par M. le Clerc. *Paris*, 1719, *in-*12. *v. b.*

783 Traité des affections vaporeuses des deux sexes, par M. Pomme fils. *Lyon*, 1765, *in-*8. *broch.*

784 Discours de la conservation de la vue, des maladies mélancoliques, des catharres & de la vieillesse, par André du Laurens. *Rouen, Cl. le Villain*, 1600, *in-*12. *vélin.*

785 De la Digestion & des maladies de l'estomac, par M. Andry. *Paris*, 1712, *in-*12. *vélin.*

786 Le Médecin d'armée, ou les Entretiens de Polemiatre & de Leoceste, sur les maladies des soldats, par M. Remyfort. *Paris*, 1686, *in-*12.

787 Le Miroir des urines, par le sieur Davach de la Riviere. *Paris*, 1696, *in-*12. *v.*

788 Discours d'Ambroise Paré; a sçavoir, de la

90 SCIENCES ET ARTS.

Mumie, des Venins, de la Licorne & de la Peste. *Paris*, 1582, *in-4. v. avec fil. d'or.*

789 Recueil de Receptes par Mde. Fouquet. *Lyon*, 1675, *in-12. vélin.*

790 Recueil de Remèdes faciles & domestiques, par Mde. Fouquet. *Dijon*, 1689, 1690, 2 *vol. in-12. v. b.*

791 Recherches sur les vertus de l'eau de goudron, trad. de l'anglois du Docteur George Berkeley. *Amsterdam*, 1745, *in-12. broch.*

792 Anecdotes de Médecine. 1762, *in-12. broch.*

793 Dissertation sur la mort subite, avec l'Histoire d'une fille cataleptique, par M. Dionis. *Paris*, 1709, *in-12. m. r. d. s. tr. avec fil. d'or.*

794 Dissertation sur l'incertitude des signes de la mort, & l'abus des enterremens & embaumemens précipités, par Jacques-Jean Bruhier. *Paris, de Bure*, 1759, 2 *vol. in-12. v. b.*

795 Lettres sur la certitude des signes de la mort, avec des Observations & des Expériences sur les noyés, par M. Louis. *Paris, Michel Lambert*, 1752, *in-12. v. m.*

796 Ouvrage de Pénélope ou Machiavel en médecine, avec le Supplément, par de la Mettrie. *Berlin*, 1748–1750, 3 *vol. in-12. v. m.*

Chirurgie & Anatomie.

797 Histoire de l'origine & des progrès de la Chirurgie en France. *Paris*, 1749, *in-4. fig. v.*

798 Essai d'Odontotechnie, ou Dissertation sur les dents artificielles, par M. Mouton, Dentiste. *Paris, Antoine Boudet*, 1746, *in-12. v. b.*

799 Nouveaux Elémens d'Odontologie, conte-

nant l'Anatomie de la Bouche & la Pratique abrégée du Dentiste, avec plusieurs Observations par M. Lecluse. *Paris*, 1754, *in-*12. *fig. m. r. d. s. tr. avec fil. d'or.*

800 Godefredi Bidloo Anatomia humani corporis, centum & quinque tabulis per G. de Lairesse ad vivum delineatis demonstrata, veterum recentiorumque inventis explicata, plurimisque hactenus non detectis illustrata. *Amstelodami*, 1685, *gr. in-*fol. *v. b.* (Belles épreuves). . . . . . . 24.. 0.. 0

Pharmacie, Chymie & Alchymie.

801 Histoire des drogues, espiceries & de certains médicamens simples qui naissent ès Indes & en l'Amérique ; & l'Histoire du Baulme, où il est prouvé que nous avons le vrai Baulme d'Arabie, trad. du latin de Charles de l'Ecluse & de Christ. de la Coste, avec des Annotations par Anth. Colin. *Lyon, Jean Pillehote,* 1619, *in-*8. *fig. vélin.* . . . . 1.. 0.. 0

802 Recueil de Remèdes de Pharmacie & Médecine nécessaires pour la santé, par J. R. *MS. sur papier.* . . . . 1.. 0.. 0

803 Le Royal Syrop de pommes, antidote des passions mélancholiques, par Gabriel Droyn, Docteur en Médecine. *Paris, Jean Moreau,* 1615, *in-*8. *vélin.* . . . . 10..19..0

804 L'Opérateur ingénu, enseignant les vérités & abus des Opérateurs, le moyen de composer les Grains angéliques, le Baulme royal, &c. & le secret de MM. de Canrofes, Gentils-hommes de la lignée de S. Hubert, contre la rage, par le sieur de la Martiniere. *Paris*, 1668, *in-*12. *v. b.* . 1.. 6.. 0

92 SCIENCES ET ARTS.

805 Dictionnaire de Chymie, par M. Macquer. *Paris*, 1766, 2 *vol. in*-8. *v. m.*

806 Traité de la Chymie, par Christ. Glaser. 1663, *in*-12. *v. b.*

807 Le Chymiste Physicien, par J. Mongin. *Paris*, 1704, *in*-12. *v. b.*

808 Récréations physiques, chymiques & économiques de M. Model; Ouvrage trad. de l'allemand, avec des Observations & des Additions, par M. Parmentier. *Paris*, 1781, 2 *vol. in*-8. *v.*

809 Discours du Chevalier Digby, touchant la guérison des plaies par la poudre de sympathie, où sa composition est enseignée. *Rouen*, 1660, *in*-8. *vélin.*

810 Traité des vernis, par le P. Bonnani, Jésuite. *Paris*, 1723, *in* 12. *v. b.*

811 L'art de faire & d'employer les vernis, ou l'Art du Vernisseur, auquel on a joint ceux du Peintre & du Doreur, par le sieur Watin. *Paris, Quillau*, 1772, *in*-8. *v. m. avec fil. d'or.*

812 Le Parfumeur françois, par le sieur Barbe. *Lyon*, 1693, *in*-12. *v.*

813 Dictionnaire Hermétique, contenant l'explication des termes, fables, énigmes, emblêmes & manieres de parler des vrais Philosophes, par Gaston le Doux, dit de Claves. *Paris, Laurent d'Houry*, 1695, *in*-12. *v. b.*

814 Histoire de la Philosophie Hermétique, avec un Catalogue raisonné des Ecrivains de cette Science, par M. l'Abbé Lenglet du Fresnoy. *Paris*, 1742, 3 *vol. in*-12. *v. f.*

815 Bibliotheque des Philosophes chymiques, ou Recueil des Œuvres des Auteurs les plus ap-

SCIENCES ET ARTS. 93

prouvés qui ont écrit de la pierre philosophale, par le sieur Salomon. *Paris*, 1683, 2 *vol. in-*12.

816 Bibliothèque des Philosophes chymiques, nouvelle édition, augmentée avec des figures & des notes pour faciliter l'intelligence de leur doctrine, par M. J. M. de Richemont. *Paris*, 1740, 3 *vol. in-*12. *v.* . . . . 18...19...o

817 Opuscule très-excellent de la vraye Philosophie naturelle des métaulx, traitant de l'augmenration d'iceux, par D. Zecaire ; avec le Traité de Messire Bernard, Comte de la Marche Trevisane, sur le même sujet. *Anvers*, *Guil. Silvius*, 1567, *in-*8. *v.* . . . . 1....10...o

818 L'Ouverture de l'Ecole de Philosophie transmutatoire métallique, par David de Planis Campy. *Paris*, 1633, *in-*8. *vélin.* . . . . 2...1...o

819 Michaelis Maieri Viatorium, hoc est de montibus Planetarum septem, seu metallorum, cum Triumpho Podagræ Arnoldi Glaseri. *Rotomagi, Joannes Berthelin*, 1651, *in-*8. *vélin.* . . . . 2...8...o

820 Le vrai & méthodique Cours de la Physique résolutive, vulgairement dite Chymie, pour connoître la Theotechnie ergocosmique, c'est-à-dire, l'Art de Dieu en l'ouvrage de l'univers, par Annibal Barlet. *Paris*, 1653, *in-*4. *vélin.* . . . 1...12...o

821 Traité du sel, 3ᵉ principe des choses minérales. *Paris*, 1669, *in-*12. *v. m.* . . . . . . 1...4...o

822 Les Aventures d'un Philosophe inconnu, en la recherche & invention de la pierre philosophale. *Paris*, 1674, *in-*12. *vélin.* . . . . . . 3...o...o

823 Le grand Olympe ou Philosophie poëtique attribuée au très-renommé Ovide, avec des annotations, trad. du latin en fr. en 1430, & corrigé sur un exemplaire correct le 1ᵉʳ. avril 1670, & de 11...19...o

nouveau écrit le 12 mars 1684. *gr. in-4. v. b.*

824 Le Pilote de l'onde vive, avec deux Traités nouveaux sur la Philosophie naturelle. *Paris*, 1689, *in-12.*

825 Les Œuvres du Cosmopolite, ou nouvelle Lumiere chymique, avec des Lettres philosophiques, par Michel Sendivogius. *Paris*, 1691, *in-12. v.*

826 L'Escalier des sages, ou Thrésor de la Philosophie des anciens, par Barent Coenders Van Helpen. *Cologne*, 1693, *in-fol. fig. vélin.*

827 Le Filet d'Ariadne pour entrer avec sûreté dans le labyrinthe de la Philosophie hermétique. *Paris*, 1695, *in-12. v.*

828 L'Idée parfaite de la Philosophie hermétique, ou l'Abrégé de la Théorie & pratique de la pierre des Philosophes, par M. J. Collesson. *Paris*, 1719, *in-12. v. b.*

829 Les Secrets les plus cachés de la Philosophie des anciens, découverts & expliqués. *Paris*, 1722, *in-12. v. b.*

830 Instruction à la France sur la vérité de l'Histoire des Freres de la Roze-Croix, par Gab. Naudé. *Paris, Franç. Julliot*, 1623.—Examen sur l'inconnue & nouvelle cabale des Freres de la Roze-Croix, depuis peu en la ville de Paris, avec l'Histoire des mœurs, coutumes, prodiges & particularités d'iceux. *Paris*, 1623, *in-8. v. m.*

831 Comte de Gabalis, ou Entretiens sur les Sciences secrettes, avec la suite par M. l'Abbé de Villars. *Amsterdam, Pierre de Coup*, 1715, *in-8. en cart.*

832 Les Génies assistans & Gnomes irréconcilia-

SCIENCES ET ARTS.

bles, ou suite au Comte de Gabalis. *La Haye*, 1718, *in*-12. *v. b.*

Mathématiques, &c.

833 Elémens de Mathématiques, ou Traité de la grandeur en général, par le P. Bernard Lamy. *Paris, Nicolas Pepie*, 1715, *in*-12. *v. b.* . . . . . 1 . . 10 . . 0

834 Nouveau Cours de Mathématique à l'usage de l'Artillerie & du Génie, par M. Belidor. *Paris*, 1725, *in*-4. *v. b.*

835 Cours de Mathématiques, par M. Camus. *Paris*, 1749, 4 *vol. in* 8. *v.* — — — — — 2 . . 16 . . 0

836 Observations mathématiques, astronomiques, géographiques, chronologiques & physiques, tirées des anciens livres chinois, ou faites nouvellement aux Indes, à la Chine & ailleurs, par les Jésuites, rédigées & publiées par le P. Etienne Souciet. *Paris*, 1729–1732, 3 *tom.* 2 *vol. in*-4. *v. b.* — — — — — — — 5 . . 0 . . 0

837 Opuscula tria ad res mathematicas pertinentia, auctore Ant. Mar. Lorgna. *Veronæ*, 1767, *in*-4. *vélin. d. s. tr. avec fil. d'or. gr. pap.* (2 Exemplaires). — — — — — — — — — 4 . . 0 . . 0

838 Pratique de la Géométrie sur le papier & sur le terrain, par M. le Clerc. *Paris*, 1669, *in*-12. *v.* . . 1 . . 0 . . 0

839 Exposition des Découvertes philosophiques du Chevalier Newton, par M. Maclaurin, trad. de l'anglois par M. Lavirotte. *Paris*, 1749, *in*-4. *v. f.* — — — — — — — — — — 4 . . 10 . . 0

Astronomie.

840 Degré du méridien entre Paris & Amiens, déterminé par la mesure de M. Picard, & par les observations de MM. de Maupertuis, Clai- . . . . 3 . . 0 . . 0

raut, Camus & le Monnier. *Paris*, 1740, *in*-8. *v. f.*

841 Voyage en Californie, pour l'observation du passage de Vénus sur le disque du soleil, le 3 juin 1769, par feu M. l'Abbé Chappe d'Auteroche, publié par M. de Cassini fils. *Paris*, 1772, *in*-4. *broch.*

Astrologie.

842 De la vraie & fausse Astrologie contre les abuseurs de notre siècle, par R. P. F. J. Porthæsius. *Poitiers*, 1579, *in*-8. *vélin.*

843 Traité curieux de l'Astrologie judiciaire, ou Préservatif contre l'Astromantie des Genethliaques, par C. Pithoys. *Sedan*, 1641, *in*-8. *vélin.*

844 Albumasaris, de magnis conjunctionibus, annorum revolutionibus, ac eorum profectionibus Tractatus. *Venetiis, per Jacobum Pentium de Leucho*, 1515, *in*-4. *fig. v. m. avec fil. d'or.*

845 Les Causes de la veille & du sommeil, des songes, & de la vie & de la mort, par M. Scipion Dupleix. *Paris, François Gueffier*, 1613, *in*-12. *vélin.*

846 Les Jugemens Astronomiques des songes, par Artemidorus, augmentés par Auguste Niphe, sur les augures, & un Traité sur les divinations, par Anthoine Dumoulin. *Paris, J. Promé*, 1664, *in*-12. *v.*

847 L'Art de se rendre heureux par les songes, c'est-à-dire, en se procurant telle espèce de songe que l'on puisse desirer conformément à ses inclinations. *Francfort*, 1746, *in*-8. *v. m. avec fil. d'or.*

848

SCIENCES ET ARTS.

848 Géomancie astronomique de Gérard de Crémone, trad. par le sieur de Salerne. *Paris*, 1669, *in-12 vélin.*
849 Le nouveau Miroir de la fortune, ou Abrégé de la Géomance, par M. Colonne. *Paris*, 1726, *in-12. v.* } 1...16...0

850 Familieres Instructions pour apprendre les Sciences de Chiromance & Physionomie, par Jean Belot. 1688, *in-8. vélin.* . . . . . . 2...10...0

851 La Chiromance de Patrice Tricasse, trad. de l'italien en françois. *Paris, Hier. Drouard, in-8. v. m. d. s. tr.* avec *fil. d'or.* . . . . 1...10...0

852 La Chiromantie naturelle de Ronphile, trad. par le sieur Rampalle. *Paris*, 1655, *in-8. v. b.* . . . . 1...0...0

853 La Chiromance & Physionomie par le regard des membres de l'homme, par Jean Indagine, mises en françois par Antoine Dumoulin. *Paris, Pierre Dorguillé*, 1662, *in-12. fig. v.* . . . . 1...4...0

854 La Science curieuse, Traité de la Chyromance. *Paris*, 1665, *in-4. fig. vélin.* . . . . . 1...0...0

855 Des Talismans, avec des Observations contre le livre des curiosités inouïes de J. Gaffarel, & un Traité de l'Unguent des armes, par le sieur de l'Isle. *Paris*, 1636, *in-8. vélin.*
856 La Superstition du temps reconnue aux talismans; figures astrales & statues fatales, contre un livre anonyme intitulé les Talismans justifiés, avec la poudre de sympathie soupçonnée de magie, par le P. François Placet. *Paris, Alliot*, 1668, *in-12. v. b.* } 1...10...0

857 La Métoposcopie de H. Cardan, Médecin Milanois, comprise en XIII livres & 800 fig. de la face humaine; avec un Traité des marques . . . 1...0...0

G

98 SCIENCES ET ARTS.

naturelles du corps, par Melampus; le tout trad. en françois par le sieur C. M. de Laurendiere. *Paris, Th. Jolly*, 1658, *in*-fol.

858 Cefalogia fisionomica divisa in dieci deche, opera di Cornelio Ghirardelli. *In Bologna*, 1630, *in*-4. vel.

859 Traité astrologique des Jugemens des Themes genetliaques, pour tous les accidens qui arrivent à l'homme après sa naissance, colligé par Henri Rantzau, Duc Cimbrique, & fait françois par Jacq. Aleaume. *Paris*, 1657, *in*-8.

1...2...0   860 Prognosticatio Doctoris Theophrasti Paracelsi. Anno 1536, *in*-4. *fig.*

4...19...0   861 Les Devins ou Commentaires des principales sortes de devinations, trad. du latin de Gasp. Peucer, par Simon Goulard. *Anvers*, 1584, *in*-4. *m. b. d. s. tr. avec fil. d'or.*

1...5...0   862 Les vrayes Centuries & Prophéties de Michel Nostradamus, avec la Vie de l'Auteur. *Paris*, 1668, *in*-12. *v.*

2...19...0   863 La Clef de Nostradamus, Isagoge ou Instruction au véritable sens de ses Prophéties, avec la critique touchant les sentimens & interprétations de ceux qui ont ci-devant écrit sur cette matiere. *Paris, Pierre Giffart*, 1710, *in*-12. *v.*

1...0...0   864 La Concordance des Prophéties de Nostradamus avec l'Histoire, depuis Henri II jusqu'à Louis le Grand, la Vie & l'Apologie de cet Auteur, par M. Guynaud. *Paris*, 1710, *in*-12. *v. b.*

3...3...0   865 Les Contredits du Seigneur du Pavillon lez-Lorriz, aux fausses Prophéties de Nostradamus & autres Astrologues. *Paris, Charles l'Angelier*, 1560, *in*-8. *m. r. d. s. tr. avec fil.*

SCIENCES ET ARTS.

866 Eclaircissement des véritables Quatrains de Michel Nostradamus. 1656. — Apologie pour la douleur d'une Dame inconsolable de la mort d'un frere qu'elle aimoit uniquement, à Mlle. Anne Marie Schurmans, sous le nom de Theocrine. *in-12. vélin avec dos en veau.* . . . . 1 . . . 8 . . . 0

Hydrographie, ou la Science de la Navigation.

867 Dictionnaire de Marine, contenant les termes de la Navigation & de l'Architecture navale. *Paris*, 1747, *in-4. v.* . . . . 8 . . . 0 . . . 0
868 L'Art des Armées navales, ou Traité des évolutions navales, par le P. Paul Hoste. *Lyon*, 1727, *in-fol. fig. v.* . . . . 23 . . . 19 . . . 0
869 Marine militaire, ou Recueil des différens vaisseaux qui servent à la guerre, suivis des Manœuvres qui ont le plus de rapport au combat ainsi qu'à l'attaque & la défense des ports, par Ozanne l'aîné. *gr. in-8. broch.* . . . . . . 2 . . . 5 . . . 0

Perspective, &c.

870 La Perspective pratique, par un Religieux de la Compagnie de Jésus, premiere partie. *Paris*, 1651, *in-4. v.* . . . . 2 . . . 3 . . . 0
871 La Maniere universelle de M. Desargues pour poser l'essieu & placer les heures & autres choses aux cadrans au soleil, par Ab. Bosse. *Paris, Pierre Des-Hayes*, 1643, *in-8. fig. vélin.*

Musique.

872 Histoire de la Musique & de ses effets depuis son origine jusqu'à présent, & en quoi con-

} 2 . . . 8 . . . 0

G ij

100 SCIENCES ET ARTS.

siste sa beauté. *Amsterdam*, 1725, 4 *tom.* 2 *vol. in* 12. *v. b.*

1 . . . 0 . . . 0   873 Dictionnaire de Musique, contenant une explication des termes grecs, latins, italiens & françois les plus usités dans la Musique, &c. avec un Catalogue de plus de 900 Auteurs qui ont écrit sur la Musique, par Sébastien de Brossard. *Amsterdam, Etienne Roger, in-*8. *v.*

1 . . . 4 . . . 0   874 Traité de la Musette, avec une nouvelle Méthode pour apprendre de soi-même à jouer de cet instrument, en deux parties. *Lyon*, 1672, *in-*fol. *fig. v. b.*

1 . . . 0 . . . 0   875 Traité de la Viole, par Jean Rousseau. *Paris*, 1687, *in-*8. *v.*

ARTS.

Dictionnaires & Traités généraux des Arts Libéraux & Méchaniques.

4 . . . 0 . . . 0   876 Dictionnaire des Arts & des Sciences, par M. Thomas Corneille. *Paris*, 1694, 2 *vol. in-*fol *v. m.*

5 . . . 14 . . . 0   877 Dictionnaire portatif des beaux Arts, par M. Lacroix, Avocat. *Paris*, 1752, *in-*8. *m. bl. d. s. tr.* avec *fil. d'or.*

2 . . . 19 . . . 0   878 Dictionnaire portatif des Arts & Métiers. *Paris*, 1767, 2 *vol. in-*8. *v.*

8 . . . 12 . . . 0   879 De l'Origine des Loix, des Sciences & des Arts, & de leurs progrès chez les anciens peuples, par M. Goguette. *Paris*, 1759, 6 *vol. in-*12. *en cart.*

2 . . . 10 . . . 0   880 Secrets concernant les Arts & Métiers. *Bruxelles*, 1760, 2 *vol. in-*12. *v. m.*

SCIENCES ET ARTS.

Arts de l'Ecriture & de l'Imprimerie.

881 Polygraphie & universelle Ecriture cabalistique de M. J. Tritheme, trad. par Gabriel de Collange. *Paris*, 1561, *in-4. v. b. à compart. d. f. tr. avec fil. d'or.* . . . . 11 ... 16 ... o

882 Traité des Chiffres, ou secrettes Manieres d'écrire, par Blaise de Vigenere. *Paris*, 1587, *in-4. vélin.* . . . . 1 ... 10 ... o

883 L'art & Science de la vraie proportion des lettres attiques ou antiques, selon le corps & visaige humain, par Geoffroy Tory. *Paris, Vivant Gaultherot*, 1549, *in-8. fig. vélin.* . . 2 ... o ... o

884 Tacheographie, ou l'Art d'écrire aussi vîte qu'on parle, trad. du latin de Charles Al. Ramsay par le sieur A. D. G. *Paris*, 1681, *in-12. v.* . 2 ... o ... o

885 La Science pratique de l'Imprimerie, contenant des instructions très-faciles pour se perfectionner dans cet art. *Saint-Omer, Mart. Dom. Fertel*, 1723, *in-4. v. m.* . . . . 9 ... 1 ... o

886 Manuel typographique utile aux gens de lettres & à ceux qui exercent les différentes parties de l'art de l'Imprimerie, par Fournier le jeune. *Paris Barbou*, 1764, 2 *vol. in-8. v. m. avec fil d'or.* . . . . 6 ... 5 ... o

887 Epreuves générales des caracteres qui se trouvent chez Cl. Lamesle, Fondeur de caracteres d'Imprimerie. *Paris*, 1742, *in-4. v.*

888 Epreuves des caracteres de la fonderie de Nicolas Gando. *Paris, Jacq. Guérin*, 1745, *in-4. baf.* . . . . 1 ... 10 ... o

Arts du Dessin, de la Peinture, de la Gravure & de la Sculpture.

889 Dictionnaire des Monogrammes, Chiffres, . . 4 ... o ... o

102 SCIENCES ET ARTS.

Lettres initiales, Logogryphes, Rébus, &c. sous lesquels les plus célèbres Peintres, Graveurs & Dessinateurs ont dessiné leurs noms, trad. de l'allemand de M. Christ. *Paris*, 1750, *in-8. v. m.*

890 Dictionnaire iconologique, ou Introduction à la connoissances des peintures, sculptures, médailles, estampes, &c. par M. D. P. *Paris*, 1756, *in-12. v.*

891 Cabinet des singularités d'Architecture, Peinture, Scuplture & Gravure, par Florent le Comte. *Paris*, 1699, 3 *vol. in-12. v. b.*

892 Extraits du Cabinet des singularités d'architecture, peinture, sculpture & gravure, par Florent le Comte. *Paris*, 1699, *in-12. v. b.*

893 Traité de la Peinture, par Léonard de Vinci, avec la Vie de l'Auteur. *Paris, P. Fr. Giffard*, 1716, *in-12. v. b.*

894 Joachimi de Sandrart à Stockar, Academia artis pictoriæ. *Noribergæ, Typis Christ. Sigism. Frobergii*, 1683, *in-fol. fig. v. b.*

895 Le Dessinateur pour les fabriques d'étoffes d'or, d'argent & de soie, par M. Joubert de l'Hiberderie. *Paris, Séb. Jorry*, 1765, *in-8. v. m.*

896 Traité de la Gravure, par Abr. Bosse; & l'Art de laver, par Gauthier de Nimes. *Nuremberg*, 1761, *in-8. fig. v. m.* (En allemand).

897 Recueil d'estampes d'après les tableaux des Peintres les plus célèbres d'Italie, des Pays-bas & de France qui sont à Aix dans le cabinet de M. Boyer d'Aguilles, gravées par Jacq. Coelemans d'Anvers. *Paris, Mariette*, 1744, *gr. in-fol. v. b.*

898 Recueil d'estampes, divers sujets & paysa-

SCIENCES ET ARTS.

ges gravés d'après les meilleurs Maîtres Italiens, Flamands, Hollandois & François, par Fr. Bafan, ou fous fa direction. *Paris*, 1762, 4 *vol. gr. in*-fol. *en cart.*

899 Cabinet du Roi d'Angleterre, *gr. in*-fol. *v. m.* .... 18....0....0

901 La Galerie électorale de Dusseldorff, ou Catalogue de ses tableaux, par Chrétien de Mechel & Nicolas de Pigace. *Basle*, 1778, 2 *vol. in*-fol. *obl. en cart.* .... 15....19....0

902 L'Œuvre d'Antoine Watteau, gravé d'après ses tableaux & dessins originaux tirés du cabinet du Roi & des plus curieux de l'Europe, par les soins de M. de Julienne. 2 *vol. gr. in*-fol. *v. m. avec fil. d'or.*

903 Figures de différens caracteres, de paysages & d'études dessinées d'après nature, par Antoine Watteau, gravées par différens Maîtres. *in*-fol. *v. m. avec fil. d'or.*

904 Les Eglises, Palais, Fontaines, &c. de Rome, par Jacq. Rossi. *Rome*, 1665.——Les plus beaux Edifices de Paris, Versailles & autres Maisons Royales. *gr. in*-fol. *v. b.*

905 Raccolta di 55 Historie sacre, con le loro spiegazioni di Pietro Monaco. *In Venezia*, 1743, *in*-fol. .... 9....1....0

906 Recueil des Habillemens de différentes Nations anciennes & modernes, d'après différens Maîtres, avec des Remarques historiques sur ce sujet. *Londres*, *Thom. Jefferys*, 1757–1772, 4 *vol. in*-4. *fig. coloriées. v. ec. d. s. tr. avec fil.*

907 Divers Ajustemens & Usages des Russes, dessinés en Russie d'après nature & gravés à l'eau forte par J. B. le Prince. *in*-fol. *en cart.* (108 Piéces). .... 23....19....0

22...19...0   908 Traité de la méthode antique de graver en pierres fines, comparée avec la méthode moderne & expliquée en diverses planches, par Laurent Natter. *Londres*, 1754, *in*-fol. *fig. v. ec. d. ſ. tr. avec fil.*

Architecture Civile.

18...0...0   909 Dictionnaire d'Architecture civile, militaire & navale, antique, ancienne & moderne, & de tous les arts & métiers qui en dépendent, par M. Roland de Virloys. *Paris*, 1770, 3 *vol. gr. in*-4. *v. f. avec fil. d'or.*

6...0...0   910 Les IV Livres de l'Architecture d'André Palladio, mis en françois par Roland Freart, sieur de Chambray. *Paris, Edme Martin*, 1650, *in* fol.
— Parallele de l'Architecture antique avec la moderne, par le même sieur de Chambray. *Paris, Edme Martin*, 1650, *in*-fol. *v. f. avec fil. d'or.*

1...16...0   911 Traité des cinq Ordres d'Architecture, trad. du Palladio, augmenté de nouvelles inventions pour l'art de bien bâtir, par le sieur le Muet. *Amsterdam*, 1682, *in*-4. *fig. v. b.*
912 Regles des cinq Ordres d'Architecture de Vignolle, augmentées & réduites de grand en petit par le Muet. *Paris, in*-8. *vélin.*

10...19...0   913 Résolution des quatre principaux problêmes d'Architecture, par François Blondel. *Paris, Imp. Royale*, 1673, *gr. in*-fol. *fig. m. r. d. ſ. tr. avec dent.*

2...19...0   914 L'Ombre du grand Colbert, le Louvre & la Ville de Paris, Dialogue. *La Haye*, 1749, *v. m.*

Architecture Militaire.

1...   915 Elémens de Fortification à l'usage des jeu-

SCIENCES ET ARTS. 105

nes Officiers, par M. le Blond. *Paris*, 1742, *in*-12. *fig.*

916 L'Ingénieur moderne, ou Essai de fortification, par le Baron F. D. R. (de Reuterholm). *La Haye*, 1744, *in*-8 *fig. v. m.*

917 La Fortification démontrée & réduite en art par feu J. Errard, revue & augmentée par A. Errard son neveu. *Paris*, 1620, *in* fol. *fig. v.* avec fil. d'or.

918 Traité des Fortifications, ou Architecture militaire tirée des Places les plus estimées de ce temps pour leurs fortifications, par le P. Fournier, Jésuite. *Paris*, 1748, *in*-12. *fig. m. r.*

919 Les Travaux de Mars, ou la Fortification nouvelle, tant régulière qu'irrégulière, par Allain Manesson Mallet. *Paris*, 1671, *in*-8. *fig. v.*

920 Traité des Fortifications, par le sieur H. Gautier. *Lyon*, 1685, *in*-12. *v. b.*

921 Mémoires pour l'attaque & la défense d'une place, par M. Goulon. *Amsterdam*, 1706, *in*-8. *fig. en cart.*

922 La véritable Manière de fortifier de M. de Vauban, mise en ordre par MM. l'Abbé du Fay & le Chevalier de Cambray. *Amsterdam*, 1718, 2 tom. 1 vol. *in*-8. *fig. v.*

923 De l'Attaque & de la Défense des places, par M. de Vauban. *La Haye*, 1737, *in*-4. *v.*

924 Traité de la Sûreté & Conservation des Etats par le moyen des forteresses, par M. Maigret. *Paris*, 1726, *in*-12. *v.*

925 De la Charge des Gouverneurs des Places, par Ant. de Ville. 1640, *in*-12. — Le Parfait Capitaine, autrement l'Abrégé des Guerres des Commentaires de César, augmenté d'un Traité

de l'interêt des Princes & Eſtats de la Chreſtienté, par Henri, Duc de Rohan. 1642, *in-12. vélin.*

926 L'Ingénieur de campagne, ou Traité de la Fortification paſſagere, par le Chevalier de Clairac. *Paris*, 1757, *in-4. v. m.*

Architecture Navale.

927 L'Art de bâtir les vaiſſeaux, & d'en perfectionner la conſtruction, d'après les meilleurs Auteurs Hollandois. *Amſterdam*, 1719, 2 tom. 1 vol. *in-4. fig. vélin.*

928 Traité de la Fabrique des Manœuvres pour les vaiſſeaux, ou l'Art de Corderie perfectionné, par M. Duhamel du Monceau. *Paris*, 1769, *in-4. v.*

Art Militaire.

930 Dictionnaire Militaire, ou Recueil alphabétique de tous les termes propres à la guerre, par M. Aubert de la Chenaye, nouvelle édition augmentée par M. E.....*Dreſde*, 1751, 2 vol. *in-8. v. m. avec fil. d'or.*

931 Bibliothèque Militaire hiſtorique & politique. *Paris, Vincent,* 1760, 3 vol. *in-12. v.*

932 Art de la guerre par principes & par régles, par M. le Maréchal de Puyſegur. *Paris*, 1748, 2 tom. 1 vol. *in-fol. fig. v. f. avec fil. d'or.*

933 L'Art de la guerre & la maniere dont on la fait à préſent, par Louis de Gaya. *Paris*, 1679, *in-12. v. b.*

934 Cours de la Science militaire, par M. Bardet de Villeneuve. *La Haye, Jean Van Duren,* 1740, 4 vol. *in-8. fig. v.*

SCIENCES ET ARTS.

935 La Science de la guerre, ou Connoissances nécessaires pour tous ceux qui entreprennent la profession des armes. *Turin*, 1744, *in-8. fig. v. m.* . . . . 1 . . 12 . . 0

936 Observations sur l'art de faire la guerre, suivant les maximes des plus grands Généraux, par le sieur Vaultier. *Paris*, 1740, *in-12. v.*

937 Essai sur la Science de la guerre, ou Recueil des Observations de différens Auteurs sur les moyens de la perfectionner, par M. le Baron d'Espagnac. *La Haye*, 1753, 3 *vol. in-8. en cart.* } 1 . . . 4 . . 0

938 Essai sur les grandes Opérations de la guerre, ou Recueil des Observations de différens Auteurs sur la maniere de les perfectionner, par M. le Baron d'Espagnac. *La Haye*, 1755, 4 *vol. in-8. en cart.* . . . . 1 . . . 4 . . 0

939 Etude Militaire pour servir d'introduction à l'Instruction méthodique de l'art de la guerre, par le Baron de Traverse. *Basle*, 1755, *in-12. v.*

940 Les Amusemens Militaires, servant d'introduction aux sciences qui forment les guerriers, par M. Dupain. *Paris*, 1757, *in-8. fig. v. m.* } 1 . . . 10 . . 0

941 Elemens de la guerre, par M. le Roy de Boisroger. *Paris*, 1772, *in-8. broch.*

942 Le bon Militaire, par M. de Boussanelle. *Paris*, 1770, *in-8. v.* } . . 1 . . 0 . . 0

943 La Conduite de Mars, ou l'Homme de guerre. *Rouen*, 1711, *in-12. v.*

944 L'Ecole de Mars, ou Mémoires instructifs sur toutes les parties qui composent le Corps Militaire en France, par M. de Guignard. *Paris*, 1725, 2 *vol. in-4. fig. v. b.* . . . . 3 . . 1 . . 0

945 Lettres Françoises & Germaniques; ou Réflexions militaires, littéraires & critiques sur les . . . 1 . . . 0 . . 0

108 SCIENCES ET ARTS.

François & les Allemands. *Londres*, 1740, *in-8. demi-rel.*

946 Institutions Militaires pour la France, ou le Vegece François, par M. Andreu de Belistein. *Amsterdam*, 1762, *in-8. en cart.*

947 Détails Militaires, par M. de Cheneviere. *Paris*, 1742, *2 vol. in-12. v. b.*

948 Réflexions Militaires & Politiques, trad. de l'espagnol de M. le Marquis de Sancta Cruz de de Marzenado par M. de Vergy. *Paris*, 1736, *11 vol. in-12. v. b.*

949 Traité de la Guerre, ou Politique Militaire, par Paul Hay, sieur du Chastelet. *Amsterdam, Abr. Wolfgang*, *in-12. v. b.*

950 Essais de Principes d'une Morale Militaire & autres objets, par M. de Zimmerman. *Paris*, 1769, *in-12. broch.*

951 Flave Vegece, du Fait de guerre & fleur de Chevalerie; Sexte Jule Frontin, des Stratagêmes de guerre; Ælian, de l'Ordre & Instruction des batailles; Modeste, des Vocables du fait de guerre, pareillement CXX Histoires concernant le fait de guerre jointes à Vegece, trad. fidellement de latin en françois. *Paris, Chr. Wechel*, 1536, *in-fol. goth. avec fig. en bois, vélin.*

952 Institutions militaires de Vegece. *Amsterdam*, 1744, *in-8. v. m.*

953 Institutions Militaires de Vegece. *Paris*, 1759, *in-12.*

954 Les Ruses de guerre de Polyen, & les Stratagêmes de Frontin, trad. du grec en françois, avec des Notes, par Dom Lobineau & Perrot d'Ablancourt. *Paris*, 1770, *3 vol. in-12. v.*

SCIENCES ET ARTS. 109

955 L'Esprit du Chevalier Folard, tiré de ses Commentaires sur l'Histoire de Polybe, pour l'usage d'un Officier (par le Roi de Prusse). *Amsterdam*, 1760, *in*-8. *v*. . . . . 2 . . 1 . . 0

956 Mémoires Militaires sur les Grecs & les Romains, par Charl. Guischardt. *La Haye*, 1758, *in*-4. *fig. v. m.* . . . . 6 . . 0 . . 0

957 Annibal & Scipion, ou les grands Capitaines avec les Ordres & Plans de batailles, avec les Annotations, Discours & Remarques politiques & militaires de M. le Comte G. L. de Nassau. *La Haye*, 1675, *in*-12. *bas.*

958 L'Arbre des batailles, qui traicte de plusieurs choses, comme de l'Eglise & aussi des faicts de la guerre, & aussi comment on s'y doict gouverner. *Lyon, Olivier Arnoullet, in*-4. *goth. vélin*. } 2 . . 0 . . 0

959 Le Maréchal de Bataille, par le sieur de Lostelneau. *Paris*, 1647, *in*·fol. *fig. v. f. avec fil. d'or.*

960 Mémoires de Montecuculi, Généralissime des Troupes de l'Empereur. *Paris, Savoye*, 1760, *in*-12. *v*. . . . . 1 . . 0 . . 0

961 Maniement d'armes, d'Arquebuses, Mousquets & piques, en conformité de l'ordre du Prince Maurice, Prince d'Orange, Comte de Nassau, représenté par figures (enluminées) par Jacques de Gheyn. *La Haye*, 1608, *in*-fol. *m. v.* (Manq. le frontispice & une fig.). . . 2 . . 4 . . 0

962 Les Rêveries, ou Mémoires sur l'art de la guerre du Maréchal de Saxe, par M. de Bonneville. *La Haye, P. Gosse*, 1756, 2 *tom.* 1 *vol. in*-12. *v. b*. . . . . 1 . . 13 . . 0

963 Les Rêveries, ou Notes & Commentaires sur les parties sublimes de l'art de la guerre, de Mau- 2 . . 14 . . 0

SCIENCES ET ARTS.

rice, Comte de Saxe, dédiées aux Officiers Généraux par M. de Bonneville. *Berlin*, 1763, 2 tom. 1 vol. in-4. *fig. v. m. avec fil. d'or.*

964 Instruction Militaire du Roi de Prusse pour ses Généraux, trad. de l'allemand par M. Faesch. *Francfort*, 1761, *in-8. broch.*

965 L'Art Militaire du Partisan, par M. le Baron de Wust. *La Haye*, 1768, *in-8. broch.*

966 Principes élémentaires de Tactique, ou nouvelles Observations sur l'Art Militaire, par M. B***. *Paris*, 1768, *in-8. broch.*

967 Essai général de Tactique, par M. de Guibert. *Londres*, 1772, 2 tom. 1 vol. in-4.

968 Essai Théorique & Pratique sur les batailles, par M. le Chevalier de Grimoard. *Paris*, 1775, *in-4. v.*

969 Art Militaire à cheval, instruction des principes & fondemens de la Cavalerie, par Jacq. de Wallhausen. *Zutphen*, 1621, *in-fol. fig. vélin.*

970 Les Fonctions du Capitaine de Cavalerie & les principales de ses Officiers subalternes, par le sieur de Birac. *La Haye*, 1688, *in-12. fig. v. b.*

971 Institutions Militaires pour la Cavalerie & les Dragons, par M. de la Porterie. *Paris*, 1754, *in-8. v. m.*

972 La Milice Moderne, où sont comprises les Evolutions tant de Cavalerie que d'Infanterie, par le sieur Bernardin Imbotti. *Paris*, 1646, *in-8. vélin.*

973 Le Gouvernement de la Cavalerie légère, réduit en art avec ses préceptes, par George Basta & Jer. Sistori, trad. en françois, avec

SCIENCES ET ARTS. 111

fig. gravées par J. Th. de Bry. *Hanaw*, 1614,)
in-fol. *vélin*.

974 La Petite Güerre, ou Traité du Service des Troupes légères en campagne, par M. de Grandmaison. 1756, 2 *vol. in-12. broch.*

975 Essai sur la Cavalerie tant ancienne que moderne, auquel on a joint les Instructions & les Ordonnances nouvelles qui y ont rapport. *Paris*, 1756, *in-4. v.*

976 Correspondance sur l'art de la guerre entre un Colonel de Dragons & un Capitaine d'Infanterie. *Bouillon*, 1774, *in-8. demie rel.*

977 L'Art militaire pour l'Infanterie, décrit en language allemand par J. Jacques de Walhausen, & trad. en françois. *Franeker*, 1615, *in*-fol. *fig. vélin.*

978 Mémoires pour le Service de l'Infanterie, par M. de Bombelles. *Paris*, 1719, 2 *vol. in-12. v. b.*

1...10...0

979 Etudes Militaires, premiere partie qui comprend le plan général de tout l'ouvrage & l'exercice de l'Infanterie, par M. Bottée. *Paris*, 1731, *in-12. fig. v.*

1....3...0

980 Traité des Légions, ou Mémoires sur l'Infanterie. *La Haye (Paris)*, 1753, *in-12. pap.* de Hollande, *v. m d. f. tr. avec fil. d'or.*

981 Le Munitionaire des Armées de France, qui enseigne à fournir les vivres aux Troupes avec toute l'économie possible, par Nodot. *Paris, Cusson, in-8. v. b.* . . . . 2....9...0

SCIENCES ET ARTS.

Traités des Armes, Machines & Instrumens de Guerre & de l'Artillerie.

982 Modeles, Artifices de feu & divers Instrumens de guerre, avec les moyens de s'en prévaloir pour assiéger, battre, surprendre & défendre toutes places, par Joseph Boillot. *Chaumont en Bassigny*, 1598, *in-4. vel. v.*

983 Traité des Feux artificiels pour la guerre & la récréation, avec des Traités de Géométrie pratique, Fortifications & Arithmétique, par François de Malthe. *Paris*, 1632, 1 *vol. in-8. vélin.*

984 La Pyrotechnie de Hanzelet, Lorrain, où sont représentés les secrets des machines & des feux artificiels pour assiéger, battre, surprendre & défendre toutes places. *Pont-à-Mousson*, 1630, *in-4. fig. v. b.*

985 Mémoires d'Artillerie, par M. Surirey de Saint Remy. *Paris, Rigaud*, 1707, 2 *vol. in-4. fig. v. b.*

986 Le Bombardier François, ou nouvelle Méthode de jeter les bombes avec précision, par M. Belidor. *Paris, Imp. Royale*, 1731, *in-4. fig. v. b.*

Art Pyrotechnique ou du Feu, &c.

987 La Pyrotechnie ou l'Art du Feu, composée en italien par Vanoccio Biringuccio, & trad. en françois par Jacq. Vincent. *Rouen*, 1627, *in-4. v. f.*

988 La Méchanique du Feu, ou l'Art d'en augmenter les effets & d'en diminuer la dépense, par M. G***. *Amsterdam*, 1714, *in-8. fig. v.*

SCIENCES ET ARTS. 113

989 Sauvegarde pour ceux qui craignent la fumée, & Instruction pour faire des cheminées neuves, corriger les vieilles & éviter l'incommodité de la fumée, par Jean Bernard. *Dijon*, 1621, *in-8. vélin.* - - - - - - - - - - - - - - 3....0....0

990 Antonii Neri, Florentini, de Arte Vitriariâ Libri VII, & in eosdem Christoph. Merreti Observationes & Notæ. *Amstelodami, Andr. Frisius*, 1669, *in-*12. *fig. v. b.* - - - - 4....0....0

Art Gymnastique, &c.

991 Traité des Tournois, Joûtes & Cartousels & autres Spectacles publics, par le P. Menestrier. *Lyon*, 1669, *in*-4. *v. b.* - - - - - 2....16....0

992 Traitez & advis de quelques Gentils-hommes François sur les Duels & Gages de bataille, & autres écrits sur le même sujet. *Paris, J. Richer*, 1586, *in-8. v. f. avec fil.* - - - 1....10....0

993 Académie de l'Epée de Girard Thibault d'Anvers, où se démontrent par règles mathématiques sur le fondement d'un cercle mystérieux la théorie & pratique des vrais & inconnus secrets du maniement des armes à pied & à cheval. 1628, *gr. in-fol. v. b. avec belles fig.* - 10....19....0

994 L'Art des Armes, ou la Maniere la plus certaine de se servir utilement de l'épée, par M. Danet. *Paris*, 1766, *2 vol. in-8. fig. v.* - - 4....0....0

995 L'Instruction du Roi en l'exercice de monter à cheval, par Antoine de Pluvinel. *Paris* 1627, *in-*fol. *fig. v. b.* - - - - - - - 5....0....0

996 L'Instruction du Roi en l'exercice de monter à cheval, par Antoine de Pluvinel, françois & allemand. *Francfort sur le Mein*, 1628, *in-*fol. *fig. vélin.* - - - - - - - - 6....2....0

H

SCIENCES ET ARTS.

24 . . . . 0 0   997 Méthode & Invention nouvelle de dresser les chevaux, par Guillaume, Comte de Newcastle. *Londres*, 1737, *in*-fol. *fig. v.f. d.f. tr. avec fil. d'or.*

6 . . . . 15 0   998 Ecole de Cavalerie, contenant la connoissance, l'instruction & la conservation du cheval, par M. de la Gueriniere. *Paris*, 1733, *in*-fol. *fig. v. m.*

11 . . . . 19 0   999 Georgii Simonis Winteri Tractatio nova & auctior de re equariâ, latinè, germanicè, italicè & gallicè. *Nurimbergæ*, 1703, *in*-fol. *fig. v. b.*

2 . . . . 11 0   1000 Le Parfait Cocher. *Paris*, 1744, *in*-12. *v.*

30 . . . 11 0   1001 L'Académie de l'admirable Art de la Lutte, représentée en 71 tailles douces, dessinées par Romain de Hoogue, avec explications. *Leyde, Isaac Severinus*, *in*-4. *v.*

3 . . . . 12 0   1002 La Vénerie de Jacques du Fouilloux. *Paris*, 1628. — La Fauconerie de Jean Franchieres. *Paris*, 1628, *in*-4. *vélin.*

1 . . . . 10 0   1003 La Fauconnerie du Roi, avec la Conférence des Fauconniers, par Charles d'Arcussia de Capre. *Rouen*, 1644, *in*-4. *vélin.*

1 . . . . 5 0   1004 La Chasse Royale, composée par le Roi Charles IX. *Paris, Nic. Rousset*, 1625, *in*-8. *vélin.*

   1005 Les Ruses du Braconage, ou Mémoires & Instructions sur la Chasse & le Braconage, par L. Labruyere. *Paris*, 1771, *in*-12. *fig. broch.*

1 . . . . 2 0   1006 La Maison des Jeux, où se trouvent les divertissemens d'une compagnie, par des narrations agréables & par des jeux d'esprit. *Paris, Nicolas de Sercy*, 1642, *in*-8. *v. f. avec fil. d'or.*

1 . . . . 0 0   1007 Les Oracles divertissans, où l'on trouve la décision des questions les plus curieuses pour se réjouir dans les compagnies, avec un Traité des Couleurs aux armoiries, aux livrées & aux

SCIENCES ET ARTS. 115

faveurs, par W. D. L. C. *Paris, Aug. Courbé,*
1652, *in-8. vélin.*

1008 Le Jeu des Dames, avec toutes les maximes & règles, tant générales que particulières, qu'il faut observer en icelui, & la méthode d'y bien jouer, par P. Mallet. *Paris, Th. Girard,* 1668, *in-12. vélin.* . . . . 1 . . 0 . . 0

1009 Trois Dialogues de l'exercice de sauter & voltiger en l'air, par le sieur Archange Tuccaro. *Paris,* 1599, *in-4. fig. lav. r. v. ec. avec fil. d'or.* . . . . 7 . . 19 . . 0

1010 Le Maître à danser, par le sieur Rameau. *Paris,* 1734, *in-8. fig. mar. r.*

1011 L'Art de nager, démontré par figures, avec des avis pour se baigner utilement, par Thevenot. *Paris, Thom. Moette,* 1696, *in-12. v.* } 3 . . 1 . . 0

1012 L'Art de nager, ou Invention à l'aide de laquelle on peut toujours se sauver du naufrage, par J. Fréderic Bachstrom. *Amsterdam, Zach. Châtelain,* 1741, *in-12. demi-rel.*

1013 La Pratique de l'Aiguille industrieuse du très-excellent Milour Mathias Mignerak, Anglois, ensemble les nouvelles Inventions françoises, pour ce qui est de dévotion & contemplation. *Paris, J. Leclerc,* 1605, *in-4. vélin.* } 3 . . 0 . . 0

BELLES-LETTRES.

Introduction à l'Etude des Belles-Lettres & des Langues.

1014 DE la Maniere d'enseigner & d'étudier les Belles-Lettres, par M. Rollin. *Paris,* 1732, 4 *vol. in-12. v. b.* . . . . H ij . . . 5 . . 10 . . 0

BELLES-LETTRES.

1015 Recherches curieuses sur la diversité des langues & religions du monde, par Edme Brerewood, & mises en françois par J. de la Montagne. *Paris, Olivier de Varennes*, 1640, *in-*8. *en cart.*

1016 Recherches curieuses sur la diversité des langues & religions du monde, par E. Brerewood, & mises en françois par Jean de la Montagne. *Paris, Oliv. de Varennes*, 1663, *in-*8. *vélin.*

1017 J. A. Comenii Janua Linguarum reserata, cum græcâ versione Theod. Simonii Holsati, emendata à Stephano Curcellæo, qui etiam gallicam novam adjunxit. *Amstelodami, Dan. Elzevirius*, 1665, *in* 8. *v. b.*

1018 Traités des Langues étrangères, de leurs Alphabets & des Chiffres, par Colletet. *Paris*, 1660, *in-*4. *vélin.*

Grammaires & Dictionnaires des Langues Orientales.

1019 Ludovici Cappelli Diatriba de veris & antiquis Ebræorum Litteris. *Amstelodami, Lud. Elzevirius*, 1645, *in-*12. *vélin.*

1020 Rudimenta Grammatices linguæ turcicæ, autore Andreâ du Ryer. *Parisiis, Ant. Vitray*, 1630, *in-*4. *vélin.*

1021 Grammaire Turque, ou méthode courte & facile pour apprendre la langue Turque. *Constantinople*, 1730, *in-*4.

1022 Lettre de Pekin, sur le génie de la langue chinoise, & de la nature de leur écriture symbolique comparée avec celle des anciens Egyptiens. *Bruxelles*, 1773, *in-*4. *fig. demi-rel.*

Grammaires & Dictionnaires de la Langue Grecque.

1023 Institutiones linguæ græcæ Nicolai Clenardi, operâ & studio Ger. Jo. Vossii. *Amstelodami, Elzevirius*, 1651, *in-8.*

1024 Gregorius Corinthius Metropolita de dialectis è codd. manuscriptis emendavit & notis illustravit Gisbertus Koen, &c. *Lugd. Batavorum, Petrus Vander Eyk*, 1766, *in-8. v. ec.*

1025 Des Prépositions de la langue grecque, par J. Moor, en anglois. *Glasgow*, 1766, *in-8. pet. brochure.*

1026 Le Jardin des Racines grecques. *Paris, Thiboust*, 1716, *in-12. v. b.*

1027 Julii Pollucis Onomasticon. *Venetiis, apud Aldum*, 1502, *in-fol. bas.*

1028 Lexicon græco-latinum recens constructum. gr. *in-4. v. f. avec fil. d'or.*

1029 Lexicon græco-latinum recens constructum. 1583, *Apud Guil. Leimarium*, 1583, *in-4. veau ecaille fil. d'or.*

1030 Jo. Crispini Lexicon græco-latinum. *Apud Hæredes Eustathii Vignon*, 1595, *in-4.*

1031 Lexicon græco latinum. *Coloniæ, Allobrogum, Petrus Aubertus*, 1616, *in-4.*

1032 Thesaurus græcæ linguæ in Epitomen sive Compendium redactus & alphabeticè secundùm Constantini methodum, & Schrevilii referatus, curâ Guil. Robertson. *Cantabrigiæ, Joan. Hayes*, 1676, *in-4. v.*

1033 Cornelii Schrevelii Lexicon Manuale græco-latinum. Editio novissima. *Lutetiæ Parisior.* 1767, *in-8.*

BELLES-LETTRES.

1034 M. B. Hederici Lexicon. Editio tertia auctior Guilelmi Young. *Londini*, 1755, *in-4.*
1035 Dictionarium Profidicum Græcum, &c. *Parisiis*, 1680, *in-12.*
1036 Indices III Vocum ferè omnium quæ occurrunt in Dionyfium Longinum, in Eunapium & in Hieroclem, concinnati à Rob. Robinfon. *Oxonii*, 1772, *in-8. v.*

Grammaires & Dictionnaires des Langues Latine & Françoife.

1037 Prifcianus Grammaticus de octo partibus orationis, de conftructione, de duodecim carminibus, de accentibus, de numeris & ponderibus & menfuris, de præexercitamentis Rhetorices, &c. *Mediolani, Alexander Minutianus*, 1503, *in-fol. v. antique.*
1038 Joannis de Janua, Ordinis Fratrum Prædicatorum, Summa quæ vocatur Catholicon. *Editio vetuftiffima ; forfan Moguntina. in-*fol. *C. M.* relié en bois.
1039 L'Apparat Royal, ou Dictionnaire francois-latin. *Rouen*, 1739, *gr. in-8. v. b.*
1040 Traicté de la Conformité du langage françois avec le grec, par Henri Eftienne. *Paris*, 1567, *in-8. v. f. avec fil. d'or.*
1041 Traité de la Conformité du langage françois avec le grec. par Henri Eftienne *Paris*, *Rob. Etienne*, 1569, *in-8.*
1042 Les Origines de la langue françoife, par Ménage. *Paris*, 1650, *in-4. v.*

BELLES-LETTRES.

1043 Obſervations de M. Ménage ſur la langue françoiſe. *Paris*, 1672, *in*-12 *v*. . . . . . . 1 . . . 4 . . . 0
1044 Abrégé de la Grammaire françoiſe, par M. de Wailly. *Paris*, 1773, *in*-12. . . . . 4 . . . 16 . . . 0
1045 Des Tropes, ou des différens ſens dans leſquels on peut prendre un même mot dans une même langue, par M. du Marſais. *Paris*, 1757, *in*-8. . . . . 2 . . . 12 . . . 0
1046 Dictionnaire étymologique de la Langue Françoiſe, par M. Ménage, corrigé & augmenté par A. F. Jault. *Paris*, 1750, 2 *vol. in*-fol. *v. m.* . . . . 25 . . . 1 . . . 0
1047 Dictionnaire de la Langue Romane, ou du vieux Langage François. *Paris*, 1768, *in*-8. *v. m.* avec fil. d'or. . . . . 4 . . . 0 . . . 0
1048 Dictionnaire des Halles, ou Extrait du Dictionnaire de l'Académie Françoiſe. *Bruxelles*, *Franç. Foppens*, 1696, *in*-12. *v. f.* . . . . . 2 . . . 11 . . . 0
1049 Nouvelle Allégorie, ou Hiſtoire des derniers Troubles arrivés au Royaume d'Eloquence, par A. Furetiere. *Amſterdam, Jacqu. Deſbordes*, 1702, *in*-12. (avec la carte joliment gravée.) *vélin*. . . . . 1 . . . 12 . . . 0
1050 Dictionnaire comique, ſatyrique, critique, burleſque, libre & proverbial, par Philibert Joſ. le Roux. *Amſterdam*, 1750, *in*-8. *v. m.* 5 . . . 14 . . . 0
1051 Dictionnaire Néologique à l'uſage des beaux eſprits du ſiècle, avec l'Eloge hiſtorique de Pantalon Phœbus, par l'Abbé Desfontaines. *Amſterdam*, 1747, *in*-12. *v. m.* . . . . 1 . . . 4 . . . 0
1052 Dictionnaire de la Langue Bretonne, par Dom Louis le Pelletier. *Paris*, 1752, *in*-fol. *v*. 4 . . . 10 . . . 0

120 BELLES-LETTRES.

Grammaires & Dictionnaires des Langues Italienne, Allemande, &c.

1053 Nouvelle Méthode pour apprendre facilement & en peu de temps la langue italienne, par MM. de Port-Royal. *Paris*, 1680, *in-12. v. b.*

1054 Nouvelle & parfaite Grammaire royale Françoise & Allemande, par Pepliers. *Berlin*, 1735, *in-8. vélin.*

1055 Grammaire Allemande de Gottfched. *Strasbourg*, 1753, *in-8. vélin.*

1056 Abrégé des nouveaux principes de la Langue Allemande, à l'ufage de l'Ecole Royale Militaire, par M. Junker. *Paris*, 1769 *in-12. v.*

1057 Grammaire Angloife-Françoife, par MM. Miege & Boyer; revue & augmentée par Mather Flint. *Paris, Briaffon*, 1763, *in-12. v.*

1058 Abrégé du Dictionnaire François-Anglois & Anglois-François, d'A. Boyer. *Londres*, 1747, *gr. in-8. v. b. avec fil. d'or.*

Rhéteurs & Orateurs.

1059 Ariftotelis de Arte Rhetoricâ Libri tres græcè, cum notis & var. lectionibus. *Oxonii*, 1759, *in-8. v. f.*

1060 Dionyfii Halicarnaffei de Structurâ Orationis Liber, græcè & latinè, ex recenfione Jacobi Uptoni, qui notas & animadverfiones

BELLES-LETTRES.

adjecit: his accesserunt Simonis Bircovii Exempla latina. Editio tertia emaculatior *Londini*, 1747, *in-8. broch.* . . . . 1 . .

1061 P. Rutilii Lupi de Figuris Sententiarum & Elocutionis Libri duo, recensuit & annotationes adjecit David Ruhnkenius: accedunt Aquilæ Romani & Julii Rufiniani de eod. argumento Libri. *Lugd. Batav.* 1768, *in-8. broch.* . . . . 2 . . 1 . . o

1062 Demosthenis Orationes Philippicæ duodecim, eo jam ordine editæ quo sunt ab Oratore dictæ. *Glasguæ, Rob. & Andr. Foulis*, 1762, *in-12. veau.* . . . . 2 . . 9 . . o

1063 Demosthenis & Æschinis Opera quædam, græcè & latinè, cum notis, edente Joan. Taylor. *Cantabrigiæ*, 1769, *in-8. 2 vol. v.* . . . 14 . . 5 . . o

1064 Æschinis in Ctesiphontem Oratio, & Demosthenis de Coronâ Oratio. Interpr. latinam & vocum diffic. explicationem adjecerunt P. Foulkes & J. Freind. Editio secunda. *Oxonii*, 1715, *in-8. vélin.* . . . . 3 . . 14 . . o

1065 Excellente Apologie & Défense de Lysias, Orateur, sur le meurtre d'Eratosthene surpris en adultere, où est traictée & comprinse toute la matiere des adulteres, inférée dans le droict civil, trad. du grec par Noble Jacques des Comtes de Vintemille, & commentée par Philibert Bugnyon. *Lyon, B. Rigauld*, 1576, *in-8. vélin.* . . 1 . . 10 . . o

1066 Conciones & Orationes ex Historicis Latinis excerptæ. *Lugd. Batav. ex Typographiâ Elzeviriana*, 1649, *in-12. vélin.* . . . . 1 . . 6 . . o

1067 M. Tullii Ciceronis Opera, cum optimis exemplaribus accuratè collata. *Lugd. Batavorum, ex Officinâ Elzevirianâ*, 1642, 10 *vol. in-12. maroq. v. d. s. tr. avec fil.* . . . . 46 . . 1 . . o

BELLES-LETTRES.

1068 M. Tullii Ciceronis Opera, ex recensione J. N. Lallemand. *Parisiis, Barbou*, 1768, 14 vol. *in*-12. *v. m. d. s. tr. avec fil.*

1069 M. Tullii Ciceronis Libelli de Senectute & Amicitiâ, de Somno Scipionis & Paradoxa. *Coloniæ*, 1490. — Jesuida, sive de Passione Domini, Poëma Hieronimi de Padua. *Basileæ*, 1505. — Johannis de Lapide Resolutorium dubiorum circà celebrationem Missarum occurrentium. *in*-4. *rel. en bois*.

1070 Marci Tullii Ciceronis Epistolæ ad Brutum & ad Atticum, cum ejusdem Attici Vitâ, per Cornelium Nepotem. *Venetiis, per Nicol. Jenson*, 1470, *in* fol. *m. cit. d. s. tr. avec fil. d'or.* (Superbe exemplaire: les trois derniers feuillets bien réparés à la main).

1071 Pensées de Cicéron, trad. pour servir à l'éducation de la jeunesse, par M. l'Abbé d'Olivet. *Amsterdam M. Michel Rey*, 1746, *in*-12. *v. m.*

1072 Les deux Livres de la Divination de Cicéron, trad. par M. l'Abbé Regnier. *Paris, George Dupuis*, 1710, *in*-12. *v.*

1073 Danielis Heinsii Orationes. Editio nova. *Lugd. Batavorum, Bonav. & Abr. Elzevier*, 1627, *in*-8. *v. m. avec fil. d'or.*

1074 Augustissimo Galliarum Senatu Panegyricus dictus in Regio Ludovici Magni Collegio S. J. à Jacobo de la Baune. *Parisiis*, 1685. — Explication de l'appareil pour la Harangue prononcée en l'honneur du Parlement de Paris. *Paris*, 1685, *in*-4. *v. b. avec fil. d'or.*

1075 Jo. Aug. Ernesti Opuscula oratoria, Ora-

BELLES-LETTRES. 123

tiones, Prolusiones & Elogia. *Lugd. Batavorum*, 1762, *in-*8. *veau écaille.*

1076 Oraison funèbre de Madame Tiquet, par M. l'Abbé G***. *Cologne*, 1699, *in-*8. *v.*

1077 Recueil d'Eloges, dont celui de Pierre Corneille, par M. Gaillard. *in-*8. *demi-rel.*

1078 Discours sur l'obligation de prier pour les Rois, par P. Bernard, Chanoine Régulier. *Paris*, 1769, *in-*8. *v. m. d. s. tr. avec fil. d'or.*

Poétique.

1079 Histoire de l'origine & des progrès de la Poésie dans ses différens genres, par le Docteur Brown, trad. de l'anglois par M. Eidous. *Paris, de Hansy le jeune*, 1768, *in-*8. *v.*

1080 Aristotelis de Poeticâ Liber, græcè & latinè, cum notis. *Oxonii, è Typ. Clarendoniano*, 1760, *in-*8. *v.* 2 Exemplaires, dont un en gr. pap.

1081 Les quatre Poétiques, d'Aristote, d'Horace, de Vida, de Despréaux, avec traductions & des remarques, par M. l'Abbé Batteux. *Paris*, 1771, 2 vol. *in-*8. *v. m. avec fil. d'or.*

1082 L'Art poétique du sieur Colletet. *Paris, Ant. de Sommaville*, 1658, *in-*12. *vélin.*

1083 Fl. Mallii de' Metris Liber, ex recensione & cum observationibus Jac. Frid. Heusinger. *Lugd. Batavorum, Henr. Mostert*, 1766, *in-*8. *v. éc.*

1084 Connoissance des Poëtes les plus célèbres, ou moyen facile de prendre une teinture des Humanités, par M. Alletz. *Paris, Didot*, 1752, 2 vol. *in-*12. *v. m.*

Poëtes Grecs.

1085 Poetæ minores Græci, selecti & emendati omnibus ferè paginis; subjicitur vocum difficiliorum explicatio grammatica. *Londini*, 1728, *in*-8. *v. ec. d. s. tr.*

1086 Reliquiæ quorumdam Poetarum Elegiacorum & Lyricorum, græcè, cum notis. *Oxonii*, 1759, *in*-8. *v.*

1087 Epigrammata græca veterum, per Joannem Soterem collecta. *Friburgi Brisgoæ*, 1544, *in* 8. *vélin.*

1088 Anthologiæ Græcæ à Constantino Cephala conditæ Libri tres, ad editionem Leipsiensem Joan Jac. Reiske expressi: accedunt Interpretatio latina Poetarum Anthologicorum, &c. *Oxonii*, 1766, *in*-8. *v.*

1089 Analecta veterum Poetarum Græcorum, editore Rich. Fr. Phil. Brunck. *Argentorati*, 1772, 3 *vol. in* 4, *broch. gr. pap.*

1090 Πεντλλογια, sive Tragœdiarum græcarum delectus, græcè, edente cum notis Joh. Burton. *Oxonii*, 1758, *in*-8. *v.*

1091 Le Théâtre des Grecs, par le P. Brumoy. *Paris, J. Rollin*, 1749, 6 *vol. in*-12. *v. m.*

1092 Homeri Opera omnia, ex recensione & cum notis Sam. Clarkii, edente J. Aug. Ernesti. *Lipsiæ*, 1759—1764, 5 *vol. in* 8. *v.*

1093 L'Iliade & l'Odissée d'Homere, trad. en françois, avec des remarques par Mde. Dacier. *Paris, Gabriel Martin*, 1741, 8 *vol. in* 12. *v. m.*

1094 Apollonii Sophistæ Lexicon Græcum Iliadis & Odysseæ, edente D. d'Ansse de Vil-

BELLES-LETTRES.

loison. *Parisiis*, 1773, 2 *vol. in-4. tiré sur pap.* in-fol. *broch.*

1095 Hesiodi Ascræi Opera, græcè & latinè, adjectis etiam iisdem latino carmine versis, & Genealogiæ Deorum à Pylade Brixiano descriptæ Libri V : item, Joan. Grammatici Tzetzis Scolia Græca in eadem omnia Hesiodi Opera. *Basileæ*, 1542, *in-*8. *parchemin.* . . . . 1 . . . 10 . . . 0

1096 Apollonii Rhodii Argonautica, ex editione Rich. Fr. Phil. Brunck. *Argentorati*, 1780, *in-*8. *broché.* . . . . 4 . . . 1 . . . 0

1097 Anacreontis carmina, cum Sapphonis & Alcæi Fragmentis, græcè. *Glasguæ, R. & A. Foulis.* 1751. — Epicteti Enchiridion, ex editione Joannis Upton, græcè. *Glasguæ, R. & A. Foulis*, 1751, *in-*32. *m. bleu. d. s. tr. avec dent.* . 6 . . . 0 . . . 0

1098 Anacreontis Carmina, græcè, & versibus gallicis reddita. *Lutetiæ, J. Aug. Grangé,* 1754, *in-*12. *m. r. d. s. tr. avec fil. d'or.* . . . . . 2 . . . 14 . . . 0

1099 Anacreontis Carmina, græcè, ex recensione Guliel. Baxteri, cum ejusdem Henr. Stephani & Taneguidi Fabri notis ; accedunt duo Sapphus odaria atque Theocriti Anacreonticum in mortuum Adonin, curâ & operâ Joh. Frid. Fischeri. *Lipsiæ*, 1764, *in-*8. 1 *vol. v.* . . . . . 2 . . . 8 . . . 0

1100 Sapphus Poetriæ Lesbiæ Fragmenta & elogia quotquot reperiuntur in antiquis Auctoribus, cum virorum Doctorum notis, curâ & studio Jo. Christ. Wolfii. *Londini*, 1733, *in-*4. *v.* avec fil. d'or. . . . . 10 . . . 0 . . . 0

1101 Poetriarum octo, Erinnæ, Myrus, &c. Fragmenta & Elogia græcè & latinè, cum virorum Doctorum notis ; accedit Gottfridi Olearii Dissertatio de Poetriis græcis : curâ & studio J.

BELLES-LETTRES.

Chrift. Wolfii qui notas adjecit. *Hamburgi*, 1734, *in*-4. *v*.

1102 Æfchyli Tragœdiæ Prometheus, Perfæ, & feptem ad Thebas, Sophoclis Antigone, Euripidis Medea : emendatæ à Rich. Fr. Phil. Brunck. *Argentorati*, 1779, *in*-8. *br*.

1103 Tragédies d'Efchyle, trad. par M. le Franc de Pompignan. *Paris*, 1770, *in*-8. *v. éc.* avec *fil. d'or.*

1104 Sophoclis Tragœdiæ feptem, cum græcis Scholiis, & cum latinis Joach. Camerarii, & annotationibus Henrici Stephani. *Parifiis, Henr. Stephanus*, 1568, *in*-4.

1105 Sophoclis Tragœdiæ feptem, editore Joan. Capperonnerio. *Parifiis, Piffot*, 1781, 2 *vol. in*-4. *cart. mag.* en *cart.*

1106 Sophoclis Œdipus Tyrannus, græcè & lat. *Parifiis*, 1738, *in*-12.

1107 Sophoclis Œdipus Tyrannus, græcè & lat. *Parifiis*, 1738, *in*-12.

1108 L'Œdipe & l'Electre de Sophocle, Tragédies Grecques, traduites en François, avec des Remarques, par M. de Longepierre. *Paris, Cl. Barbin*, 1692, *in*-12. *v*.

1109 Jo. Jacobi Reiske Animadverfiones ad Sophoclem. 1753, *in*-8. *br*.

1110 Specimen Obfervationum Criticarum in Ajacem & Electram Sophoclis, ex collatione codicis manufcripti, autore Jac. Frid. Heufinger. *Jenæ*, 1745, *in*-4. *br*.

1111 Euripidis Tragœdiæ XIX gr. & lat., cum notis Gul. Canteri. *Heidelbergæ*, 1597, *in*-8. 2*v. v*.

1112 Euripidis Tragœdia Hippolytus, quam latino carmine converfam à Georgio Natallero

BELLES-LETTRES.

adnotationibus instruxit Lud. Casp. Valcknaer. *Lugd. Batav. Joan. Luzac*, 1768, *in-4. v. éc.*

1113 Exercitationum in Euripidem, libri duo, autore S. Musgrave. *Lugd. Batav. è Typ. Dammeano*, 1762, *in-8. v. éc.* . . . . 3...1...o

1114 Notæ sive Lectiones ad Tragicorum Græcorum veterum Æschyli, Sophoclis, Euripidis quæ supersunt Dramata, deperditorumque relliquias ; autore Benjamino Heath. *Oxonii*, 1762, *in-4. v.* . . . . 19...19...o

1115 Theocriti quæ extant, cum græcis Scholiis. *Londini*, 1743, *in-8. v.* . . . . 5...19...o

1116 Theocriti Syracusii quæ supersunt, ex editione Thom. Warton. *Oxonii, è Typographeo Clarendoniano*, 1770, 2 vol *in-4. C. M. v.* . . . 40...

1117 Callimachi Hymni & Epigrammata, græcè. *Glasguæ, Rob. & Andr. Foulis*, 1755, 1 vol. *in-fol. v. f.* . . . . 8...1...o

1118 Hymnes de Callimaque, avec une version françoise & des notes, par M. la Porte du Theil. *Paris, Impr. Roy.* 1775, *in-8. v. m. avec fil. d'or.* . . . . 4...3...o

1119 Les Dionysiaques, ou les Voyages, les amours & les conquestes de Bacchus aux Indes, trad. du grec de Nonnus, par Boitet. *Paris, Rob. Foüet*, 1625, *in-8. vélin.* . . . . . . 2...11...o

1120 Aristophanis Comœdiæ undecim, græcè & lat. cum emendationibus Jos. Scaligeri ; accesserunt Fragmenta ineditarum Comœdiarum ejusdem Aristophanis. *Lugd. Batav. Joan. Maire*, 1624, *in-12. parchemin.* . . . . 3...14...

1121 Aristophanis Comœdiæ XI, græcè & lat. cum nova octo Comœdiarum Interpretatione latina & notis ad singulas ineditis, &c. edente 24...19...o

& curante Petro Burmanno Secundo. *Lugd. Bat. Sam. & Joan. Luchtmans*, 1760, 2 *vol. in*-4. *v.*

1122 Aristologia Pindarica græco-latina, operâ Michael. Neandri. *Basileæ, Lud. Lucius*, 1556, *in* 8. *parchemin.*

Poëtes Latins Anciens.

1123 Opera & Fragmenta veterum Poetarum Latinorum Profanorum & Ecclesiasticorum, duobus voluminibus comprehensa. *Londini, J. Tonson, &c.* 1713, 2 *vol. in-fol. veau.*

1124 M. Accii Plauti Comœdiæ XX. *Amsterod. Guil. Janssonius*, 1619, *in* 16. *vélin.*

1125 M. Accii Plauti Comœdiæ viginti, emendatæ à Joanne Sambuco. *Antuerpiæ, ex Officina Plantiniana*, 1566, *in*-12. *lavé reglé, v. m. avec fil. d'or.*

1126 Les Comédies de Plaute, traduites avec des notes & des réflexions, par Gueudeville. *Leyde*, 1719, 10 *vol. in*-12. *fig. v.*

1127 Terentii Comœdiæ. *Parisiis, ex Officina Rob. Stephani*, 1529, *in-fol. v. b. d. f. tr. avec fil. d'or.*

1128 P. Terentii Afri Comœdiæ sex, per Philip. Melanchthonem restitutæ, cum Argumentis. *Lugd. Seb. Gryphius*, 1529, *in*-8. *v. b.*

1129 Publii Terentii Afri Comœdiæ VI, ex editione Westerhovianâ recensitâ. *Glasguæ, Foulis*, 1742, *in*-8. *v.*

1130 Publii Terentii Afri Comœdiæ ad optimorum exemplarium fidem recensitæ. *Londini, Knapton & Sandby*, 1751, 2 *vol. in*-8. *fig. C. M. v. éc. d. f. tr. avec fil.*

BELLES-LETTRES.

1131 Publii Terentii Afri Comœdiæ VI, ad optimorum exemplarium fidem recensitæ, autore Steph. Andr. Philippe. *Parisiis, le Loup*, 1753, 2 vol. in-12. fig. m. r. d. s. tr. avec dent. . . . . . . 9 ... 6 ... o

1132 Publii Terentii Afri Comœdiæ. *Birminghamiæ, Typis Joh. Baskerville*, 1772, in-4. m. r. d. s. tr. avec fil. . . . . 18 ... o ... o

1133 Les Comédies de Térence, avec la traduction & les Remarques de Madame Dacier. *Rotterdam, Gasp. Fritsch*, 1717, 3 vol. in-8. fig. v. b. . . . . 8 ... 10 ...

1134 Comédies de Térence, trad. nouvelle avec le texte latin à côté & des Notes, par M. l'Abbé le Monnier. *Paris*, 1771, 3 vol. in-8. papier d'Hollande, v. éc. d. s. tr. avec fil. & fig. . . . 27 ... 1 ... o

1135 Titi Lucretii Cari de rerum natura libri VI; accedunt selectæ Lectiones dilucidando poemati appositæ. *Lutetiæ, Ant. Coustelier*, 1744, in-12. cum fig. v. m. avec fil. d'or. . . . . . 2 ... 19 ... o

1136 Titi Lucretii Cari de rerum natura libri VI. *Birminghamiæ, Typis Joh. Baskerville*, 1773, in-12. m. r. d. s. tr. avec fil.

1137 Les Œuvres de Lucrece, contenant sa Philosophie sur la Physique, ou l'origine de toutes choses, trad. en françois, avec des remarques par le Baron de Coutures. *Paris, Thom. Guillain*, 1692, 2 vol. in-12. v. . . . . . . 3 ... o ... o

1138 Di Tito Lucrezio Caro della Natura della Cose Libri VI, traddoti dal latino in italiano da Alessandro Marchetti : dati novamente in luce da Franc. Gerbault. *In Amsterdam, (Parigi)*, 1754, 2 vol. in-8. C. M. lav. r. m. r. d. s. tr. avec dent. . . . . 15 ... o ... o

1139 L'Anti-Lucrece, Poëme sur la Religion na- 2 ... 9 ... o

BELLES-LETTRES.

turelle, trad. du latin du Cardinal de Polignac, par M. de Bougainville. *Bruxelles, François Foppens*, 1749, 2 tom. 1 vol. in-12. v.

18....0....0 1140 Catulli, Tibulli & Propertii Opera. *Birminghamiæ, Typis Joh. Baskerville*, 1772, in-4. m. r. d. f. tr. avec fil.

1...4....0 1141 Catulle, Tibulle & Properce, trad. en françois, avec des remarques par Michel de Marolles, Abbé de Villeloin. *Paris, Guil. de Luyne*, 1653–1655, 3 vol. in-8. v. b.

9...2....0 1142 Tibulle, Catulle & Gallus, trad. en françois par M. de Pezay. 2 vol. in-8. gr. pap. v. m. d. f. tr. avec fil.

1....5....0 1143 Publii Virgilii Maronis Opera, nunc emendatiora studio Dan. Heinsii. *Lugd. Batavorum, ex Officinâ Elzevirianâ*, 1636, in-12. v. b. avec fil. d'or.

1...4....0 1144 Publius Virgilius Maro, accurante Nic. Heinsio. *Amstelodami, ex Officinâ Elzevirianâ*, 1664, in-16. m. r. d. f. tr. avec fil. d'or.

1145 Publii Virgilii Maronis Opera. *Londini, Knapton & Sandby*, 1750, 2 vol. in-8. fig. C. M. v. ec. d. f. tr. avec fil.

8...2....0 1146 Publii Virgilii Maronis Opera, curis & studio Steph. Andr. Philippe. *Lutetiæ, Jos. Barbou*, 1754, 3 vol. in-12. cum fig. Cochin filii, v. m. d. f. tr. avec fil.

130...8....0 1147 Publii Virgilii Maronis Opera. *Birminghamiæ, Typis Johannis Baskerville*, 1757, in-4. l. regl. m. r. d. f. tr. avec fil. (Premiere édition).

36...1....0 1148 Publii Virgilii Maronis Opera, ex Cod. Mediceo Laurentiano descripta, ab Anton. Ambrogi, Florentino, italico versu reddita, adnotationibus atque varianti. lectionibus & antiq. co-

BELLES-LETTRES. 131

dicis Vaticiani, picturis & aliis veterum monumentis ære incisis, & cl. virorum dissertationibus illustrata. *Romæ, Joan. Zempel*, 1763—1765, 3 vol. in-fol. v. m. d. f. tr. avec fil.

1149 Oservations critiques sur une trad. en vers françois des Géorgiques de Virgile, & sur les Poëmes des Saisons, de la Déclamation & de la Peinture, par Clément. *Genève*, 1771, *in-*8. v. m. avec fil. d'or . . . . 3 . . 15 . . 0

1150 Quinti Horatii Flacci Opera. *Parisiis, è Typographiâ Regiâ*, 1733, *in-*12. m. bl. d. f. tr. avec fil. d'or. . . . . 12 . . 0 . . 0

1151 Quinti Horatii Flacci Opera, æneis tabulis incisa per Joannem Pine. *Londini*, 1733 & 1737, 2 vol. in 8. C. M. v. m. d. f. tr. avec fil. . . . 31 . . 10 . . 0

1152 Quinti Horatii Flacci Opera, tabulis æneis illustrata. *Londini, Guil. Sandby*, 1749, 2 vol. in-8. C. M. v. ec. d. f. tr. avec fil. . . . .

1153 Quintus Horatius Flaccus. *Birminghamiæ, Typis Joh. Baskerville*, 1770, *in* 4. m. r. d. f. tr. avec fil. . . . . 29 . . 19 . . 0

1154 Œuvres d'Horace en latin & en françois, avec des remarques critiques & historiques par M. Dacier. *Amsterdam, Wetstein*, 1727, 10 vol. in-12. v. b. . . . . 9 . . 0 . . 0

1155 P. Ovidii Nasonis Opera, ex recensione Dan. Heinsii, cum brevibus notis. *Lugd. Batavorum, ex Officinâ Elzevirianâ*, 1629, 3 vol. in-12. vélin. . . 11 . . 0 . . 0

1156 Publii Ovidi Nasonis Metamophoseon Libri XV, cum notis Thomæ Farnabii, & figuris æneis. *Parisiis, Ægid. Morellus*, 1637, *in* fol. fig. vélin. . . . . 1 . . 7 . . 0

1157 La Bible des Poëtes, Métamorphose d'O- . . 2 . . 6 . . 0

I ij

BELLES-LETTRES.

vide, tranflat. de latin en françois. *Paris, Ant. Vérard*, *in*-fol. *goth. fig. en bois vélin*.

1158 Les Métamorphofes d'Ovide, ou Explication des Fables moralifées, trad. par N. Renouard. *Paris*, 1618, *in*-fol. *fig. v. br.*

1159 Métamorphofes d'Ovide, trad. en françois avec des remarques par M. l'Abbé Bannier, & avec les fig. de Bernard Picart. *Amfterdam*, 1732, 2 *vol. in*-fol. *v. m. avec fil. d'or.*

1160 Epiftolæ Eroiche di P. Ovidio Nafone, tradotte da Remigio Nannino Florentino. *In Parigi, Durand*, 1762, *in*-8. *m. r. d. f. tr. avec fil.*

1161 Phædri & Flavii Aviani Fabulæ, cum L. Annæi Senecæ ac P. Syri Mimi Sententiis, edente Andr. Philippe. *Lutetiæ, J. Aug. Grangé*, 1748, *in*-12. *v. m. d. f. tr. avec fil.*

1162 Phædri Fabularum Æfopiarum Libri V, cum notis variorum, edente Johanne Laurentio. *Amftelodami*, 1667, *in*-8. *fig. v.*

1163 Phædri Fabulæ cum notis David. Hoogftratani, ad ufum S. Principis Naffavii. *Amftelædami*, 1701, *in*-4. *fig. v. f.*

1164 Phædri Fabulæ & Publii Syri Sententiæ. *Parifiis, è Typographiâ Regiâ*, 1729, *in*-12. *v.*

1165 L. Annæi Senecæ Tragœdiæ, cum notis variorum, ex recenfione J. F. Gronovii. *Amftelodami*, 1662, *in*-8. *veau brun.*

1166 L. Annæi Senecæ & aliorum Tragœdiæ. *Amftelodami*, 1668, *in*-12. *v.*

1167 Les Tragédies de Séneque en latin & en françois, de la traduction de M. de Marolles, Abbé de Villeloin, avec des remarques. *Paris, Lamy*, 1664, 2 *vol. in*-8. *v. f. avec fil. d'or.*

BELLES-LETTRES.

1168 M. Annæi Lucani Pharsalia, ex emendatione Hug. Grotii, cum ejusdem notis. *Amstelodami, Lud. Elzevirius*, 1651, *in-*16. M. C. d. f. tr. avec fil. d'or. . . . . 1 . . 4 . . o

1169 La Pharsale de Lucain, en vers françois par M. Brébœuf. *Leyde, Jean Elzevier*, 1658, 2 vol. *in-*12. v. b. . . . . 3 . . 4 . . o

1170 La Pharsale de Lucain, trad. en françois par M. de Marmontel. *Paris*, 1766, 2 vol. gr. *in-*8. fig. v. m. avec fil. d'or. . . . . 9 . . 5 . . o

1171 La Thébaïde de Stace, trad. en françois avec des remarques par Michel de Marolles, Abbé de Villeloin. *Paris, Sébaft. Huré*, 1658, 3 part. 2 vol. *in-*8. v. b. . . . . 7 . . 3 . . o

1172 M. Val. Martialis, ex musæo Petri Scriverii. *Amstelodami, Dan. Elzevirius*, 1664, *in-*16. v. b.

1173 M. Val. Martialis, ex musæo Petri Scriverii. *Amstelodami, Dan. Elzevirius*, 1664, *in-*16. m. r. d. f. tr.
. . . . 1 . . 16 . . o

1174 Decii Junii Juvenalis & A. Persii Flacci Satyræ. *Londini, Brindeley*, 1744, *in-*12. v. m. avec fil. d'or. . . . . 1 . . 8 . . o

1175 D. Junii Juvenalis & Auli Persii Flacci Satyræ. *Birminghamiæ, Typis Joh. Baskerville*, 1761, *in-*4. m. r. d. f. tr. avec dent. . . . 22 . . o . . o

1176 D. Junii Juvenalis & Auli Persii Flacci Satyræ, tabulis æneis illustravit & notas variorum selectas suasque addidit G. S. *Cantabrigiæ, Guil. Sandby*, 1763, *in-*8. C. M. v. ec. d. f. tr. avec fil. . . . . 3 . . o . . o

1177 Cl. Claudiani quæ extant, ex emendatione virorum doctorum. *Amstelodami, Lud. Elzevirius*, 1650, *in-*12. m. r. d. f. tr. avec fil. d'or. . 1 . . 4 . . o

1178 Œuvres d'Ausone, trad. en françois par M. . . 7 . . 14 . . o

I iij

BELLES-LETTRES.

l'Abbé Jaubert. *Paris, Delalain,* 1769, 4 vol. *in-*12. *v. m. d. f. tr. avec fil. d'or.*

Poëtes Latins modernes, &c.

1179 Theodori Bezæ Vezelii Poëmata Juvenilia. *in-*12. *v. jaspé d. f. tr. avec fil.*

1180 Aurelia, ou Orléans délivré, Poëme latin trad. en françois. *Paris,* 1738, *in-*12. *v. b.*

1181 Sebastiani Brandt Navis stultifera, è vernaculo ac vulgari sermone in latinum conscripta per Jacobum Locher, cognomine Philomusum Suevum, cum figuris. *Parisiis, God. de Marnef,* 1498, *in-*4. *vélin.*

1182 Sarcotis & Caroli V. Imp. Panegyris Carmina; tum de heroicâ Poesi Tractatus, autore Masenio, &c. *Parisiis, Barbou,* 1771, *in-*12. *broch.*

1183 Francisci Plante Brugensis Mauritiados Libri XII, hoc est rerum ab illust. Heroe Joanne Mauritio, Comite Nassaviæ, in occidentali Indiâ gestarum Descriptio poetica. *Lugd. Batav. Joan. Maire,* 1647, *in-*fol. *fig.*

1184 Petri d'Orville, Jurisconsulti, Poemata. *Amstelodami, Adr. Wor,* 1740, *in-*8. *v. f.*

1185 Merlini Cocaii (Theoph. Folengi) Poetæ Mantuani, Opus macaronicum; totum in pristinam formam, per Magistrum Acquarium Lodolam optimè redactum. *Tusculani, apud Lacum Benacensem, per Alexandrum Paganinum,* 1521, *in-*12. *fig. m. bl. d. f. tr. avec dent.*

1186 Histoire Macaronique de Merlin Cocaie, avec l'horrible bataille des mouches & des fourmis, trad. en françois. *Paris,* 1606, *in-*12. *v. b.* (Edition originale & bien conservée).

BELLES-LETTRES.

Poëtes François.

1187 Poétique françoise, par M. Marmontel. Paris, 1763, 2 vol. in-8. v. m. . . . . 5 . . . 1 . . . 0
1188 Dictionnaire de rimes, par P. Richelet, nouvelle Edition augmentée par M. Berthelin. Paris, 1760, in-8. v. . . . . 4 . . . 19 . . . 0
1189 Bibliotheque poétique, ou nouveau choix des plus belles pieces de vers, depuis Marot jusqu'aux Poëtes de nos jours, par le Fort de la Moriniere. Paris, Briasson, 1745, 4 vol. in-12. broch. . . . . 4 . . . 10 . . . 0
1190 Roman de la Rose. petit in-fol. v. brun, MS. sur vélin, fait l'an de grace 1365. . . . 12 . . . 0 . . . 0
1191 Roman de la Rose. in-fol. v. f. MS. sur vélin, du XIVe siecle, avec fig. (Il est imparfait dans quelques parties.) . . . . 5 . . . 1 . . . 0
1192 Roman de la Rose, suivi d'une Piece concernant le Dauphin, le Duc de Bourgogne & la Ville de Paris. in-fol. v. br. MS. de la fin du XIVe siecle, sur papier. . . . . . . 3 . . . 3 . . . 0
1193 Roman de la Rose. in-fol. v. f. doré sur tr. MS. du XVe siecle, sur vélin, avec fig. Les derniers feuillets sont restitués d'une écriture moderne. . . . . 15 . . . 0 . . . 0
1194 Roman de la Rose. in-fol. v. f. doré sur tr. & fil. MS. du XVIe siecle, sur vélin, & bien conservé. . . . . 6 . . . 0 . . . 0
1195 Le Roman de la Rose, moralisé cler & net, translaté de ryme en prose, par Jehan Molinet. Paris, Antoine Verard, sans date d'année, in-fol. goth. v. m. . . . . 10 . . . 12 . . . 0
1196 L'Ordene de Chevalerie, avec une differ- . . 1 . . . 10 . . . 0

BELLES-LETTRES.

tation sur l'origine de la langue françoise, un essai sur les étymologies, quelques Contes anciens, & un Glossaire pour en faciliter l'intelligence, par M. Barbazan. *Paris, Claude Hérissant*, 1759, *in*-8. *v. m.*

1197 La Sainéte Franciade, contenant la vie, gestes & miracles de Saint François. *Paris, Nicolas Rousset*, 1634, *in*-8. *vélin.*

1198 Contes & Nouvelles en vers, de la Fontaine. *Amsterdam*, 1745, 2 *vol. in*-8. *fig. v. m.*

1199 Les Œuvres de Nicolas Boileau Despreaux, avec des éclaircissemens historiques donnés par lui-même, avec des fig. de Bernard Picart. *La Haye, Pierre Gosse*, 1722, 4 *vol. in*-12. *fig. v. br.*

1200 Essai du nouveau Conte de ma Mere Loye, ou les Enluminures du jeu de la Constitution. 1722, *in*-8.

1201 Mémoires pour servir à l'histoire de la calotte. *Moropolis*, 1732, 3 *vol. in*-12. *broch.*

1202 Œuvres complettes d'Alexis Piron, publiées par M. Rigoley de Juvigny. *Paris*, 1776, 9 *vol. in*-12. *dem. reliure.*

1203 Diabotanus, ou l'Orviétan de Salins, poëme héroï-comique, trad. du Languedocien. *Paris, Delaguette*, 1749, *in*-12. *v. m.*

1204 Poésies de l'Abbé de l'Attaignant. *Paris, Duchesne*, 1757, 4 *vol. in*-12. *v. m.*

1205 Poëmes sur des sujets pris de l'histoire de notre tems, publiés par M. D.**, la Mandrinade, la Prussiade, l'Hanovriade, l'Acadiade, l'Albionide. *Liege*, 1758, 2 *vol. in*-12. *broc.*

1206 Œuvres du Philosophe de Sans-Souci. *Potzdam*, 1760, *in*-12. *v. m.*

BELLES-LETTRES.

1207 Idylles de M. Berquin. 2 vol. in-8. fig. b.   3...15...0

Poëtes Dramatiques François.

1208 La Pratique du Théâtre, par l'Abbé d'Aubignac. *Amsterdam, Jean Fred. Bernard*, 1715, 2 vol. in-12. v.   2...0...0

1209 L'Art du Théâtre, par François Riccoboni. *Paris*, 1750.——Etat abrégé des loix, revenus, usages & productions de la Grande Bretagne. *Paris*, 1757.—— Mémoire sur la Ville souterraine découverte au pied du Mont Vésuve. *Paris*, 1748, in-8. v. m.   4...5...0

1210 De l'Art du Théâtre en général, avec l'histoire philosophique de la musique, & des observations sur ses différens genres reçus au théâtre, par M. Nougaret. *Paris*, 1769, 2 vol. in-12. br.   1...18...0

1211 Dictionnaire des Théâtres de Paris, par MM. Parfait. *Paris*, 1756, 7 vol. in-12. v. m.   11...0...0

1212 Histoire du Théâtre François depuis son origine jusqu'à présent, par MM. Parfait. *Paris*, 1745—1749, 15 vol. in-12. v. m.   15...5...0

1213 Le Comédien, par M. Remond de Sainte-Albine. *Paris*, 1747, in-8. v. m. d. s. tr. avec fil d'or.   2...10...0

1214 Théâtre François, ou Recueil des meilleures Pieces de Théâtre. *Paris*, 1737, 12 vol. in-12. v.   12...0...0

1215 Nouveau Théâtre François, ou Recueil des plus nouvelles Pieces représentées au Théâtre François depuis quelques années. *Paris, Prault fils*, 1740—1748, 8 vol. in-8. v. m. avec fil d'or.   8...1...0

138 BELLES-LETTRES.

2...1...0
1216 Spectacles de la Cour, année 1764. De l'Imprimerie de Chrift. Ballard, 1764, in-8. v. m. d. f. tr. avec fil d'or.
1217 Spectacles de la Cour, année 1765. De l'Imprimerie de Chrift. Ballard, 1766, 2 vol. in-8. v. m. d. f. tr. avec fil d'or.

5...10...0 1218 Les Tragédies de Robert Garnier. Rouen, 1609, in-12. v. b.

9...1...0 1219 Les Comédies facécieufes de Pierre de la Rivey. Rouen, Raphael du Petit-Val, 1601, in-12. m. v. d. f. tr. avec fil.

3...13...0 1220 La Farce des Quiolards, tirée d'un ancien proverbe Normand, lequel fe met ordinairement en ufage, quand on voit une perfonne qui par fes actions, paroles & habits, croit cacher la baffeffe de fa naiffance, la pauvreté de fa cuifine, ou les imperfections de fon efprit, par P. D. S. J. L. Rouen, J. Ourfel, fans date, in-12. v. f. avec fil d'or.

1...0...0 1221 Pieces de Théâtre d'Alexandre Hardy. Paris, 1624, in-8. lav. regl. vélin.

3...19...0 1222 Théâtre d'Alexandre Hardy, Parifien. Paris, 1625, 1626, 1628, 5 vol. in-8. v. f. vélin, (manque le IIIe vol.).

16...0...0 1223 Théâtre d'Alexandre Hardy. Paris, Quefnel & Targa, 1626, 1628, 5 vol. in-8. vél.

1...7...0 1224 Les Tragédies d'Antoine de Montchrétien, fieur de Wafteville. Rouen, 1627, in-8. v. m.

3...2...0 1225 La Comédie des Proverbes, piece comique. Paris, François Targa, 1641, in-8. v. f. avec fil d'or.

1...4...0 1226 Climene, ou le Triomphe de la vertu, tragi-comédie, par le fieur de la Serre. Paris,

BELLES-LETTRES.

1643, *in-4. lavé régl. m. r. avec dent. & fleurs de lys d'or.*

1227 Ligdamon & Lidias, ou la Reſſemblance, tragi-comédie, avec d'autres œuvres poétiques par M. Scudery. *Paris, Fr. Targa, 1631, in-8. vélin.* — 2..6..0

1228 Théâtre de P. Corneille, avec des commentaires & autres morceaux intéreſſans, par M. de Voltaire. *1765, 12 vol. in-8. fig. de Gravelot, v. m.* — 24..4..0

1229 Les Œuvres de M. Montfleury. *Paris, 1705, 2 vol. in-12. v.* — 2..10..0

1230 Arſace, Roy des Parthes, tragédie par M. de Prade. *Paris, 1666, in-12. v.* — 1..10..0

1231 Le Pédant joué, comédie de Cyrano de Bergerac. *Paris, de Sercy, 1660, in-12. en c.* — 1..0..0

1232 Pieces de Théâtre de M. de la Fontaine. *La Haye, Adr. Moetjens, 1702. in-12. v. b.* — 1..15..0

1233 Le Théâtre de M. Quinault. *Amſterdam, David Mortier, 1715, 2 vol. in-12. fig. v. b.* — 2..10..0

1234 Le Théâtre de Quinault. *Paris, 1715, 5 vol. in-12. fig. v. b.* — 9..12..0

1235 Œuvres de M. Poiſſon. *Paris, 1743, 2 vol. in-12. v.* — 2..0..0

1236 Théâtre de M. Bourſault. *Paris, 1725, 3 vol. in-12. v.* — 5..16..0

1237 Œuvres de Racine. *Paris, 1750, 3 vol. in-12. v.* — 3..16..0

1238 Œuvres de Jean Racine, avec les Commentaires de M. Luneau de Boisjermain. *Paris, 1768, 7 vol. in-8. fig. de Gravelot, v. m. d. ſ. tr. avec fil.* — 36..16..0

1239 Les Œuvres de M. de Hauteroche. *Paris, 1696, in-12. v. b.* — 1..8..0

BELLES-LETTRES.

3.. 7.. 0   1240 Théâtre de M. le Grand. *Paris*, 1731, 4 vol. *in*-12. *v.*

2.. 2.. 0   1241 Les Œuvres de M. de Champmeflé. *Paris*, 1742, 2 vol. *in*-12. *v.*

1.. 0.. 0   1242 Théâtre de M. de la Thuillerie. *Amsterdam*, 1745, *in*-12. *v.*

1.. 4.. 0   1243 Pieces de théâtre de M. de la Chapelle, & autres opuscules détachés de divers Auteurs. *in*-12. *v.*

1.. 4.. 0   1244 Œuvres de M. Campiſtron, *Paris*, 1731, 2 vol. *in*-12. *v. b.*

15.. 4.. 0   1245 Théâtre de d'Ancourt, 4e édition corrigée. *Paris*, 1742, 8 vol. *in*-12 *v.*

2.. 14.. 0   1246 Le Théâtre de M. Baron. *Paris*, 1759, 3 vol. *in*-12. *v.*

3.. 0.. 0   1247 Les Œuvres de théâtre de M. de Brueys. *Paris*, 1735, 3 vol. *in*-12. *v.*

2.. 0.. 0   1248 Les Œuvres de M. de Palaprat. *Paris*, 1712, 2. vol. *in*-12. *v.*

1.. 0.. 0   1249 Théâtre de M. de Rivierre. *Paris*, *in*-12. *v.*

9.. 19.. 0   1250 Œuvres de M. Riviere du Freny. *Paris*, *Briaſſon*, 1731, 6 vol. *in*-12. *v. b.*

3.. 15.. 0   1251 Les Œuvres de M. Regnard. *Amſterdam*, 1750, 3 vol. *in*-12. *v. f.*

5.. 0.. 0   1252 Œuvres de M. Regnard. *Paris*, 1750, 4 vol. *in*-12. *v. m.*

7.. 4.. 0   {1253 Les Œuvres de M. de la Foſſe. *Paris*, 1700, *in*-12. *v.*
           1254 Œuvres de théâtre de M. Deſtouches. *Paris*, 1745, 8 part. 5 vol. *in*-12. *v.*

1.. 10.. 0   1255 Les Œuvres de théâtre de M. de la Motte, avec pluſieurs diſcours ſur la tragédie. *Paris*, *Grégoire Dupuis*, 1730, 2 vol. *in* 8. *v. b.*

BELLES-LETTRES.

1256 Les Tragédies & autres Poéfies de Mlle. Barbier. *Leyde*, 1719, *in-12. fig. v. m.* — 1...4...0

1257 Les Œuvres de M. de Crebillon. *Paris*, 1749, 3 *vol. in-12. v.* — 4...19...0

1258 Théâtre de M. Danchet. *Paris*, 1751, 4 *vol. in-8. v. m.* — 5...0...0

1259 Œuvres de théâtre de le Sage. *Paris*, 1774, 2 *vol. in-12. v. m.* — 5...0...0

1260 Théâtre de M. Lafont. *Amfterdam*, 1746, *in-12. v. m.* — 1...8...0

1261 Œuvres de Théâtre de M. Marivaux. *Paris, Prault*, 1740, 6 *vol. in-12. v.* — 7...6...0

1262 Théâtre de Madame de Gomez. *Paris, Pierre Prault*, 1724, *in-12. v. b.* — 1...10...0

1263 Théâtre de M. Joly, contenant l'Ecole des Amans & la Femme jaloufe, Comédies. *Paris*, 1731, *in-12. v. f.* — 2...5...0

1264 Œuvres de M. de Boiffy. *Paris*, 1738—1742, 7 *vol. in-8. v. m.* — 7...10...0

1265 Théâtres & Œuvres mêlées, par M. Bailly. *Paris*, 1768, 2 *vol. in-8. v.* — 3...12...0

1266 Théâtre & Œuvres diverfes de Pannard. *Paris*, 1763, 4 *vol. in-12. v. m.* — 8...3...0

1267 Œuvres de Piron, avec les fig. de M. Cochin. *Paris*, 1758, 3 *vol. in-12. v. m.* — 6...0...0

1268 Théâtre de Fagan & autres Œuvres du même Auteur. *Paris*, 1760, 4 *vol. in-12. v. m.* — 5...2...0

1269 Œuvres de Autreau. *Paris*, 1749, 4 *vol. in-12. v.* — 4...17...0

1270 Œuvres de Théâtre de Nivelle de la Chauffée. *Paris, Prault fils*, 1752, 3 *vol. in-12. v. m.* — 4...1...0

1271 Œuvres de Théâtre de M. Guyot de Merville. *Paris*, 1766, 3 *vol. in-12. v.* — 3...4...0

BELLES-LETTRES.

1272 Œuvres de Théâtre de M. de la Noue. Paris, 1765, in-12. v.

1273 Théâtre de l'Abbé de Voisenon. Paris, 1753, in-12. v. m.

1274 Œuvres de Théâtre de M. de Launay. Paris, veuve Duchesne, 1766, in-12. v.

1275 Pièces de Théâtre en vers & en prose, par M. le Président Henault. Paris, 1770, in-8. v. m.

1276 Théâtre de M. de Belloy, contenant le Siège de Calais, Gaston & Baïard & Gabrielle de Vergy, avec des notes historiques. Paris, 1769, 1770, in-8. v.

1277 Œuvres de Théâtre de M. de Saint-Foix. Paris, 1762, 4 vol. in-12. v. éc.

1278 Théâtre & autres Œuvres de M. Colardeau. Paris, 1766, in-12. v.

1279 Théâtre de M. Poinsinet. Paris, 1767, 2 vol. in-8. v.

1280 Comédies nouvelles, par M. le Baron de Bielfeld. Berlin, Etienne de Bourdeaux, 1753, in-12. v.

1281 Œuvres de Théâtre de M. Diderot, avec un Discours sur la Poésie dramatique. Amsterdam, 1759, 2 vol. in-12. v.

1282 Théâtre & Œuvres diverses de M. Palissot de Montenoy. Paris, 1763, 3 vol. in-12. v. m.

1283 Théâtre de M. de Moissy. Paris, in-12. m. r. d. s. tr. avec fil.

1284 Théâtre d'un Inconnu. Paris, 1765, in-12. v.

1285 Œuvres de M. de Beaumanoir. Paris, 1770, 2 vol. in-8. v. m.

1286 Théâtre de M. Rochon de Chabannes. Paris, veuve Duchesne, 1776, in-8. v. m.

BELLES-LETTTRES. 143

1287 Théâtre de Campagne, ou les débauches de l'esprit, contenant des Pièces plaisantes, ou espèces de Parades jouées sur des Théâtres Bourgeois. *Londres*, (*Paris, Duchesne,*) 1758, *in-8*. — 3...8...o

1288 Théâtre satyrique & bouffon, par M. C**. *Criti-Comanie*, 1769, *in-12. baz.* — 3...o...o

1289 Histoire du Théâtre Italien, depuis la décadence de la Comédie latine, avec une Dissertation sur la Tragédie moderne, par Louis Riccoboni. *Paris*, 1730, 1731, 2 *vol. in-8. v.* — 4...19...o

1290 Histoire anecdotique & raisonnée du Théâtre Italien, depuis son rétablissement en France, jusqu'à l'année 1769, (par M. des Boullemiers.) *Paris*, 1769, 7 *vol. in-12. v. m.* — 13...10...o

1291 Nouveau Théâtre Italien, composé par Dominique Biancollelli. *Anvers*, 1713, *in-12. fig. v.* — 1...4...o

1292 Nouveau Théâtre Italien. *Paris*, 1733, 10 *vol. in-12. v. m. avec fil. d'or.* — 8...o...o

1293 Les Parodies du nouveau Théâtre Italien, avec les airs gravés. *Paris*, 1738, 4 v. *in-12. v.* — 2...3...o

1294 Le Théâtre Italien de Gherardi. *Paris*, 1741, 6 *vol. in-8. fig. v. m.* — 5...1...o

1295 Œuvres de Romagnesi, nouvelle édition, augmentée de la vie de l'Auteur. *Paris*, 1772, 2 *vol. in-8. v. m.* — 4...6...o

1296 Des Représentations en Musique, anciennes & modernes, par le P. Menestrier. *Paris*, 1685, *in-12. v.*

1297 Essai sur l'Union de la Poésie & de la Musique. *Paris*, 1765. — Curiosités de Londres & de l'Angleterre, & de la Hollande, par le Rouge. *Bordeaux*, 1766. — Exposé succinct de la Contestation qui s'est élevée entre M.

} 1...16...o

144   BELLES-LETTRES.

Hume & M. Rousseau. *Londres*, 1766, *in*-12. *v.*

1298 Théâtre Lyrique, avec une Préface où l'on traite du Poëme de l'Opera, par M. le Brun. *Paris*, 1712, *in*-12. *v. b.*

1299 Ballets, Opera & autres Ouvrages lyriques, par ordre chronologique depuis leur origine ; avec une Table Alphabétique des Ouvrages & des Auteurs, par M. le Duc de la Valliere. *Paris*, 1760, *in*-8. *v. m.*

1300 Armide, Tragédie, mise en musique par Lully, seconde édition. *Paris*, 1718, *in. fol. v. b.*

1301 Histoire de l'Opéra bouffon, contenant les Jugemens de toutes les pièces qui ont paru depuis sa naissance jusqu'à ce jour. *Amsterdam*, 1768, 2 *vol. in*-12. *v.*

1302 Histoire du Théâtre de l'Opera Comique, (par M. des Boullemiers.) *Paris*, 1769, 2 *vol. in*-12. *v. m.*

1303 Mémoires pour servir à l'Histoire des Spectacles de la Foire, par un Acteur Forain. *Paris*, 1743, 2 *vol. in*-12. *en cart.*

1304 Le Théâtre de la Foire, ou l'Opera Comique, par MM. le Sage, d'Orneval & Carolet. *Amsterdam & Paris*, 1722-1737, 10 *vol. in*-12. *fig. v.*

1305 Œuvres de M. Vadé, ou Recueil des Opera-Comiques, Parodies & Pieces fugitives de cet Auteur, avec les airs notés. *Paris*, 1758, 4 *v. in*-8. *v.*

Poëtes Italiens.

1306 La Divina Comedia di Dante Alighieri, col commento di Christophoro Landino. *In Vinegia*, *per*

BELLES-LETTRES.

per Petro Cremonese dito Veronese, 1491, *in-fol. m. r. d. f. tr. avec fil.*

1307 La Divina Comedia di Dante, con l'espofitione di Chrift. Landino & d'Aleffandro Vellutello; riveduta per Francefco Sanfovino. *In Venetia, Gio Battifta & Gio Bern. Seffa*, 1596, *in-fol. l. r. m. r.* — — — — — 6 — o — o

1308 Nimfale Fiefolano nel quale fi contiene l'innamoramento di Africo e Menfola, poemetto in ottava Rima di Giovanni Boccaccio. *Londra*, (*Parigi, Molini*,) 1778, *in-12. demi-rel.* — 2 — o — o

1309 Le divinAriofte, ou Roland le furieux, trad. en françois par F. de Roffet; enfeinble la fuite de cette Hiftoire, continuée jufques à la mort du Paladin Roland. *Paris, Ant. de Sommaville, in-4. fig. v. b.* — — — — 2 — 1 — o

1310 Orlandino di Limerno Pitocco. *Londra*, (*Parigi, Molini*,) 1773, *in-12. v. m. avec fil. d'or.* — — — — — — 2 — 18 — o

1311 L'Italia liberata da' Goti di Giangiorgio Triffino, riveduta è corretta per l'Abbate Antonini. *Parigi*, 1729, 3 *vol. in-8. v. éc. avec fil. d'or.* — — — — — — — 7 — 6 — o

1312 La Gierufalemme liberata, Poema eroico di Torquato Taffo. *In Parigi, Prault*, 1744, 2 *vol. in-12. v. m. d. f. tr. avec fil.* — — 7 — o — o

1313 La Gerufalemme liberata di Torquato Taffo, con le figure di Giambatifta Piazzetta. *In Venezia*, 1745, *in-fol. c. m. lav. regl. m. bl. d. f. tr. avec dent.* — — — — — — 60 — o — o

1314 La Gerufalemme liberata di Torquato Taffo. *In Parigi, Agoftino de Lalain*, 1771, 2 *vol. in-8. fig. c. m. v. éc. d. f. tr. avec fil.* — 18 — o — o

1315 Renaud l'Amoureux, imité de l'italien de — 1 — o — o

K

Torquato Tasso, par le S^r. de la Ronce. *Paris*, 1620, *in*-8. *v. f.*

1316 La Secchia Rapita, Poeme héroï-comique, traduit de l'italien de Tassoni, par Pierre Perrault, avec le texte à côté. *Paris, Guil. de Luyne*, 1678, 2 *vol. in*-12. *v. b.*

1317 La Secchia Rapita, di Alessandro Tassoni. *In Parigi, Lorenzo Prault*, 1766, 2 *vol. in*-8. *fig. c. m. v. éc. d. f. tr. avec fil.*

1318 Sonetti del Signor Francisco Redi. *In Firenze*, 1702, *in-fol. C. M. vélin.*

1319 Il Torracchione desolato di Bartolommeo Corsini. *Londra, (Parigi, Prault,)* 1768, 2 *v. in*-12. *v. m. avec fil. d'or.*

1320 Comedia di Lodovico Ariosto, intitolata gli Soppositi. *In Roma*, 1534, *in*-12. *demi rel.*

1321 Il Negromante, Comedia di Lodovico Ariosto. *In Vinegia, per Nicolo d'Aristotile detto Zoppino*, 1535, *in*-8. *demi rel.*

1322 La Cassaria, Comedia di M. Lodovico Ariosto, ridotta in versi. *Vinegia, Gabr. Giolito de Ferrari*, 1546, *in*-8. *v. m. avec fil. d'or.*

1323 La Scolastica Comedia di M. Lodovico Ariosto. *Londra, Tommaso Edlin*, 1737, *in*-12. *v. f. avec fil. d'or.*

1324 La Zecca, Comedia piacevole & ridicolosa di M. Girolamo Razzi. *Vinegia, Dan. Bisuccio*, 1602, *in*-8. *v. m. avec fil. d'or.*

1325 La Comédie des Comédies, trad. d'italien en langage de l'Orateur François, par le S^r. du Pechier. *Lyon, Cl. Larjot*, 1630, *in*-12. *m. r. d. f. tr. avec fil.*

1326 Pamela, Comédie en prose, par Ch. Goldoni, trad. par D. B. D. V. *Paris*, 1759, in-8. *v. f. d. f. tr. avec fil.*

1327 Aminta Favola boscareccia di Torquato Tasso. *In Parigi, Prault*, 1745, *in-12. v. m. d. f. tr. avec fil.* — 1..11..0

1328 L'Aminte du Tasse, Pastorale, traduit de l'italien en vers françois, par M. de Torche. *Paris*, 1666, *in-12. avec jol. fig. v.* — 1..11..0

1329 Il Pastor Fido, del Signor Battista Guarini. *In Leyda, per Giov. Elzevier*, 1659, *in-12. fig. v. b.* — 8..0..0

1330 Il Pastor Fido, Tragicom. Pastor. del Cav. Guarini. *In Parigi, Prault*, 1766, *in-12. v. m. avec fil. d'or,* — 1..0..0

1331 Le Pastor Fido de Guarini, traduit en vers françois, par de Torche. *Bruxelles*, 1705, *in-12. jol. fig. v. b.* — 1..0..0

1332 La Philis de Scire du Comte Bonarelli, trad. en françois, avec une Dissertation du même Auteur sur le double amour de Célie. *Bruxelles, Ant. Claudinot*, 1707, 2 tom. 1 vol. *in-12. fig. v. b.* — 2..2..0

Poëtes Allemands, Espagnols, &c.

1333 Progrès des Allemands dans les Sciences, les Belles-Lettres & les Arts, particulièrement dans la Poésie & l'Eloquence. *Amsterdam, Fr. Changuion*, 1752, *in-12. v. m. avec fil. d'or.* — 1..0..0

1334 Œuvres Poétiques de Wieland, en Allemand. *Zurich*, 1770, *in-8. 4 vol.* — 9..0..0

1335 Poésies de M. Haller, trad. de l'Allemand. *Berne*, 1760, 2 *vol. in-8. v. m.* — 2..0..0

1336 Fables nouvelles, traduction libre de l'Al- — 1..0..0

148 BELLES-LETTRES.

lemand de M. Lichtwehr. *Strasbourg*, J. God. Bauer, 1763, *in*-8. *v. m.*

1337 Théâtre Allemand, ou Recueil des meilleures Pieces dramatiques, tant anciennes que modernes, qui ont paru en langue allemande; précédé d'une Dissertation sur l'origine, les progrès & l'état actuel de la Poésie théatrale en Allemagne, par MM. Junker & Liebault. *Paris*, 1772, 2 *vol. in*-12. *v. m.*

1338 Théâtre Espagnol, par M. Linguet. *Paris*, 1770, 4 *vol. in*-12. *v*

1339 La Lusiade du Camoens, Poëme héroïque sur la découverte des Indes Orientales, trad. du Portugais, par Duperron de Castera. *Paris, Huart*, 1735, 3 *vol. in*-12. *fig. v. b.*

1340 Lettre sur le Théâtre Anglois, avec une traduction de l'Avare, Comédie de M. Shadwell, & de la Femme de Campagne, Comédie de M. Wicherley. 1752, 2 *vol. in*-12. *v.*

1341 Le Théâtre Anglois, par M. de la Place. *Londres*, (*Paris*,) 1746—1749, 8 *vol. in*-12. *v.*

1342 Le Théâtre Danois, par Louis Holberg, trad. du Danois par G. Fursman. *Copenhague*, 1746, *in*-8. *fig. v. f.*

1343 Théâtre du Prince Clénerzow, Russe, trad. en françois par le Baron de Bléning. *Paris*, 1771, 2 *vol. in*-8. *v. éc. avec fil d'or.*

Mythologie & Fables.

1344 Mythologie, ou Explication des Fables, ci-devant trad. par J. de Montlyard, édition

BELLES-LETTRES.

augmentée par J. Baudoin. *Paris*, 1627, *in-fol. v. b. avec fil. d'or.*

1345 Explication historique des Fables, par l'Abbé Banier. *Paris*, 1742, 3 *vol. in-*12. *v.* . . . . 3 . . 1 . . o

1346 Opuscula Mythologica, Ethica & Physica, gr. & lat. edente Thom. Gale. *Cantabrigiæ*, 1671, *in-*8. *v. éc. d. f. tr.* . . . . 9 . . o . . o

1347 Porphyrius de Antro Nympharum, græcè, cum latina L. Holstenii versione. Græca ad fidem editionum restituit, versionem C. Gesneri, & animadversiones suas adjecit R. M. Van-Goens: præmissa est Dissertatio Homerica ad Porphyrium. *Trajecti ad Rhenum*, 1765, *in-*4. *broché.* . . . . 2 . . 1 . . o

1348 Apollodori Atheniensis Bibliotheces, sive de Diis libri tres, gr. & lat., ex recensione Tanaquilli Fabri. *Salmurii*, 1661, *in-*8. . . . . . 1 . . o . . o

1349 Palæphati de Incredibilibus, cum versione latina & notis Cornel. Tollii. *Amstelodami, Elzevirius*, 1649, *in-*12. . . . . 3 . . 2 . . o

1350 De la Généalogie des Dieux, par Jehan Bocace. *Paris, Anthoine Verard*, 1498, *in-*fol. *goth. v. m.* . . . . 1 . . o . . o

1351 Tableaux du Temple des Muses, avec des Descriptions, Remarques & Annotations, par Michel de Marolles, Abbé de Villeloin. *Amsterdam, Abraham Wolffgank*, 1677, *in-*4. *fig v. f. d. f. tr. avec fil.* . . . . 5 . . 10 . . o

1352 Le Temple des Muses, avec les figures de B. Picart. *Amsterdam*, 1749, *in-fol. v. m. avec pet. dent. d'or.* . . . . 36 . . 10 . . o

1353 Les Voyages de Cyrus, avec un Discours sur la Mythologie, par M. Ramsay. *Paris*, 1728, *in-*12. *v. b.* . . . . 1 . . o . . o

BELLES-LETTRES.

1354 Le Repos de Cyrus, ou Histoire de sa vie depuis sa seizieme jusqu'à sa quarantieme année. *Paris*, 1732, 2 *tom.* 1 *vol. in-8. fig. v.*

1355 Fabulæ Æsopicæ Græcæ quæ Planudi tribuuntur, emendatas cum Joach. Camerarii interpretatione latinâ, Joh. Hudsoni suisque annotationibus & indice omnium verborum edidit Jo. Mich. Heusinger. *Lipsiæ*, 1756, *in-8. v.*

1356 Æsopi Phrygis Fabulæ, græcè & latinè, cum aliis quibusdam Opusculis. *Antuerpiæ, ex Officinâ Christ. Plantini*, 1567, *in-16. v. f. avec fil. d'or.*

1357 Fabulæ Æsopi cum ejusdem vitâ, editæ autore Joach. Camerario. *Tubingæ*, 1542, *in-8. vélin.*

1358 Les Fables d'Esope, illustrées de Discours moraux, philosophiques & politiques, par J. Baudoin. *Bruxelles*, 1669, *in-12. fig. m. r. d. s. tr. avec fil.*

1359 Contes & Fables Indiennes, de Bidpaï & de Lokman, trad. d'Ali Tchelebi-ben-Saleh: Ouvrage commencé par feu M. Galland, continué & fini par M. Cardonne. *Paris*, 1778, 3 *vol. in-12. v. m.*

1360 Centum Fabulæ ex antiquis Auctoribus delectæ, & à Gabr. Faerno carminibus explicatæ. *Venetiis, Franc. Zilettus*, 1572, *in-12. fig. v. b.*

1361 Centum Fabulæ ex antiquis scriptoribus delectæ, & à Gabriele Faerno explicatæ, variorum sententiis sapientum adornatæ. *Bruxellis*, 1682, *in-12. fig. mouton rouge, avec fil d'or.*

BELLES-LETTRES.

Facéties.

1362 Les Métamorphoses, ou l'Ane d'or d'Apulée, avec le Démon de Socrate, trad. en françois avec des Remarques par l'Abbé Compain de S. Martin. *Paris, Michel Brunet*, 1707, 2 *vol. in*-12. *fig. v.* — — — — — — — 4...10...0

1363 Facetiæ-Facetiarum, hoc est Joco-seriorum Fasciculus novus. *Pathopoli, Gelastinus Severus,* 1657, *in*-12. *vélin.* — — — — 1...11...0

1364 Œuvres de Maître François Rabelais, avec des Remarques historiques & critiques de M. le Duchat, nouvelle édition, ornée de figures de B. Picart. *Amsterdam, Jean Fred. Bernard,* 1741, 3 *vol. in*·4. *fig. m. bleu, d. s. tr.,* avec dent. — — — — — — — — — 27...4...0 *très mouillé.*

1365 Secrets de la Lune, Opuscule non moins plaisant qu'utile, sur le consent & manifeste accord de plusieurs choses du monde avec la Lune, comme du soleil, du sexe féminin, de certaines bêtes, oyseaux, poissons, pierres, herbes, arbres, malades, maladies, par Antoine Mizauld, Médecin. *Paris, Fed. Morel,* 1570, *in*-8. *vélin.* — — — — — 2...0...0

1366 Les Heures de récréation & après-dînées de Louys Guicciardin, Citoyen & Gentilhomme Florentin, trad. de l'italien en françois par Franç. de Belleforest. *Rouen, Martin le Megissier, in*-12. *m. r. d. s. tr. avec fil.* — — — — 2...0...0

1367 Les neuf Matinées du Seigneur de Cholieres. *Paris, Jean Richer,* 1586, *in*-12. *v.* 2...3...0

1368 Recueil général des Œuvres & Fantaisies de Tabarin, contenant ses rencontres, ques- 1...17...0

BELLES-LETTRES.

tions & demandes facétieuses, avec leurs réponses. *Paris, Sommaville*, 1623, *in*-12 v.

1369 Les Œuvres de Bruscambille, contenant ses fantaisies, imaginations & paradoxes, & autres discours comiques. *Rouen*, 1629, *in*-12. v. m. d. s. tr. avec fil.

1370 Le Chasse-ennuy, ou l'honnête Entretien des bonnes compagnies, par Louis Garon. *Paris, Claude Griset*, 1633, *in*-12. v.

1371 Le Tombeau de la mélancholie, ou le vrai moyen de vivre joyeux, par le sieur D. V. G. *Paris, Charles Sevestre*, 1634, *in*-12. vélin.

1372 Serées de Guillaume Bouchet. *Rouen*, 1635, *in*-8. vélin.

1373 Nouveau Recueil de Pièces comiques & facétieuses les plus agréables & divertissantes de ce temps. *Paris, Estienne Loyson*, 1661, *in*-12. v.

1374 Les Heures perdues d'un Cavalier François, Ouvrage dans lequel les esprits mélancoliques trouveront des remèdes propres pour dissiper cette fâcheuse humeur. *Paris, Estienne Maucroy*, 1662, *in*-12. v.

1375 Histoires plaisantes & ingénieuses, recueillies des Auteurs Grecs, Latins, Espagnols & François. *Paris*, 1673, *in*-4. v. b.

1376 L'Art de désopiler la ratte, sive de modo c. prudenter, en prenant chaque feuillet pour se t. le d. entremêlé de quelques bonnes choses. *Gallipoli de Calabre, l'an des folies*, 175887, *in*-12. v.

1377 L'Art de peter, Essai théori physique & méthodique. *Westphalie, Florent-Q*, 1751, *in*-12. fig. v. b.

BELLES-LETTRES.

Contes & Nouvelles.

1378 Il Decameron di Meſſer Giov. Boccacci, riſtampato e riſcontrato dal Cavalier Lionardo Salviati. *Vinezia, Giunti,* 1585, *in-*4. *vélin.* — 2..1..o

1379 Le Décameron de Jean Bocace, trad. de l'italien par Antoine le Maçon. *Amſtelredam, Corneille Claeſz,* 1597, 2 *vol. in-*12. *v.* — 2..7..o

1380 Le Décameron de Jean Boccace, trad. de l'italien en françois par Antoine le Maçon. *Paris, André Soubron,* 1629, *in-*8. *v. m.* — 1..9..o

1381 Le Décameron de Jean Bocace. *Londres,* 1757, 5 *vol. in-*8. *gr. pap. v. f. d. ſ. tr. avec fil. fig. bonnes épreuves & choiſies.* — 52..12..!

1382 Contes & Nouvelles de Bocace, traduction libre avec des fig. de Romain de Hooge. *Amſterdam,* 1699, 2 *vol. in-*8. *v. b.* — 4..10..

1383 Nouvelles de Jean-Baptiſte Giraldy, miſes de l'italien en françois par Gabriel Chappuys. *Paris,* 1584, 2 *vol. in-*8. *v. f.* (Le frontiſpice & quelques pages du premier vol. fort proprement reſtitués par le ſecours de la plume). — 2..o

1384 Les facécieuſes Nuicts du Seigneur Straparole. *Paris, Coutelier,* 1726, 2 *vol. in-*12. *v. f.* — 6..6

1385 L'Heptaméron, ou Hiſtoire des Amans fortunés, Nouvelles de Marguerite de Valois, Reine de Navarre, remiſes en leur vrai ordre par Claude Gruget. *Sur l'imprimé à Paris, chez Jacq. Beſſin,* 1698, 2 *vol. in-*12. *v. b.* — 3..14

1386 Contes & Nouvelles de Marguerite de Valois, Reine de Navarre, mis en beau langage & accommodé au goût de ce temps, avec des fig. de Romain de Hooge. *Amſterdam, George Gallet,* 1708, 2 *vol. in-*8. *v.* — 4..13

BELLES-LETTRES.

6ᵘ..12..0   1387 Contes & Nouvelles de Marguerite de Valois, Reine de Navarre, mis en beau langage. *Paris*, 1740, 2 *vol. in*-8. *fig. v. m. avec fil. d'or.*

6..13.   1388 Les cent Nouvelles Nouvelles de la Princesse de Navarre, avec les fig. de Romain de Hooge. *Cologne*, 1736, 2 *vol. in*-8. *v. m. d. f. tr. avec fil.*

5...9.   1389 Les Contes & Discours d'Eutrapel, par Noel du Fail, sieur de la Herissaye. 1732, 2 *vol. in*-12. *v. b.*

5...1.   1390 Nouveaux Contes à rire & Avantures plaisantes de ce temps, ou Récréations françoises. *Cologne*, 1702, *in*-8. *fig. v. f.*

1...5.   1391 Nouvelles toutes nouvelles. *Paris*, 1708, *in*-12. *v. b.*

8...10   1392 Le Décameron françois, par M. d'Ussieux. *Paris*, 1774, 2 *vol. gr. in*-8. *fig. v. m. avec fil. d'or.*

3...4.   1393 Nouvelles de Michel de Cervantes, trad. de l'Espagnol par l'Abbé S. Martin de Chassonville. *Lausanne*, 1759, 2 *vol. in*-12. *fig. v. m.*

Romans Grecs.

1...16.   1394 Du vrai & parfait amour, trad. du grec d'Athénagoras, Philosophe Athénien. *Paris*, 1612, 2 *vol. in*-12. *bas.*

10..11.   1395 Longi Pastoralium de Daphnide & Chloe Libri quatuor, græcè & latinè: editio nova cum emendationibus. *Lutetiæ Parisiorum*, 1754, *in*-4. *v. f. d. f. tr.*, avec les *fig.* du Régent, de MM. A. Cochin & C. Eisen.

1...4.   1396 Les Amours pastorales de Daphnis & Chloé,

BELLES-LETTRES.

trad. du grec de Longus par Amyot. 1717, *in-*12. *v. f.*

1397 Les Amours pastorales de Daphnis & de Chloé, trad. du grec de Longus, avec les fig. de M. le Régent. 1718, *in-*8. *fig. lav. reg. m. v. d. f. tr. avec fil.* . . . . 8...19...0

1398 Daphnis & Chloé, trad. du grec de Longus, par le sieur de Marcassus. *Paris*, 1626, *in-*8. *fig. vélin.* . . . . 8...0...0

1399 Heliodori Historiæ Æthiopicæ Libri decem, græcè, numquam anteà in lucem editi. *Basileæ, ex Officinâ Hervagianâ,* 1534, *in-*4. *parchemin.* . . . . 9...0...6

1400 Heliodori Æthiopicorum Libri X, emendati & multis in locis aucti, Hieron. Commelini operâ, græcè & latinè. 1596, *in-*8. *mar. r. d. f. tr.* . . . . 2...6...0

1401 L'Histoire Æthiopique de Heliodorus, contenant dix livres, traitant des loyales & pudiques amours de Théagenes & Chariclea, trad. du grec par Amyot. *Paris*, 1559, *in-fol. fig. v.* 1...0...0

1402 Amours de Théagene & Chariclea, Histoire Ethiopienne, trad. du grec d'Heliodore. *Paris*, 1633, *in-*8. *fig. v. b.* . . . . 1...0...0

1403 Les Amours de Clitophon & de Leucippe, trad. du grec d'Achilles Statius. *Paris, Olivier l'Huilier,* 1568, *in-*8. *vélin.* . . . . 1...1...0

1404 Les Amours de Leucippe & de Clitophon, trad. du grec d'Achille Tatius. *Amsterdam*, 1733, 2 *part.* 1 *vol. in-*12. *v. f.* . . . . 1...11...0

Romans d'Amour, &c.

1405 L'Académie militaire ou les Héros subal- . . . 1...16...0

BELLES-LETTRES.

ternes. *Amsterdam*, 1777, 2 *vol. in*-12. *fig. dem. reliure.*

16..10..0 1406 Almahide, ou l'Esclave Reine, par M. Scudery. *Paris*, 1660 *& années suiv.* 8 *vol. in* 8. *fig. de Chauveau, v. b.*

1407 L'Almerinde. *Paris*, 1646, *in*-8 *v. f.*

1..0..0 1408 L'Amant maltraité de sa mye, contenant l'histoire de Arnalte & Lucenda, trad. de l'espagnol, par le sieur des Essars, Nicolas de Herberay. *Paris*, 1551.——La Déiphire de Léon-Baptiste Albert, trad. de l'italien. *Paris*, 1539, *in*-16. *v. f.*

1..0..0 1409 Les Amazones révoltées, Roman moderne, comédie en 5 actes, avec des notes politiques sur les travaux d'Hercule, la Chevalerie militaire, & la découverte du nouveau monde, &c. *Rotterdam*, 1738, *in*-12. *v. b.*

1..0..0 1410 L'Amour en fureur, ou les Excez de la jalousie italienne, nouvelle curieuse. *Cologne*, *in*-12. *fig. v. b.*

1..8..0 1411 L'Amour en fureur, ou les Excez de la jalousie italienne, nouvelle curieuse. *Cologne*, *Marteau*, 1715, *in*-12. *fig. v. b.*

1..4..0 1412 L'Amour innocent ou l'illustre Cavalier, par le sieur de Someire. *Paris*, 1651, *in*-4. *v.*

1..0..0 1413 L'Amour, ses peines & ses plaisirs, ou Histoire de la Comtesse de Ménésès. *Amsterdam*, 1774, *in*-8. *v. m.*

2..0..0 1414 Les Amours des Dieux, avec celles d'Orphée, & sa descente aux enfers, par le sieur de la Serre. *Paris*, 1640, *in*-8. *fig. vélin.*

1..4..0 1415 Les Amours d'Ircandre & Sophonie, par Humbert de Queyras. *Paris*, *Quinet*, 1636, *in*-8. *m. v. d. s. tr. avec fil.*

BELLES-LETTRES.

1416 Les Amours diverses, par le sieur de Nerveze. *Lyon, Barth. Ancelin,* 1612, *in-*12. *v.*

1417 Les Amours du Roi & de la Reine, sous le nom de Jupiter & de Junon, avec les magnificences de leurs noces; ou l'Histoire morale de France, sous le Regne de Louis XIII & Anne d'Autriche, par le sieur de la Serre. *Paris,* 1625, *in-*4. *vélin.* } 2..15..

1418 Les Amours traversés, histoires intéressantes. *La Haye, Jean Neaulme,* 1741, 2 part. 1 vol. *in-*12. *v. éc. fil d'or.* } 1..12..

1419 Amusemens des Bains de Bade en Suisse, de Schintznach & de Pfeffers. *Londres,* 1739, *in-*12. *fig.*

1420 Les Amusemens des Dames de B***. Histoire honnête & presque édifiante, par M. de Chevrier. *Rouen.* — Je m'y attendois bien, Histoire bavarde, par le même. *Par-tout, in-*12. *v. m.* 3..2..

1421 Amusemens des Eaux d'Aix-la-Chapelle. *Amsterdam, P. Mortier,* 1736, 3 vol. *in-*12. *fig. v. éc. avec fil. d'or.* 6..12..

1422 Amusemens des Eaux de Spa. *Amsterdam,* 1735, 2 vol. *in-*12. *fig. v.* 3..13.

1423 Anecdotes de la Cour de Philippe Auguste, par Mlle. de Lussan. *Amsterdam,* 1759, 2 vol. *in-*12. *b.*

1424 Anecdotes de la Cour de François Ier, par Mlle. de Lussan. *Londres, Jean Nours,* 1748, 3 vol. *in-*12. *en cart.* } 2..18.

1425 Anecdotes de la Cour de Dom Jean, Roi de Navarre. *Amsterdam,* 1744, *in-*12. *v. b.* } 2..8.

1426 L'Angelique du sieur de Montagathe. *Paris, Denys Moreau,* 1626, 2 vol. *in-*8. *v.*

BELLES-LETTRES.

3...3.

1427 Annales galantes de la Cour de Henri II, par Mlle. de Lussan. *Amsterdam, Jacques Desbordes,* 1749, 2 *vol. in*-12. *en cart.*

1...10.

1428 L'Antiope de M. Guerin. *Paris,* 1644, 4 *vol. in*-8. *v. m.*

1...0.

1429 Anti-Pamela, ou Mémoires de M. D ***, trad. de l'anglois. *Londres,* 1742, *in*-12. *v. b.*

1...10.

1430 L'Anti-Roman ou l'Histoire du Berger Lysis. *Paris,* 1633, 2 *vol. in*-8.

1...18.

1431 L'Arcadie de la Comtesse de Pembrock, composée par Philippe Sidney, trad. en françois. *Paris,* 1625, 3 *vol. in*-8. *fig. vélin.*

1...4.

1432 J. Barclaii Argenis, editio novissima, cum clave. *Amstelodami, ex officina Elzeviriana,* 1659, *in*-12. *v. b.*

1433 Les Amours de Polyarque & d'Argenis, trad. du latin de Jean Barclay. *Paris, Nicolas Buon,* 1622, *in*-8. *v.*

1...17.

1434 L'Argenis de Jean Barclay, traduction nouvelle enrichie de fig. *Paris, Nicolas Buon,* 1623, 2 *vol. in*-8. *v. b.*

1...16.

1435 Argenis, trad. libre & abrégée de Jean Barclai, par M. Savin. *Paris,* 1771, 2 *vol. in*-12. *v. m.*

1...10.

1436 L'Ariane de M. Desmarets, de nouveau augmentée de plusieurs histoires par l'Autheur, & ornée de figures de C. Vignon & Abr. Bosse. *Paris, Math. Guillemot,* 1639, *in*-4. *veau f.*

1...16.

1437 L'Ariane, où sont contenues les avantures de Melinte, Palamede & Epicharis, &c. avec plusieurs particularités concernant le Regne de Néron, par M. Desmarets. *Paris,* 1724, 3 *vol. in*-12. *fig. v.*

BELLES-LETTRES. 159

1438 Artamene ou le Grand Cyrus, par M. de Scudery. *Paris*, 1654, 11 *vol. in*-8. *v. b.* . . .   8 . . 3 . .

1439 Les Artifices de la Court, ou les Amours d'Orphée & d'Amaranthe, depuis trois mois, par le sieur de la Serre. *Paris, Toussaint du Bray*, 1621, *in*-12. *v.* . . . .   1 . . 5 . .

1440 L'Astrée de M. Honoré d'Urfé, avec la conclusion & derniere partie, par le sieur Baro. *Rouen*, 1647, 5 *vol. in*-8. *v. b.* avec *fil d'or*.   6 . . 12 . .

1441 L'Astrée de M. d'Urfé, avec la clé. *Paris*, 1733, 10 *vol. in*-12. *fig. v. f.* . . . .   6 . . 15 . .

1442 Les Aventures de Pomponius, Chevalier Romain, ou l'Histoire de notre tems. *Rome*, 1724, *in*-12. *v. b.* . . . .   1 . . 16 .

1443 Les Aventures de Pomponius, Chevalier Romain, ou l'Histoire de notre temps. *Rome, Mornini*, 1728, *in*-12. *en cart.* . . . .   2 . . 13 .

1444 Les Aventures de Télémaque, par M. de Fénelon, nouvelle édition conforme au MS. original, & enrichie de figures en taille-douce. *Amsterdam, J. Wetstein*, 1734, *in*-4. *v. jasp.* avec *fil d'or*.   2 . .

1445 Les Aventures guerrieres & amoureuses de Léandre, par le sieur de Nerveze. *Lyon, Barth. Ancelin*, 1610, *in*-12. *v. m.*

1446 Suite des Advantures guerrieres & amoureuses de Léandre, par le sieur de Nerveze. *Lyon, Ancelin*, 1612, *in*-12. *vélin.*   1 . . 7 .

1447 Les Aventures guerrieres & amoureuses de Licide, par le sieur L. de Dourlens. *Paris, Eust. Daubin*, 1624, *in*-8. *v. f.* . . . .   1 . . 5 .

1448 Les Aventures héroïques d'Archidiane & Almoncidas, par le sieur de la Motte. *Paris, Michel Bobin*, 1645, *in*-8. *v. f.* . . . .   1 . . 6 .

BELLES-LETTRES.

6...0 — 1449 Bélisaire, par M. Marmontel. *Paris*, 1767; *in*-8. *fig. v. éc. avec fil d'or.*

1...0 — 1450 Béralde, Prince de Savoye. *Paris, Claude Barbin*, 1672, 2 tomes 1 *vol. in*-12. *v. éc. avec fil d'or.*

3...0 — 1451 Le Berceau de la France, par M. d'Aucourt. *La Haye, Isaac Beau-Regard*, 1744, 2 *part.* 1 *vol. in*-12. *v. m.*

1...17 — 1452 Les Bergeries de Vesper, ou les Amours d'Antonin, Florelle & autres Bergers & Bergeres de Placemont & Beau-Séjour, par le sieur Guillaume Coste. *Paris, Jos. Bouillerot*, 1618, *in*-12. *v. avec fil d'or.*

1453 Monomotapa, 2 *vol. in*-12. *broch.*

3...0 — 1454 Le Caloandre fidele, trad. de l'italien d'Ambrosio Marini. *Amsterdam*, 1740, 3 *vol. in*-12. *v. m.*

2...0 — 1455 Campagnes Philosophiques, ou Mémoires de M. de Montcal, contenant l'histoire de la guerre d'Irlande, par l'Abbé Prévost. *Amsterdam, Desbordes*, 1741, 4 *part.* 2 *vol. in*-12. *v. b.*

1...0 — 1456 Le Capucin démasqué par la confession d'un Frere de l'Ordre. *Cologne*, 1684, *in*-16. *v. b.*

1...10 — 1457 Le Capucin démasqué par la confession d'un Frere de l'Ordre. *Cologne, Pierre le Sincere*, 1714, *in*-12. *avec la fig. v. b.*

7...16 — 1458 Cassandre, par M. de la Calprenede. *Paris, Montalant*, 1731, 10 *vol. in*-12. *v. b.*

1...12 — 1459 La Catanoise, ou Histoire secrette des mouvemens arrivés au Royaume de Naples, sous la Reine Jeanne I. *Paris, Pierre Gandoin*, 1731, *in*-12. *v. b.*

BELLES-LETTRES.

1460 La Céfalie de M. du Bail. *Paris, Cardin Besongne*, 1637, *in-8. v. f.* . . . . 1 . . 5 . .

1461 Le Chevalier hipocondriaque, par le sieur du Verdier. *Paris*, 1632, *in-8. v. b.* . . . . . 1 . . 4 . .

1462 La Chrysolite, ou le Secret des Romans, par le sieur Mareschal. *Paris, Toussaint du Bray*, 1627, *in-8. v. b.* . . . . 1 . . 0 .

1463 Clélie, Histoire Romaine, par Mlle. de Scudery. *Paris*, 1666, 10 *vol. in-8. fig. v. b.* . . 10 . . 10 .

1464 Cléobuline, ou la Vefve inconnue, par Agnès de Guilberdiere, Baronne de Marcé. *Paris, Guil. de Luyne*, 1658, *in-8. fig. v. b.*

1465 La Cléopâtre. *Leyde, Jean Sambix*, 1648 & ann. suiv., 12 *part*. 4 *vol. in-8. vélin*. } 5 . . 5 .

1466 Climandor, ou l'Histoire des Princes. *Paris, Anthoine Plazert*, 1628, *in-8. v. f.*

1467 La Clorymene de Marcassus. *Paris, Pierre Billaine*, 1626, 2 *vol. in-8. v. f. avec fil. d'or*. } 2 . . 0 .

1468 La Clytie, ou Roman de la Cour, par le sieur de la Serre. *Paris*, 1630, *v. b.*

1469 Commerce de lettres entre Mlle. Julie du ***. & le Chevalier de S. Marcel. *Cythere*, 1723, *in-12. fig. v. f. avec fil d'or.* } 1 . . 10 .

1470 Le Comte de Warwick, par Mme. d'Aulnoy. *Paris*, 1729, 2 *tom*. 1 *vol. in-12. v. b.* . . 1 . . 15 .

1471 La Connoissance du monde, contenant l'Histoire de Rhetima, Géorgienne, Sultane disgraciée, & de Ruspia Mingrelienne, sa compagne du sérail, avec celle de la fameuse Zisbi, Circassienne. *Paris, Jean Guignard*, 1695, *in-12. v.* . . . . 1 . . 6 .

1472 La constante Amarilis, de Christoval Suarez de Figueroa, trad. de l'espagnol par Nicolas . 1 . . 0 .

L

BELLES-LETTRES.

Lancelot. *Lyon*, 1614, *in*-8. *v. m.* (L'espagnol est à côté de la traduction).

1473 Contes Orientaux tirés des manuscrits de la bibliothèque du Roi de France. *La Haye*, 1743, 2 vol. *in*-12. *fig. v. m.*

1474 La Cour d'amour, ou les Bergers galans, par M. du Perret. *Paris*, 1667, 2 vol. *in*-8. *fig. m. bl. d. s. tr. avec fil.*

1475 Crémentine, Reine de Sanga, Histoire indienne, par Mme. de Gomez. *La Haye*, 1740, 2 vol. *in*-12. *v. b.*

1476 Le Crétidée, trad. de l'italien du Manzini par J. Baudoin. *Paris*, 1644, *in*-8.

1477 Cythérée, par le sieur de Gomberville. *Paris, Aug. Courbé*, 1644, 4 vol. *in*-8. *v.*

1478 La Damoyselle à cœur ouvert, ou l'Hypocrisie découverte. *Cologne, P. Marteau*, 1682, 2 part. 1 vol. *in*-12. *bas.*

1479 La Défaicte du faux amour, avec l'Histoire tragique de Circé qui y sert de suite, par P. Boitel, sieur de Gaubertin. *Paris, Chevalier*, 1617, *in*-12. *v. b.*

1480 Le Démon & la Démone mariés, ou le Malheur des hommes qui épousent de mauvaises femmes, avec leurs caractères vicieux. *Roterdam*, 1705, *in*-12. *v. m.*

1481 Deux Contes (de Fées) de cette année. *Amsterdam*, *in*-12. *v. m.*

1482 Les deux Déesses du sieur de Montagathe. *Paris, Pierre Billaine*, 1625, *in*-8. *v.*

1483 Les Désespérés, Histoire héroïque, trad. de l'italien de Jean-Ambroise Marini, par Mme. de Tencin. *Paris, P. Prault*, 1732, 2 vol. *in*-12. *fig. v. b.*

BELLES-LETTRES.

1484 Le Diable Boiteux, nouvelle édition augmentée d'une journée des Parques & des béquilles du Diable Boiteux, par M. le Sage. *Paris*, 1779, 2 *vol. in-12. fig. v. m.* — 3...3..

1485 Le Diable Hermite, ou Aventures d'Astaroth banni des enfers, ouvrage de fantaisie, par M. de M***. *Amsterdam, Fr. Joly*, 1741, *in-12. v. ec. avec fil. d'or.* — 4...

1486 Diane de France, Nouvelle Historique. *Paris, Claude Barbin*, 1675, *in-8. v. b.* — 1...

1487 La Diane des bois, par le sieur de Préfontaine. *Rouen, Jacq. Cailloué*, 1632, *in-8. v. f.* — 1...5

1488 Les Divertissemens de la Princesse Aurélie. *La Haye*, 1742, 2 *vol. in-12. v. b. avec fig.* 2...

1489 Don Pélage, ou l'entrée des Maures en Espagne, par F. de Juvenel. *Paris, Antoine de Sommaville*, 1646, 2 *vol. in-8. v.* 2...

1490 Le Dorisandre du sieur Viard. *Paris, Pierre Rocolet*, 1630, *in-8. v. f.* 1...

1491 L'Ecole du monde. *Paris*, 1770, 2 *part.* 1 *vol. in-12. broch.*

1492 Edele de Ponthieu, nouvelle historique. *Paris, Musier*, 1723, *in-12. v. f.* } 1...10.

1493 L'Endimion, par de Gombauld. *Paris, Nic. Buon*, 1624, *in-8. fig. v. f.*

1494 Les Esclaves, ou l'Histoire de Perse, par du Verdier. *Paris*, 1628, *in-8. v. f.* } 1...4.

1495 Le fameux Chinois, par du Bail. *Paris, Nicolas de Sercy*, 1642, *in-8. v. f.*

1496 Féeries nouvelles. *La Haye*, 1741, 2 *vol. in-12. m. r.* } 6...10.

1497 La Fiammette amoureuse de Jean Boccace, faicte françoise avec le texte à côté. *Paris, Cl. Cramoisy*, 1622, *in-12. v. b.* 1...6.

L ij

BELLES-LETTRES.

1498 La Fidélité trahie, Histoire Thessalonique, par le S'. de la Motte du Broquart. *Paris, Guil. Loyson*, 1645, *in-8. v. éc. avec fil. d'or.* (manque le dernier feuillet.)

1499 Florigenie, ou l'illustre Victorieuse, par M. de la Motte du Broquart. *Paris, Jean Paslé*, 1647, *in-8. v. f.*

1500 La Folette ou le Rhume, Histoire Bourgeoise, par M. l'Affichard. *Paris*, 1733, *in-12. v. m.*

1501 La Fortune, Histoire critique. 1751, *in-8. v. f. avec fil. d'or.*

1502 Galanteries des Rois de France, depuis le commencement de la Monarchie. 1738, 2 vol. *in-12. fig. de Bern. Picart. v. m.*

1503 Germaine de Foix, Reine d'Espagne, nouvelle historique. *Paris*, 1701, *in-12. v. b.*

1504 Le grand Scipion, par M. de Vaumoriere. *Paris*, 1656, 4 *vol. in-8. v. f.*

1505 La Hayne & l'Amour d'Arnoul & de Clairemonde, Histoire Provençale. *Paris, Jean Corrozet*, 1627, *in-8. v. b.*

1506 L'Héritiere de Guienne, ou Histoire d'Eléonor, femme de Louis VII, Roy de France, & ensuite de Henri II, Roi d'Angleterre. 1691, *in-12.*

1507 L'Histoire Afriquaine de Cleomede & de Sophonisbe, par M. de Gerzan. *Paris*, 1627, 3 *vol. in-8.*

1508 Histoire amoureuse & badine du Congrès & de la Ville d'Utrecht. *Liege, Jacob le Doux*, (1714). — Lettre écrite par un Gascon à un Religieux de ses amis en France, pour servir de veritable clef & de critique à l'Histoire amou-

BELLES-LETTRES.

reuse & badine du Congrès & de la Ville d'Utrecht. *Brunswic, Henri le Sincere,* 1714, *in*-12. *v. f.*

1509 Histoire Asiatique de Cérinthe, de Calianthe & d'Artenice, avec un Traité du Trésor de la vie humaine, & la Philosophie des Dames, par le Sr. de Gerzan. *Paris,* 1634, *in*-8.

1510 Histoire Celtique, où sous les noms d'Amindorix & de Célanire, sont comprises les principales actions de nos Rois, & les diverses fortunes de la Gaule & de la France, par le Sr. la Tour Hotman. *Paris, Math. Guillemot,* 1634, 2 *vol. in*-8. *v.*

2...

1511 L'Histoire d'Aurélio & Isabelle, en italien & en françois; plus, la Déiphire de Léon Baptiste Albert. *Lyon, Benoist Rigaud,* 1574, *in*-12. *v. m. avec fil. d'or.*

1512 Histoire de Catherine de France, Reine d'Angleterre. *Paris,* 1706, *in*-12. *v. b.*

1...4

1513 Histoire de Celimaure & de Felismene, par le Sr. le Rou. *Paris,* 1665, 2 *vol. in*-8. *v. f.* . . . 1...7

1514 Histoire de D. Ranucio d'Alétès, avec fig. *Venise,* 1736, 2 *vol. in*-12. *v. b.* . . . . 2...8.

1515 L'Histoire de la Chiaramonte, par Mademoiselle de Beaulieu. *Paris, Jean Richer,* 1603, *in*-12. *v. f. avec fil. d'or.* . . . . 1...0

1516 Histoire de la Dragone. *Paris, Am. Auroy,* 1703, *in*-12. *v. b.* . . . . 1...5

1517 Histoire de l'Amant ressuscité de la Mort d'Amour, par Théodose Valentinien. *in*-12. *v. f.* . . . 3...2.

1518 Histoire de la vie de Tiel-Wlespiegle, trad. de l'allemand. *Amsterdam, P. Marteau,* 1703, *in*-12. *v. f.* . . . . 1...8

1519 Histoire de Lideric I, Comte de Flandres, . . . 2...0

L iij

166   BELLES-LETTRES.

nouvelle historique & galante. *Paris, Didot*, 1737, 2 vol. *in*-12. *v. b.*

1520 Histoire de l'origine de la Royauté, & du premier établissement de la grandeur Royale, (ou les Amours de Nembrot & d'Alfrosie), par M. Pelisseri. *Paris, Charles de Sercy*, 1684, *in*-12. *fig. v. f.*

1521 Histoire de Marguerite d'Anjou, Reine d'Angleterre, par l'Abbé Prevost. *Amsterdam*, 1740, 2 vol. *in*-12. *v. b.*

1522 Histoire de Marguerite d'Anjou, Reine d'Angleterre, par l'Abbé Prevost. *Amsterdam*, 1745, 4 tom. 2 vol. *in*-12. *v. m.*

1523 Histoire des amoureuses destinées de Lysimont & de Clitye, par Pierre de Deimier. *Paris, Jean Millot*, 1608, *in*-12. *v.*

1524 Histoire des Amours extrêmes de Luzman envers Arbolea, par Gabriel Chappuys. *Lyon*, 1580, *in*-12. *m. r. d. s. tr. avec fil.* (manque le frontispice).

1525 Histoire de Sophie de Francourt. *Paris*, 1768, 2 tom. 1 vol. *in*-12. *v. m.*

1526 Histoire du Maréchal Duc de la Feuillade, nouvelle galante & historique. 1713, *in*-12. *v.*

1527 Histoire du Roi de Campanie & de la Princesse Parfaite. *Paris*, 1736.—La Princesse Lionnette & le Prince Coquerico, conte. *La Haye*, 1743, *in*-12. *v. b.*

1528 Histoire Grecque, par Pierre de Marcassus. *Paris, P. Rocolet*, 1647, *in-fol. gr. pap. v. f.*

1529 Histoires facétieuses & morales, assemblées & mises au jour par J. N. D. P. avec quelques Histoires tragiques. *Leiden, Salomon Vaguenaer*, 1669, *in*-12. *vélin.*

BELLES-LETTRES. 167

1530 Histoires nouvelles & Mémoires ramassés. Londres, 1745, *in-12. v.* . . . . 5 : . 11

1531 Histoire plaisante, en allemand, par J. J. Rottman. *Hanover*, 1729, *in-12.*

1532 Histoires sublimes & allégoriques, par Madame la Comtesse de Murat, dédiées aux Fées modernes. *Paris, Florentin & P. Delaulne*, 1699, 2 part. 1 vol. in-12. v. b.

1 ... 15.

1533 L'Honnête Homme & le Scélérat, savoir si pour parvenir dans le monde, il faut être honnête homme ou scélérat, par M. J. D. D. C. *Paris*, 1699, *in-12. v.* . . . . 1 ... 15.

1534 Honny soit qui mal y pense, ou Histoires des Filles célèbres du dix-huitieme siècle. *Londres*, 1761, 2 part. 1 vol. in-12. v. . . . . 1 ... 8.

1535 Hipnerotomachie, ou Discours du Songe de Poliphile, déduisant comme amour le combat à l'occasion de Polia, nouvellement traduit du langage italien en françois. *Paris, Jacq. Kerver*, 1561, *in-fol. fig. v. b. avec fil. d'or.* 2 ... 14.

1536 Ibrahim ou l'illustre Bassa. *Paris*, 1723, 4 vol. *in-12. v. b.* . . . . 6 ... 10.

1537 Le Jésuite sécularisé. *Cologne, Jacq. Vilebard*, 1683, *in-12. avec la fig. v. b.* . . . 1 ... 0.

1538 La jeune Alcidiane, par Mad. de Gomez. *Paris*, 1733, 3 vol. *in-12. v. b.* . . . . . 3 ... 4.

1539 L'illustre Malheureuse, ou la Comtesse de Janissanta. *Amsterdam*, 1739, 2 vol. *in-12. v. b.* 4 ... 5.

1540 L'Inceste innocent, par le sieur Desfontaines. *Paris*, 1644, *in-8. v. f.* . . . . . . 2 ... 8.

1541 L'Infante déterminée, où se voyent plusieurs Trophées de la vertu triomphante du vice, par François Beroalde Sr. de Ver-Ville. *Lyon, Mathieu Guillemot*, 1596, *in-12. v. b.* . . 1 ... 13.

L iv

BELLES-LETTRES.

1"..0.   1542 La Karismene agitée, par le Sr. D. C. A. Paris, Guil. Loyson, 1635, in-8. v. b.

1..5.   1543 Lettres Africaines, ou Histoire de Phédima & d'Abensar, par M. Butini. Paris, 1771, in-12. demi-rel.

2..12.   { 1544 Lettres de Mad. du Montier à la Marquise de *** sa fille avec les réponses, (par Mad. le Prince de Baumont.) Lyon, 1756, in-12. v. m.
         { 1545 Lettres de Milady Juliette Catesby, à Milady Henriette Campley, son amie. Amsterdam, 1759, in-12. v. m.

2..2.   1546 Lettres de Thérese ou Mémoires d'une Demoiselle de Province, pendant son séjour à Paris. La Haye, 1740, 6 part. 2 v. in-12. v. b.

1..0.   1547 Le Lict d'honneur de Chariclée, où sont introduites les infortunées & tragiques amours du Comte de Mélisse, par Jean d'Intras. Paris, Robert Fouet, 1609, in-12. v. f.

1..8.   { 1548 Lupanie, Histoire amoureuse de ce temps. 1668, in-12. v. f.
         { 1549 Lysigeraste, ou les Dédains de Lyside, par M. Turpin, Sr. de Lonchamps. Paris, 1628, in-8. v. b.

2..8.   1550 Macarise ou la Reine des Isles fortunées par François Hedelin, Abbé d'Aubignac. Paris, 1664, 2 vol. in-8. fig. v. b.

1..8.   1551 Marie Stuart, Reine d'Ecosse, nouvelle historique. Paris, Louis Billaine, 1674, 3 part. 1 vol. in-12. v. éc. avec fil. d'or.

1..14.   1552 La Marmite rétablie par les miracles du P. Marc d'Aviano, Religieux Capucin. Cologne, Louis le Sincere, 1685, in-12. v. (en françois & en allemand.)

BELLES-LETTRES.

1553 Mathilde, avec les Jeux lui servant de Préface. *Paris, Edme Martin*, 1667, *in-8. v. b.* . . . 1^{tr}..o.

1554 Melicello discourant au récit de ses amours mal-fortunées, la fidélité abusée de l'ingratitude, par Jean Maugin. *Paris*, 1556, *in-8. v. f.* . . . 1...11.

1555 Mémoires Anecdotes pour servir à l'Histoire de M. Duliz, & la suite de ses aventures, après la catastrophe de celle de Mademoiselle Pelissier, Actrice de l'Opera de Paris. *Londres*, 1739. — Le Triomphe de l'Intérêt, Comédie. *in-8. v. b.* . . . 2...8.

1556 Mémoires de la Cour d'Angleterre, par Mad. d'Aulnoy. *Paris, Cl. Barbin*, 1695, 2 v. *in-12. v. b.* . . . 1...4.

1557 Mémoires de Mad. de la Guette, écrits par elle-même. *La Haye, Adrian Moetjens*, 1681, *in-12. v. b.*

1558 Mémoires de Mademoiselle Bontemps, ou de la Comtesse de Marlou, par Gueullette. *Amsterdam*, 1738, *in-12. v. b.* } 1...18.

1559 Mémoires du Comte de Bonneval, seconde édition, corrigée. *La Haye, J. Van Duren*, 1738, 2 tom. 1 vol. *in-12. v. éc.* . . . 4...12.

1560 Mémoires du Marquis de S. Forlaix, par M. Framery. *Paris*, 1770, 2 vol. *in-12. en cart.* . . . 1...

1561 Mémoires d'une honnête femme, écrits par elle-même, & publiés par M. de Chevrier. *Amsterdam*, 1763, *in-12. v. m.* . . . 1...8.

1562 Mémoires historiques & politiques du Marquis de S. A ***, ou l'Ami de la fortune. *Londres, Jean Nourse*, 1761, *in-12. en cart.*

1563 Mémoires secrets de la Cour de Charles VII, Roi de France, par Madame d'Aulnoy. *Paris A. Ribou*, 1700, 2 vol. *in-12. v. b.* } 2...

BELLES-LETTRES.

1564 Mérouée, fils de France, nouvelle historique. *La Haye*, 1679, *in-*12. *v. b.*

1565 *Les mille et une faveurs par le Chev. de Mouhi.* Londres, 1740, 8 tom. 4 vol. *in-*12. *v. b.*

1566 Le Miroir d'or, ou les Rois de Scheschian, histoire véritable, par M. Wieland. *Leipsic*, 1772, 4 vol. *in-*12. *en allemand, avec fig.*

1567 Mitridate. *Paris*, 1648, 4 vol. *in-*8. *v. b.*

1568 Mizirida, Princesse de Firando. *La Haye*, 1738, 3 vol. *in-*12. *v. b.*

1569 Nouveaux Mémoires du Comte de Bonneval, contenant ce qui lui est arrivé de plus remarquable durant son séjour en Turquie. *La Haye, J. Van Duren*, 1737, *in-*12. *v. b.*

1570 Nouvelle Histoire du temps, ou la Relation véritable du Royaume de la Coquetterie : la Blanque des illustres Filoux du même Royaume de Coquetterie, & les Mariages bien assortis. *Paris*, 1655, *in-*12. *v. f.*

1571 La nouvelle Amarante, par Madame de la Haye. *Paris, Jacq. Vallery*, 1633, *in-*12. *v.*

1572 Nouvelles de l'Amérique, ou le Mercure Amériquain, où sont contenues trois histoires véritables arrivées de notre temps. *Rouen, Fr. Vaultier*, 1678, *in-*12. *v. m. avec fil. d'or.*

1573 Orasie, par le sieur de Mezeray. *Paris*, 1646, 4 tom. 2 vol. *in-*8. *v. b.*

1574 L'Orphelin infortuné, ou le Portrait du bon frere, histoire comique & véritable de ce temps, par le sieur D. P. F. *Paris, Cardin Besongne*, 1661, *in-*8. *v.*

1575 L'Orpheline Angloise, ou l'Histoire de Nancy Buthler. *La Haye*, 1741, *in-*12. *v. b.*

BELLES-LETTRES.

1576 Le Palais d'Angelie, par le sieur de Marzilly. *Paris, Toussaint du Bray*, 1622, 2 *vol. in*-8. *v. b.* — 1..12..

1577 La Pariseïde, ou Paris dans les Gaules, par M. Daucourt. *Paris*, 1773, 2 *tom.* 1 *vol. in*-8. *fig. v. m.* — 2..15..

1578 Le Pérégrin, translaté de l'italien en langage françois. *Paris, Galliot du Pré*, 1527, *in*-4. *vélin.* (Manque le feuillet 57e.) — 1..12..

1579 Péristandre, ou l'illustre Captif, par Demoreaux. *Paris, Anth. Robinot*, 1642, 2 *vol. in*-8. *v.* — 1..12..

1580 Le Philocope, contenant l'Histoire de Fleury & Blanchefleur, trad. de l'italien de Messire Jean Boccace, par Adrien Sevin. *Paris*, 1555, *in*-8. *v. f.* — 2..2..

1581 Le Philosophe Anglois, ou l'Histoire de Cléveland, par l'Abbé Prevost. *Utrecht, Neaulme*, 1741, 6 *vol. in*-12. *v. m.* — 9..1..

1582 Pinolet, ou l'Aveugle parvenu, histoire véritable. *Amsterdam, M. Michel Rey*, 1755, 4 *part.* 2 *vol. in*-12. *v. b.* — 4..10..

1583 Pluton Maltotier, nouvelle galante. *Cologne*, 1608, *in*-12. *v.* — 1..16.

1384 Le Polémire, ou l'illustre Polonois. *Paris*, 1646, *in*-8. *v. f.* — 1..10.

1585 Polexandre, par le sieur de Gomberville. *Paris*, 1741, 5 *vol. in*-8. *vélin.* — 16..19.

1586 Polyandre, histoire comique. *Paris*, 1648, *in*-8. *v. br.* — 3..5.

1587 La Polyxene de Moliere. *Paris, Antoine de Sommaville*, 1644, *in*-8. *v. m.* — 3..0.

1588 Le Pouvoir de la beauté, nouvelle toute nouvelle. 1740, *in*-12. *v. b.* — 1..10.

172 BELLES-LETTRES.

1589 La Prétieuse, ou le Myſtère de la ruelle, dédiée à telle qui n'y penſe pas. *Paris, Guil. de Luyne*, 1656-1658, 4 vol. in-8. v. b.

1590 La Priſon d'amour, en eſpagnol & en françois. *Paris, Gilles Corrozet*, 1552, in-12. v. avec fil. d'or.

1591 La Priſon d'amour, en eſpagnol & en françois. *Paris, Jacq. Beſſin*, 1616, in-12. v. f. avec fil. d'or.

1592 La Promenade de Saint-Cloud, ou la Confidence réciproque. *Paris*, 1755, 2 vol. in-12. v. m.

1593 La Promenade de Saint-Germain, par M. le Laboureur. *Paris*, 1669, in-12. v. ec. d. ſ. tr. avec fil.

1594 La Promenade de Verſailles. *Paris, Denys Thierry*, 1669, in-8. vélin.

1595 Les Récréations des Capucins, ou Deſcription hiſtorique de la vie que menent les Capucins pendant leurs récréations. *La Haye*, 1738, in-12.

1596 Recueil de Romans, Don Carlos, nouvelle hiſtorique, &c. *Amſterdam*, in-12. v. b.

1597 Relation hiſtorique & galante de l'invaſion de l'Eſpagne par les Maures, par Baudot de Jully. *La Haye*, 1699, 2 vol. in-12. v. f.

1598 Les riches Entretiens des adventures & voyages de Fortunatus, trad. de l'eſpagnol en françois. *Paris, François Hebert*, 1637, in-8. v. m. avec fil. d'or.

1599 Le Rival encore après la mort, nouvelle. *Paris, Aug. Courbé*, 1658, in-8. baſ.

1600 Le Roman Bourgeois, ouvrage comique. *Paris*, 1666, in-8. en cart.

BELLES-LETTRES.

1601 Le Roman de la Cour de Bruxelles, ou les Aventures des plus braves Cavaliers qui furent jamais & des plus belles femmes du monde, par Puget de la Serre. *Aix, Jean Tournay,* 1628, 2 vol. *in-8. v. f.* — 2...

1602 Le Roman des Lettres. *Paris,* 1667, *in-8. v. f.* — 1. f.

1603 Roman Oriental. *Paris, Moreau,* 1753, 2 part. 1 vol. *in-12. v.* — 1...5

1604 Le Roman satyrique de Jean de Lannel. *Paris, Touſſaint du Bray,* 1624, *in-8. v. f.* — 3...

1605 La Roſalinde, imitée de l'italien par M. de Fontanieu. *Paris,* 1730, *in-4. avec encadr. m. r. d. ſ. tr. avec dent.* — 5...19.

1606 La Roſalinde, imitée de l'italien, par M. de Fontanieu. *La Haye,* 1732, 2 vol. *in-12. v. b.* — 1...10.

1607 Rozémire, ou l'Europe délivrée, par du Verdier. *Paris,* 1657, *in-8. v. b.*

1608 La Saxe galante. *Amſterdam,* 1734, *in-12. v.*

1609 Le Seliſandre de M. du Bail. *Paris, Nic. de Laulne,* 1638, *in-8. v. b.*

1610 La Semaine amoureuſe, ou les Amours d'Alcide & d'Hermize, par François de Moliere, ſieur d'Eſſertines. *Paris,* 1620, *in-8. v. m.*

1611 Les Soirées Bretonnes. *Paris,* 1712, *in-12. v. b.*

1612 Le Sopha, conte moral, par M. Crébillon fils. *Gaznah, l'an de l'Hégire* 1120. — Le Canapé, par M. de ***. *La Haye, in-12. v. b.* } 2...3. } 5...

1613 Les Spectacles nocturnes, ouvrage épiſodique. *Paris,* 1756, *in-12. v. m.* — 1...2

1614 La Stratonice. *Paris, Auguſtin Courbé,* 1640, *in-8. m. r. d. ſ. tr. avec fil.* — 2...15.

BELLES-LETTRES.

1615 Les Succès d'un fat, nouvelle. *Paris*, 1762, *in-12. v. m.*

1617 Tarsis & Zélie, par M. la Motte le Vayer de Boutigni. *Paris*, 1774, 3 *vol. in-8. fig. gr. pap. v. ec. avec fil. d'or.*

1618 Le taureau banal de Paris. Cologne, P. Marteau, 1689, *in-12. v. b.*

1619 Le Temple des sacrifiés, ou les Amours de Floridor, Cloridan, Clarisel, &c. par le sieur du Verdier. *Paris, Ant. Estienne*, 1620, *in-8. v. f. d. s. tr.*

1620 Le Timandre de Marcassus. *Paris, Henri Sara*, *in-8. vélin.*

1621 Le Tolédan, par M. de la Calprenede. *Paris & Rouen*, 1648, 5 *vol. in-8. bas. b.*

1622 La Tour ténébreuse & les Jours lumineux, contes anglois. *Paris, veuve Cl. Barbin*, 1705, *in-12. v.*

1623 La Tour ténébreuse & les Jours lumineux, contes anglois. *Amsterdam*, 1708, *in-12. v. b.*

1624 La Vie de Guzman d'Alfarache. *Paris, P. Ferrand*, 1696, 3 *vol. in-12. fig. v.*

1625 La Vie & les Aventures du petit Pompée, Hist. critique trad. de l'anglois par M. Toussaint. *Londres*, 1752, 2 *tom.* 1 *vol. in-12. v. m.*

1626 Voyage merveilleux du Prince Fan-Férédin dans la Romancie, contenant plusieurs observations historiques, géographiques, physiques, critiques & morales. *Paris, P. G. le Mercier*, 1735, *in-12. v. b.*

1627 L'Uranie du sieur de Montagathe. *Paris*, 1625, *in-8.*

1628 Zély, ou la Difficulté d'être heureux, suivi de Zima & des Amours de Victorine & de

BELLES-LETTRES.

Philogène, publiés par A. M. Dantu. *Paris*, 1775, *in*-8. *fig. v. m.*

1629 Zizimi, Prince Ottoman, amoureux de Philipine Hélene de Saffenage, Histoire dauphinoise, par M. le Préfident Allard. *Grenoble, Jean Nicolas*, 1673, *in*-12. *vélin.*

1630 Le Zombi du Grand Perou, ou la Comteffe de Cocagne, hiftoriette. 1697, *in*-12. *v.*

Romans de Chevalerie.

1631 Recueil des hiftoires de Troye, contenant la généalogie de Saturne, les glorieufes prouefles de Hercules, & les trois deftructions & réédifications de lad. Cité, faites tant par ledit preu Hercules, comme par les Gregoys, par Raoul le Fevre. *Paris, Phelippe le Noir, in*-fol. *got. v. m. avec fil d'or.*

1632 La Devife des Armes des Chevaliers de la Table Ronde, lefquels eftoyent du vertueux Artus, Roy de la Grande Bretaigne, avec la defcription de leurs armoiries. *Lyon, Ben. Rigaud*, 1590, *in*-16. *fig. v. b.*

1633 L'Hiftoire du Sainct Graal, qui eft le premier livre de la Table Ronde, lequel traite de plufieurs matieres récréatives; enfemble la quefte dud. S. Graal, faicte par Lancelot, Galaad, Perceval & Boors. *Paris, Galiot du Pré*, 1516, *in*-fol. *goth. v. f.* (manque le frontifpice, & un feuillet de la Table du premier Livre).

1634 Chronique de Merlin, avec fes Prophéties. *Paris*, 1526, *in*-4. *got. vélin.*

1635 Plaifante & récréative hiftoire du vaillant

176 BELLES-LETTRES.

Chevalier Perceval le Galloys, lequel acheva les adventures du Saint Graal. *Paris, Jehan Saint Denys & Jehan Longis*, 1530, in-fol. goth. v. f.

1636 Histoire de Perceforêt, Roi de la Grande Bretagne. *Paris, Phil. le Noir*, 1532, 3 vol. in-fol. goth. v. f. avec fil. d'or.

1637 Gyron le Courtoys, avecques la devise des armes de tous les Chevaliers de la Table Ronde. *Paris, Anthoine Verard*, in-fol. goth. gr. pap. m. r. d. f. tr. avec fil.

1638 Les nobles Faits d'Armes du vaillant Roi Méliadus de Leonnoys, ensemble plusieurs autres nobles prouesses de Chevalerie. *Paris, Galliot du Pré*, 1528, in-fol. goth. v. b.

1639 Tristan, Chevalier de la Table Ronde. *Paris, Anth. Verard*, 2 vol. in-fol. goth. v. m. avec fil. d'or.

1640 Histoire du noble Tristan, Prince de Leonnois, Chevalier de la Table Ronde, & d'Yseulte, Princesse d'Yrlande, Royne de Cornoüaille, par Jean Maugin. *Paris, Nicolas Bonfons*, 1586, in-4. v. f.

1641 Histoire du noble Tristan, Prince de Leonnois, Chevalier de la Table Ronde, & d'Yseulte, Princesse d'Yrlande, Royne de Cornoüaille, fait françois par Jean Maugin, dit l'Angevin. *Paris, Nicolas Bonfons*, 1586, in-4. v. m.

1642 Le Livre du nouveau Tristan, Prince de Leonnois, Chevalier de la Table Ronde, & d'Yseulte, Princesse d'Yrlande, Royne de Cornoüaille, par Jean Maugin. *Lyon, Ben. Rigaud*, 1577, in-12. m. bl. d. f. tr. avec fil.

1643 Histoire de Ysaïe le triste, fils de Tristan de Leonnois

BELLES-LETTRES.

Leonnois & de la Reine Izeult de Cornouaille. *Paris, Philip. le Noir*, in-4. goth. m. r. d. f. tr. avec fil.

1644 La plaisante & délectable Histoire de Gériléon d'Angleterre, contenant ses hauts faits d'armes & ses amours, mis en françois par Etienne de Maison-neuve. *Lyon, Pierre Rigaud*, 1602, in-12. m. bl. avec fil. d'or. . . . . 2 . . . 6 . . .

1645 Histoire d'Olivier de Castille & d'Artus d'Algarbe, avec les prouesses d'Henry fils d'Olivier, & d'Hélene fille du Roi d'Angleterre. *Lyon, Olivier Arnoullet*, 1546, in-4. goth. v. f. avec fil. . . . . 3 . . . 19 .

1646 Le Roman & Chronique de Cleriadus, & de la belle Méliadice fille au Roy d'Angleterre. *Paris, P. Sergent*, 1523, in-4. goth. v. f. d. f. tr. avec fil. . . . . 2 . . . 10

1647 L'Histoire Palladienne, traitant des gestes & faits d'armes & d'amours de plusieurs grands Princes & Seigneurs, spécialement de Palladien fils du Roi Milanor d'Angleterre, & de la belle Selerine, sœur du Roi de Portugal, par Cl. Colet. *Paris, Etienne Groleau*, 1555, in-fol. v. b. d. f. tr. . . . . 6 . . . 1 .

1648 Histoire Palladienne, traitant des gestes & faits d'armes & d'amours de plusieurs grands Princes & Seigneurs, spécialement de Palladien fils du Roi Milanor d'Angleterre, & de la belle Selerine, par feu Cl. Colet. *Anvers*, 1562, in-4. v. f. d. f. tr. avec fil. . . . . 3 . . . 13

1649 Chronique de Turpin, Archevêque de Reims, contenant les prouesses & faits d'armes de Charlemagne & de son neveu Roland. *Paris*, 1527, in-4. goth. v. m. . . . . 7 . . . 19

M

BELLES-LETTRES.

1650 La Conqueste de l'Empire de Trébisonde, faicte par Regnauld de Montauban, filz du Duc Aymond de Dardayne. *Paris, Yvon Gallois, sans date d'année, in-4. goth. fig. en bois. v. f.* (1 feuillet réparé à la main.)

1651 Histoire de Maugis d'Aygremont, & de Vivian son frère. *Troyes, Nicolas Oudot,* 1648, *in-4. fig. en bois, v. f. avec fil. d'or.*

1652 L'Histoire de Oger le Dannois, Duc de Dannemarche, qui fut l'un des XII Pairs de France. *Rouen, Louys Costé, in-4. fig. demi-reliure.*

1653 Histoire du preux Meurvin, fils d'Oger le Dannois. *Paris,* 1540, *in-8. goth. v. b.*

1654 L'Histoire de Huon de Bordeaux, Pair de France, & Duc de Guienne. *Troyes, Jean Oudot,* 1679, *in-4. v. br.*

1655 Histoire & Faits du vaillant Huon de Bordeaux, Pair de France, & Duc de Guyenne. *Rouen, veuve de Louys Costé, in-8. fig. v.*

1656 L'Histoire de Valentin & Orson, fils de l'Empereur de Grece, & Neveux du Roy de France Pépin. *Troyes,* 1657, *in-4. v. f.*

1657 L'Histoire du vaillant Chevalier Galien Rethoré, fils du Comte Olivier de Vienne, Pair de France. *Paris, Nicolas Bonfons,* 1528, *in-4. goth. v.*

1658 Histoire des nobles prouesses de Galien Restauré, fils d'Olivier le Marquis, & de la belle Jacqueline, fille d'Huguon, Empereur de Constantinople. *Troyes, Nicolas Oudot,* 1622, *in-4. fig. v. f.*

1659 Histoire du vaillant Chevalier Beufves de

BELLES-LETTRES. 179

Hantonne, & de la belle Josienne sa mye. Paris, Jean Bonfonds, in-4. goth. vélin.

1660 Le premier livre de l'Histoire & ancienne Chronique de Gérard d'Euphrate, Duc de Bourgongne. *Paris, Etienne Groulleau*, 1549, in-fol. mar. v. d. f. tr. avec fil. . . . . . . 9 — 16. 5

1661 L'Histoire & ancienne Chronique de Gérard d'Euphrate, Duc de Bourgongne. *Paris, Etienne Groulleau*, 1549, in-fol. avec jolies figures en bois, v. . . . . 4 — o

1662 L'Histoire des nobles & vaillans Chevaliers nommés Milles & Amys, lesquels en leur vivant furent plains de grandes proesses. *Paris, Jean Bonnefons*, in-4. goth. v. f. . . . . 2 — 19

1663 Olivier de Castille & Artus d'Algarbe, son loyal Compaignon. *Paris, Jehan Trepperel & Jehan Jehannot*, in-4. goth. v. m. . . . . . 2 — 10

1664 Les Faits & prouesses du noble & vaillant Chevalier Jourdain de Blaves. *Paris, Alain Lotrian*, in-4. goth. v. b. . . . . 5 — 2

1665 L'Histoire & Conquête de Grece, faite par Philippe de Madien, autrement dit le Chevalier à l'Epervier blanc, lequel par ses vertueuses œuvres fut couronné Roi de sept Royaumes. *Paris, Jehan Bonfons*, in-4. goth. m. bl. d. f. tr. avec fil. . . . . 5 — 5

1666 Histoire très-récréative, traitant des faits & gestes du Chevalier Theseus de Coulongne, Empereur de Rome, & aussi de son fils Gadifer. *Paris, Jehan Bonfons*, in-4. m. r. d. f. tr. avec fil. goth. . . . . 8 — 5

1667 La description, forme & l'histoire du noble Chevalier Berinus, & de son fils Aygres de . . . 2 — 4

M ij

BELLES-LETTRES.

Laymant. *Paris, Jehan Bonfons, in-4. fig. goth. v. éc.*

1668 Chriférionte de Gaule, Hiſtoire miraculeuſement trouvée en la Terre Saincte, par le Sr. de Sonan. *Lyon, Bart. Vincent, 1626, in-8. v. f. avec fil. d'or.*

1669 Les XXI premiers livres du Roman d'Amadis des Gaules, trad. en françois par Nicolas de Herberay, Sr. des Eſſarts, Claude Colet, Jacq. Gohorry, Guil. Aubert de Poictiers, & Gabr. Chappuis, Tourangeau. *Lyon, Benoît Rigaud, 1575 & ann. ſuiv. 29 vol. in-16. m. r. d. ſ. tr. avec fil.*

1670 Les XXII, XXIII & XXIVe. Livres du même Roman d'Amadis. *Paris, Gilles Robinot, 1615, 3 vol. in-8. v. m.*

1671 Le Tréſor de tous les Livres d'Amadis des Gaules, contenant les harangues, épiſtres, ſentences, cartels, complaintes & autres choſes excellentes. *Lyon, Jean Huguetan, 1582, gros in-16. vélin.*

1672 L'Amadis de Gaule de Marcaſſus. *Paris, Pierre Rocolet, 1629, in 8. v. m.*

1673 La Chronique de Dom Flores de Grece, ſurnommé des Cignes, ſecond fils d'Eſplandian, par le Seigneur des Eſſars, Nicolas de Herberay. *Lyon, Ben. Rigaud, 1572, in-12. v. f.*

1674 La Chronicque du vaillant Dom Flores de Grece, ſurnommé le Chevalier des Cignes, ſecond fils d'Eſplandian, Empereur de Conſtantinople, miſe en françois par le Seigneur des Eſſars, Nicolas de Herberay. *Paris, Claude Micard, 1573, in-12. m. c. d. ſ. tr. avec fil.*

1675 Hiſtoire du vaillant Dom Flores de Grece,

BELLES-LETTRES.

surnommé le Chevalier des Cignes, second fils d'Esplandian, mise en françois par le Sieur des Essars Nicolas de Herberay. *Paris, Gilles Robinot*, 1573, *in-8. v. f. avec fil. d'or.*

1676 Histoire de Dom Belianis de Grece, traduction nouvelle, par Claude de Bueil. *Paris*, 1625, *in-8. v. b.* — 6...13.

1677 Histoire du Chevalier du Soleil, & de son frere Rosiclair, par François de Rosset & Louis Douet. *Paris*, 1623, 1626, 1633, 1643, 8 *vol. in-8. v. m.* — 50..3.

1678 Le Roman des Romans, par le Sr. du Verdier. *Paris*, 1627, 7 *vol. in-8. fig. v. f. d. f. tr. avec fil.* — 42...

1679 Le premier Livre de l'Histoire de Primaléon de Grece, fils de Palmerin d'Olive, traduit de l'espagnol, par Fr. de Vernessal. *Paris, Prévost*, 1571, 2 *vol. in-8. v. m. avec fil. d'or.* (manque le frontispice.) — 2...10

1680 L'Histoire de Palmérin d'Olive, fils du Roy Florendos de Macédoine & de la belle Griane, par Jean Maugin. *Paris, Vincent Sertenas*, 1553, *in-fol. fig. lav. reg. v. b. d. f. tr.* — 4...1.

1681 Histoire pitoyable du Prince Erastus, fils de Dioclétien, Empereur de Rome, trad. de l'italien. *Anvers, Jean Waesberge*, 1568, *in-8. v.* — 1...

1682 L'Histoire & Chronique du vaillant Clamedes, fils du Roy d'Espaigne, & de la belle Cleremonde, fille du Roy Carnuant. *Paris, Jehan Bonfons, in-4. goth. m. r. d. f. tr. avec fil.* — 3...

1683 La Généalogie & nobles faits d'armes de Godefroy de Buillon & de ses freres Baudoin & Eustace: aussi le Voyage d'outre-mer en la — 8...8

182 BELLES-LETTRES.

Terre Sainte, fait par S. Louis. *Lyon*, 1580, *in*-8. *v. b.*

3..11 1684 Histoire de Mélusine, Princesse de Lusignan, & de ses fils, publiée par M. Nodot. *Paris, veuve de Claude Barbin*, 1700, 2 *vol. in*-12. *v. b.*

1..10 1685 L'Histoire de Mélusine. *Troyes, Jacques Oudot, in*-4. *vélin.*

1... 1686 Histoire de Gérard, Comte de Nevers, & de la Princesse Euriant de Savoye sa mye, avec des notes critiques & historiques. *Paris*, 1725, *in*-8. *v. b.*

8..6 1687 Histoire & Chronique du petit Jehan de Saintré & de la jeune Dame des belles Cousines, avec deux autres Histoires de Messire Floridan & la belle Ellinde. *Paris, Jean Trépperel, in*-4. *goth. v. f. avec fil. d'or.*

9..15 1688 Histoire du Chevalier Guillaume de Palerne, & de la belle Mélior; lequel Guillaume devint Vacher, & finalement fut Empereur de Rome sous la conduite d'un loup-garoux fils au Roi d'Espagne. *Paris, Nic. Bonfons, in*-4. *goth. m. c. d. s. tr. avec fil.*

2... 1689 Histoire merveilleuse de trois fils de Rois, à sçavoir de France, d'Angleterre & d'Ecosse, qui firent étant jeunes de grandes prouesses, & obtinrent victoires signalées pour la défense de la Foi Chrétienne, au secours du Roi de Sicile. *Lyon, B. Rigaud*, 1579, *in*-8. *v. m.*

4..16 1690 Théâtre d'Histoire, ou les grandes Prouesses & Avantures étranges du noble & vertueux Chevalier Polimantes, Prince d'Arsine, par Philippe de Belleville. *Bruxelles*, 1613, *in*-4. *fig. m. r. d. s. tr. avec fil.*

BELLES-LETTRES.

1691 Le Livre intitulé le Chevalier de la Tour & le Guidon des guerres. *Paris, Guil. Euſtache*, 1514, *in-fol. goth. v. b. d. ſ. tr.* (Le frontiſpice reſtitué à la main). - - - - - - 1..6.

1692 Hiſtoire du Chevalier Tiran le Blanc, trad. de l'eſpagnol par M. Fréret & le Comte de Caylus. *Londres*, 2 *vol. in-8. v. ec.* - - - - - 4..19.

1693 Hiſtoire du vaillant Chevalier Tiran le Blanc, trad. de l'eſpagnol. *Londres*, 1737, 2 *vol. in-8. v. m.* - - - - - - - 3...

1694 Le Triomphe des neuf Preux, auquel ſont contenus tous les faits & proueſſes qu'ils ont achevés durant leurs vies, avec l'hiſtoire de Bertrand du Gueſclin. *Paris, Michel le Noir*, 1507, *in-fol. goth. m. bl. d. ſ. tr. avec fil. d'or.* - 16..4.

1695 Le Roman des Chevaliers de la gloire, contenant pluſieurs avantures des Princes & des Chevaliers qui parurent aux courſes faites à la place royale pour la fête des alliances de France & d'Eſpagne, par François de Roſſet. *Paris*, 1612, *in-4. vélin avec fil. d'or.* - - - 3..3.

1696 Vida y Hechos del ingenioſo Hidalgo Don Quixote de la Mancha, compueſta por Miguel de Cervantes. *Londres, Tonſon*, 1738, 4 *vol. in-4. fig. v. m. avec fil. d'or.* - - - 36...

1667 Hiſtoire de Don Quichotte, trad. de l'eſpagnol de Michel de Cervantes. *Paris, Mouchet*, 1733, 6 *vol. in-12. v. b.* - - - - 12..1.

1698 Hiſtoire de Don Quichotte de la Manche, trad. de l'eſpagnol de Michel de Cervantes, avec les continuations de Cid Amet Beningely, & d'Alonſo Fernandez de Avellaneda. *Paris*, 1741, 14 *vol. in-12. fig. v. m.* - - - 25..1.

1699 Les principales Aventures de Don Quichotte 39..19

représentées en fig. par Coypel, Picart & autres Maîtres, avec explications tirées de Miguel de Cervantes. *La Haye*, 1746, *in-4. v. m.*

Critique.

1700 Des Causes de la corruption du goût, par Madame Dacier. *Paris, Rigaud*, 1714, *in-12. v. b.*

1701 Recherches philosophiques sur l'origine des idées que nous avons du beau & du sublime, précédées d'une dissertation sur le goût, trad. de l'anglois de M. Burke, par l'Abbé des François. *Paris, Hochereau*, 1765, 2 *vol. in-8. broch.*

1702 Auli Gellii Noctes Atticæ, editio nova & castigatior. *Amstelodami, Joan. Janssonius*, 1651, *in-12. v.*

1703 Auli Gellii Noctium Atticarum Libri XX, editio Gronoviana: præfatus est & excursus operi adjecit Joh. Hud. Conradi. *Lipsiæ*, 1762, 2 *vol. in-8. v.*

1704 Joan. Piersoni Verisimilium Libri duo. *Lugd. Batavorum*, 1752, *in-8. en cart.*

1705 Petri Henrici Koppiers observata philologica in loca quædam Antiphanis, Theocriti, Pauli Apostoli, Erastothenis & Propertii. *Lugd. Batavorum, Petrus Delphos*, 1771, *in-8. v. éc.*

1706 J. D. Michaelis Syntagma Commentationum, pars secunda. *Gottingæ*, 1767, *in-4.*

1707 Hexameron, ou six Journées, contenans plusieurs doctes discours sur aucuns poincts difficiles en diverses sciences, avec maintes Histoires notables, trad. de l'espagnol d'Antoine de Torquemade par Gabr. Chappuis. *Rouen, Romain de Beauvais*, 1610, *in-12. v.*

BELLES-LETTRES.

1708 Les Comparaisons des grands hommes de l'antiquité qui ont le plus excellé dans les Belles-Lettres, par le P. Rapin. *Amsterdam, Abr. Wolfgang*, 1693, 2 tom. 1 vol. *in-12. vélin.*

1709 Voyage en l'autre Monde, ou Nouvelles littéraires de celui-ci. *Londres*, 1753, *in-12. v.* . . . 1 . . .

1710 Les deux Ages du goût & du génie françois sous Louis XIV & sous Louis XV, par M. de la Dixmerie. *Paris, Lacombe*, 1769, *in-8. v. m.* . . 2 . . . 19.

1711 Les trois Siècles de notre Littérature, ou Tableau de l'esprit de nos Ecrivains depuis François I jusqu'en 1772, par M. Sabathier de Castres. *Paris*, 1772, 3 *vol. in-8. broch.* . . . . 3 . . . 4.

Satyres, Invectives, Défenses, Apologies, &c.

1712 Titi Petronii Satyricon, cum notis Bourdelotii & Glossario Petroniano. *Parisiis*, 1677, *in-12. v.*

1713 Pétrone latin & françois, traduction entiere suivant le manuscrit trouvé à Belgrade en 1688. 1713, 2 *vol. in-12. v. b.*

} 8 . . . 10.

1714 Satyre de Pétrone, par M. de Boispreaux. *La Haye, Jean Neaulme*, 1742, 2 tom. 1 vol. *in-8. v. b.* . . . . 1 . . . 10.

1715 L'Introduction au Traité de la conformité des merveilles anciennes avec les modernes, ou Traité préparatif à l'Apologie pour Hérodote, par Henri Estienne. 1566, *in-8. m. r. d. s. tr. avec fil.* . . . . 3 . . .

1716 Il Divortio celeste, cagionato dalle dissolutezze della Sposa Romana, di Ferrante Palavicino. *Villafranca*, 1643, *in-12.*

1717 Le céleste Divorce, ou la séparation de

} 1 . . . 9.

BELLES-LETTRES.

Jésus-Christ d'avec l'Eglise Romaine son épouse, à cause de ses dissolutions, trad. de l'italien de Ferrante Palavicino en françois. 1644, *in*-12. *v. b.*

1718 Le Divorce céleste causé par les dissolutions de l'épouse romaine, trad. de l'italien de Ferrante Palavicino. *Villefranche, Jean Gibaut*, 1649, *in*-12. *v. b.*

1719 L'Œil clair-voyant d'Euphormion dans les actions des hommes & de son règne parmi les plus grands de la Cour, satyre de notre temps, composé en latin par Jean Barcley, & trad. par M. Nau. *Paris, Toussaint Quinet, in*-8. *v. m.*

1720 La Doctrine curieuse des beaux-esprits de ce temps, ou prétendus tels par le P. François Garassus. *Paris, Sébast. Chappelet*, 1623, *in*-4. *vélin.*

1721 Le grand Empire de l'un & l'autre Monde, divisé en trois Royaumes, le Royaume des aveugles, des borgnes & des clair-voyans, par J. de la Pierre. *Paris*, 1630, *in*-8. *vélin.*

1722 Le Rabat-joye du triomphe monacal, tiré de quelques lettres recueillies par P. D. P. D. S. Hilaire. *L'Isle*, 1634, *in*-8.

1723 Les Amours, Intrigues & Cabales des domestiques des grandes maisons de ce temps. *Paris*, 1644, *in*-8. *v. b.*

1724 Le Vagabond, ou l'Histoire & le Charactère de la malice & des fourberies de ceux qui courent le monde aux dépens d'autrui. *Paris*, 1644, *in*-8. *v. m.*

1725 Nouvelle Ecole publique des Finances, ou l'Art de voler sans ailes. *Cologne, Adrien Lenclume*, 1708, *v. m.* avec *fil. d'or.*

BELLES-LETTRES. 187

1726 Le Renard, ou le Procès des bêtes. *Bruxelles, Jacq. Panneels*, 1739, *in*-8. *fig. v. b.* . . . 2...2...

1727 La derniere Guerre des bêtes, fable pour servir à l'Histoire du XVIIIe. siècle. *Londres*, 1758, 2 *vol. in*-12. *broch.*

1728 Le Conte du Tonneau, trad. de l'anglois de Swift. *La Haye, Henri Scheurleer*, 1757, 3 *vol. in*-12. *fig. v. m. d. s. tr. avec fil.* } 3...4..

1729 Apologie pour les grands hommes soupçonnés de magie, par G. Naudé, avec des remarques. *Amsterdam*, 1712, *in*-8. *v. m.* . . . 1...4.

Dissertations philologiques, critiques, allégoriques & enjouées, avec les Traités critiques & apologétiques de l'un & de l'autre sexe.

1730 Encomium Moriæ Desiderii Erasmi Declamatio, edente A. G. Meusnier de Querlon. *Parisiis, Barbou*, 1765, *in*-8. *v. m. d. s. tr. avec fil.* . . . 2...10...

1731 La Louange de la Sottise, déclamation d'Erasme, mise en françois. *La Haye*, 1642, *in*-12. *bas.* . . . 1...13.

1732 L'Eloge de la Folie, par Erasme, avec les notes de Listrius, & les fig. de Holbenius, trad. par Gueudeville. *Leyde*, 1713, *in*-12. *v. b.* (2 Exemplaires). . . . 1...5.

1733 L'Eloge de la Folie, trad. du latin d'Erasme par M. Gueudeville, avec des notes & des fig. d'Eisen. *Paris*, 1751, *in*-4. *v. éc. d. s. tr. avec fil.* . . . 12.

1734 L'Eloge de la Folie, trad. du latin d'Erasme par M. Gueudeville, avec les fig. d'Eisen. *Paris*, 1753, *in*-12. *v. m.* . . . 8...10.

BELLES-LETTRES.

1735 Laus Ululæ, ad conscriptos ululantium patres & patronos, autore Curtio Jaele. *Glaucopoli, Cæsius Nictimenium, in-12. v. b.*

1736 La magnifique Doxologie du festu, par Séb. Roulliard. *Paris, Millot, 1610, in-8.*

1737 Les Gymnopodes, ou de la Nudité des pieds, par Séb. Roulliard. *Paris, 1634, in-4. m. bl. d. s. tr. avec fil.*

1738 L'Eloge de l'yvresse. *La Haye, 1714, in-8. v. b.*

1739 Le Théâtre de divers cerveaux du monde, auquel tiennent placé toutes les manières d'esprits & humeurs des hommes, trad. de l'italien par Gabriel Chappuys. *Paris, Jean Houzé, 1586, in-12. v. f.*

1740 Discours d'aucuns propos rustiques, facétieux & de singulière récréation, ou les Ruses & Finesses de Ragot, Capitaine des gueux, &c. par Léon Ladulfi (Noel du Fail) Seigneur de la Herissaye. 1732, *in-12. m. r. d. s. tr. avec fil.*

1741 Discours fantastiques de Justin Tonnelier, esquels l'ame immortelle philosophant avec son corps mortel, lui veut faire gaigner le Ciel par la cognoissance de Dieu & de soy-mesme. *Paris, Cl. Micard, 1598, in-12. v. f. avec fil. d'or.*

1742 Procez & amples Examinations sur la vie de Caresme-prenant, avec la sentence, mandement & bannissement général donnés & publiés contre lui. *Paris, 1605.* — Copie d'un bail & ferme faicte par une jeune Dame de son C. pour six ans. *Paris, Pierre Viart, 1609.* — La Raison pourquoi les femmes ne portent barbe au menton,

BELLES-LETTTRES. 189

aussi bien qu'à la penilliere, & ce qui a esmeu nosd. femmes à porter les grandes queues. *Paris*, 1601, *in-8. v. f. d. f. tr. avec fil.*

1743 La Dispute d'un Ane contre frere Anselme Turméda, touchant la dignité, noblesse, & prééminence de l'homme par devant les autres animaux, avec une Prophétie dud. Ane, trad. du vulgaire espagnol en langue françoise. *Pampelune, Guil. Buisson*, 1606, *in-8. v. ec. d. f. tr. avec fil.* . . . . 8...

1744 L'Hospital des Fols incurables, où sont déduites de point en point toutes les folies & les maladies d'esprit tant des hommes que des femmes, trad. de l'italien de Thom. Garzoni, par François de Clarier. *Paris, L. Sevestre*, 1620, *in-8. v. b. avec fil. d'or.* . . . . 1...4.

1745 La sage & délectable Folie, par J. Marcel. *Lyon, Pierre Drobet*, 1628, *in-8. v.* . . . . 1...10

1746 La fameuse Compagnie de la lésine, ou Alesne, c'est-à-dire, la maniere d'épargner, acquérir & conserver, trad. de l'italien. *Paris, Rolet Boutonné*, 1618, *in-12. vélin.* . . . 1...13.

1747 La contre-Lésine, plustost Discours, Constitutions & Louange de la libéralité, avec les nopces d'Antilésine, comédie, trad. de l'italien. *Paris, Rolet Boutonné*, 1618, *in-12. vélin.* . . . 1...19.

1748 Les Jeux de l'inconnu, par de Vaux. *Rouen, Jacq. Cailloué*, 1645, *in-8. v.* . . . . . . 1...12.

1749 La Musique du Diable, ou le Mercure galant dévalisé. *Paris, Robert le Turc*, 1711, *in-12. v. b.* . . . . 4...19.

1750 Les Chats, par M. de Moncrif. *Paris*, 1727, *in-8. fig. v.* } 8...2.

1751 Histoire des Rats, pour servir à l'Histoire

190 BELLES-LETTRES.

universelle (satyre contre M. de Voltaire & Madame du Châtelet), par M. de Sigrais. *Paris*, 1737, *in*-8. *fig.* — Discours sur l'harmonie. *Paris*, 1737, *in*-8. *v. f.*

1"...10⁵ 1752 Les Etrennes de la Saint-Jean. *Troyes, la veuve Oudot*, 1751, *in*-12. *v. m.*

1...5. 1753 Les Etrennes de la Saint-Jean. *Troyes*, 1757, *in* 12. *broch.*

3... 1754 Recueil de ces Messieurs. *Amsterdam*, 1745, *in*-12. *v. m.*

4...5. 1755 Les Manteaux. *La Haye*, 1746, *in*-8. *v. m.*

2...15. 1756 Mémoires de l'Académie des Colporteurs. *Paris*, 1748, *in*-8. *v. m.*

3...8. 1757 Le Colporteur, Histoire morale & critique, par M. de Chevrier. *Londres, Jean Nourse*. — La Vie du fameux Pere Norbert, ex-Capucin, connu aujourd'hui sous le nom de l'Abbé Platel, par le même de Chevrier. *Londres, Jean Nourse*, 1763, *in*-12. *demi rel.*

3...12. 1758 Projet d'une Histoire de la ville de Paris, sur un plan nouveau. *Harlem*, 1739, *in*-8. (Livre satyrique & singulier).

1...8. 1759 Mémoires de l'Académie des Sciences, Inscriptions, Belles-Lettres, Beaux-Arts, &c. nouvellement établie à Troyes en Champagne, par M. Grosley. *Paris, Duchesne*, 1756, 2 *tom.* 1 *vol. in*-12. *v.*

2...15. 1760 L'Encyclopédie Perruquiere, ouvrage curieux à l'usage de toutes sortes de têtes, enrichie de fig. en taille-douce, par M. Beaumont, Coëffeur dans les Quinze-Vingts. *Paris, Hochereau*, 1757, *in*-12. *fig. v. m.*

1...6. 1761 Les LIII Arrests d'Amour, avec les commentaires de Benoist Lecourt, & les Ordon-

BELLES-LETTRES. 191

nances sur le fait des marques. *Rouen, Raphael du Petit-Val*, 1587, *in-*12. *vélin.*

1762 Le grand Dictionnaire des Précieuses, par le sieur de Somaize, avec la clef. *Paris, Jean Ribou*, 1661, 2 *vol. in-*8. *m. r. d. s. tr. avec fil.* . . 5 . . . 2.

1763 La Clef du grand Dictionnaire historique des Précieuses. *Paris*, 1661, *in-*8. *v. avec fil. d'or.*

1764 Dictionnaire d'amour, dans lequel on trouvera l'explication des termes les plus usités dans cette langue, par M. de ***. *Osnabrug*, 1741, *in-*12. *v.*

} 4 . . . 9. 1

1765 Fleurs, Fleurettes & Passe-temps, ou les divers Caractères de l'amour honnête, par Alcide de Saint-Maurice. *Paris, Jacques Cottin*, 1666, *in-*12. *v. b.*

1766 Gli Asolani di M. Pietro Bembo. *Vinegia, Gualtero Scotto*, 1553, *in-*8. *v. f. avec fil. d'or.*

1767 Les Azolains de Pierre de Bembo, traitant de la nature d'amour, trad. de l'italien par J. Martin. *Paris*, 1576, *in-*12. *v. f.*

} 2 . . . 4.

1768 Les quinze Joyes de mariage, ou la Nasse dans laquelle sont détenus plusieurs personnages de notre temps, par Franç. de Rosset. *Paris, Rolet Boutonné*, 1620, *in-*12. *vélin.* . . . . . 1 . . . 10

1769 Les quinze Joyes de mariage, auxquels on a joint le blason des fausses amours, le loyer des folles amours, & le triomphe des muses contre amour ; le tout enrichi de remarques & de diverses leçons. *La Haye, A. de Rogissart*, 1734, *in-*12. *v. m.* . . . . 3 . . .

1770 Formulaire fort récréatif de tous contrats, donations, testamens, codicilles & autres actes faicts & passez par devant Notaires & témoins, par 13 . . . 4

192   BELLES-LETTRES.

Bredin le Cocu, Notaire rural & Controlleur des basses Marches au Royaume d'Utopie. *Lyon, Pierre Rigaud*, 1618, *in-*12. *m. r. d. s. tr. avec fil. d'or.*

1771 Essai sur le caractère, les mœurs & l'esprit des femmes dans les différens siècles, par M. Thomas. *Paris*, 1772, *in*-8. *broc.*

1772 L'art de connoître les femmes, avec une dissertation sur l'adultere, par le Chevalier Plante-amour. *La Haye*, 1730, *in*-8.

1773 Henri Corneille Agrippa, sur la noblesse & excellence du sexe féminin, de sa prééminence sur l'autre sexe, & du Sacrement de mariage, avec le Traité sur l'incertitude, & la vanité des sciences & des arts, trad. par Gueudeville. *Leiden*, 1726, 3 *vol. in*-12. *v.*

1774 Le Fort inexpugnable de l'honneur du sexe féminin, construit par François de Billon. *Paris, Jean d'Allyer*, 1555, *in*-4. *fig. en bois v. m.*

1775 Le Bouclier des Dames, contenant toutes leurs belles perfections, par Louis le Bermen, sieur de la Martiniere. *Rouen, Jacques Besongne*, 1621, *in*-12. *v. f.*

1776 L'honnête Femme, par le P. du Boscq. *Paris*, 1637, *in*-4. *v. m.*

1777 Hippolytus redivivus, id est remedium contemnendi sexum muliebrem, autore S. J. E. D. V. M. W. A. S. 1644, *in*-16. *v. ec. d.s. tr. avec fil. d'or.*

1778 Alphabet de l'imperfection & malice des femmes, augmenté de plusieurs histoires pour les courtisans & partisans de la femme mondaine, par Jacques Olivier. *Paris, Jean Petit-Bas*, 1643, *in*-12. *v. f. d. s. tr. avec fil.*

BELLES-LETTRES.

1779 Aplhabet de l'imperfection & malice des femmes, augmenté de plusieurs histoires pour les courtisans & partisans de la femme mondaine, par Jacq. Olivier. *Rouen, Julien Courant, 1658, in-12. v.* . . . . 3..2..

1780 L'Art de rendre les femmes fidelles. *Paris, veuve Laisné, 1713, in-12. v. b.* . . . . 2...

1781 Paradoxe sur les femmes, où l'on tâche de prouver qu'elles ne sont pas de l'espèce humaine. *Cracovie, 1766, in-12. v. f. avec fil. d'or.* . .3..2.

1782 Les Privilèges du cocuage, dialogue: ouvrage utile & nécessaire, tant aux cornards actuels qu'aux cocus en herbe. *Cologne, 1698, in-12. v. f.*

1783 Almanach des cocus, ou amusemens pour le beau sexe, pour l'année 1741; auquel on a joint un Recueil de pièces sur les Francs-Maçons. *Constantinople, 1742.*

} 8...19.

Sentences, Apophthegmes, Adages, Proverbes, Collections de Bons-mots.

1784 Plutarchi Apophthegmata, gr. & lat. *Londini, 1741, in-4. v. f.* . . . . 5...0..

1785 Plutarchi Chæron. Liber de Regum atque Imperatorum scitè dictis, quæ Apophthegmata nuncupantur, græcè & latinè; recensuit & ornavit Stephanus Pemberton. *Oxonii, 1768, in-8. v.* . . . . 5...

1786 Adagiorum omnium tam Græcorum quàm Latinorum aureum flumen, ex omni D. Erasmi editione, sub certos rerum locos, nuper à Theodorico Costehoevio in compendium digestum. *Coloniæ, Joh. Prael, 1533, in-12. v. f. avec fil. d'or.*

} 2...

1787 Comicorum Græcorum sententiæ, latinis

BELLES-LETTRES.

versibus ab Henrico Stephano redditæ, & annotationibus illustratæ. *Excudebat Henr. Stephanus*, 1569, *in* 16. *vélin.*

1788 Comicorum Græcorum sententiæ, latinis versibus ab Henr. Stephano redditæ, & annotationibus illustratæ. *Genevæ, Henr. Stephanus*, 1569, *in*-16. *vélin d. s. tr.*

3 .. 1789 Les illustres Proverbes nouveaux & historiques, expliqués par diverses questions curieuses & morales en forme de dialogue. *Paris, N. Pepingué*, 1665, 2 *vol. in*-12. *v.*

1...12 1790 Pensées ingénieuses des anciens & des modernes, recueillies par le P. Bouhours. *Paris*, 1692, *in*-12. *v.*

1791 Le sublime des Auteurs, ou Pensées choisies, rédigées par matieres suivant l'ordre alphabétique. *Paris, Guignard*, 1705, *in*-12. *v. b.*

3 .. 1792 Amusemens sérieux & comiques, ou nouveau Recueil de bons-Mots, de Railleries fines, de Pensées ingénieuses, &c. anglois & françois. *La Haye*, 1720, *in* 8. *v. m.*

2 .. 1. 1793 Dictionnaire d'Anecdotes, de Traits singuliers & caractéristiques, Historiettes, Bons-mots, &c. *Paris*, 1766, 2 *vol. in*-12. *br.*

Emblêmes, Devises, Symboles, &c.

2 .. 10 . 1794 Iconologie, ou Explication nouvelle de plusieurs images, emblêmes & autres figures hyérogliphiques des vertus, des vices, &c. tirée des Recherches & des figures de César Ripa, moralisées par J. Baudoin. *Paris*, 1644, *in-fol. v. b. avec fil. d'or.*

imparfait

2 .. 10 . 1795 Achillis Bocchii Symbolicarum Questionum de universo genere quas serio ludebat, Libri V.

BELLES-LETTRES.

Bononiæ, 1555, *in-4. fig. v. f. d. f. tr. avec fil.*

1796 Symbola heroïca M. Claudii Paradini & D. Gabrielis Symeonis, de Gallica lingua in latinam conversa. *Antuerpiæ, ex Officina Christ. Plantini*, 1583, *in-12. velin.*

1797 Q. Horatii Flacci Emblemata, notis illustrata studio Othonis Vænii. *Antuerpiæ*, 1607, *in-4. fig. vélin. d. f. tr. avec fil.* } 4...19.

1798 Devises & Emblesmes d'Amour moralisées, gravées par Albert Flamen, Peintre. *Paris, Estienne Loyson*, 1672, *in-12. fig. v.* — 1...16.

Polygraphes.

1799 Luciani Samosatensis Opera, cum nova versione Tiber. Emsterhusii & Joan. Matthiæ Gesneri. *Amstelodami, Jac. Wetstenii*, 1743, 4 *vol. in-4. v. ec.* — 77...19.

1800 Philopatris Dialogus Lucianeus græcè, Disputationem de illius ætate & autore præmisit, versionem ac notas adjecit M. J. Matthias Gesnerus. *Jenæ*, 1715, *in-8.* — 1...0.

1801 Lucien, de la traduction de N. Perrot d'Ablancourt. *Amsterdam, P. Mortier*, 1697, 2 *t. 1 vol. in-8. v. b.* — 1...10.

1802 Francisci Petrarchæ Opera latina. *Venetiis*, 1501, *in-fol. v. b.* — 3...7.

1803 Nob. Virginis Annæ Mariæ à Schurman, Opuscula Hebræa, Græca, Latina, Gallica, prosaica & metrica. *Lugd. Batavorum, ex Officina Elzeviriana*, 1648, *in-8. vélin.* — 1...7.

1804 Les Œuvres de Maistre Alain Chartier, édition augmentée & donnée par André Duchesne. *Paris, P. le-Mur*, 1617, *in-4. v. b.* — 6...1.

1805 Les Essais de Michel de Montaigne, nou- — 9....

BELLES-LETTRES.

velle édition augmentée. *Paris, Laurent Rondet*, 1669, 3 *vol. in*-12. *v. b.*

1806 Les Essais de Montaigne, avec des notes par Pierre Coste. *Paris*, 1725, 3 *vol. in*-4. *v. m.* avec le Portrait.

1807 Les diverses Leçons de Pierre Messie, Gentilhomme de Séville, mises de castillan en françois par Cl. Gruget, avec sept Dialogues de l'autheur ; plus la suite de celles d'Antoine du Verdier, sieur de Vauprivaz. *Tournon, Cl. Michel*, 1616, *in*-8. *v. f.*

1808 Desseins de Professions nobles & publiques, contenans plusieurs Traités divers, avec l'Histoire de la Maison de Bourbon, & de Problêmes politiques, par Antoine de Laval. *Paris*, 1612, *in*-4. *v. b.* avec fil. d'or.

1809 Premiere Centurie des Questions traitées ez Conférences du Bureau d'Adresse, depuis le 22 jour d'aoust 1633, jusques au dernier juillet 1634, par M. Renaudot. *Paris*, 1636, *in*-4. *v. b.*

1810 Œuvres de François de la Mothe le Vayer. *Paris*, 1656, 2 *vol. in*-fol. *v. b.*

1811 L'Esprit de la Mothe le Vayer, par M. de M. C. D. S. P. D. L. 1763, *in*-12. *br.*

1812 Les Œuvres diverses du Sr. de Balzac. *Amsterdam, Dan. Elzevier*, 1664, *in*-12. *en cart.*

1813 Les Œuvres de M. Paul Scarron. *Amsterdam, P. Mortier*, 1697 & 1700, 4 *tom.* 2 *vol. in*-12. *v.* — Les dernieres Œuvres de M. Scarron. *Amsterdam*, 1668, 2 *vol. in*-12. *v.* — Le Roman comique, par M. Scarron. *Paris, Guil. de Luyne*, 1662, 2 *part.* 1 *vol. in*-12. *vélin.*

1814 Œuvres de M. Saint-Evremond, publiées sur ses manuscrits, avec la vie de l'auteur, par

BELLES-LETTRES. 197

M. des Maizeaux. *Amsterdam, Mortier*, 1739, 7 vol. in-12. fig. de Picart, v. m.

1815 Œuvres de M. de Segrais, de l'Académie françoise. *Paris*, 1755, 2 vol. in-12. v. — 2...10.

1816 Œuvres de M. l'Abbé de Saint Réal. *Amsterdam, Fr. l'Honoré*, 1740, 6 vol. in-12. fig. — 9...19.

1817 Bibliotheque volante, ou Elite de Pieces fugitives, par le S^r. J. G. J. D. M. *Amsterdam, Daniel Pain*, 1700, 2 part. 1 vol. in-12. v.

1818 Essai d'un livre sur différens sujets, ouvrage posthume, avec une ortografe hazardée. *Paris*, 1706, in-8. v. } 5...16.

1819 Les Amusemens de M. le Duc de Bretagne, Dauphin, avec le Discours sur sa mort, & autres petites pièces, par M. R. Trepagne de Menerville. *Paris*, 1712, in-12. v.

1820 Œuvres mêlées en prose & en vers, par le C. Antoine Hamilton. 1749, 6 vol. in-12. v. — 9...7.

1821 Œuvres mêlées du Chevalier de Saint-Jory. *Amsterdam*, 1735, 2 vol. in-8. en cart. } 3...11.

1822 Recueil de différentes choses, par M. le Marquis de Lassay. *Lausanne, M. Mic. Bousquet*, 1756, 4 vol. in-12. v.

1823 Recueil de divers Ouvrages en prose & en vers, par le P. Brumoy. *Paris, J. B. Coignard*, 1741, 4 vol. in-8. v. — 4...6.

1824 Mémoires historiques, politiques, critiques & littéraires, par Amelot de la Houssaye. *La Haye*, 1737, 3 vol. in-12. v. b. — 4...11.

1825 Mélanges d'histoire & de littérature, par M. de Vigneul Marville. *Paris*, 1725, 3 vol. in-12. v. — 4...11.

1826 Œuvres de M. Boindin. *Paris*, 1753, 2 vol. in-12. bas. — 1...9.

1827 L'Esprit de l'Abbé Desfontaines, ou Réflexions sur différens genres de science & de litté- — 2...14

N iij

rature, avec des jugemens sur quelques Auteurs & sur quelques Ouvrages tant anciens que modernes. *Paris*, 1757, 4 *vol. in*-12. *baſ.*

1828 Les Œuvres de M. de Maupertuis. *Dreſde*, 1752, *in*-4. *v.*

1829 Œuvres de M. Rémond de Saint Mard. *Amſterdam, Pierre Mortier*, 1749, 5 *vol. in*-12. *fig. v.*

1830 Caprices d'imagination, ou Lettres sur différents sujets d'histoire, de morale, de critique, d'histoire naturelle, &c. *Paris, Briaſſon*, 1740, *in*-12. *v.*

1831 L'Esprit de M. de Voltaire. *Londres*, 1759, *in*-8. *br.*

1832 Les Loisirs du Chevalier d'Eon de Beaumont, sur divers sujets importans d'administration, &c. pendant son séjour en Angleterre. *Amſterdam*, 1774, 13 *vol. in*-8.

1833 Œuvres de M. Diderot. *Amſterdam, Marc. Michel Rey*, 1772, 5 *vol. in* 8. *fig. v. f. d. ſ. tr. avec fil.*

1834 Mélanges de littérature, d'histoire & de philosophie, par M. d'Alembert. *Amſterdam*, 1760, 1767, 5 *vol. in*-12. *v. m.* (le second est broché.)

1835 Nouveaux Mémoires d'histoire, de critique & de littérature, par l'Abbé d'Artigny. *Paris, Debure l'aîné*, 1749–1756, 7 *vol. in*-12. *v. m.*

1836 Variétés historiques, physiques & littéraires, ou recherches d'un savant, contenant plusieurs pieces curieuses & intéressantes. *Paris, Nyon*, 1751, 4 *vol. in*-12. *v.*

1837 Pieces de Littérature des années 1751, 1752, 1753. *Amſterdam*, 1754, *in*-12. *v.*

1838 L'Abeille, ou Recueil de Philosophie, de

BELLES-LETTRES.

Littérature & d'Histoire. *La Haye*, 1755, *in*-8. *v.*

1839 Œuvres de Nicolas Machiavel, traduit en françois, nouvelle édition, augmentée de l'Anti-Machiavel & autres pieces. *La Haye*, 1743, 6 *vol. in*-12. *br.*

1840 Recueil Anglois, ou morceaux choisis en tous genres, trad. ou extrait de l'anglois. *Amsterdam*, 1763, 2 *vol. in*-12. *v.*

Dialogues & Entretiens.

1841 Desid. Erasmi Colloquia, cum notis. *Amstelodami, Lud. Elzevirius*, 1650, *in*-16. *v. b.*

1842 Colloques d'Erasme, trad. en françois. *Leyden, Adr. Vingart*, 1653, *in*-16. *v. b.*

1843 Les Colloques d'Erasme, nouvelle traduction de M. Gueudeville, avec des notes. *Leyde*, 1720, 6 *vol. in*-12. *fig. v. b.*

1844 Cymbalum Mundi, ou Dialogues satyriques sur différens sujets, par Bonaventure des Perriers; avec une Lettre critique sur cet ouvrage, par Prosper Marchand. *Amsterdam*, 1711, *in*-12. *fig. v. b.*

1845 Deux Dialogues du nouveau langage françois italianizé & autrement déguisé, principalement entre les Courtisans de ce temps; de plusieurs nouveautés qui ont accompagné cette nouveauté de langage. *Anvers, Guill. Niergue*, 1579, *in*-12. *v.*

1846 Les Dialogues de Jacques Tahureau, non moins profitables que facétieux. *Paris*, 1574, *in*-12. *v. m.*

1847 Nouvelle traduction des Colloques de Mathurin Cordier. *Amsterdam, Etienne Roger*, 1700, *in*-12. *v. b.*

BELLES-LETTRES.

5..5.. 1848 Cinq Dialogues faits à l'imitation des anciens, par Oratius Tubero, (la Mothe le Vayer.) *Francfort*, 1716, 2 vol. *in*-12. v.

2.... 1849 Les Délices de l'Esprit, Dialogues dédiés aux Beaux-Esprits du monde, enrichis de figures, par J. Desmarests. *Paris, Flor. Lambert*, 1661, *in*-fol. *fig.* v.

1850 Dialogues des Grandz sur les affaires présentes. *Cologne*, 1690, *in*-12. v.

4.... 1851 Dialogues de Messire Speron Sperone, trad. de l'italien, par C. Gruget. *in*-8. *demie-reliure*, (le frontispice manque.)

1... 1852 Lucien en belle humeur, ou nouveaux entretiens des Morts. *Amsterdam, André Van Hogenhuyse*, 1691, *in*-12. *vélin.*

4..1. 1853 Entretiens singuliers entre Tartuffe & Rabelais, sur la génération, sur la coquetterie, & sur la garde des femmes. *in*-12. *m. r. d. s. tr. avec fil.*

1854 Les Entretiens d'Ariste & d'Eugene, par le P. Bouhours. *Paris, Fl. Delaulne*, 1721, *in*-12. v. b.

2...2. 1855 Jeux d'esprit & de mémoire, ou conversations plaisantes, par M. L. M. D. C. *Cologne*, 1697. — Histoire de Poliarque & d'Argenis, par F. N. Coeffeteau, Evêque de Marseille; avec le Promenoir de la Reyne à Compiegne. *Rouen, Jacq. Cailloué*, 1641, *in*-12. v. b.

2..19. 1856 Le Livre Jaune, contenant quelques conversations sur les Logomachies, c'est-à-dire sur les disputes de mots, abus de termes, &c. *Bâle*, 1748, *in*-8. v. f.

Epistolaires.

1..10.. 1857 A. Gislenii Busbequii omnia quæ extant

BELLES-LETTRES.

Lugd. Batav. ex Officina Elzeviriana, 1633, in-16. vélin.

1858 Les plus belles Lettres françoises sur toutes sortes de sujets, tirées des meilleurs Auteurs, avec des notes, par P. Richelet. *Paris, M. Brunet*, 1705, 2 v. in-12. v. b.

1859 Les plus belles Lettres françoises sur toutes sortes de sujets tirées des meilleurs Auteurs, avec des notes, par P. Richelet. *La Haye*, 1708, 2 vol. in-12. en cart. — 1...4...0

1860 Lettres missives d'Etienne du Tronchet. 1567, in-8. v. (manque le frontispice.)

1861 Lettres missives & familières d'Etienne du Tronchet, augmentées de plusieurs Lettres amoureuses, tirées de l'italien de Bembe. *Paris*, 1600, in-12. vélin. — 1...0...0

1862 Lettres de M. de Bongars, Résident & Ambassadeur sous Henri IV, en diverses négociations importantes. *La Haye*, 1681, in-12. vélin. — 2...5...

1863 Lettres du Cardinal de Richelieu. *Paris*, 1695, in-12. v. f. dor. sur tr.

1864 Lettres du Cardinal Mazarin, où l'on voit le secret de la Négociation de la paix des Pyrénées. *Amsterdam*, 1693, 2 vol. in-12. v. b. — 2...0.

1865 Lettres choisies de feu Guy Patin, édition augmentée. *Cologne, P. du Laurens*, 1692, 3 vol. in-12. v. b. — 1...6.

1866 Les Lettres & Poésies de M. de Voiture. *Amsterdam, Jean de Ravesteyn*, 1657, in-12. v. — 1...1.

1867 Lettres de Roger de Rabutin, Comte de Bussy. *Paris, Fl. Delaulne*, 1720—1727, 7 v. in-12. v. f. — 8...10.

1868 Lettres de M. Arnaud d'Andilly, Seigneur de Pomponne. *Montbeliard, Cl. Hyp*, 1676, in-12. v. b. — 10...4.

BELLES-LETTRES.

1869 Lettres de Mad. la Marquife de Sévigné, nouvelle édition augmentée. *Paris, Rollin*, 1754, 8 *vol. in-*12. *v. m.*

1870 Lettres nouvelles ou nouvellement recouvrées de la Marquife de Sévigné & de la Marquife de Simiane fa petite-fille, pour fervir de fuite aux Lettres de Madame de Sévigné. *Paris*, 1773, *in*-12. *br.*

1871 Lettres hiftoriques & galantes de Madame du Noyer. *Cologne, P. Marteau*, 1709—1718, 7 *vol. in*-12. *vélin.*

1872 Nouvelles Lettres galantes, hiftoriques, morales, critiques, fatyriques & comiques de Madame du Noyer. *Nîmes*, 1713, *in*-12. *v. b.*

1873 Lettres choifies de M. Fléchier, avec une relation des fanatiques du Vivarez, & des réflexions fur les différens caractères des hommes. *Lyon*, 1715, 2 *vol. in*-12. *v. b.*

1874 Lettres choifies de M. Simon. *Rotterdam*, 1702, *in*-12. *v. b.*

1875 Lettres de Madame la Comteffe de la Riviere, à Madame la Baronne de Neufpont, fon amie. *Paris*, 1776, 3 *vol. in*-12. *br.*

1876 Lettres familieres du Préfident de Montefquieu. *Paris, Vincent*, 1768, *in*-12. *v. éc.*

1877 Lettres de l'Abbé le Blanc, (fur les Anglois.) *Amfterdam*, 1751, 3 *vol. in*-12. *en cart.*

1878 Lettres fubtiles & facétieufes de Cæfar Rao, trad. de l'italien par G. Chappuys. *Rouen, Cl. le Villain*, 1609, *in*-12. *v. b.*

1879 Lettres du Cardinal Bentivoglio, traduites en françois avec l'italien à côté, par le fieur de Veneroni. *Bruxelles*, *in* 8. *en cart.*

1880 Lettres Anecdotes, & Mémoires hiftoriques du Nonce Vifconti, Cardinal préconifé, & Minif-

BELLES-LETTRES.

tre secret de Pie IV & de ses créatures au Concile de Trente, par M. Aymon. *Amsterdam, Wetstein*, 1719, 2 vol. in-12. v.

1881 Lettres choisies de M. Gellert, traduites de l'allemand, par M. Huber. *Leipzig*, 1770, in-12. dem. rel. — 1 — —

HISTOIRE.

Géographie.

1882 MÉTHODE pour étudier la Géographie, par M. l'Abbé Lenglet du Fresnoy. *Paris*, 1736, 5 vol. in-12. v. b. — 2 — 11 —

1883 Strabonis rerum Geographicarum Libri XVII, ab If. Casaubono recensiti & Commentariis illustrati, cum Fed. Morelli Observatiunculis, *Lutetiæ Parisiorum, Typis Regiis*, 1620, in-fol. v. — 9 — 19 —

1884 Stephanus de urbibus Guilielmi Xylandri a mendis repurgatus. *Basileæ, ex Officina Oporiniana*, 1568, in-fol. v. — 1 — 0 —

1885 Joannis Davidis Michaelis Spicilegium Geographiæ Hebræorum exteræ post Bochartum. *Gottingæ*, 1769 & 1770, 2 vol. in-4. — 6 — —

1886 Concorde de la Géographie des différens âges, par l'Abbé Pluche. *Paris, Freres Estienne*, 1764, in-12. v. m. — 1 — 10 —

1887 La Salade, laquelle fait mention de tous les Pays du monde, & du Pays de la belle Sibille, avec la figure pour aller au Mont de ladite Sibille, & aussi la figure de la mer & de la terre, avec plusieurs belles remontrances, par Antoine

204 　　HISTOIRE.

de la Salle. *Paris, Phil. le Noir*, 1527, *in-fol. goth. v. b.*

1re...10. {1888 Les trois Mondes, par Lancelot Voisin, S^r. de la Popelliniere. *Paris*, 1582, *in-4. vélin.*
1889 Les Etats, Empires, Royaumes & Principautés du Monde, par le S^r. D. T. V. Y. *Paris*, 1625, *in-fol. v.*

4...　1890 Le Monde, ou Description générale de ses quatre parties, avec tous ses Empires, Royaumes, Etats & Républiques, par Pierre d'Avity; seconde édition, augmentée au tome de la France, par F. Franchin. *Paris, Claude Sonnius*, 1643, 4 *vol. in-fol. vélin avec dos en veau.*

13...10.　1891 Description de l'Univers, par Allain Manesson Mallet. *Paris*, 1683, 5 *vol. gr. in-8. fig. v. b. avec fil. d'or.*

3...6.　1892 Nouvelle Géographie, ou description exacte de l'univers, avec cartes & fig. des Nations, par D. Martineau du Plessis. *Amsterdam*, 1700, 3 *vol. in-12. v.*

6...4.　1893 La Géographie universelle, par Jean Hubner; nouvelle édition augmentée. *Basle*, 1761, 6 *vol. in-8. v. m.*

1...5.　1894 Le Géographe Manuel, par l'Abbé Expilly, *Paris*, 1762, *in-16. v.*

30...1.　1895 Dictionnaire géographique & critique de M. Bruzen de la Martiniere. *La Haye*, 1726-1739, 9 *tom.* 8 *vol. in-fol. bas.*

48...1.　1896 Collectiones topographicæ, seu Descriptiones plurimarum regionum, urbium & locorum à diversis authoribus, tam latino quam germanico idiomate conscriptæ, variisque annis in lucem publicatæ, cum figuris æneis, sumptibus Math. & Gasp. Meriani. 18 *vol. in-fol. vélin.*
Collection précieuse par rapport au grand nom-

bre de figures gravées en taille-douce dont les freres Mérian l'ont ornée.

Cette collection contient:

1 Martini Zeilleri Topographia Galliæ, ex editione Gasparis Meriani. *Francofurti*, 1655, 4 vol. *in-fol.*
2 Ejusdem Zeilleri Topographia Alsaciæ. *Francofurti*, 1644 & 1654, *in-fol.*
3 Ejusdem Zeilleri Topographia Westphaliæ. *Francofurti*, absque anno, *in-fol.*
4 Ejusdem Zeilleri Topographia Archiepiscopatuum Moguntinensis, Trevirensis & Coloniensis. *Francofurti*, 1646, *in-fol.*
5 Ejusdem Zeilleri Topographia Palatinatûs Rheni & vicinarum Regionum. *Francofurti*, 1645, & 1654, *in-fol.*
6 Ejusdem Zeilleri Topographia Sueviæ. *Francofurti*, 1643 & 1654, *in-fol.*
7 Ejusdem Zeilleri Topographia Helvetiæ, Rhetiæ & Valesiæ. *Francofurti*, 1642, *in-fol.*
8 Ejusdem Zeilleri Topographia Bavariæ. *Francofurti*, 1644, *in-fol.*
9 Ejusdem Zeilleri Topographia Provinciæ Austriacæ seu Austriæ, Syriæ, Carinthiæ, Carniolæ, Tyrolis, &c. *Francofurti*, 1649, *in-fol.*
10 Ejusdem Zeilleri Topographia superioris Saxoniæ, Thuringiæ, Misniæ, Lusatiæ, &c. *Francofurti*, 1650, *in-fol.*
11 Ejusdem Zeilleri Topographia Saxoniæ inferioris. *Francofurti*, 1653, *in-fol.*
12 Ejusdem Zeilleri Topographia Electoratûs Brandeburgici, Ducatûs Pomeraniæ, Prussiæ, Pomerelliæ & Livoniæ. *Francofurti*, absque anni notâ. *in-fol.*
13 Ejusdem Zeilleri Topographia Franconiæ. *Francofurti*, 1646, *in-fol.*
14 Ejusdem Zeilleri Topographia Hassiæ & Regionum vicinarum. *Francofurti*, 1655, *in-fol.*
15 Ejusdem Zeilleri Topographia Ducatûs Brunswicensis & Lunæburgensis. *Francofurti*, 1654, *in-fol.*

1897 La Galerie agréable du monde, où l'on voit un grand nombre de cartes & de figures qui représentent les Empires, Royaumes, Républiques, Provinces, Villes, &c., des quatre parties de la Terre. *Leyde, Vander Aa, sans année, 66 parties, 27 vol. in-fol. demi-rel. avec dos rouge.* (Cette collection immense est en général bien exécutée).

1898 Harmonia Macrocosmica, seu Atlas universalis & novus, studio Andr. Cellarii. *Amstelodami, Janssonius, 1661, in-fol. magno, cum figuris depictis, v. b.*

1899 Novus Atlas, germanicè, per Joannem Blaeu, *Amstelodami, Joh. & Cornel. Blaeu, 1641, 1642, 3 vol. in-fol. vélin.* (Les cartes & les frontispices sont enluminés).

1900 Atlas général, civil, ecclésiastique & militaire, par MM. Brion & Desnos. *Paris, 1772, in-4. demi-rel.*

1901 Collection des Républiques, imprimée par les Elzéviers. *36 vol. in-16. v. f. avec fil d'or:*

SAVOIR:

Introductio universalis in omnes Respublicas, sive Politica generalis, auctore Joh. Aug. Werdenhagen. *Amsterdami, Guil. Blaeu, 1632, in-16. v. f. avec fil. d'or.*

J. Sleidani de quatuor summis Imperiis Libri III. *Lugd. Batavorum, ex Officinâ Elzevirianâ, 1631, in-16. v. b.*

Petri Cunæi de Republicâ Hebræorum Libri III. *Lugd. Batavorum, ex Officinâ Elzevirianâ, 1632, in-16. v. f. avec fil. d'or.*

Græcorum Respublicæ, ab Ubbone Emmio descriptæ. *Lugd. Batavorum, ex Officinâ Elzevirianâ, 1632, 2 vol. in-16. v. f. avec fil. d'or.*

Respublica Romana, autore P. Scriverio. *Lugd. Batav. ex Officinâ Elzevirianâ, 1626, in-12. v. f. avec fi. d'or.*

De Principatibus Italiæ, Tractatus varii. *Lugd. Batav. ex Officinâ Elzevirianâ, 1628, in-16. v. f. avec fil d'or.*

Josiæ Simleri Vallesiæ & Alpium Descriptio. *Lugd. Batav.*

ex Officinâ Elzevirianâ, 1633, in-16. v. f. avec fil. d'or.

Sabaudiæ Respublica & Historia. *Lugd. Batavorum, ex Officinâ Elzevirianâ*, 1634, in-16. v. f. avec fil. d'or.

Casparis Contareni Respublica Venetorum. *Lugd. Batav.* 1626, in-12. v. f. avec fil. d'or.

Donati Jannctii Florentini Dialogi de Republicâ Venetorum. *Lugd. Batav., ex Officinâ Elzevirianâ*, 1631, in-16. v. f. avec fil d'or.

Respublica, sive Status Regni Galliæ diversorum autorum. *Lugd. Batav., ex Officinâ Elzevirianâ*, 1626, in-16. v. f. avec fil. d'or.

Jacobi Lampadii Tractatus de Constitutione Imperii Romano-Germanici. *Lugd. Batav., ex Officinâ Joannis Maire*, 1634, in-16. v. f. avec fil. d'or.

Respublica sive Status Imperii Romano-Germanici. *Lugd. Batavorum, ex Officinâ Elzevirianâ*, 1634, 2 vol. in-16. v. f. avec fil. d'or.

De Leodiensi Republicâ Auctores præcipui, edente Marco Zuerio Boxhornio. *Amstelodami, Joannes Janssonius*, 1633, in-16. v. f. avec fil. d'or.

Respublica Lutzenburgensis, Hannoniæ & Namurcensis. *Amsterdami, Guil. Blaeu*, 1635, in-16. vélin.

Belgii Confœderati Respublica. *Lug. Batav., ex Officinâ Elzevirianâ*, 1630, in-16. v. f. avec fil. d'or.

Respublica Hollandiæ & Urbes. *Lugd. Batav. ex Officinâ Joannis Maire*, 1630, in-16. v. f. avec fil. d'or.

Helvetiorum Respublica. *Lugduni Batavorum, ex Officinâ Elzevirianâ*, 1626, in-16. v. f. avec fil. d'or.

F. Sprecheri Rhetia. *Lugd. Batavorum, ex Officinâ Elzevirianâ*, 1633, in-16. v. f. avec fil. d'or.

Hispania, sive de Regis Hispaniæ Regnis & Opibus Commentarius. *Lugd. Batavorum, ex Offic. Elzevir.*, 1629, in-12. v. f. avec fil. d'or.

Thom. Smithi Angli de Republicâ Anglorum Libri III. *Lugd. Batavorum, ex Offic. Elzevir.*, 1625, in-16. v. f. avec fil. d'or.

Respublica & Status Regni Hungariæ. *Lugd. Batav. ex Offic. Elzevir.*, 1634, in-16. vélin.

De Regno Daniæ & Norvegiæ, Insulisque adjacentibus, juxtà ac de Holsatia, Ducatu Sleswicensi, & finitimis Provinciis Tractatus varii. *Lugd. Batav., ex Offic. El-*

208 HISTOIRE.

zevir., 1629, *in-*16. *v. f. d. f. tr. avec dent.*

Respublica, five Status Regni Poloniæ, Lituaniæ, Prussiæ, Livoniæ, &c. diverforum Autorum. *Lugd. Batav. ex Offic. Elzevir.*, 1627, *in-*16. *v. f. avec fil. d'or.*

Suecia, five de Suecorum Regis Dominiis & Opibus, Commentarius politicus. *Lugd. Batav. ex Offic. Elzevir.*, 1631, *in-*16. *v. f. avec fil. d'or.*

Ruffia, feu Mofcovia, itemque Tartaria, commentatio topographico atque politico illuftrata. *Lugd. Batavorum, ex Offic. Elzevir.*, 1630, *in-*16. *vélin.*

Refpublica Mofcoviæ & Urbes. *Lugd. Batav., ex Offic. Joannis Maire*, 1630, *in-*16. *vélin.*

P. Gyllii de Conftantinopoleos Topographiâ Libri VI. *Lugd. Batav., ex Offic. Elzevir.* 1632, *in-*16. *v. f. avec fil. d'or.*

P. P. Gyllii de Bofphoro Thracio Libri III. *Lugd. Batav. apud Elzevirios*, 1632, *in-*16. *v. f. avec fil. d'or.*

Turcici Imperii Status, feu Difcurfus varii de rebus Turcicis. *Lugd. Batav., ex Offic. Elzevir.*, 1630, *in-*16. *v. f. avec fil. d'or.*

Perfia, feu Regni Perfici Status. *Lugd. Batav. ex Offic. Elzevir.*, 1633, *in-*16. *v. f. avec fil. d'or.*

De Imperio Magni Mogolis, five India vera Commentarius. *Lugd. Batav., ex Offic. Elzevir.*, 1631, *in-*16. *v. f. avec fil. d'or.*

Regni Chinenfis Defcriptio, autore Nicol. Trigautio. *Lugd. Batav., ex Offic. Elzevir.* 1639, *in-*16. *v. m, avec fil. d'or.*

Joannis Leonis Africani Africæ Defcriptio IX lib. abfoluta. *Lugd. Batav. apud Elzevirium*, 1632, *in-*16. *v. f. avec fil. d'or.*

VOYAGES.

Collections de Voyages.

1902 De l'utilité des Voyages, & de l'avantage que la recherche des antiquités procure aux favans, par Baudelot de Dairval. *Paris, Pierre Aubouin*, 1686, 2 *vol. in-*12. *fig. v.*

1903 Collectiones Peregrinationum in Indiam Orientalem

HISTOIRE.

Orientalem & in Indiam Occidentalem XXV partibus comprehensæ, cum appendice Regni Congo, & figuris æneis fratrum de Bry & Meriani. *Francofurti*, 1590, 8 vol. *in-fol. mar. v.* (Bel exemplaire.)

1904 Premier & second Livre de l'Histoire de la Navigation aux Indes Orientales par les Hollandois, & des choses à eux advenues, avec un vocabulaire des mots françois, Javans & Malaites, par G. M. A. W. L. *Amstelredam, Corneille Nicolas*, 1598, 1601, *in-fol. fig.*

Description du pénible Voyage faict entour de l'univers ou globe terrestre, par le Sr. Olivier du Nort d'Utrecht, pour traversant le Destroict de Magellanes, descouvrir les Costes de Cica, Chili & Peru, &c. translaté du Flamand en françois. *Amstelredam, Corneille Claessz*, 1602, *in-fol.*

Vraye Description de trois Voyages de mer, faits en trois ans, à chacun un an un, par les navires d'Hollande & Zélande, au nord par derriere Norwege, Moscovie & Tartarie, vers les Royaumes de Chine & Catay, ensemble les découvertes du Waigat, Novasembla, & du Pays situé souz la hauteur de 80 degrez, lequel on présume estre Groenland, par Girard le Ver. *Amstelredam, Corneille Nicolas*, 1598, *in-fol. fig. v. f. avec fil. d'or.*

Nota. Lorsqu'on veut avoir la collection des grands & petits voyages bien complette, je crois qu'il est nécessaire d'y annexer ces ouvrages, parce qu'il y a beaucoup de figures & de petites cartes marines que Théodore de Bry n'a pas gravées dans sa collection.

O

HISTOIRE.

1904 * Vraye Description de trois Voyages de mer faits par les navires d'Hollande & Zélande au nord, par derriere Norwege, Moscovie & Tartarie, vers les Royaumes de China & Catay; ensemble les Découvremens du Waygat, Nova-Sembla, & du Pays situé sous la hauteur du 80ᵉ. degré, par Girard le Veer. *Amsterdam*, 1609, *in-fol. fig. en cart.*

1905 Relations de divers Voyages curieux qui n'ont point été publiés, donnés au public par Melchisédech Thevenot, avec des cartes & fig. *Paris, André Cramoisy*, 1672, 2 tom. 1 vol. *in-fol. v. b.*

1906 Relations de divers Voyages curieux qui n'ont point été publiées, par Melchisédech Thevenot. *Paris*, 1683, 4 part. 2 vol. *in-fol. fig. v. b.*

1907 Recueil des Voyages qui ont servi à l'établissement & aux progrès de la Compagnie des Indes orientales, formée dans les Provinces-Unies des Pays-Bas. *Rouen*, 1725, 12 vol. *in-12. fig. v. b.*

1908 Abrégé Chronologique, ou Histoire des Découvertes faites par les Européens dans les différentes parties du monde, trad. de l'anglois de J. Barrow par M. Targe. *Paris*, 1766, 12 vol. *in 12. broch.*

1909 Le Voyageur François, ou la Connoissance de l'ancien & du nouveau Monde, par l'Abbé de la Porte. *Paris*, 1772——1776, 22 vol. *in-12. broch.*

HISTOIRE.

Voyages autour du Monde.

1910 Journal ou Description du Voyage de Guil. Schouten, autour du Monde, fait ès années 1615, 1616 & 1617. *Amsterdam*, 1619, *in-4. fig. v. s.*

1911 Voyage autour du Monde, fait en 1740, 1741, 2, 3, 4, par George Anson, publié par Richard Walter, & trad. de l'anglois. *Genève*, 1750, *in-4. fig. v. m.* } 4...5.

1912 Voyage autour du Monde, en 1766, 1767, 1768 & 1769, par M. de Bougainville. *Paris*, 1771, *in-4. v. m.* avec fil. d'or. . . . . . 10...4.

Voyages particuliers en diverses Parties de la Terre.

1913 L'Odyssée, ou Diversité d'Avantures, Rencontres & Voyages en Europe, Asie & Afrique, par du Chastelet des Boys. *La Fleche, Gervais Laboe*, 1665, *in-4. vélin.* . . . . . 1...1.

1914 Voyage du sieur A. de la Motraye en Europe, Asie & Afrique. *La Haye*, 1727, 2 *vol. in-fol. v. m.*

1915 Voyages en anglois & en françois d'A. de la Motraye, en Prusse, en Russie & en Pologne, avec un Traité de divers Ordres de Chevalerie. *La Haye*, 1732, *in-fol. fig. v. b.* } 13...4..

1916 Voyage d'Italie, de Dalmatie, de Grece & du Levant, fait en 1675 & 1676 par Jacob Spon & George Wheler. *Amsterdam, H. & Th. Boom*, 1679, 2 *vol. in-12. v. b.* . . . 1...12

1917 Voyage en Sicile & dans la grande Grece, adressé à M. Winkelmann, trad. de l'allemand. 1...15.

O ij

HISTOIRE.

Lausanne, Fr. Grasset, 1773, in-12. v. f. d. s. tr. avec fil.

1918 Voyages de M. Dumont en France, en Italie, en Allemagne, à Malthe & en Turquie. La Haye, 1699, 4 vol. in-12. fig. v.

1919 Voyages de Corneille le Brun, par la Moscovie, en Perse & aux Indes Orientales, ouvrage enrichi de plus de 320 tailles-douces. Amsterdam, 1718, in-fol. v. b.

1920 Voyages de Jean Struys en Moscovie, Tartarie, Perse, aux Indes, & en plusieurs autres Pays étrangers, avec des Remarques, par M. Glanius. Rouen, 1724, 3 vol. in-12. v. f.

1921 Voyages faits en Moscovie, Tartarie & Perse, par le Sr. Adam Olearius, traduits de l'original & augmentés par le Sr. de Wicquefort. Amsterdam, 1727, in-fol. fig. v. b.

1922 Les fameux Voyages de Piétro della Vallé, avec un dénombrement des choses les plus remarquables qu'il a vues dans la Turquie, l'Egypte, la Palestine, la Perse, & les Indes Orientales. Paris, Gerv. Clouzier, 1664, 4 vol. in-4. v. m. avec fil. d'or.

1923 Voyages de J. B. Tavernier, en Turquie, en Perse & aux Indes, nouvelle édition. Rouen, Herault, 1713, 2 vol. in-12. v. b.

1924 Voyage de Paul Lucas, fait par ordre du Roy, dans la Grece, l'Asie mineure, la Macédoine & l'Afrique. Paris, 1712, 2 vol. in-12. fig. v. b.

1925 Troisième Voyage de Paul Lucas, fait en 1714 par ordre du Roy, dans la Turquie, l'Asie, la Sourie, la Palestine, la Haute & la

HISTOIRE.

basse Egypte, &c. *Rouen*, 1719, 3 *vol. in-12. fig. v. b.*

1926 Nouveau Voyage de Grece, d'Egypte, de Palestine, d'Italie, de Suisse, d'Alsace & des Pays-bas, fait en 1721, 1722 & 1723. *La Haye*, 1724, *in-*12. *v. b.*

1927 Voyages en Afrique, Asie, Indes Orientales & Occidentales, faits par Jean Mocquet. *Rouen, Jacq. Besongne*, 1665, *in-*8. *fig. vélin.*

1928 Voyages aux Côtes de Guinée & en Amérique, par M. N***. *Amsterdam*, 1719, *in-*12. *fig. v. b.*

1.... 13...

1929 Les Voyages avantureux du Capitaine Jan Alfonce Sainctongeois. *Poitiers, Jean de Marnef*, (1559), *in-*4. *v. f.* . . . . 2 ... 15.

1930 Histoire véritable de plusieurs Voyages adventureux & périlleux, faits sur mer, en diverses contrées, par J. P. T., Capitaine de mer. *Rouen*, 1600, *in-*16. *vél.* . . . . . . 1 ... 17.

1931 Journal des Voyages de M. de Monconys, publié par le S^r. de Liergues. *Lyon*, 1665, 1666, 3 *vol. in-*4. *fig. v. b.* . . . . . 2 ... 0

Voyages particuliers faits en Europe.

1932 Journal du Voyage de Michel de Montaigne, en Italie, par la Suisse & l'Allemagne, en 1580 & 1581, avec des notes, par M. de Querlon. *Paris*, 1774, 2 *vol. in-*12. *v. m. avec fil. d'or.* . . . . 2 ... 4.

1933 Relations historiques & curieuses de Voyages, en Allemagne, Angleterre, Hollande, Bohême, Suisse, &c. par Charles Patin. *Lyon*, 1676, *in-*12. *fig. v. b.*

1... 7

O iij

214   HISTOIRE.

1934 Relations historiques & curieuses de Voyages en Allemagne, Angleterre, Hollande, Bohême, Suisse, &c. par Charles Patin. *Amsterdam, Mortier*, 1695, *in-12. v. b.*

1935 Voyages d'Italie, par Maxim. Misson. *Amsterdam*, 1743, 4 *vol. in-12. avec fig. v.*

1936 Voyage d'un François en Italie, fait dans les années 1765 & 1766, par M. de Lalande. *Paris*, 1769, 8 *vol. in-12. v. m.*

1937 La Promenade utile & récréative de deux Parisiens en 165 jours, (ou Voyage en Italie.) *Avignon*, 1768, 2 *vol. in-12. v. éc.*

1938 Voyage en Sicile & à Malthe, traduit de l'anglois de M. Brydone, par M. de Meunier. *Paris, Pissot*, 1775, 2 *vol. in-8. bas.*

1939 Voyages du P. Labat, en Espagne & en Italie. *Amsterdam*, 1731, 8 *tom.* 4 *vol. in-12. fig. demi-reliure.*

1940 Voyage fait à Munster en Westphalie, & autres lieux voisins, en 1646 & 1647, par M. Joly, avec quelques Lettres de M. Ogier. *Paris*, 1670, *in-12. v. b.*

1941 Le Voyage de Galilée, par le Sr. de S. A. *Paris*, 1670, *in-12. vélin.*

1942 Relation de plusieurs Voyages faits en Hongrie, Servie, Bulgarie, Macédoine, Thessalie, Austriche, Styrie, &c. traduite de l'anglois d'Edouard Brown. *Paris*, 1674, *in-4. fig. v. b.*

1943 Relation en forme de Journal d'un Voyage fait en Dannemarc, à la suite de M. l'Envoyé d'Angleterre. *Rotterdam*, 1707, 2 *vol. in-12.*

1944 Recueil de Voyages au Nord, contenant divers Mémoires très-utiles au commerce & à la navigation, enrichi d'un grand nombre de

HISTOIRE. 215

cartes & de figures. *Rouen*, 1716, 4 *vol. in*-12. *v. b.*

1945 Nouveau Voyage du Nort, dans lequel on voit les mœurs, la manière de vivre, & les superstitions des Norweghiens, des Lapons, &c. par le S^r. ***. *Amsterdam, Etienne Roger, in*-12. *fig. v.* . . . . 3...12...

1946 Voyages des Pays Septentrionaux, par le S^r. de la Martiniere. *Paris*, 1676, *in*-12. *v. b.*

1947 Voyage des Pays Septentrionaux, dans lequel se voient les mœurs des Norvégiens, Lapons, Kiloppes, Borandiens, Syberiens, Samojedes, Zembliens, Islandois, par le S^r. de la Martiniere. *Paris*, 1676, *in*-12.   } 2...8.

1948 Journal d'un Voyage au Nord, en 1736 & 1737, par M. Outhier. *Amsterdam*, 1746, *in*-12. *fig. v. m.*

1949 Voyage en Sibérie, fait par ordre du Roi en 1761, par M. l'Abbé Chappe d'Auteroche. *Paris*, 1768, 3 *vol. gr. in*-4. *fig. v. m.* avec fil. d'or. . . . . } 9....
Atlas pour servir à ce Voyage. *in-fol. rel. v.*

Voyages particuliers faits en Asie.

1950 Relation journaliere du Voyage du Levant, faict & descrit par Henri de Beauvau. *Nancy, Jacob Garnich*, 1615, *in*-4. *fig. v.* . . . . . 1...10...

1951 Nouvelles Relations du Levant, avec une Dissertation sur le Commerce des Anglois & des Hollandois dans le Levant, par le S^r. Poullet. *Paris*, 1668, 2 *vol. in*-12. *fig. v.* . . . . . . 4...4.

1952 Voyage au Levant, c'est-à-dire, dans les principaux endroits de l'Asie mineure, dans les ..3....

O iv

HISTOIRE.

Isles de Chio, Rhodes & Chypre, par Corneille le Brun. 1714, *in-fol. fig. v. m.*

1953 Relation d'un Voyage du Levant, fait par ordre du Roi, contenant l'Histoire de plusieurs Isles de l'Archipel, de Constantinople, des Côtes de la mer noire, de l'Arménie, de la Géorgie, des frontieres de Perse, & de l'Asie mineure, avec grand nombre de figures, par M. Pitton de Tournefort. *Paris, Imprim. Royale,* 1717, 2 *vol. in-4. papier fin, v. f.*

1954 Voyage dans la Palestine, vers le grand Emir, Chef des Princes Arabes du désert, connus sous le nom de Bedouins, fait par le Sultan Ismael Abulfeda, trad. en françois avec des notes, par M. de la Roque. *Amsterdam, Vytwerf,* 1718, *in-12. fig. v. b.*

1955 Voyages du Chevalier Chardin, en Perse & autres lieux de l'Orient. *Paris,* 1723, 10 *vol. in-12. fig. v. b.*

1956 Voyages de François Bernier, contenant la Description des Etats du grand Mogol. *Amsterdam, Paul Marret,* 1723, 1724, 2 *vol. in-12. fig. v. f.*

1957 Voyages de Siam du P. Tachard, & des Jésuites envoyés par le Roi aux Indes & à la Chine. *Paris,* 1686, 1689, 2 *vol. in-4. fig.*

1958 Voyage de Siam des Pères Jésuites envoyés par le Roi aux Indes & à la Chine, par Guy Tachard. *Amsterdam,* 1689, 3 *vol. in-12. fig. v. b.*

1959 Journal du Voyage de Siam, fait en 1685 & 1686, par l'Abbé de Choisy. *Paris,* 1687, *in-12. v. b.*

HISTOIRE.

1960 Journal du Voyage de Siam, fait par l'Abbé de Choify. *Trevoux*, 1741, *in-12. en cart.*

1961 Les Voyages avantureux de Fernand Mandez Pinto, trad. de portugais en françois, par Bernard Figuier. *Paris*, 1628, *in-4. v. avec fil. d'or.*

1962 Voyage du Sr. Luillier aux grandes Indes, avec une inftruction pour le Commerce des Indes Orientales. *La Haye, Jean Clos*, 1706, *in-12. v. f.*

1963 Voyages faits de Perfe aux Indes Orientales, par le Sr. Jean Albert de Mandelflo, traduits de l'original, par le Sr. A. de Wicquefort. *Leyde*, 1719, *in-fol. fig. v. b.*

1964 Relations véritables de l'Ifle de Madagafcar & du Bréfil. *Paris*, 1651, *in-4. vélin.*

1965 Voyage d'Innigo de Biervillas, Portugais, à la Côte de Malabar, Goa, Batavia, & autres lieux des Indes Orientales. *Paris, Théod. le Gras*, 1736, 2 *part.* 1 *vol. in-12.*

1966 Relation ou Voyage de l'Ifle de Ceylan, dans les Indes Orientales, trad. de l'anglois de Robert Knox. *Amfterdam*, 1693, 2 *vol. in-12. fig. v. b.*

Voyages particuliers faits en Afrique.

1967 Nouvelle Relation de l'Afrique Occidentale, par le P. J. B. Labat. *Paris*, 1728, 5 *vol. in-12. fig. v. b.*

1968 Les Voyages du fieur le Maire, aux Ifles Canaries, Cap-verd, Sénégal & Gambie. 1695, *in-12. fig. v.*

1969 Journal hiftorique du Voyage fait au Cap de

bonne-Espérance, par feu l'Abbé de la Caille. *Paris*, 1763, *in-12. v.*

Voyages particuliers faits en Amérique.

1970 Le nouveau Monde & Navigations de Almeric de Vespue, des navigations faictes par le Roy de Portugal ès Pays des Mores & autres régions & divers Pays. *Imprimé nouvellement à Paris, sans date d'année, in-4. goth. v. m. avec fil. d'or.* (manque le frontispice.)

1971 Mœurs des Sauvages Amériquains, comparées aux mœurs des premiers temps, par le P. Lafitau. *Paris, Saugrain l'aîné*, 1724, 4 *vol. in-12. fig. v. b.*

1972 Voyages de François Coréal aux Indes Occidentales, trad. de l'espagnol. *Amsterdam*, 1722, 3 *vol. in-12. v. m.*

1973 Relation d'un Voyage de la Mer du Sud, détroit de Magellan, Brésil, Cayenne, & les Isles Antilles, par le sieur Froger. *Amsterdam*, 1715, *in-12. fig. v. b.*

1974 Voyage de l'Amérique, contenant ce qui s'est passé de plus remarquable dans l'Amérique Septentrionale, depuis 1534 jusqu'à présent, par de la Potherie. *Amsterdam*, 1723, 4 *vol. in-12. fig. v. b.*

1975 Nouveaux Voyages dans l'Amérique Septentrionale, par M. Bossu. *Amsterdam*, 1777, *in-8. broch.*

1976 Voyage fait par ordre du Roi, en 1750 & 1751, dans l'Amérique Septentrionale, pour rectifier les cartes des côtes de l'Acadie, de l'Isle Royale & de l'Isle de Terre-Neuve, par

HISTOIRE.

M. de Chabert. *Paris, Imp. Royale*, 1753, *in-4. v. m.*

1977 Les Voyages de la Nouvelle France occidentale, dicte Canada, faits par le fieur de Champlain. *Paris*, 1632, *in-4. vélin.* (Piq. des vers). . . 1 . . . 5.

1978 Voyages du R. P. Emmanuel Crefpel dans le Canada, & fon Naufrage en revenant en France, publiés par le fieur Louis Crefpel fon frere. *Francfort fur le Mein*, 1742, *in-8. v.*

1979 Naufrage & Avantures de Pierre Viaud, natif de Rochefort, Capitaine de navire. *Paris*, 1770, *in-12. broch.*

} 1 . . . 3.

Voyages imaginaires.

1980 Suite du Voyage de l'Amérique, ou Dialogues de M. le Baron de la Hontan & d'un Sauvage dans l'Amérique. *Amfterdam*, 1704, *in-12. fig. v. f.*

1981 Voyage & Avantures de François Léguat & de fes Compagnons en deux Ifles défertes des Indes Orientales. *Londres*, 1720, 2 *tom.* 1 *vol. in-12. fig. v. b.*

} 4 . . . . 1 . .

1982 Nouvelle Relation contenant les voyages de Thom. Gage dans la nouvelle Efpagne. *Amfterdam, Paul Marret*, 1721, 4 *part.* 1 *vol. in-12. v. m.* . . . . 1 . . . 5.

1983 Avantures du fieur C. Lebeau, ou Voyage curieux parmi les Sauvages de l'Amérique Septentrionale. *Amfterdam, Herman Vyt Werf*, 1738, 2 *vol. in-12. fig. v. m.* . . . . . . 3 . . . 12.

1984 Hiftoire du grand & admirable Royaume d'Antangil, par J. D. M. G. T. *Saumur*, 1616, *in-8. vélin.* . . . . 1 . . .

220 HISTOIRE.

1985 Voyage de Nicolas Klimius dans le monde souterrain, ouvrage tiré de la bibliotheque de M. B. Abelin, & trad. du latin par M. de Mauvillon. *Copenhague*, 1741, *in-8. en cart.*

Chronologie.

1986 L'Antiquité des temps rétablie & défendue contre les Juifs & les nouveaux Chronologistes, par le P. Pezeron. *Amsterdam, H. Desbordes*, 1687, *in-12. vélin.*

1987 L'Art de vérifier les dates des faits historiques, des chartes, des chroniques & autres anciens monumens, par Dom Clément. *Paris*, 1770, *in-fol. v. avec fil. d'or.*

1988 Liber Chronicarum ab initio mundi, cum figuris & imaginibus in ligno incisis. *Nurembergæ, per Antonium Koberger*, 1493, *in-fol. C. M. vélin.*

1989 La Chronique Martiniane, contenant la chronique de Martin Polonois, avec les additions de plusieurs Chroniqueurs, Verneron, Castel & Gaguin, jusqu'en l'année 1500; le tout translaté du latin en françois, par Sébast. de Mamerot. *Paris, Ant. Vérard, sans date d'année*, 2 tom. 1 vol. *in-fol. v. f.*

1990 Chronica Chronicarum, ou Registre des ans passés puis la création du monde jusques à l'année présente 1532. *Paris, Galliot du Pré*, *in-4. v. b.*

1991 Chronique & Histoire universelle depuis le commencement du monde jusqu'à l'Empereur Charles V, par Jean Carion, augmentée par Phil. Mélancthon & Gasp. Peucer. 1580, 2 *vol. in-8. vélin.*

HISTOIRE.

1992 Jo. Ludovici Gottfridi Chronica ab initio mundi usque ad annum Christi 1617, cum fig. Mathæi Meriani. *Francofurti ad Mœnum*, 1642, *in-fol. v. b.* (Germanicè).

Histoire Universellle.

1993 Justini Historiarum ex Trogo Pompeio Lib. XLIV. *Lugd. Batavorum, ex Officinâ Elzevirianâ*, 1640, *in-12. vélin.* . . . . 1 . . . 10

1994 Les 1er. & 2e. Volumes de Oroze, contenant toutes choses dignes de mémoire, translatés de latin en françoys. *Paris, Phil. le Noir*, 1526, *in-fol. goth. v. b.* . . . . 4 . . . 16

1995 Miroir historial de Vincent de Beauvais. *Paris*, 1531, 5 *vol. in-fol. vélin avec fil. d'or.* . . . . 6 . . . 0

1996 Discours sur l'Histoire universelle, par Jacques-Benigne Bossuet, avec la suite. *Paris*, 1763, 2 *vol. in-12. v. avec fil. d'or.* . . . . . . 2 . . . 3

1997 Introduction à l'Histoire générale & politique de l'Univers, par MM. le Baron de Pufendorf & Bruzen la Martiniere. *Amsterdam*, 1732 & 1735, 6 *vol. in-12. v. b.* . . . . . 3 . . . 8

1998 Le grand Théâtre historique, ou Histoire universelle, tant sacrée que profâne, depuis la création du monde, jusqu'au commencement du XVIIIe. siècle. *Leyde*, 1703, 3 *vol. in-fol. v. b.* . . . . 24 . . . 5

1999 Atlas Historique, ou nouvelle Introduction à l'Histoire, à la Chronologie & à la Géographie ancienne & moderne, par M. Gueudeville, avec le Supplément par M. H. P. de Limiers. *Amsterdam*, 1721, 7 *vol. in-fol. v. b.* . 56 . . . 0

2000 Le Cabinet ou Bibliothèque des Grands, . . . 1 . . . 16

HISTOIRE.

contenant des remarques & recherches sur tous les Etats souverains, par Gédéon Pontier. *Paris*, 1688, 2 *vol. in*-12. *v.*

Histoire Universelle de certains Temps & de certains Lieux.

2001 Histoires des Croisades, par Louis Maimbourg. *Paris*, 1687, 4 *vol. in*-12. *v. n.*

2002 Histoire universelle de Jacques Auguste de Thou, depuis 1543 jusqu'en 1607, trad. sur l'édition latine de Londres. *Londres*, 1734, 16 *vol. in* 4. *v. b.*

2003 Histoire ou Commentaires de toutes choses mémorables advenues depuis 70 ans en-çà par toutes les parties du monde, tant au faict séculier que ecclésiastique, trad. du latin de Laurens Surius en françois, par Jacques Estourneau. *Paris*, 1572, *in*-8. *vélin.*

2004 Table ou Abrégé des cent trente-cinq volumes de la Gazette de France depuis son commencement en 1631 jusqu'à la fin de l'année 1765. *Paris*, 1766——1768, 3 *tom.* 1 *vol. in*-4. *v.*

2005 Mercure de Vittorio Siri, contenant l'Histoire générale de l'Europe depuis 1640, jusqu'en 1655, trad. de l'italien de M. Requiers. *Paris*, 1756——1758, 2 *vol. in*-4. *en cart.* (La premiere feuille manque au premier volume).

2006 L'Europe vivante, ou Relation nouvelle, historique & politique de tous ses Etats, par M. Chappuzeau. *Paris*, 1667, *Geneve*, 1669—— 1771, 3 *part.* 1 *vol. in*-4. *vélin.*

2007 L'Espion Turc dans les Cours des Princes

HISTOIRE.

Chrétiens. *Cologne*, 1715, 7 *vol. in*-12. *v.*

2008 L'Espion de Thamas Kouli-Kan dans les Cours de l'Europe, trad. du Persan par l'Abbé de Rochebrune. *Cologne*, 1746, *in*-12. *v.*

2009 Mémoires historiques, militaires & politiques de l'Europe, depuis l'élévation de Charles-Quint au Thrône de l'Empire jusqu'au Traité d'Aix-la-Chapelle en 1748, par l'Abbé Raynal. *Amsterdam*, 1754, 3 *vol. in*-8. *en cart.*

2010 Mémoires pour servir à l'Histoire universelle de l'Europe, depuis 1600 jusqu'en 1716, avec des réflexions & remarques, critiques par le P. d'Avrigny. *Paris*, 1757, 5 *vol. in*-12. *v.*

2011 Dendrologie, ou la Forêt de Dodone, par Jacq. Howel. *Paris*, 1641, *in*-4. *fig. v.* (Ouvrage allégorique sur l'Histoire du commencement du XVIIe. siècle).

2012 Nouvelles ou Mémoires historiques, contenant ce qui s'est passé de plus remarquable dans l'Europe, depuis 1672 jusqu'en 1679, par Madame d'Aunoy. *Lyon*, 1693, 2 *vol. in*-12. *v.*

2013 Faits mémorables des guerres & des révolutions de l'Europe depuis la première campagne de Hollande, 1672 jusqu'en 1721, par M. de Massiac. *Toulouse*, 1721, *in*-8. *cham. j.*

2014 Mémoires de M. de Massiac, contenant ce qui s'est passé de plus considérable pendant la guerre depuis 1688 jusqu'en 1698. *Paris*, 1698, *in*-12. *v. b.*

2015 Mémoires sur l'origine des guerres qui travaillent l'Europe depuis cinquante ans, par P. Linage de Vauciennes. *Cologne*, 1678, *in*-12. *v.*

2016 Journal historique de l'Europe, pour l'année 1694, contenant ce qui s'est passé de plus

HISTOIRE.

remarquable dans tous les Etats de l'Europe pendant cette année. *Strasbourg*, 1695, *in-12. v. f. avec fil. d'or.*

2017 Lettres, Mémoires & Actes concernant la guerre présente, ou Lettres d'un Suisse à un François, par M. la Chapelle. *Basle*, 1704, 9 *vol. in-12. v.* (Le troisième volume est double).

2018 Mémoires fideles des Expéditions militaires faites en Allemagne, en Hollande & ailleurs depuis le Traité d'Aix-la-Chapelle jusqu'à celui de Nimegue, &c. *Paris*, 1734, 2 *tom.* 1 *vol. in-12. v. b.*

2019 Histoire du Traité de Westphalie, par le P. Bougeant. *Paris, P. J. Mariette*, 1744, 6 *vol. in-12. v.*

2020 Histoire de la Guerre présente, contenant ce qui s'est passé de plus important en Italie, sur le Rhin, en Pologne & dans plusieurs Cours de l'Europe, enrichie de plans, par P. Massuet. 1735, 1736, 2 *vol. in-12. bas.*

2021 Exposition des motifs apparens & réels qui ont causé & perpétué la guerre présente, par M. R. G. D. M. R. D. M. *Amsterdam*, 1746.

2022 Histoire de la Guerre de 1741. *Amsterdam*, 1755, 2 *part.* 1 *vol. in-12. en cart.*

2023 Mémoires pour servir à l'Histoire des années 1744 & 1745. *Berlin*, 1746, *in-8. en cart.*

2024 Collection historique, ou Mémoires pour servir à l'Histoire de la guerre terminée par la paix d'Aix-la-Chapelle en 1748. *Paris, N. B. Duchesne*, 1758, *in-12. v. m.*

2025 Histoire de la Campagne de 1757 par les armées combinées de la France & de l'Empire, contre celle du Roi de Prusse, par M. Chevrier.

vrier. *Francfort*, 1758, *in-*12. *baf. r. d. f. tr. avec dent.*

2026 Recueil historique & chronologique des faits mémorables pour servir à l'Histoire générale de la Marine, & à celle des découvertes. *Paris*, 1777, 2 *vol. in-*12. *v. avec fil. d'or.* . . . . . 3 . . . .

Histoire Ecclésiastique.

2027 Histoire Ecclésiastique de Nicéfore, trad. du latin en françois, par Jean Gillot. *Paris*, 1567. — Histoire Ecclésiastique nommée Tripartite, jusqu'au temps de Théodose le Jeune, trad. de latin en françois par Louis Cyaneus. *Paris*, 1568, *in-fol. v. b.* . . . . 1 . . . .

2028 Histoire Ecclésiastique, par M. de Fleury, avec la continuation par le P. Fabre. *Paris*, 1691—1738, 36 *vol. in-*4. *v.* . . . . . . 3 . . . .

2029 Mémoires pour servir à l'Histoire Ecclésiastique des six premiers siècles, justifiés par les citations des Auteurs originaux, par le sieur le Nain de Tillemont. *Bruxelles, Eug. Henry Fricx*, 1732, 10 *tom.* 5 *vol. in-fol. v. f.* . . . 6 . . . .

2030 Chrétiens anciens & modernes, ou Abrégé des points les plus importans de l'Histoire Ecclésiastique. *Londres*, 1754, *in-*8. *v.*

2031 Lettres d'Eusebe Philalethe à M. François Morenas sur son prétendu Abrégé de l'Histoire Ecclésiastique. *Liége*, 1755, *in-*12. *broch.* . . . 1 . . . .

2032 Histoire générale de tous les siecles de la nouvelle Loi, par le R. P. F. David l'Enfant. *Paris, Ant. Raffé*, 1680, 3 *vol. in-*12. *v. m.*

2033 Anecdotes Ecclésiastiques tirées de l'Histoire du Royaume de Naples de Giannone, brûlée . . . 1 . . . 4.

P

à Rome en 1726. *Amſterdam, J. Catuffe*, 1738, *in-8. en cart.*

Hiſtoire des Conciles, générale & particulière.

2034 Le Promptuaire des Conciles de l'Egliſe Catholique, avec les Schiſmes, & la différence d'iceulx, par Jean le Maire. *Lyon, Jean de Tournes*, 1546, *in-16. v. b.*

2035 Hiſtoire du Concile de Piſe, & de ce qui s'eſt paſſé de plus mémorable depuis ce Concile juſqu'à celui de Conſtance, par Jacques l'Enfant. *Utrecht*, 1731, 2 tom. 1 vol. *in-4. fig. v. m.*

2036 Hiſtoire du Concile de Conſtance, par Jacq. l'Enfant. *Amſterdam*, 1727, 2 vol. *in-4. fig. v. m.*

2037 Hiſtoire de la Guerre des Huſſites & du Concile de Baſle, par Jacques l'Enfant. *Amſterdam*, 1731, 2 vol. *in-4. fig. v. b.*

2038 Hiſtoire du Concile de Baſle & de la Guerre des Huſſites, par Jacques l'Enfant, enrichie de portraits. *Utrecht, Corn. Guil. le Febvre*, 1731, 2 vol. *in-4. v.*

2039 Hiſtoire du Concile de Trente, écrite en Italien par Fra-Paolo Sarpi, & trad. en françois, avec des Notes critiques, hiſtoriques & théologiques, par Pierre-François le Courayer. *Baſle*, 1738, 2 tom. 1 vol. *in-4.*

2040 Défenſe de la nouvelle Traduction de l'Hiſtoire du Concile de Trente, contre les cenſures de quelques Prélats & de quelques Théologiens par Pierre François le Courayer. *Amſterdam. Guil. Smith*, 1742, *in-12. v. m.*

2041 Abrégé de l'Hiſtoire du Concile de Trente,

HISTOIRE.

par Pierre Jurieu. *Amsterdam*, 1683, 2 *vol. in-*12. *v. b.*

Histoire des Papes, des Conclaves & des Cardinaux

2042 Histoire des Papes, depuis S. Pierre jusqu'à Benoît XIII, par Bruys. *La Haye, Scheurleer,* 1732, 5 *vol. in-*4. *v.* . . . .

2043 Tablettes chronologiques contenant la suite des Papes, Empereurs & Rois qui ont regné depuis la naissance de Jésus-Christ jusqu'à présent ; par G. Marcel. *Amsterdam*, 1706, *in-*8. *obl. v. b.* dans une boîte de carton, couverte de *v. b.*

2044 Le Mystère d'iniquité, c'est-à-dire, l'Histoire de la Papauté, par Philippes de Mornay, S^r. du Plessis Marly. *Saumur*, 1611, *in-fol. v.* avec *fil. d'or.*

2045 Histoire du Pontificat de S. Léon le Grand, par M. Maimbourg. *Lyon*, 1687, 2 *vol. in-*12. *v.*

2046 Histoire du Pontificat de S. Grégoire le Grand, par M. Maimbourg. *Lyon*, 1686, 2 *v. in-*12. *v.*

2047 Histoire de la Papesse Jeanne, fidelement tirée de la Dissertation latine de M. de Spanheim. *La Haye, Jacq. Vanden Kieboom*, 1736, 2 *tom.* 1 *vol. in-*8. *v. m.* . . . .

2048 Traité contre l'éclaircissement donné par M. Blondel, en la question, si une femme a été assise au Siège Papal de Rome, entre Léon IV & Benoît III, par le S^r. Congnard. *Saumur, Jean Ribotteau*, 1655, *in-*8. *v.*

2049 L'Avocat du Diable, ou Mémoires histori-

P ij

228 HISTOIRE.

ques & critiques sur la vie & sur la Légende du Pape Grégoire VII. 1743, 3 vol. in-12. v.

2050 Vie du Pape Sixte V, traduite de l'italien de Gregorio Leti. Lyon, 1701, 2 vol. in-12.

2051 Histoire du Pontificat de Paul V. Amsterdam, 1765, 2 vol. in-12. br.

2052 Conclave nel quale fù eletto Fabio Chiggi, detto Alessandro VII. 1664, in-12. v. m.

2053 La vie du Pape Clément XIV, (Ganganelli) par le Marquis de Carraccioli. Paris, veuve Desaint, 1775, in-12. v. m.

2054 Relation des Négociations faites à la Cour de Rome, pour la promotion au Cardinalat des Sujets proposez par la France, depuis 1644 jusqu'en 1654, par P. Linage de Vauciennes. Paris, Guil. de Luyne, 1676, in-12. v. b.

2055 Histoire de tous les Cardinaux François de naissance, enrichie de leurs armes & de leurs portraits, par François Duchesne. Paris, 1660. — Histoire des Chanceliers & Gardes des Sceaux de France, par le même auteur. Paris, 1680, in-fol. v. b.

2056 La Vertu ressuscitée, ou la vie du Cardinal Albornoz, surnommé Père de l'Eglise, par M. le Chevalier de Lescale. Paris, 1629, in-8. vélin. d. s. tr. avec fil. d'or.

2057 Histoire du Cardinal Ximenès, par M. Fléchier. 1693, 2 vol. in-12. v.

Histoire Monastique, Ordres Religieux.

2058 Histoire des Ordres Monastiques, Religieux & Militaires, & des Congrégations séculières qui ont été établies jusqu'à présent, par le P. Helyot. Paris, 1714-1721, 8 vol. in-4. v.

HISTOIRE.

2059 Histoire du Clergé séculier & régulier, avec des figures qui représentent les différens habillemens. *Amsterdam, P. Brunel,* 1716, 4 *v. in-*8. *v. f. avec fil. d'or.* . . . . 48 . . . 1 .

avec le N° 2088.

2060 Ordres Monastiques, Histoire extraite de tous les Auteurs qui ont conservé à la postérité ce qu'il y a de plus curieux dans chaque Ordre. *Berlin,* 1751, 5 *tom.* 3 *vol. in-*12. *v.* . . . . . 2 . . . 8 .

2061 Figures des différens Habits des Chanoines réguliers de ce siècle, avec un Discours sur les Habits anciens & modernes des Chanoines tant séculiers que réguliers, par le P. C. du Molinet. *Paris,* 1666, *in-*4. *vélin.* . . . . 1 . . . 7 .

2062 La vie de Dom Armand Jean le Bouthillier de Rancé, Abbé de la Trappe, par l'Abbé de Marsollier. *Paris,* 1703, *in-*4. *v. m.*

2063 Description du Plan en relief de l'Abbaye de la Trappe, présenté au Roi par le Frere Pacome. *Paris,* 1708, *in-*4. *fig. v. b.*

} 4 . . . 1 .

2064 Histoire du Monastère & Couvent des Peres Célestins de Paris, contenant ses antiquités & privilèges, avec le Testament de Louis Duc d'Orléans, par le P. Louis Beurrier. *Paris,* 1634, *in-*4. *vélin.* . . . . 1 . . . 6 .

2065 L'Histoire sacrée de l'Ordre des Chartreux & du très-illustre S. Bruno leur Patriarche, par Jacq. Corbin. *Paris,* 1653, *in-*4. *v. b.*

2066 Histoire de l'établissement des Moines Mendians. *Avignon,* 1767, *in-*12. *v.*

} 1 . . . 6 .

2067 Seraphici Patris S. Francisci Ordinis minorum Fundatoris admiranda Historia, cum figuris Thom. de Leu. — Vita Beati Patris Ignatii Loyolæ, Religionis Societatis Jesu fundatoris, . . . 1 . . . 4 .

230   HISTOIRE.

cum fig. Joan. le Clerc. *Lutetiæ*, 1612, *in*-4.° *obl. vel.*

2068 Bartholomæi de Pifis, Liber conformitatum S. Francifci, ad vitam D. N. J. C. curis fratris Joannis Mapelli in lucem editus. *Mediolani, in ædibus Zanoti Caftilionei*, 1513, *in-fol. vélin.* (Exemplar elegans).

2069 L'Alcoran des Cordeliers, tant en latin qu'en françois, tiré du Livre des Conformités de Frere Barthélemi de Pife, avec la Légende dorée. *Amfterdam*, 1734, 2 *vol. in*-12. *fig. de Bern. Picart. v. ec.*

2070 Les Aventures de la Madona & de François d'Affife, par Renoult. *Amfterdam*, 1745, *in*-8. *broché.*

2071 Chronique & inftitution de l'Ordre du Pere S. François, qui contient fa vie, fa mort & fes miracles, & de tous fes faints difciples & compagnons, par D. S. *Paris*, 1609, *in*-4. *v.*

2072 Hiftoire générale de l'Ordre des Minimes, par le P. Louys Dony d'Attichy. *Paris*, 1624, 2 *tom.* 1 *vol. in*-4. *v. b.*

2073 Hiftoire générale de l'Ordre facré des Minimes, par le P. Louis Dony d'Attichy. *Paris*, 1624, 2 *vol. in*-4. *v. m.*

2074 Le Courtifan prédeftiné, ou le Duc de Joyeufe Capucin, par M. de Cailliere. *Paris, Mufier*, 1728, *in*-12. *v. b.*

2075 Mémoires pour fervir à l'Hiftoire générale des Jéfuites, ou extraits de l'Hiftoire univerfelle de M. de Thou. *Paris*, 1761, *in*-12. *v. m.* avec fil. d'or.

2076 Sur la deftruction des Jéfuites en France,

HISTOIRE.

par M. d'Alembert, avec trois autres Pièces. 1765, *in-12. v.*

2077 La Monarchie des Solipses, trad. de l'original latin de Melchior Inchofer, Jésuite, avec des Remarques. *Amsterdam*, 1721, *in-12. v. f.*

2078 Histoire de l'admirable Don Inigo de Guipuscoa, Chevalier de la Vierge & fondateur de la Monarchie des Inighistes, par le S^r. Hercule Rasiel de Selva. *La Haye*, 1736, 2 *vol. in-12. v. b.*

2079 Histoire de Dom Inigo de Guipuscoa, Chevalier de la Vierge & fondateur de la Monarchie des Inighistes, par le S^r. Hercule Rasiel de Selva. *La Haye*, 1738, 2 *vol. in-8. v. m.*

2080 Le Mercure Jésuite, ou Recueil des Pièces concernant le progrès des Jésuites, leurs écrits & différends, depuis 1620 jusqu'en 1626. *Geneve*, 1626, *in-8. vélin.*

2081 Les Jésuites mis sur l'eschafaut, pour plusieurs crimes capitaux par eux commis en Guienne, avec la réponse aux calomnies de Jacq. Beaufés, par Pierre Jarrige. 1677.—Onguent pour la brûlure. *Cologne, P. Marteau*, 1669, *in-12. v. m.*

2082 Consultes tenues au Collége de Louis-le-Grand, pendant la visite du Pere Provincial, pour la réformation de la Maison de Clermont, en 1708 ; on y a joint les Moines, Comédie en musique. *Lisbonne, (Paris,)* 1761, 2 *vol. in-12. v. f.*

2083 Histoire abrégée de l'Abbaye de Port Royal. *Paris*, 1710, *&c. in-12. v. b.*

2084 Nécrologe de l'Abbaye de Notre-Dame de

Port-Royal des Champs. *Amsterdam*, 1723, *in*-4. *v. b.*

2085 Vies intéressantes & édifiantes des Religieuses de Port-Royal, & de plusieurs personnes qui leur étoient attachées. 1750—1752, 4 *vol. in*-12. *en cart.*

2086 Relation de la vie de la mere Marie des Anges, morte en 1658, Abbesse de Port-Royal, & sur sa conduite dans la réforme de l'Abbaye de Maubuisson. 1737, *in*-12. *v. f.*

2087 Description du Pays de Jansénie, où il est traité des coutumes, mœurs & religion de ses habitans, par Louis Fontaines Sr. de S. Marcel, (Jachorie, Capucin). *Bourg-Fontaine, Anthoine Arnauld*, 1688, *in*-12. avec la carte. *v. m.* avec fil. d'or.

Ordres Militaires & de Chevalerie.

2088 Histoire des Ordres Militaires ou des Chevaliers, des Milices séculieres & régulieres de l'un & de l'autre sexe, qui ont été établies jusqu'à présent, avec un Traité historique de M. Basnage sur les duels. *Amsterdam, P. Brunel*, 1721, 4 *vol. in*-8. *fig. v. b.*

2089 Histoire des Religions ou Ordres Militaires de l'Eglise, & des Ordres de Chevalerie, par M. Hermant. *Rouen, J. B. Besongne*, 1698, *in*-12. *v.*

2090 Traités concernant la condamnation des Templiers, l'Histoire du Schisme, les Papes tenant le Siège en Avignon, & quelques procès criminels, par M. Dupuy. *Paris*, 1654, *in*-4. *v. b.* avec fil. d'or.

HISTOIRE.

2091 Histoire de la condamnation des Templiers, par Pierre du-Puy, nouvelle édition augmentée. *Brusselles, Foppens*, 1751, *in-4. v. b.* — 10...4...

2092 De l'origine, progrès, institution & cérémonies des Chevaliers de l'Ordre de Malte par Jacques de Fumée. *Paris*, 1604, *in-8. vél.*

2093 Histoire des Chevaliers de Malte, par l'Abbé de Vertot. *Paris*, 1726, 4 *vol. in-4. gr. pap. fig. v.*

2...10

2094 Le Martyrologe des Chevaliers de S. Jean de Hierusalem, dits de Malte, avec le Catalogue de toutes les Commanderies du même Ordre, tant des hommes que des filles, par F. Mathieu de Goussancourt. *Paris, Fr. Noël*, 1643, 2 *tom.* 1 *vol. in-fol. v. f. avec fil. d'or.* — 1...16.

2095 Histoire secrette des Templiers, ou Chevaliers de Malthe. *Amsterdam*, 1730, 2 *vol. in-12. v. b.* — 3...2.

2096 Réflexions politiques sur l'état & les devoirs des Chevaliers de Malthe, par Luc de Boyer d'Argens. *La Haye*, 1739, *in-12. v.* — Traité de la petite guerre pour les Compagnies franches, par M. de la Croix. *Paris*, 1752. — Traité des Légions, par le Maréchal Comte de Saxe. *La Haye*, 1753, *in-12. v.*

1...10

2097 Histoire des Ordres Royaux Hospitaliers-Militaires de N. D. du Mont-Carmel & de S. Lazare de Jérusalem, par M. Gautier de Sibert. *Paris, Impr. Royale*, 1772, 2 *vol. in-12. br.*

2098 Discours de l'Ordre, Milice & Religion du S. Esprit, par le Sr. de la Terrade. 1629, *in-4. m. r. d. s. tr. avec dent. & fleurs de lys d'or.*

2099 Histoire de l'Ordre du S. Esprit, par M. de Saint-Foix. *Francfort, Eslinger*, 1775, *in-12.*

1...9.

HISTOIRE.

2100 Catalogue des Chevaliers de l'Ordre du Collier de Savoye, dit de l'Annonciade, avec leurs noms, surnoms, qualités, armes & blasons, depuis son institution, par François Capre. *Turin, Barth. Zavatte*, 1654, *gr. in-*fol. *v. b.*

HISTOIRE SAINTE.

Vies des Saints.

2101 Vies des Saints Prophètes de l'ancien Testament, avec des réflexions, par M. Baillet. *Lyon*, 1687, *in-*8.

2102 Jacobi de Voragine, de Legendis Sanctorum opus. *Lugduni, per Magistrum Petrum Ungarum*, 1483, *in-fol. goth. rel. ancienne.*

2103 Legenda Sanctorum quæ Lombardica nominatur Historia, autore Jacobo de Voragine. *Reutlingæ*, 1485, *in-fol. rel. en bois.*

2104 Legenda Sanctorum quæ Lombardica nominatur Historia, autore Jacobo de Voragine, 1503, *in-*4. *rel. en bois.*

2106 Légende dorée & Vie de Saincts & Sainctes qui Jésus-Christ aymerent de pensées non sainctes, translatée de latin en françois, avec la Légende des nouveaux Saincts additionnez. *Paris*, 1554, *in-fol. goth. v. b.*

2107 La Légende dorée en françoys. *in-fol. goth. v. b.* (Le frontispice manque ainsi que la fin).

2108 Les Saintes métamorphoses, ou les Changemens miraculeux de quelques grands Saints, tirées de leurs Vies, par J. Baudoin. *Paris, P. Moreau*, 1644, *in-*4. *fig. v. b.*

2109 La Vie des Peres, tant d'Egypte que de Syrie & de plusieurs autres Pays, composée par

HISTOIRE.

Monseigneur Saint Jérôme. *Paris, Jehan Petit*, in-fol. goth. fig. en bois. v. b.

2110 Sanctorum Kalendarii Romani imagines in ære excisæ. *Antuerpiæ, ex Officiná Christ. Plantini*, 1580. — Evangeliorum Dominicalium Summaria, Sanctorumque Historiæ, cum iconibus in ære excusis. *Antuerpiæ, ex Officiná Christ. Plantini*, 1580, in-16. vélin avec dent. d'or. . . . . 2 . . 0 .

Vies particulières de Saints & de Personnes illustres en piété.

2111 La Vie de Monseigneur Saint Bernard, dévot Chapelain de la Vierge Marie, translatée de latin en françois par un ancien Religieux de Clerevaulx. *Paris, François Regnault*, in-4. goth. m. bl. d. s. tr. avec fil. . . . . . . 4 . 19 .

2112 La Vie du Vénérable Frere Fiacre, Augustin Déchaussé. *Paris, Rob. M. d'Expilly*, 1722, in-12. v. . . . . 1 . . 0 .

2113 La Vie & les Œuvres spirituelles de la Mere Therese de Jésus, Fondatrice des Carmes Déchaussés, par le P. F. de Ribera. *Paris, Jacq. Bessin*, in-8. vélin.

2114 La Vie de Saint Fidel de Sigmarengen, de l'Ordre des Capucins, par le P. Théodore de Paris. *Paris, Guérin*, 1745, in-12. v.

2115 Les Figures & l'Abrégé de la vie, de la mort & des miracles de Saint François de Paule, recueillies de la Bulle de Léon X, & des enquêtes faites pour procéder à sa canonization, par Antoine Dondé, Minime. *Paris, Fr. Muguet*, 1671, in-fol. m. r. d. s. avec fil.

2116 La Vie de Saint François de Sales. *Paris*, 1689, in-4. v. b.

} 11 . . 8 .

236   HISTOIRE.

2117 La Vie de la Vénérable Mere Marguerite Marie, Religieuse de la Visitation de Sainte-Marie, par J. Jos. Languet. *Paris*, 1729, *in*-4. *v.*

2118 La Vie d'un Solitaire inconnu, mort en Anjou en odeur de Sainteté, le 24 Décembre 1691, par J. Grandet. *Paris*, 1699, *in*-12. *v. b.*

2119 La Vie de Dame Charlotte Marguerite de Gondy, Marquise de Magnelais, par le P. M. C. P. *Paris*, 1666, *in* 12. *v. m.*

2120 Vita Beatæ Zitæ Virginis Lucensis, ex vetustissimo codice ms. fideliter transumpta, per Fatinellum de Fatinellis. *Ferrariæ*, 1688, *in*-4. *fig. vélin.*

2121 Vita di S. Giuliana Falconieri Fiorentina, Fondatrice del Tierz' Ordine de Servi detto delle Mantellate, per Francesco Lorenzini. *Roma*, 1737, *in*-4.

Histoire des Reliques, Lieux Saints, &c.

2122 Entretiens ou Conférences d'un Voyageur avec un Habitant d'Angers touchant le culte des Saintes Images, & principalement de la Vierge. *Angers*, 1657, *in*-8. *vélin.*

2123 Le Thrésor Sacré, ou l'Inventaire des Saintes Reliques qui sont en l'Eglise & Thrésor de l'Abbaye de Saint-Denys, par Dom Germ. Millet. *Paris*, 1645, *in*-12. *vélin.*

2124 Hiérothonie de Jésus-Christ, ou Discours des Saints-Suaires de Notre Seigneur, extrait & trad. du latin de Jacques Chifflet, par A. D. C. P. *Paris*, 1631, *in*-8. *vélin.*

2125 Dissertation sur la Sainte Larme de Vendôme, par J. B. Thiers. *Paris, veuve Cl. Thiboust*, 1699, *in*-12. *v. b.*

HISTOIRE.

2126 Remarques Historiques à l'occasion de l'Hostie miraculeuse de l'Eglise de Saint Jean en Greve de Paris, par le P. Théodoric de S. René. *Paris*, 1725, 2 *vol. in-*12. *v.* — 1...0

2127 Histoire de l'origine de l'Image & de la Chapelle de Notre-Dame de la Fontaine des Ardilliers-lez-Saumur en Anjou, par H. D. P. *Saumur*, 1635, *in-*8. *v.*

2128 Le vray Thrésor de l'Histoire Saincte sur le transport miraculeux de l'Image de Notre-Dame de Liesse, nouvellement composé par quatre Pélerins faisans ce saint voyage en 1644, par de S. Peres. *Paris, Ant. Estienne*, 1647, *in-*4. *fig. de J. Stella & de F. Poilly*, *v. m.* avec fig. d'or.

2129 Le vray Thrésor de l'Histoire Sainte sur le transport miraculeux de l'Image de Nostre-Dame de Liesse, par de Saincts-Peres, enrichy de fig. en taille-douce. *Paris, Ant. Estienne*, 1647, *in-*4. *v. br.* — 1...2.

2130 Traité des Merveilles opérées en la Chapelle de Notre-Dame du Calvaire de Beth-Aram, par P. de Marca. *Beth-Aram*, 1648, *in-*8. *v.*

2131 Histoire de Notre-Dame du Mont-Serrat, avec la description de l'Abbaye de la Montagne & des Ermitages, par Dom Louis Montaguet. *Paris*, 1697, *in-*12. *v.* 2...10.

2132 Traité historique du Chef de Saint Jean-Baptiste, par Charles du Fresne, sieur du Cange. *Paris*, 1665, *in-*4. *v. b.*

Des Hérésies & des Hérétiques.

2133 Histoire de l'origine de toutes les Religions qui

238 HISTOIRE.

jusqu'à présent ont été au monde, avec les auteurs d'icelles, avec l'origine des Ordres militaires, par R. P. Frere Paul Morise. *Paris, Rob. Coulombel*, 1578, *in-8. vélin.*

2134 Cérémonies & Coutumes Religieuses de tous les peuples du monde, représentées par des figures dessinées de la main de B. Picart, avec des explications historiques & des dissertations curieuses; & les Superstitions anciennes & modernes. *Amsterdam, J. Fr. Bernard*, 11 tom. 6 vol. *in-fol. fig. demi-rel.*

2135 Histoire critique des Pratiques superstitieuses qui ont séduit les peuples & embarrassé les savans, par le P. Pierre Lebrun. *Paris, Guil. Desprez*, 1750, 4 vol. *in-12. v.*

2136 Mémoires pour servir à l'Histoire des égaremens de l'esprit humain par rapport à la Religion Chrétienne, ou Dictionnaire des Hérésies par M. l'Abbé Pluquet. *Paris*, 1762, 2 vol. *in-8. v. m.*

2137 Histoire des Révolutions arrivées dans l'Europe en matiere de Réligion, par Varillas. *Paris*, 1686, 4 vol. *in-12. v. b.*

2138 Histoire des Révolutions arrivées dans l'Europe en matiere de Réligion, par Varillas. *Paris*, 1686——1688, 6 vol. *in-4. v. f.*

2139 Apocalypsis insignium aliquot Hæresiarcharum, qua visiones & insomnia ipsis per somnia patefactæ, blasphemias putà inauditas, ac deliramenta enthysiastica revelantur, unàque Opera vitæ ac mortes donantur, &c. interprete H. S. F. D. M. D. *Lugd. Batav., Henr. Abhaestens*, 1608, *in-8. fig. v. b.*

2140 Histoire du Luthérianisme, par le P. Louis

HISTOIRE. 239

Maimbourg. *Paris, Sébaſt. Mabre-Cramoiſy*, 1673, 2 *vol. in-*12. *vélin.*

2141 Hiſtoire des Anabaptiſtes. *Amſterdam*, 1702, *in-*12. *fig.* - - - - - - - - - - - 1...10.

2142 Hiſtoire du Calviniſme, par Louis Maimbourg. *Suivant la copie imprimée à Paris, chez Séb. Mabre Cramoiſy*, 1682, *in-*12. *vélin.* - - 1...o.

2143 Hiſtoire du Calviniſme & celle du Papiſme miſes en parallele par Jurieu, contre un Libelle intitulé l'Hiſtoire du Calviniſme par Maimbourg. *Roterdam, Reinier Leers*, 1683, 2 *vol. in-*12. *v.* ..1...o.

2144 Généalogie & la fin des Huguenaux, & Découverte du Calviniſme, par Gabr. de Saconay. *Lyon, Ben. Rigaud*, 1572, *in-*8. *vélin.* ..1...o.

2145 Hiſtoire du Fanatiſme de notre temps, par M. de Brueys. *Utrecht*, 1737, 3 *vol. in-*12. *broch.* - - - - - - - - - - - 1...3.

2146 Hiſtoire de l'Arianiſme, avec l'origine & le progrès de l'Héréſie des Sociniens, par le P. Louis Maimbourg. *Paris*, 1678, 3 *vol. in-*12. *v. b.* - - - - - - - - - - - 1...10.

2147 Hiſtoire de l'Héréſie des Iconoclaſtes & de la tranſlation de l'Empire aux François, par le P. Louis Maimbourg. *Suivant la copie imprimée à Paris, chez Sébaſtien Mabre-Cramoiſy*, 1683, 2 *tom.* 1 *vol. in-*12. *v. b.*

2148 Hiſtoire du grand Schiſme d'Occident, par Louis Maimbourg. *Sur l'imprimé à Paris, en* 1678, 2 *vol. in-*12. *v. b.*

} 1...o.

2149 Hiſtoire du Wicléfianiſme, avec celle des guerres de Bohême qui en ont été les ſuites. *Suivant la copie de Lyon, chez Jean Certe*, 1682, *in-*12. *v.* - - - - - - - - - - - 1...

1250 Hiſtoire générale des Egliſes Evangéliques ..8...

240 HISTOIRE.

des vallées de Piémont ou Vaudoises, par Jean Léger. *Leyde*, 1669, *in-fol. v. b.*

2151 Histoire de l'Edit de Nantes, contenant les choses les plus remarquables qui se sont passées en France avant & après la publication, &c. *Delft*, 1693—1695, 5 vol. *in-4. v. b.*

2152 Histoire des Edits de pacification, & des moyens que les prétendus Réformés ont employés pour les obtenir, par le sieur Soulier. *Paris*, 1682, *in-8. v. b.*

2153 Etat des Réformés en France, où l'on fait voir que les Edits de pacification sont irrévocables, &c. avec l'Apologie du projet des Réformés de France, fait au mois de mai 1683. *La Haye*, 1685, *in-12. vélin.*

2154 Histoire des Flagellans, où l'on fait voir le bon & le mauvais usage des flagellations parmi les Chrétiens, trad. du latin par l'Abbé Boileau. *Amsterdam, Henri du Sauzet*, 1732, *in-12. v. f.*

2155 Critique de l'Histoire des Flagellans, & Justification de l'usage des disciplines volontaires, par J. B. Thiers. *Paris, Jean de Nully*, 1703, *in-12. v. b.*

Histoire des Juifs & Histoire ancienne.

2156 Flavii Josephi Antiquitates Judaïcæ, latinè. MS. sur vélin du XIVe. siècle, *in-fol. vélin*, avec fil. d'or.

2157 Histoire des Juifs écrite par Flavius Joseph, sous le titre d'Antiquités Judaïques, trad. par M. Arnauld d'Andilly. *Amsterdam*, 1700, *in-fol. fig. v. b.*

2158 Histoire des Juifs & des Peuples voisins, depuis la décadence des Royaumes d'Israël & de Juda

HISTOIRE.

Juda jusqu'à la mort de Jésus-Christ, trad. de l'anglois de M. Prideaux. *Amsterdam, Henri Sauzet*, 1722, 5 *vol. in*-12. *v. b.*

2159 Histoire du Peuple de Dieu depuis son origine jusqu'à la fin de la Synagogue, avec la Paraphrase littérale des Épîtres des Apôtres, par le P. Isaac Berruyer. 1740—1758, 23 *vol. in*-12. *v.* . . . . 12 . . 3

2160 Ystoire des vertueux Pontifes & nobles personnes les Machabées, de latin en vulgaire langaige, rédigée par moy Charles de Saint Gelays. *in-fol. v. j. MS. du temps, sur papier*: on le croit de la main de Saint-Gelays. . . . 2

2161 Les Croniques & vertueux faitz du Prince Judas Machabeus & de ses quatre freres, tous nobles & hardis Machabées, translatées de latin en françois par Charles de Saint-Gelays. *Paris, Vincent Certenas*, 155.. *in*-8. *v. m.* . . . 1 . . 7

2162 Abrégé chronologique de l'Histoire ancienne des Empires & des Républiques qui ont paru avant Jésus-Christ, par M. Lacombe. *Paris*, 1757, *in*-8. *en cart.* . . . . 1 . . 6

2163 Histoire ancienne par M. Rollin. *Paris*, 1737 & 1738, 13 *tom.* 14 *vol. in*-12. *v. f.* . . 2 . . 6

2164 Histoire moderne des Chinois, Japonnois, Indiens, Persans, Turcs, Russiens, &c. pour servir de suite à l'Histoire ancienne de M. Rollin, par MM. l'Abbé de Marsi & Richer. *Paris*, 1755—1776, 28 *vol. in*-12. *v.* . . . 10 . . 19

Histoire Grecque.

2165 Græcorum Respublicæ, autore Ubbone Emmio. *Lugd. Batav. ex Officinâ Elzevirianâ*, 1632, 2 *part.* 1 *vol. in*-16. *vél.* . . . . 1 . . 0

Q

HISTOIRE.

45 – 11 – 2166 Herodoti Historiarum Libri IX, ex editione Petri Wesselingii. *Amstelodami*, 1763, *in-fol.* 1 *vol. v.*

7 – 4 – 2167 Les Histoires d'Hérodote, trad. en françois par Du-Ryer, avec des tables géographiques. *Paris*, 1677, 3 *vol. in·*12. *v. m. avec fil. d'or.*

23 – 1 – 2168 Thucydidis Bellum Peloponnesiacum græcè & latinè, ex editione Wassii & Dukeri. *Glasguæ, Rob. & Andr. Foulis*, 1759, *in-*8. 8 *vol. broch.*

5 – 10 – 2169 Histoire de Thucydide de la Guerre du Péloponese, avec la suite par Xénophon, trad. en françois par Perrot d'Ablancourt. *Paris*, 1714, 3 *vol. in-*12. *v. b.*

50 – 0 – { 2170 Xenophontis de Cyri Institutione Libri VIII, græcè & latinè, edente Thom. Hutchinson. *Oxonii*, 1727, *in-*4. *v.*

2171 Xenophontis de Cyri expeditione Libri VII, & de Agesilao rege oratio, græcè & latinè, edente Thom. Hutchinson. *Oxonii*, 1735, *in-*4. *v.*

31 – 0 – { 2172 Xenophontis Institutio Cyri, græcè & latinè, ex editione T. Hutchinson. *Glasguæ, Rob. & Andr. Foulis*, 1767, *in-*8. 4 *vol. broch.*

2173 Xenophontis Expeditio Cyri, & de Magisterio Equitum, græcè & latinè, ex editionibus T. Hutchinson & Edwardi Wells. *Glasguæ, Rob. & Andr. Foulis*, 1764, *in-*8. 4 *vol. broch.*

2174 Xenophontis Græcorum res gestæ, & Agesilaus, cum annotationibus Edwardi Wells. *Glasguæ, Rob. & Andr. Foulis*, 1762, *in-*8. 4 *vol. broch.* (græcè & latinè).

2175 Xenophontis de Socrate commentarii, item

HISTOIRE.

Socratis Apologia. *Glasguæ*, *Rob. & Andr. Foulis*, 1761, *in-8. broch.* (græcè).

2176 Xenophontis Oratio de Agesilao Rege, Hiero sive de Regno, Lacedæmoniorum & Atheniensium Respublica; rationes redituûm seu de proventibus, græcè & latinè, cum notis Bolton Simpson. *Oxonii*, 1754, *in-8. v.* — 5...

2177 L'expédition de Cyrus, ou la Retraite des dix mille, trad. du grec de Xénophon par M. le C. de la Luzerne. *Paris*, 1778, 2 vol. *in-12. broch.* — 1...8...

2178 Q. Curtii Rufi Historiarum Libri, accuratissimè editi. *Lugd. Batav.*, *ex Officinâ Elzevirianâ*, 1633, *in-12.* — 4..

2179 Traduction de Quinte-Curce faite par Jacq. de Lucene, Portugalois, & dédiée à Philippe Duc de Bourgogne. *in-fol. velours v.* MS. du temps sur papier. — 5...o.

2180 Parallele de l'expédition d'Alexandre dans les Indes avec la conquête des mêmes contrées par Tahmas-Kouli-Kan, par M. de Bougainville. 1752, *in-8. broch.*

2181 Athenes ancienne & nouvelle, & l'Etat présent de l'Empire des Turcs, avec le Plan de la Ville d'Athenes, par le sieur de la Guilletiere. *Paris, Etienne Michallet*, 1675, *in-12. v. b.*

2182 Lacédémone ancienne & nouvelle, avec quelques particularités du séjour que le Sultan Mahomet IV a fait dans la Thessalie, par le sieur de la Guilletiere. *Paris, P. Trabouillet*, 1689, 2 part. 1 vol. *in-12. v. b.* — 1...o.

2183 Observations sur les Grecs, par M. l'Abbé de Mably. *Genève*, 1749, *in-12. v.* — 1...4.

Q ij

HISTOIRE.

Histoire Romaine.

2184 Respublica Romana, autore P. Scriverio. *Lugd. Batav.*, *ex Officinâ Elzevirianâ*, 1626, *in-16. vélin.*

2185 Respublica Romana, autore P. Scriverio. *Lugd. Batav.*, *ex Officinâ Elzevirianâ*, 1629, *in-16. v. f. avec fil. d'or.*

2186 Antiquités Romaines de Denys d'Halicarnasse, trad. du grec par le P. Gab. Fr. Le Jay, avec des notes hist. crit. & géographiques. *Paris*, 1722, 2 *vol. in-4. v. b.*

2187 Scriptores Historiæ Romanæ Latini veteres, notis variis illustrati, edente Bennone Casparo Haurisio. *Heydelbergæ*, *Joan. Jac. Hæner*, 1743, *in-fol.* 3 *vol.*

2188 Titi Livii Historiarum ab Urbe conditâ Libri, ex recensione Heinsianâ. *Lugduni Batav. ex Officinâ Elzevirianâ*, 1634, 3 *vol. in-12. vélin.* (Optima editio).

2189 Les Décades de Tite-Live en françois, avec des annotations & figures pour l'intelligence de l'antiquité romaine, par B. de Vigenere, avec un Supplément trad. en françois par le sieur de Malherbe. *Paris*, 1617, 3 *vol. in-fol. gr. pap. v. f. avec fil. d'or.*

2190 L. Annæus Florus, edente Cl. Salmasio qui addidit Lucium Ampelium. *Lugd. Batav.*, *apud Elzevirios*, 1638, *in-12. vélin.*

2191 M. Velleius Paterculus, cum notis Gerardi Vossii. *Lugd. Batav.*, *ex Officinâ Elzevirianâ*, 1639, *in-12. v. f.*

2192 Eutropii Breviarium Historiæ Romanæ, cum

HISTOIRE.

variis lectionibus. *Paris, Gabr. Mérigot*, 1746, in-12. *v. m. d. s. tr. avec fil.*

2193 Histoire Romaine depuis la fondation de Rome jusqu'à la bataille d'Actium, par M. Rollin & M. Crevier. *Paris*, 1738, & années suiv., 16 vol. *in*-12. *v.* — — — — — — — 24....o

2194 Polybii Historiarum quæ supersunt, interprete Isa. Casaubono, ex recensione Jac. Gronovii, cum notis Casaubonorum, Ursini, &c. accessit Æneæ Tactici Comm. de Obsidione toleranda, cum interp. & not. Is. Casauboni, ex editione J. Aug. Ernesti. *Lipsiæ, P. Krausius*, 1764, 3 vol. *in*-8. en cart. — — — — — 84..10

2195 Histoire de Polybe, trad. par Dom Vincent Thuillier avec les Commentaires de M. de Folard. *Paris*, 1727, 6 vol. *in*-4. *fig. v.*

2196 Sentimens d'un homme de guerre sur le nouveau système du Chevalier de Folard, par rapport à la colonne & au mélange des différentes armes d'une armée. *La Haye*, 1739, *in*-4. *v.* } 24...o

2197 Cassii Dionis Historiæ Romanæ quæ supersunt, cum annotationibus Henrici Valesii, & Joannis Alberti Fabricii, edente Herm. Sam. Reimaro. *Hamburgi*, 1750, *in*-fol. 2 vol. *v.* — 54..o

2198 C. Sallustius Crispus, cum veterum Historicorum Fragmentis. *Lugd. Batav. ex Officina Elzeviriana*, 1634, *in*-12. vélin d'Hol. — — 1..10

2199 Histoire de la République Romaine, dans le cours du VIIe. siecle, par Salluste, en partie trad. du latin sur l'original, en partie rétablie & composée sur les Fragmens qui sont restés de ses livres, par M. le Président de Brosses *Dijon*, 1777, 3 vol. *in*-4. *gr. pap. fig. v.* — — — 3...10

246 HISTOIRE.

1...6.. { 2200 Discours historiques & politiques sur Salluste, trad. de l'anglois de M. Gordon. 1759, 2 vol. in-12. en cart.
2201 Histoire de Catilina. *Amsterdam*, 1749, in-12. v. m.

9...0.5 2202 C. Julii Cæsaris quæ extant, ex emendatione Jos. Scaligeri. *Lugd. Batav. ex Officina Elzeveriana*, 1635, in-12. vélin. (optima editio).

312....0. 2203 C. Julii Cæsaris quæ extant, cum annotationibus Sam. Clarke. *Londini, Jac. Tonson*, 1712, in-fol. c. m. cum fig. mar. cit. d. f. tr. avec fil. d'or. (bel exemplaire.)

5...10.. 2204 C. Julii Cæsaris Commentarii, edente Joan. Capperonnier. *Parisiis, Jos. Barbou*, 1755, 2 vol. in-12. v. m. d. f. tr. avec fil.

8....0. { 2205 Commentaires de Jules César, traduits en françois par Frere Robert Gaguin. (1485). in-fol. goth.

1...5. { 2206 Les Commentaires de César, de la traduction de N. Perrot d'Ablancourt, avec des Remarques sur la traduction. *Paris*, 1714, 2 vol. in-12. v.

3....0. 2207 La Guerre des Suisses, traduite du Ier. livre des Commentaires de César, par Louis XIV, avec les figures de Cochin & Abr. Boss. *Paris, Impr. Roy.* 1651, in-fol. v. b.

13...4. 2208 Tacite avec des notes politiques & historiques, par M. Amelot de la Houssaie, & M. L. C. D. G. ***. *Amsterdam & la Haye*, 1716—1735, 10 vol. in-12. en cart.

1...8. 2209 Traduction de quelques Ouvrages de Tacite, (les mœurs des Germains & la vie d'Agricola,) par l'Abbé de la Bleterie. *Paris, Duchesne*, 1755, 2 vol. in-12. br.

HISTOIRE.

2210 Discours politiques & militaires sur Corneille Tacite, contenant les fleurs des plus belles Histoires du Monde, &c. par Laurens Melliet. *Rouen*, 1642, *in-*4. *vélin.* } 1 . . 1 .

2211 C. Suetonii Tranquilli de XII Cæsaribus libri VIII, cum animadversionibus Isaaci Casauboni. 1595, *in-*4. *v. f. avec fil. d'or.*

2212 C. Suetonius Tranquillus & in eum Commentarius, exhibente Joanne Schildio. *Lugd. Batav.* 1656, *in-*8. *v.* . . . . 2 . . 18 .

2213 Histoire des Empereurs Romains, trad. de Suetone, par D. B. *Paris, Mich. Bobin*, 1667, *in-*12. *v. b.* . . . . 1 . . 10 .

2214 Histoire Romaine, trad. du grec de Xiphilin, de Zonare & de Zosime, par le Président Cousin. *Paris*, 1678, *in-*4. *v. b.* . . . 1 . . 8 .

2215 Ammien Marcellin, ou les XVIII livres de son Histoire qui nous sont restés, trad. en françois. *Berlin*, 1775, 3 *vol. in-*12. *v.* . . . 6 . . 12 .

2216 Histoire des Révolutions arrivées dans le Gouvernement de la République Romaine, par M. l'Abbé de Vertot. *La Haye*, 1720, 3 *vol. in-*12. *v.* . . . . 3 . . 19 .

2217 Histoire de Cicéron, tirée de ses écrits & des monumens de son siècle, avec les preuves & des éclaircissemens, traduit de l'anglois par l'Abbé Prevost. *Paris*, 1743, 1744, 5 *vol. in-*12. *v.* . . . . 10 . . 10 .

2218 Histoire de l'exil de Ciceron, par M. Morabin. *Paris*, 1726, *in-*12. *v.* . . . . 1 . . 19

2219 Histoire des Empereurs & des autres Princes qui ont régné durant les VI premiers siècles de l'Eglise, par le Nain de Tillemont. *Bruxelles*, 1732, 1740, 6 *tom.* 4 *vol. in-fol. v. f.* . . 9 . . 5 .

HISTOIRE.

2220 Histoire des Empereurs Romains, depuis Auguste jusqu'à Constantin, par M. Crevier. *Paris*, 1749, 12 *vol. in*-12. *v. éc.*

2221 Histoire des Révolutions de l'Empire Romain, pour servir de suite à celles de la République, par S. N. H. Linguet. *Paris*, 1766, 2 *vol. in*-12. *v.*

2222 Histoire véritable, comment l'ame de l'Empereur Trajan a été delivrée des tourmens d'enfer, par les prieres de S. Grégoire, traduit du discours latin fait par F. Alfonse Ciacono. *Paris, Claude Hulpeau*, 1607, *in*-8. *v.*

2223 Vie de l'Empereur Julien, par M. l'Abbé de la Bleterie. *Paris*, 1746, *in*-12. *v.*

2224 Les Césars de l'Empereur Julien, traduits du grec par le Baron de Spanheim, avec des remarques & des preuves, enrichies de plus de 300 médailles & autres anciens monumens, gravés par B. Picart. *Amsterdam*, 1728, *in*-4. *v. b.*

2225 Julien l'Apostat, ou abrégé de sa vie, avec une comparaison du Papisme & du Paganisme, avec un petit Traité de l'Antechrist, traduit de l'anglois. 1688, *in*-12. *v. b.*

2226 Histoire de l'Empereur Jovien, & Traductions de quelques ouvrages de l'Empereur Julien, par l'Abbé de la Bleterie. *Paris*, 1748, 2 *vol. in*-12. *v.*

2227 Observations sur les Romains, par M. l'Abbé de Mably. *Geneve*, 1751, 2 *vol. in*-12. *v.*

2228 Les Impératrices Romaines, par M. de Serviez. *Paris, Ch. le Clerc*, 1744, 3 *vol. in*-12. *v. b.*

2229 Histoire du Bas-Empire en commençant à

HISTOIRE.

Constantin le Grand, par M. le Beau. *Paris*, 1757, 2 vol. *in*-12. *v. m.* . . . . 1 . . 0

2230 Histoire de Théodose le Grand, par M. Fléchier. *Paris*, 1679, *in*-4. *v. b.* . . . . 1 . . 10

2231 Histoire de Constantinople depuis le regne de l'ancien Justin jusqu'à la fin de l'Empire, trad. sur les originaux grecs, par M. Cousin, suivant la copie de Paris. 1685, 8 *vol. in*-12. *v. b.* . . . . 8 . . 0

2232 Histoire d'Olympias, Diaconesse de l'Eglise de Constantinople, par le R. P. Meurisse. *Metz*, 1640, *in*-4. *v. b.*

Histoire d'Italie.

2233 De Principatibus Italiæ Tractatus varii, editio secunda auctior. *Lugd. Batav. ex Officina Elzeviriana*, 1631, *in*-16. vélin.

2234 Petri Marcellini Corradini S. R. E. Cardinalis de primis antiqui Latii populis, urbibus, regibus, moribus & festis, quibus accessit Setina & Circejensis Historia. *Romæ*, 1748, 2 *tom.* 1 *vol. in-fol. fig. v. fil. d'or.*

3 . . 0

2235 Descritione della Italia, & Isole appartenenti alla Italia, di Fra Leandro Alberti. *Venetia*, 1561, *in*-4. dem. rel.

2236 Nouveau Théâtre d'Italie, ou Description exacte de ses villes, palais, églises, principaux édifices, &c. par Jean Blaeu. *La Haye, Rutg. Christ. Alberts*, 1724, 4 *tom.* 2 *vol. in-fol. c. m. v. f. avec fil. d'or.* (très-bel exemplaire.)

55 . . 12

2237 Les Délices de l'Italie. *Paris*, 1707, 4 *vol. in*-12. *fig. v. m.* . . . . 5 . . 1

HISTOIRE.

2238 Les Délices de l'Italie. *Paris*, 1707, 4 *vol. in*-12. *fig. v. b.*

2239 Histoire des guerres d'Italie, trad. de l'italien de François Guichardin. *Londres*, 1738, 3 *vol. in*-4. *dem. rel.*

2240 Divers Mémoires concernant les dernieres guerres d'Italie, avec trois Traitez de feu M. de Silhon (le dernier Mémoire de ce recueil est du Cardinal de Richelieu même.) *Paris, Seb. Mabre-Cramoisy*, 1669, 2 *vol. in*-12. *v. b.*

2241 La Liberté de l'Italie démontrée à ses Princes & à ses Peuples, trad. de l'italien de l'Abbé Tosini. *Amsterdam*, 1718, *in*-12. *v. avec fil. d'or.*

2242 Rome ancienne & moderne, avec toutes ses magnificences & ses délices, par François Deseine. *Leyde*, 1713, 10 *vol. in*-12. *fig. v. b.*

2243 Le Cose maravigliose dell' alma citta di Roma, co'l movimento delle guglie & gli aquedotti, & le chiese, representate in disegno da Girolamo Francino, nuovamente corrette & ampliate dal Padre Fra Santi di Santo Agostino. *Roma*, 1595, *in*-8. *vélin.*

2244 Recueil de Pieces relatives à ce qui s'est passé à Rome entre le Pape & M. le Marquis de Lavardin, Ambassadeur extraordinaire de France à Rome en 1688, & autres pieces. *in*-4. *vélin.*

2245 Julii Cæsaris Capacii Antiquitates & Historiæ Neapolitanæ, cum vita Auctoris effigie que additis. *Lugd. Batavorum, Pet. Vander Aa, in-fol. fig. v. m.*

2246 De Regni Neapolitani jure, pro Tremollio duce. *Parisiis*, 1648, *in-fol. en cart.*

HISTOIRE.

2247 Histoire du Royaume de Naples, trad. de l'italien de Pierre Giannone. *La Haye*, 1742, 4 vol. *in*-4. *v. m.* - - - - - - - - - - 21 ... o

2248 Histoire de la Révolution du Royaume de Naples, dans les années 1647 & 1648, par Mademoiselle de Lussan. *Paris*, 1757, 4 vol. *in*-12. *v. m.* - - - - - - - - - - 3 ... 18.

2249 Histoire de l'origine du Royaume de Sicile & de Naples, contenant les aventures & les conquêtes des Princes Normands qui l'ont établi. *Paris*, 1701, *in*-12. *v. b.* - - - - - - 1 .... 6.

2250 Les Mémoires de M^e. la Princesse Marie Mancini Colonne, G. Connétable du Royaume de Naples. *Cologne*, 1677, *in*-12. *v. b.*

2251 Casparis Contareni de Republica Venetorum, secunda editio auctior. *Lugd. Batav. ex Officina Elzeviriana*, 1628, *in*-16. *v. b.* } 1 ... 10.

2252 La Ville & la République de Venise, par le S^r. T. L. E. D. M. S. de S^t. Disdier. *Amsterdam, Dan. Elzevier*, 1680, *in*-12. *v. b.*

2253 Histoire du Gouvernement de Venise, par le S^r. Amelot de la Houssaie. *Paris*, 1676, 2 vol. *in*-12. *v.* - - - - - - - - - 1 ... 6.

2254 Histoire de la Ligue de Cambray, contre la République de Venise, 4e. édition augmentée. *Paris*, 1728, 2 vol. *in*-12. *v. f. fil. d'or.* - - 3 ... 14.

2255 Histoire des Uscoques, de la traduction du S^r. Amelot de la Houssaie. *Paris*, 1682, *in*-12. *v.* } 1 ... o.

2256 Historia Ecclesiastica della Citta, Territorio, e Diocese di Vicenza, raccolta dal P. Franc. Barbarano de Mironi. *In Vicenza*, 1649, *in*-4. vélin.

HISTOIRE.

2257 Historia Fiorentina di Messer Poggio. *Vinegia, per Jacopo de Rossi*, 1476, *in-fol. v. f. d. s. tr. avec fil. d'or.* (Bel exemplaire).

2258 Historia Fiorentina composta da Lionardo Aretino, con la Historia di Messer Poggio. *In Firenze*, 1492, *in-fol. v. f. d. s. tr. avec fil. d'or.* (Bel exemplaire).

2259 Etat ancien & moderne des Duchés de Florence, Modene, Mantoue & Parme, avec une Relation de la Ville & Légation de Bologne. *Utrecht*, 1711, *in-12. v. f.*

2260 Histoire des Hommes illustres de la Maison de Médicis, avec un Abrégé des Comtes de Bolongne & d'Auvergne, par Jean Nestor. *Paris, Ch. Périer*, 1564, *in-4. v. f.*

2261 La Toscane Françoise, contenant les éloges, histoires & généalogies des Princes, Seigneurs & grands Capitaines affectionnés à la Couronne de France, avec leurs armes, par J. B. l'Hermite de Soliers, dit Tristan. *Paris*, 1661, *in-4. vélin.*

2262 Bologna perlustrata, terza impressione accresciuta, d'Antonio di Paolo Masini. *In Bologna*, 1666, *in-4. vélin.*

2263 Théâtre de Piémont & de Savoye, trad. en françois. *La Haye, Adr. Moetjens*, 1700, 2 vol. *in-fol. g. p. v. b.*

2264 Mémoires de M. D. F. L., touchant ce qui s'est passé en Italie entre Victor Amédée II, Duc de Savoye, & le Roy T. C. *Aix-la-Chapelle*, 1697, *in-12.*

2265 Histoire Militaire du Prince Eugene de Savoye, du Prince de Malborough, & du Prince de Nassau-Frise, par M. Dumont, augmentée

HISTOIRE.

d'un supplément par M. Rousset. *La Haye*, 1729, 1747, 3 *vol. in-fol. g. p. v. f.* (premieres épreuves).

2266 Histoire de Paul, Diacre d'Aquilée, où est amplement traicté de l'origine des Lombards & de leurs faicts, trad. en françois par F. J. Foubert. *Paris, du Breuil*, 1603, *in*-8. *v. b.* — 3..2.

2267 Camilli Peregrinii, Historia Principum Langobardorum, cum notis, castigationibus & variis lectionibus Camilli Peregrinii & Ant. Caraccioli. *Lugd. Batav., sumptibus Vander Aa. in-fol. v. m. cum fig.* — 4..1.

2268 Historia della Citta di Lodi, di Gio Battista Villanova. *in*-4. *v. b.* avec *fil. d'or.*

2269 Liguria triomfante delle principali Nazioni del mondo, di D. Epifanio Ferrari. *Genova*, 1643, *in-fol.*

2270 La Cronique des Genevois, avec la totale Description en abrégé de tout le Pays d'Ytalie, & l'Ordonnance & Police faicte en lad. Ville de Genes par Loys XII, Roy de France. *Paris, sans date, in*-8. goth. *m. n.*

2271 Histoire de la République de Genes, par le Chevalier de Maylly. 1697, 3 *vol. in*-12. en cart. — 1..8.

2272 Histoire des Révolutions de Genes depuis son établissement jusqu'à la conclusion de la paix de 1748. *Paris*, 1752, 3 *vol. in*-12. *v. m.* — 3..0.

2273 La Conjuration du Comte Jean-Louis de Fiesque. *in*-12. *v. f.* — 1..0.

2274 Histoire de l'Isle de Corse. *Nancy, Ab. D. Cusson*, 1749, *in*-12. *v. b.* — 1..5.

HISTOIRE.

2... 6.. { 2275 Histoire des Révolutions de Corse, depuis ses premiers habitans jusqu'à nos jours, par l'Abbé de Germanes. *Paris, Hérissant*, 1771, 2 *vol. in*-12. *broch.*
2276 Histoire de la Guerre de Chypre, trad. du latin d'Ant. Maria Gratiani par M. le Peletier *Lyon*, 1686, 2 *vol. in*-12. *v. b.*

HISTOIRE DE FRANCE.

Géographie & Préliminaires.

2...16. 2277 Théâtre géographique du Royaume de France, contenant les cartes & descriptions particulières des Provinces de France, par Gabr. Michel de la Roche-Maillet, & Jean Leclerc. *Paris*, 1632, *in-fol. vélin.*

2278 La Géographie de la France, contenant les descriptions, les cartes & le Blason des Provinces de France, par P. Duval. *Paris*, 1667, *in*-12. *v. b.*

5..19. 2279 Description historique & géographique de la France, par l'Abbé de Longuerue. *Paris, Pralard*, 1719, *in-fol. v. m.*

4..10. 2280 Idée géographique & historique de la France, en forme d'entretiens pour l'instruction de la jeunesse. *Paris, Nyon fils*, 1747, 2 *vol. in* 12. *v.*

3...2. 2281 Les Rivieres de France, par le S^r. Coulon. *Paris*, 1644, 2 *vol. in*-8. *vélin.*

7...4. 2282 Dictionnaire universel de la France ancienne moderne & de la nouvelle France. *Paris, Saugrain*, 1726, 3 *vol. in-fol. v. b.*

4..10. 2283 Les Délices de la France. *Leyde*, 1758, 3 *vol. in*-8. *fig. v.*

HISTOIRE.

2284 Les curieuses singularitez de France, par du Fousteau. *Vendosme*, 1631, *in* 8. *vélin*.

2285 Bibliothèque historique de France, par le P. le Long. *Paris, Osmont*, 1719, *in-fol. v. b.*

2286 Bibliothèque historique de la France, par le P. Jacques le Long; nouvelle édition considérablement augmentée par M. Fevret de Fontette. *Paris*, 1768—1775, 4 *vol. in-fol. en cart.*

2287 Antiquité de la Nation & de la Langue des Celtes, autrement appellés Gaulois, par le P. Pezron. *Paris*, 1703, *in-*12. *v. b.*

2288 Histoire des Celtes, par Simon Pelloutier. *La Haye*, 1740, *in-*12. *en cart.*

2289 La Religion des Gaulois, par Dom Jacq. Martin. *Paris*, 1727, 2 *vol. in-*4. *fig. v. b.*

2290 L'Histoire mémorable des expéditions depuis le Déluge, faictes par les Gauloys ou Françoys depuis la France jusques en Asie ou en Thrace, & en l'orientale partie de l'Europe, par Guil. Postel. *Paris, Seb. Nivelle*, 1552, *in-*16. *m. r. d. s. tr. avec fil.*

2291 Les Illustrations de Gaule & Singularité de Troyes, avec les deux Epitres de l'Amant Vert, par Jean le Maire de Belges. — La Légende des Vénitiens ou leur Chronique abrégée, par le même. — Traité de la différence des Schismes & des Conciles, & de la prééminence & utilité des Conciles de l'Eglise Gallicane, par le même. *Paris, de Marnef*, 1512, *in-*4. *m. r. d. s. tr. avec fil.*

2292 Les Illustrations de Gaule, & singularités de Troye, avec les deux Epitres de l'Amant

HISTOIRE.

Vert, par Jean le Maire. *Paris, 1521, in-4.* v. m. d. f. tr. avec fil. d'or.

2293 Les Illustrations de Gaule, & Singularitez de Troye, avec les deux Epitres de l'Amant Vert, par Jean le Maire. *Paris, Gallios Dupré, 1531, in-8.* v. b.

2294 Les Antiquitez & Histoires Gauloises & Françoises, par le président Fauchet; édition derniere, augmentée. *Geneve, Paul Marceau, 1611, in-4.* v. f.

2295 Œuvres d'Estienne Pasquier, avec les Lettres de Nicolas Pasquier. *Amsterdam, 1723, 2 vol. in-fol.* v. b.

2296 Les Recherches des Recherches & autres Œuvres d'Estienne Pasquier, pour la défense de nos Roys, par Fr. Garasse. *Paris, Seb. Chappelet, 1622, in-8. vélin.*

2297 Les Monumens de la Monarchie Françoise, par D. Bernard de Montfaucon. *Paris, Gandouin, 1729——1733, 5 vol. in-fol.* v. m.

2298 Mémoires historiques & critiques sur divers points de l'Histoire de France, & plusieurs autres sujets curieux, par Fr. Eudes de Mézeray. *Amsterdam, 1732, in-8.* v. b.

2299 Recueil de divers écrits pour servir d'éclaircissemens à l'Histoire de France, & de Supplément à la Notice des Gaules, par l'Abbé le Beuf. *Paris, 1738, 2 vol. in-12.* v. b.

2300 Etat de la France, avec des Mémoires historiques sur l'ancien Gouvernement de cette Monarchie jusqu'à Hugues Capet, par le Comte de Boulainvilliers. *Londres, 1752, 8 vol. in-12.* v.

2301 Pièces fugitives pour servir à l'Histoire de France, avec des notes historiques & géographiques,

HISTOIRE.

phiques, par M. le Baron d'Aubais. *Paris, H. D. Chaubert*, 1759, 3 *vol. in-4. v. m.*

2302 Curiosités historiques, ou recueil de Pièces utiles à l'Histoire de France, & qui n'ont jamais paru. *Amsterdam*, 1759, 2 *vol. in* 12. *br.* — 3...19...

2303 Mélanges historiques & critiques contenant diverses pièces relatives à l'Histoire de France, &c. *Paris, de Hansy*, 1768, 2 *vol. in-12. v.* — 3...15...

2304 Mœurs & Coutumes des François, par Poullin de Lumina. *Lyon*, 1769, 2 *tom.* 1 *vol. in-12.* vélin. — 2...4...

Histoire Ecclésiastique de France.

2305 Histoire Ecclésiastique de la Cour, ou Antiquités & recherches de la Chapelle & Oratoire du Roi de France, depuis Clovis I jusqu'à notre temps, par Guil. du Peyrat. *Paris*, 1645, *in-fol., gr. pap. v. f. avec fil. d'or.* — 4...o.

2306 Dissertation historique & critique sur l'origine & l'ancienneté de l'Abbaye de Saint-Bertin, & sur la supériorité qu'elle avoit autrefois sur l'Eglise de Saint-Omer. *Paris*, 1737, *in-12. v.*

2307 La Vérité de l'Histoire de l'Eglise de S. Omer, & de son antériorité sur l'Abbaye de S. Bertin. *Paris*, 1754, *in-4. v.* } 1...10.

2308 Histoire de l'Eglise Métropolitaine de Reims, trad. du latin de Floard, par Nicolas Chesneau. *Reims*, 1581, *in-4. vélin.*

2309 Histoire de l'Eglise de Meaux, par Dom Toussaints du Plessis. *Paris*, 1731, 2 *vol. in-4. v.* } 2...o.

2310 Annales Ecclésiastiques du Diocèse de Chaalons en Champagne, par le R. P. Charles Rapine. *Paris*, 1636, *in-8. v.* — 2...12.

258 HISTOIRE.

2311 Histoire de l'Eglise de Metz, par le R. P. Meurisse. *Metz, J. Antoine, 1634, in-fol. v. b.*

2312 L'auguste Basilique de l'Abbaye Royale de Saint-Arnoul de Metz, par l'Abbé André Valladier. *Paris, 1615, in-4. vélin.*

2313 L'Auguste Basilique de l'Abbaye Royale de Saint-Arnoul de Metz, où sont contenues les bulles, fondations, donations, exemptions octroyées à cette Abbaye, par André Valladier. *Paris, 1615, in-4. vélin.*

2314 Histoire Ecclésiastique & politique de la Ville & du Diocèse de Toul, par le P. Benoît de Toul, Capucin. *Toul, 1707, in-4. en cart.*

2315 Histoire Ecclésiastique & Civile de Verdun, par l'Abbé Roussel. *Paris, Simon, 1745, in-4. en cart.*

2316 Description nouvelle de la Cathédrale de Strasbourg & de sa fameuse Tour, trad. de l'allemand par Fr. Jos. Boehm. *Strasbourg, 1733, in-12. fig. broch.*

2317 Recueil d'actes & Contracts regardant le Prieuré de Saint Nigaise au Fort de Meulent, avec une breve description dudit Prieuré. *Rouen, 1656, in-4. vélin.*

2318 Histoire abrégée de l'Eglise, de la Ville & de l'Université de Paris, par Grancolas. *Paris, Lamesle, 1728, 2 vol. in-12. v. b.*

2319 Dissertations sur l'Histoire Ecclésiastique & Civile de Paris, suivies de plusieurs éclaircissemens sur l'Histoire de France, par l'Abbé le Beuf. *Paris, 1739, in-12. v. f.*

2320 Dissertations sur l'Histoire Ecclésiastique & Civile de Paris, suivies de plusieurs éclaircissemens sur l'Histoire de France, par l'Abbé le

2316. Double?

HISTOIRE.

Beuf. *Paris*, 1739——1743, 3 *vol. in*-12. *v.*

2321 Histoire de l'Abbaye Royale de Saint-Germain-des-Prez, par Dom. Bouillart. *Paris, Grégoire Dupuis*, 1724, *in-fol. v. b.* — 4...19...

2322 Histoire de l'Abbaye Royale de S. Denys en France, par Dom Mich. Felibien. 1706, *in-fol. v. m.* — 12...4...

2323 Recueil de diverses pièces concernant le Monastère de Charonne. *Cologne*, 1681, *in*-12. — 1...5...

2324 Eloges historiques des Evesques & Archevesques de Paris, par Duflos. *Paris, Fr. Muguet*, 1698, *in*-4. *gr. pap. v. b.* — 1...10...

2325 Eclaircissement de l'ancien droit de l'Evêque & de l'Eglise de Paris sur Pontoise & le Vexin François, contre les Archevêques de Rouen, par l'Abbé Deslions. *Paris*, 1694, *in*-8. *v. b.*

2326 Histoire Ecclésiastique & Civile de la Ville de Lyon, ancienne & moderne, par le P. Jean de S. Aubin. *Lyon*, 1666, *in-fol. fig. v. b.*

} 2...0...

2327 Chronologie historiale des Archevêques de Rouen, par feu Jean Dadré. *Rouen*, 1618, *in*-8. *vélin.*

2328 Histoire des Archevesques de Rouen, par Dom Pommeraye. *Rouen, L. Maurry*, 1667, *in-fol. v. b.*

} 2...0...

2329 Histoire de l'Abbaye Royale de S. Ouen de Rouen, par Dom François Pommeraye. *Rouen*, 1662, *in-fol. v. b.* — 3...12...

2330 La vie, gestes, mort & miracles des Saints de la Bretagne Armorique, par Fr. Albert le Grand. *Nantes*, 1637, *in*-4. *vélin.* — 1...10...

2331 Parthenie ou Histoire de l'Eglise de Chartres, par Sebastian Rouilliard. *Paris, Robin Thierry*, 1609, *in*-8. *vélin.* — 2...0...

HISTOIRE.

2332 Histoire de l'Eglise de Chartres, dediée par les anciens Druides à une Vierge qui devoit enfanter, par V. Sablon. *Chartres*, 1683, *in-*12. *vélin.*

2333 Histoire de l'Eglise de Chartres, dediée par les anciens Druides à une Vierge qui devoit enfanter, par V. Sablon. *Chartres*, 1683, *in-*12. *vélin.*

2334 Les vies des Evesques du Mans, par Dom J. Bondonnet. *Paris, Ed. Martin,*, 1651, *in-*4. —Réfutation des trois Dissertations de M. de Launoy, contre les Missions Apostoliques dans les Gaules au 1er. siècle, par Dom J. Bondonnet. *Paris, Piot,* 1653, *in-*4. *v. b.*

2335 Antiquités du Prieuré de Souvigny en Bourbonnois, par Sébastien Marcaille. *Molins*, 1610, *in-*8. *v.*

2336 Mémoires concernant l'Histoire ecclésiastique & civile d'Auxerre, par l'Abbé Lebeuf. *Paris, Durand,* 1743, 2 vol. *in-*4. *v.*

2337 L'Illustre Orbandale ou l'Histoire Ecclésiastique de Châlon sur Saône. *Lyon*, 1662, 2 vol. *in-*4. *v. b.*

2338 Reomaus, seu Historia Monasterii S. Joannis Reomaensis, in tractu Lingonensi, collecta & illustrata à P. Petro Roverio. *Parisiis*, 1637, *in-*4. *v. b.*

2339 Nouvelle Histoire de l'Abbaye royale de S. Philibert & de la Ville de Tournus, par Pierre Juenin. *Dijon*, 1733, *in-*4. *v.*

2340 Histoire de l'Abbaye Royale & de la Ville de Tournus, avec les preuves, par le P. Pierre Fr. Chifflet. *Dijon, Philib. Chavance,* 1664, *in-*4. *vélin.*

HISTOIRE.

2341 Etat de la Confrérie de S. George, dite de Rougemont en la Franche-Comté de Bourgogne, avec les armes, blasons, & réceptions des Confreres vivants en 1663, par Pierre de Loisy. *Besançon*, 1663, *in-fol. v. f.* — 5..1.

Histoire Générale de France.

2342 Recueil des Historiens des Gaules & de la France, par Dom Martin Bouquet, & autres Bénédictins de la Congrégation de S. Maur. *Paris*, 1738—1767, 11 *vol. in-fol. gr. pap. m. r. dor. s. tr. avec fil. d'or.* — 550..1..

2343 Les grans Croniques de France, (dites de S. Denis,) avec la Cronique de Frere Robert Gaguin, contenue en la Cronique Martinienne. *Paris, Fr. Regnault & G. Eustace*, 1514, *goth. avec fig. en bois,* 3 *tom.* 1 *vol. in-fol. v. b.* — 9..5.

2344 Les Annalles de France, par Nicole Gilles, addicionnées jusques en l'an 1534. *Paris*, 1534, *in-fol. goth.* — 5..0.

2345 Rob. Gaguigni Annales Francorum, cum additionibus Huberti Velleii. *Parisiis, Ægid. Gormontius*, 1528, *in-8. bas. r.* — 1..5.

2346 La Mer des Croniques & Mirouer hystorial de France, composé par Robert Gaguin. *Paris*, 1527, *in-fol. goth.*

2347 Chroniques de France, par Jehan Froissart. *Paris, Jehan Petit*, 1530, 2 *vol. in-fol. goth. v. b. avec ornemens.*
} 14..19.

2348 Histoire & Chronique mémorable de Jehan Froissart, reveu & corrigé par Denis Sauvage. *Paris, Michel de Roigny, & Sonnius*, 1574, 4 *vol. in-fol. vélin.* (manquent les frontispices des deux premiers volumes. — 19..19.

R iij

HISTOIRE.

2349 Chronique de Jean Froissart. *Paris*, 4 *tom.* 3 *vol. in-fol. goth. v.*

2350 Chroniques d'Engueran de Monstrelet. *Paris, Guil. Chaudiere*, 1572, 2 *vol. in-fol. v. b.* avec fil. d'or.

2351 Chroniques de France d'Enguerran de Monstrelet, avec des additions. *Paris, M. Orry*, 1603, 3 *tom.* 1 *vol. in-fol. v. f.*

2352 Recueil des Rois de France, leurs couronne & maison, ensemble les rangs des Grands de France, par Jean du Tillet, Greffier du Parlement. *Paris, Jacq. Dupuys*, 1580, *in-fol. v. f.* avec fil. d'or.

2353 Sommaire de l'Histoire des François, extrait de la Bibliotheque historiale de Nicolas Vignier, avec un Traicté de l'origine, estat & demeure des François. *Paris, Seb. Nivelle*, 1579, *in-fol. vélin.*

2354 Histoire de France, de Bernard de Girard, Seigneur du Haillan. *Paris, P. l'Huillier*, 1585, *in-8. l. r. v. b.*

2355 De l'état & succès des affaires de France, contenant sommairement l'Histoire des Rois; avec une sommaire Histoire des Seigneurs, Comtes & Ducs d'Anjou, par Bernard de Girard, S^r. du Haillan. 1596, *in-8. vélin.*

2356 Les grandes Annales & Histoire générale de France, par François de Belle-Forest. *Paris, G. Buon*, 1579, 2 *vol. in-fol. v.* avec dos en vélin.

2357 Inventaire général de l'Histoire de France, par Jean de Serres. *Paris, Nic. de la Vigne*, 1630, 6 *vol. in-12. bas.*

2358 Le Thrésor des Histoires de France, par

HISTOIRE

Gilles Corrozet, continué jusqu'à présent. *Paris*, 1645, *in-8. vélin.*

2359 Histoire générale de France, par Scipion Dupleix. *Paris*, 1654—1663, 5 *vol. in-fol. v.*

2360 Histoire ou Recueil des gestes, mœurs, âages & regnes des Roys de France, le nom des Reynes leurs espouses, & de leurs enfans, par Pierre Aubert. *Paris*, 1622, *in-4. v. b.* avec fil. d'or. . . . . 1 — 0

2361 Histoire de France, par M. de Cordemoy. *Paris*, 1685, 1689, 2 *vol. in-fol. v. b.* . . . . 6 — 0

2362 Recueil de l'Histoire de France, depuis la naissance de la Monarchie jusqu'à présent, par le Sr. Lamy. *Paris*, 1651, *in-16. vélin.*

2363 Histoire de France depuis Pharamond jusqu'à maintenant, par Fr. Eudes de Mezeray. *Paris, Guillemot,* 1643, 1646, 1651, 3 *vol. in-fol. v. f.* avec fil. d'or. (la préface manque.) } 2 — 19

2364 Histoire de France par le Sr. de Mezeray. *Paris, Den. Thierry,* 1685, 3 *vol. in-fol. gr. pap. v. b.* . . . . 9 — 12

2365 Abrégé chronologique de l'Histoire de France, par de Mezeray. *Paris, Thom. Jolly,* 1668, 3 *vol. in-4. v. b.* (le frontispice manque au 1er. volume. . . . . 3 — 8

2366 Histoire de France, par le P. G. Daniel. *Paris*, 1722, 7 *vol. in-4. v. b.* . . . . . 5 — 3

2367 Annales de la Monarchie Françoise depuis son établissement jusqu'à présent, par de Limiers. *Amsterdam, Châtelain,* 1724, 2 *vol. in-fol. gr. pap. v. m.* . . . . 9 — 0

2368 Nouvelle Histoire de France, jusqu'à Louis XIII, par Louis le Gendre. *Paris*, 1718, 2 *v. in fol. v.* . . . . 4 — 10

HISTOIRE.

2 ‥ 8 ‥   2369 Histoire de France, par Claude Châlon. Paris, J. Mariette, 1720, 3 vol. in-12. v.

90 ‥ 1 ‥   2370 Histoire de France, par MM. Velly, Villaret & Garnier. Paris, Saillant, 1770——1778, 13 vol. in-4. v. r. (le 13ᵉ. est en cart.)

1 ‥ 7 ‥   2371 Abrégé méthodique de l'Histoire de France, jusqu'à Louis XV, par M. de Brianville. Paris, 1726, in-12. v.

3 ‥ 0 ‥   2372 Abrégé chronologique de l'Histoire de France, par le Comte de Boulainvilliers. La Haye, 1733, 3 vol. in-12. v.

6 ‥   2373 Nouvel Abrégé chronologique de l'Histoire de France, par le Président Hénault, troisième édit. augmentée. Paris, Prault, 1749, in-4. v. m.

2 ‥ 16 ‥ 2374 Nouvel Abrégé chronologique de l'Histoire de France, par le Président Hénault. Paris, 1749, 2 vol. in-8. v. avec fil. d'or.

1 ‥ 4 ‥   2375 Histoire des neuf Roys Charles de France, par François de Belle-Forest. Paris, P. l'Huillier, 1568, in-fol. v.

2 ‥ 12 ‥ 2376 Histoire des Révolutions de France avec les Fastes des Rois de France depuis Clovis jusqu'à Louis XIV, par M. de la Hode. La Haye, 1738, in-4. v. m.

3 ‥ 1 ‥   2377 Victoires mémorables des François, ou Description des batailles célèbres jusqu'à la fin du Règne de Louis XIV, par Alletz. Paris, 1754, 2 vol. in-12. v.

5 ‥ 15 ‥ 2378 Les mémorables Journées des François, où sont décrites leurs grandes batailles & leurs singulières victoires, par le P. Ant. Girard. Paris, 1647, in-4. fig. v.

3 ‥ 15 ‥ 2379 Tablettes historiques & Anecdotes des Rois de France, par M. Dreux du Radier. Paris, 1766, 3 vol. in-12. v.

HISTOIRE.

2380 Les vrais Portraits des Rois de France, par Jacq. de Bie, seconde édition augmentée de nouveaux portraits & enrichie des vies des Rois, par le P. H. de Coste. *Paris*, 1636, *in-fol. gr. pap. v.* — — — — — — — — — — 3 — 5 — 0

2381 Les augustes Représentations de tous les Rois de France depuis Pharamond jusqu'à Louis XIV, avec un Abrégé historique sous chacun, par de Larmessin. *Paris*, 1688, *in-4. v.* — — — — — 3 — 19

Histoire générale sous plusieurs Règnes particuliers.

2382 Histoire de France sous les Règnes de Saint Louis, de Philippe de Valois, du Roi Jean, de Charles V & de Charles VI, par l'Abbé de Choisy. *Paris, Didot*, 1750, *4 vol. in-12. broch.* — — — — — — — — — — — 3 — 1

2383 Mélanges historiques, ou Recueil de plusieurs Actes, Traités, Lettres missives, & autres Mémoires qui peuvent servir à l'Histoire depuis 1390 jusqu'en 1580, par Nic. Camusat. *Troyes*, 1619, *in-8. v.* — — — — — — — *Gâté* 2 — 0

2384 Recueil de divers Mémoires, Harangues, Remontrances & Lettres, servant à l'Histoire de notre temps. *Paris, Pierre Chevalier*, 1623, *in-4. vélin.*

2385 Mémoires de Philippe de Comines, depuis 1464 jusqu'en 1498, avec les observations de Denys Godefroy. *Bruxelles, Foppens*, 1706, *4 vol. in-8. v. b.*

} 2 — 6

2386 Mémoires de Philippe de Comines, nouvelle édition augmentée par l'Abbé Lenglet du Fresnoy. *Paris, Rollin*, 1747, *4 vol. in-4. fig. d'Odieuvre, v. f. gr. pap.* — — — — — — 2 — 5

HISTOIRE.

2387 Les Fastes des Rois de la Maison d'Orléans & de celle de Bourbon, depuis 1497 jusqu'à 1697, par le P. du Londel. *Paris, J. Anisson*, 1697, *in-8. v. b.*

2388 Histoire de la Vie, Faits héroïques & Voyages de Louis III, Duc de Bourbon, publiée par J. Masson. *Paris*, 1612, *in-8. vélin.*

2389 Mémoires pour servir à l'Histoire de France & de Bourgogne, contenant un journal de Paris sous Charles VI & Charles VII, l'Histoire du meurtre de Jean-sans-peur, Duc de Bourgogne, avec les preuves, &c. *Paris, Jul. M. Gandouin*, 1729, *in-4. v. br.*

2390 Mémoires pour servir à l'Histoire de France depuis 1515 jusqu'en 1611, avec portraits dont la plupart enluminés. *Cologne*, 1719, 2 vol. *in-8. v. b.*

2391 Histoire de France, tant pour le fait séculier qu'ecclésiastic, depuis 1550, jusques à ces temps, par M. de la Popliniere. *De l'Imprimerie, par Abraham H.* 1581, 2 vol. *in-fol.*

2392 Histoire universelle du sieur d'Aubigné. *Maillé, Jean Moussat*, 1616—1620, 3 tom. 2 vol. *in-fol. v. b.*

2393 Vie & Mémoires de Philippe de Mornay, Seigneur du Plessis-Marly, contenant ce qui s'est passé de plus mémorable, principalement en France, depuis 1572 jusqu'en 1623. *La Forest*, 1624 & 1625. *Amsterdam*, 1651 & 1652, 5 vol. *in-4. v. b.*

2394 Mémoires des divers emplois & des principales actions du Maréchal du Plessy. *Paris*, 1676, *in-12. v. b.*

2395 Mémoires de Michel de Castelnau, par

HISTOIRE.

J. le Laboureur. *Bruxelles*, *J. Léonard*, 1731, 3 vol. in-fol. en cart.

2396 Faits & Dicts mémorables de plusieurs grands personnages & Seigneurs François, & des choses rares & secrettes advenues en France, ès Règnes de François I, Henri & François II & Charles IX, & la réponse faite par un Gentilhomme de Haynaut. 1565, in-8. v. f. — — — — 4...4.

2397 Commentaires de l'Etat de la Religion & République sous Henri II, François II & Charles IX. 1565, in-8. vélin. — — — — — — 2...8.

2398 Mémoires particuliers pour servir à l'Histoire de France sous Henri III, Henri IV, Marie de Médicis & Louis XIII. *Paris*, *Didot*, 1756, 4 vol. in-12. broch. — — — — — — — 6...2.

2399 Mémoires politiques & militaires pour servir à l'Histoire de Louis XIV & de Louis XV, composés sur les Pièces originales recueillies par Adrien Maurice, Duc de Noailles, Maréchal de France, par l'Abbé Millot. *Paris*, *Moutard*, 1777, 6 vol. in-12. broch. — — — 5...0.

2400 Histoire des Guerres civiles de France, trad. de l'italien de Davila par J. Baudoin. *Paris*, *Foucault*, 1666, 4 vol. in-12. v. b. — — — N...19.

2401 Histoire de la Maison de Bourbon, par M. Désormeaux. *Paris*, *Imprimerie Royale*, 1772 —1776, 2 vol. in-4. v. avec fil. d'or. — — 7...4.

2402 Histoire de la Maison de Montmorenci, par M. Désormeaux. *Paris*, 1764, 5 vol. in-12. v. éc. — — — — — — — — — — 5...19.

HISTOIRE.

HISTOIRE DES ROIS DE FRANCE.

Première & seconde Race.

2403 Histoire des François, de Grégoire de Tours, trad. par l'Abbé de Marolles avec des remarques. *Paris, Fred. Léonard*, 1668, 2 vol. *in-8. v. b.*

2404 Histoire de l'origine & des progrès de la Monarchie Françoise suivant l'ordre des temps, par Guil. Marcel. *Paris, D. Thierry*, 1686, 4 vol. *in-12. v. b.*

2405 Histoire critique de l'établissement de la Monarchie Françoise dans les Gaules, par l'Abbé Dubos. *Paris*, 1742, 2 vol. *in-4. v. m.*

2406 Dissertation historique & critique pour servir à l'Histoire des premiers temps de la Monarchie Françoise. *Colmar*, 1754, *in-12. v. m.*

2407 Discours historique concernant le mariage d'Ansbert & de Blithilde, prétendue fille de Clothaire I ou II, par Louis Chantereau le Febvre. *Paris*, 1647, *in-4. v. b.*

2408 Mémoires historiques sur le Règne des trois Dagoberts, au sujet des fondations de plusieurs Eglises d'Alsace faites par Dagobert II, & faussement attribuées à Dagobert I, & particulièrement de la fondation de l'Eglise collégiale d'Haslach, &c. par P. Berain. *Strasbourg*, 1717, *in-8. en cart.*

Troisième Race jusqu'à Charles IX.

2409 L'Héritiere de Guyenne, ou Histoire d'Eléonor, femme de Louis VII, Roi de France,

HISTOIRE.

& ensuite de Henry II, Roi d'Angleterre, par de Larrey. *Amsterdam*, 1691, *in*-8. *v. b.*

2410 Blanche de Castille, mère de S. Louis, Reine & Régente de France, par Auteuil. *Paris*, 1644, *in*-4. *en cart.*

2411 Histoire de Saint Louis, écrite par le Sire de Joinville, avec des observations & dissertations historiques par Charles du Fresne, sieur du Cange. *Paris*, 1668, *in-fol. gr. pap. v. f. avec fil. d'or.* } 32..19..

2412 Histoire de Saint Louis, par Jehan Sire de Joinville. *Paris, Imprim. Royale*, 1761, *in-fol. v. m.* — — — — — — — — — 18...12.

2413 Histoire de Saint Louis, par Filleau de la Chaise. *Paris*, 1688, 2 *vol. in*-4. *v. b.* — — — 3....0

2414 La Vie de Saint Louis, par l'Abbé de Choisy. *Paris*, 1690, *in*-4. *v.* — — — — — 1...19

2415 Histoire du différend d'entre le Pape Boniface VIII & Philippe le Bel; ensemble le Procez criminel fait à Bernard, Evesque de Pamiez en 1295, par P. Dupuy. *Paris, Seb. Cramoisy,* 1655, *in-fol. v. b.* — — — — 2..0...

2416 Histoire des démeslez du Pape Boniface VIII avec Philippe le Bel, par Adrien Baillet. *Paris*, 1718, *in*-12. *v.*

2417 Histoire de Philippe de Valois & du Roi Jean, par l'Abbé de Choisy. *Paris*, 1688, *in*-4. *v. b.* } 1....0....

2418 Histoire de Philippe de Valois & du Roi Jean, par l'Abbé de Choisy. *Amsterdam*, 1688, *in*-12. *v. b.* — — — — — — — 1,..0.

2419 Les Prouesses & Vaillances du preux Chevalier Bertrand du Guesclin, jadis Connestable — 8...19

de France. *Lyon, Olivier Arnoullet*, 1529, *in-*4. *goth. v. b.*

2420 Histoire de Bertrand du Guesclin, par Cl. Ménard. *Paris, Seb. Cramoisy*, 1618, *in-*4. *vélin.*

2421 Vie de Bertrand du Guesclin, par le Febvre. *Douay, Balt. Bellere*, 1692, *in-*4. *v. b.*

2422 Histoire de Charles VI, par J. Juvénal des Ursins, édition de Denys Godefroy. *Paris, Imp. Royale*, 1653, *in-fol. v. b.*

2423 Histoire de Charles VI, par J. le Laboureur. *Paris*, 1663, 2 *vol. in-fol. v. b.*

2424 Histoire & Règne de Charles VI, par Mlle. de Lussan. *Paris*, 1753, 9 *vol. in-*12. *en cart.*

2425 Histoire de la vie & des actions mémorables de Jean le Maingre dit Boucicault, Maréchal de France. *Cologne*, 1737, *in-*12. *v.*

2426 Histoire de Charles VII, par Jean Chartier, &c. donnée par Denys Godefroy. *Paris, Imp. Royale*, 1661, *in-fol. v. b.*

2427 Histoire de Charles VII, par Nic. Baudot de Juilly. *Paris*, 1754, 2 *vol. in-*12. *v.*

2428 Histoire mémorable de la vie de Jeanne d'Arc, appellée la Pucelle d'Orléans, par Jean Masson. *Paris*, 1612, *in-*8. *vélin noir.*

2429 Histoire de Jeanne d'Arc, par l'Abbé Lenglet du Fresnoy. *Paris*, 1753, 3 *part.* 1 *vol. in-*12. *v. m. avec fil. d'or.*

2430 Histoire de Louis XI, par Matthieu. *Paris*, 1610, *in-fol. v. b.*

2431 Histoire de Louis XI, aultrement dicte la Chronique Scandaleuse. 1620, *in-*8. *v. f.*

2432 Histoire de Louis XI, par Varillas. *Paris, Cl. Barbin*, 1689, 2 *vol. in-*4. *v. b.*

HISTOIRE.

2433 Histoire de Louis XI, par Duclos. *La Haye*, 1745, 3 vol. in-12. v. b.

2434 Histoire & Règne de Louis XI, par Mlle. Marguerite de Lussan. *Paris, Pissot*, 1755, 6 vol. in-12. en cart.

2435 Le Cabinet du Roi Louis XI, contenant plusieurs fragmens, Lettres missives & secrettes intrigues du Règne de ce Monarque, par T. l'Hermite de Soliers. *Paris*, 1661, in-12. v. f.

2436 Histoire de Charles VIII, par Guil. de Jaligny, André de la Vigne & autres Historiens de ce temps-là, donnée par M. Godefroy. *Paris, Imp. Royale*, 1684, in-fol. v. b.

2437 Histoire de Charles VIII, par Varillas. *Paris, Cl. Barbin*, 1691, in-4. v. b.

2438 Histoire de Charles VIII, par Varillas. *La Haye, Adr. Moetjens*, 1691, in-12. en cart.

2439 Histoire de Louis XII, par Jean d'Auton, & publiée par Théod. Godefroy. *Paris*, 1615, in-4. v. b.

2440 Histoire de Louis XII, par Varillas. *Paris, Cl. Barbin*, 1688, 3 vol. in-4. v. b.

2441 Lettres du Roi Louis XII & du Cardinal d'Amboise, avec plusieurs autres lettres, mémoires & instructions écrites depuis 1504 jusques & compris 1514. *Bruxelles, Fr. Foppens*, 1712, 4 vol. in-12. v. b.

2442 Mémoires de Messire Martin du Bellay, Seigneur de Langey, publiés par René du Bellay. *Paris*, 1569, in-fol. v.

2443 Mémoires de Martin & Guillaume du Bellay-Langey, auxquels on a joint les Mémoires de Fleuranges & le Journal de Louise de Savoye, avec des notes critiques & historiques,

HISTOIRE.

par l'Abbé Lambert. *Paris, Durand*, 1753, 7 vol. *in-12. broch.*

2444 Mémoires du Maréchal de Fleurange sous les Règnes des Rois Louis XII & François I, depuis 1499 jusqu'en 1521, *in-4. manuscrit moderne, v. br.*

2445 Histoire de François I, par Varillas. *La Haye*, 1690, 3 *vol. in-12. en cart.*

2446 Histoire de François I, par M. Gaillard. *Paris, Saillant*, 1766——1769, 7 *vol. in-12. v.*

2447 Le Trespas, Obsèques & Enterrement du Roi François I, avec deux Sermons funèbres, prononcez esd. obsèques, l'ung à Notre-Dame de Paris, l'autre à Saint-Denys en France, par Pierre du Chastel. *Paris, Muguet*, 1674, *in-8. v. m.*

2448 Commentaires de Blaise de Montluc, Maréchal de France, où sont décrits les combats, sièges & faits de guerre signalés depuis 1521 jusqu'en 1574, &c. *Paris*, 1661, 2 *vol. in-12. v.*

2449 Mémoires de François de Boyvin, Baron de Villars, commençans en 1550, & finissans en 1559, avec ce qui se passa les années ensuivantes, sur l'exécution de la paix; en 16 livres. *Lyon, P. Rigaud*, 1610, 2 *vol. in-8. v.*

2450 Histoire de Henry II, par Varillas. *Paris, Cl. Barbin*, 1692, 2 *vol. in-4. v. b.*

2451 Histoire de Henri II. par Varillas. *La Haye, Ad. Moetjens*, 1693, 2 *vol. in-12. en cart.*

2452 Histoire de Henri II, par l'Abbé Lambert, *Paris, Bauche*, 1755, 2 *vol. in-12. v. m.*

2453 Ambassades de MM. de Noailles en Angleterre,

HISTOIRE.

terre, rédigées par feu M. l'Abbé de Vertot. *Leyde*, 1763, 5 vol. *in-*12. *broch.*

2454 Histoire de l'Estat de France, tant de la République que de la Religion, sous François II. 1576, *in-*8. *vélin.* — — — — — — 2 — 19 —

2455 Histoire de Charles IX., par Varillas. *Paris, Cl. Barbin*, 1686, 2 vol. *in* 4. *v. b.*

2456 Histoire de Charles IX, par Varillas. *Cologne, P. Marteau*, 1686, 2 vol. *in*-12. *vélin.* } 1 — 10 —

2457 Mémoires de l'Estat de France sous Charles IX. *Meidelbourg, Henrich Wolf*, 1578, 3 vol. *in* 8. *v. b.* — — — — — — — — 6 — — —

2458 Mémoires de la IIIe. Guerre civile & des derniers Troubles de France sous Charles IX, 1570, *in-*8. *vélin.*

2459 Tableaux gravés en bois, représentant divers événemens relatifs à l'Histoire de France, depuis le dernier juin 1559 jusqu'au 3 octobre 1569. *in-fol. v. j.* (Recueil de gravures fort rare). } 24 — 1 —

2460 La vraie & entiere Histoire de ces derniers troubles advenus, tanten France qu'en Flandres & Pays circonvoisins. *Cologne*, 1571, *in-*8. *en cart.* — — — — — — — — — 1 — — —

2461 Mémoires des troubles arrivés en France sous Charles IX, Henri III & Henri IV, par M. de Villegomblain. *Paris*, 1668, 2 vol. *in* 12. *v. m. d. s. tr. avec fil. d'or.* — — — — 12 — — —

2462 Mémoires de Condé, ou Recueil pour servir à l'Histoire de France sous François II & Charles IX. *Londres, Cl. du Bosse*, 1740, 6 vol. *in*-12. *v. m.* — — — — — — 9 — 2 —

2463 Mémoires de Condé, augmentés de Pieces curieuses, & enrichis de notes historiques 3 — 19 —

S

HISTOIRE.

& critiques, avec le Supplément. *Paris & La Haye*, 1743, 1744, 6 *vol. in*-4. *v. m. avec fig.*

2464 Petits Mémoires de Condé, second volume. *Strasbourg, Pierre Eftiard*, 1565, *in*-12. (Ce volume eft le plus rare des trois).

Henri III & Henri IV.

2465 Hiftoire de Henri III, par de Varillas. *Paris, Cl. Barbin*, 1694, 2 *vol. in*-4. *v. b.*

2466 Hiftoire de Henri III, par de Varillas. *Paris, Cl. Barbin*, 1695, 6 *vol. in*-12. *v. b.*

2467 Journal de Henri III, par Pierre de l'Eftoile; nouvelle édition accompagnée de remarques hiftoriques, &c. *Paris, Pierre Gandouin*, 1744, *in*-8. 5 *vol. v. b.*

2468 Defcription de l'Ifle des Hermaphrodites, nouvellement découverte. *Cologne*, 1724, *in*-8. *v. b.*

2469 Defcription de l'Ifle des Hermaphrodites nouvellement découverte, pour fervir de fupplément au Journal de Henri III. *Cologne, Demen*, 1726, *in*-8. *v. b.*

2470 Journal des chofes mémorables advenues durant le Regne de Henri III. *Cologne, P. Marteau*, 1720, 4 *vol. in*-8. *v. m.*

2471 Les Ambaffades & Négociations du Cardinal du Perron. *Paris, Ant. Eftienne*, 1623, *in-fol. v.*

2472 Mémoire hiftorique & critique fur les principales circonftances de la vie de Roger de S. Lary de Bellegarde, Maréchal de France, par M. Secouffe. *Paris*, 1764–1767, 2 *vol. in*-12. *v.*

HISTOIRE.

2473 Discours de la vie & faits héroïques de M. de la Vallette, Amiral de France sous Henri III & Henri IV, par le sieur de Mauroy. Metz, 1624, in-4. vélin.

2474 Les Remontrances faites à Henri III en 1574, par M. le Duc de Nivernois & de Réthelois. in-8. vélin.

2475 Négotiation de la paix aux mois d'avril & may 1575, contenant la requête & articles présentés au Roi par le Prince de Condé & le Maréchal de Danville, avec la réponse du Roi auxd. articles. 1576, in-8. vélin.

} 1 .... 0 .. 0

2476 La Légende de Charles, Cardinal de Lorraine & de ses freres de la Maison de Guise, par François de l'Isle. Reims, Jacq. Martin, 1576, in-8. v. b. - - - - - - - - - - 2 - - - 5 -

2477 La Légende de Charles, Cardinal de Lorraine & de ses freres de la Maison de Guise, par François de l'Isle. Reims, 1576, in-8. en cart.

2478 Légende de Dom Claude de Guyse, Abbé de Cluny. 1581, in-8. vélin.

} 9 .... 0 .

2479 Le Miroir des François, contenant l'état & maniement des affaires de France, tant de la justice que de la police, avec le Réglement requis par les trois Etats pour la pacification des troubles, &c. par Nicolas de Montand. 1582, in-8. v. - - - - - - - - - - - - -   Rogné
4 .... 8 .

2480 Le Cabinet du Roy de France, dans lequel il y a trois perles précieuses d'inestimable valeur. 1582, in-8. vélin. - - - -   18 .... 0 .

2481 Remontrances au Roi Henri III sur les désordres & miseres de ce Royaume, causes d'icelles, & moyens d'y pourvoir. 1588, in-8. v. .. 1 .... 1 .

S ij

HISTOIRE.

2482 Lettres du Cardinal d'Ossat, avec des notes historiques & politiques d'Amelot de la Houssaie. *Amsterdam, P. Humbert,* 1732, 5 *vol. in* 12. *v.*

2483 Mémoires d'Etat sous Henri III & Henri IV, par M. de Cheverny. *Paris,* 1664, 2 *vol. in*-12. *v. b.*

2484 Mémoire d'Estat de Philippe Hurault, Comte de Chiverny, avec la généalogie de la Maison des Huraults. *Paris, P. Billaine,* 1636, *in*-4. *vélin.*

2485 Mémoires très-particuliers du Duc d'Angoulesme pour servir à l'Histoire d'Henri III & d'Henri IV. *Paris, D. Thierry,* 1667, *in* 12. *v. b.*

2486 Histoire du Mareschal de Matignon, par de Cailliere. *Paris, Aug. Courbé,* 1661, *in-fol. en cart.*

2487 La Fatalité de Saint-Cloud près Paris. 1672, *in*-8. *vélin.*

2488 La Vie de François, Seigneur de la Noue, dit Bras-de-fer, qui sert à l'éclaircissement des choses qui se sont passées en France & au Pays-Bas, depuis le commencement des troubles survenus pour la Religion jusqu'en 1591, par Moyse Amirault. *Leyde, Jean Elzevier,* 1661, *in*-4. *v. b.*

2489 Les Mémoires de la Ligue sous Henri III & Henri IV, depuis 1576 jusqu'en 1598, par Simon Goulart Senlisien. *imprimé en* 1590 & *années suivantes,* ou 1602, 6 *vol. in*-8. *v.*

2490 Mémoires de la Ligue, nouvelle édition augmentée de notes critiques & historiques,

HISTOIRE.

par l'Abbé Goujet. *Amsterdam*, 1758, 6 *vol. in*-4. *v*.

2491 L'Esprit de la Ligue, par l'Abbé Anquetil. *Paris*, *Hériffant*, 1767, 3 *vol. in*-12. *v*. . . . . . 6 . . . 8 .

2492 Moyens d'abus, Entreprises & Nullités du Rescrit & Bulle du Pape Sixte V, du mois de septembre 1585, contre Henri, Roi de Navarre, & Henri de Bourbon, Prince de Condé. 1586, *in*-8. *v. b*. . . . . 1 . . . . 0 .

2493 Histoire d'Henry le Grand, par Hardouin de Perefixe. *Paris*, *Ed. Martin*, 1661, *in*-4. *v. b*.

2494 Histoire du Roy Henri le Grand, par Hardouin de Perefixe. *Paris*, *Th. Jolly*, 1662, *in*-12. *v. b*. } 1 . . . 5 .

2495 Histoire de la Vie de Henri IV, par M. de Bury. *Paris*, *Saillant*, 1767, 4 *vol. in*·12. *v*. . . 6 . . . 4 .

2496 Histoire de Marguerite de Valois, premiere femme de Henri IV, par M. l'Abbé Mongez. *Paris*, 1777, *in*-8. *v*. . . . . 2 . . 19 .

2497 Mémoires de Marguerite de Valois, auxquels on a ajouté son éloge, celui de M. de Bussy & la fortune de la Cour. *Liege*, 1713, *in* 8. *v. f*. . . . . 4 . . . 0 .

2498 Journal du Règne de Henri IV, par Pierre de l'Etoile, avec des remarques du Chevalier C. B. A., &c. *La Haye*, *Vaillant*, 1741, 4 *vol. in*-8. *v. m*. . . . . 18 . . . 1 .

2499 Chronologie novennaire, ou Histoire de la guerre sous Henri IV, depuis l'année 1589, jusques & compris 1598, par Pierre Victor Palma Cayet. *Paris*, 1608, 3 *vol. in*-8. *v. b*. } 72 . . . 0 .

2500 Chronologie septénaire, ou Histoire de la paix entre les Rois de France & d'Espagne de-

S iij

278 HISTOIRE.

puis 1598 jufques & compris 1604, par Pierre Victor Palma Cayet. *Paris*, 1607, *in-8. v.*

2501 Le Mercure François, ou fuite de l'Hiftoire de la paix, commençant en l'année 1605, & finiffant en 1644, par MM. Richer & Théoph. Renaudot. *Paris*, 1611 *& ann. fuiv.*, 26 *vol. in-8. v. b.* (La partie qui manque pour l'ordinaire dans le 19e. vol., eft ici manufcrite).

2502 Recueil tiré des Regiftres de la Cour du Parlement contenant ce qui s'eft paffé concernant les troubles qui commencerent en 1588 & ce qui fut fait en 1594 en la pacification d'iceux. *Paris*, 1652, *in-*4. *v.*

2503 Le Catholicon d'Efpagne, avec le Supplément ou nouvelles des Régions de la Lune. 1600, *in-*12. *v. b.* (Manque le frontifpice).

2504 Satyre Ménippée de la vertu du Catholicon d'Efpagne & de la tenue des Eftatz de Paris. 1604, *in-8. v. b.*

2505 Satyre Ménippée. *Ratisbonne*, Math. Kerner, 1726, 3 *vol. in-8. v. f.*

2506 Sermons de la fimulée converfion de Henri IV, par Jean Boucher. *Jouxte la copie de Paris, chez G. Chaudiere*, 1594, *in-8. v. f.*

2507 Lettre miftique, Refponce, Replique, avec la Cabale miftérielle révélée par fonge, envoyée au P. J. Boucher fuyant en Efpagne. *Leyden*, 1603, *in* 8. *vélin.* (Morceau d'Hiftoire fingugulier, & fervant de pendant au Sermon de la fimulée converfion de Henri IV).

2508 Cenfure d'un livret nagueres imprimé à Paris en forme de dialogue, foubs les noms du Manant & du Maheutre. *Paris*, 1594, *in-8. v.*

2509 Labyrinthe Royal de l'Hercule Gaulois triom-

HISTOIRE. 279

phant, sur le sujet des fortunes, batailles, victoires, &c. de Henry IV représenté à l'entrée de la Royne en la cité d'Avignon, le 19 novembre 1600, avec fig. *Avignon, Jacq. Bromereau, gr. in-4. en cart.* - - - - - - - - 0 - - 0.

2510 L'Anti-Victorieux, par Pierre l'Hostal. 1610, *in-8. v. f.* - - - - - - - 1 - - 0.

2511 Philipiques contre les Bulles & autres pratiques de la faction d'Espagne, pour le Roi Henri le Grand. *Tours, 1611, in-8. v.f. avec fil. d'or.* - - 1 - - 10.

2512 Histoire de France & des choses mémorables advenues aux Provinces étrangeres durant sept années de paix du Regne de Henri IV, par Pierre Mathieu. *Paris, 1614, 2 vol. in-8. vélin n.* - - - - - - - - 1 - - 10.

2513 Discours & Rapport véritable de la conférence tenue entre les Députés de la part du Duc de Mayenne, assemblés à Paris, avec les Députés étants du parti du Roi de Navarre. *Paris, Fed. Morel, 1593, in-8. vélin n.* - - - - 1 - - 10

2514 Mémoires des sages & royales œconomies d'Estat, domestiques, politiques & militaires de Henri le Grand, par Maximilian de Béthune, Duc de Sully. *Amsterdam, édition aux v. verds, 4 tom. 2 vol. in-fol. v. f. avec fil. d'or.* - - - - - 10 - - - 5.

2515 Mémoires des sages & royales œconomies d'Etat, domestiques, politiques & militaires de Henri le Grand, par Maximilien de Béthune, Duc de Sully. *Jouxte la copie d'Amsterdam, 1652, 4 vol. in-12. v.f. avec fil. d'or.* - - - - 3 - - 4.

2516 Mémoires de Sully, mis en ordre, avec des remarques, par l'Abbé de l'Ecluse. *Londres, (Paris), 1747, 9 vol. in-12. avec le Supplément.* - - - - - - - - - - 15 - - 5.

2517 Lettres & Ambassades de Philippes Canaye, Seigneur de Fresne, avec un sommaire de sa vie & le récit du procès criminel du Mareschal de Biron, composée par M. de la Guesle. *Paris, Bobin, 1645, 3 vol. in-fol. v. s. gr. papier.*

2518 Mémoires de MM. de Believre & de Sillery, concernant la négociation du Traité de paix de Vervins en 1598. *Paris, de Sercy, 1676, 2 vol. in-12. v. b.*

2519 Mémoires de la Vie de François Dusson, Seigneur de Bonrepaux, où l'on voit tout ce qui s'est passé de plus considérable pendant les derniers troubles de France au sujet de la Religion, par la Troussiere. *Amsterdam, 1677, in-12. v.*

2520 Articles du Traicté faict en 1604, entre Henri IV & le Sultan Amat, Empereur des Turcs. *Paris, 1615, in-4. vélin.* (En turc & en françois).

2521 Remarques d'Etat & d'Histoire sur la vie & les services de M. de Villeroy, par P. Mathieu. *Lyon, 1618, in-12. v. b.*

2522 Mémoires d'Etat, par M. de Villeroy. *Amsterdam, 1725, 7 vol. in-12. v. b.*

2523 Lettres de Henri IV & de MM. de Villeroy & de Puisieux à Antoine le Fevre de la Boderie, depuis 1606 jusqu'en 1611. *Amsterdam, 1733, 2 vol. in-8. en cart.*

2524 Recueil des excellens & libres discours sur l'Etat présent de la France. *1606, in-12.*

2525 Ambassades de M. de la Boderie en Angleterre, depuis 1606 jusqu'en 1611. *Paris, 1750, 5 vol. in-12. v.*

2526 Mémoires de M. Deageant, contenant plusieurs choses remarquables arrivées depuis les dernieres années de Henri IV jusqu'au commencement du ministere du Cardinal de Richelieu. *Grenoble*, 1668, *in-*12. *v. b.* } 2...19.

2527 Vie de Louis Balbe-Berton de Crillon, surnommé le Brave, &c. *Paris, Pissot*, 1757, 2 *vol. in-*12. *v.*

2528 Les Avantures du Baron de Fœneste. *Au Dézert.* 1630, *in-*8. *vélin.* } 2...0

2529 Les Avantures du Baron de Fœneste, par Théodore Agrippa d'Aubigné. *Cologne*, 1729, 2 *vol. in-*8. *v. b.*

2530 La Plante humaine sur le trépas de Henri IV, où il est traité du rapport des hommes avec les plantes, &c. par Louis d'Orléans. *Paris*, 1612, *in-*8. *mar. v.* (sans frontispice). 1...5.

2531 Histoire de la mort déplorable de Henry IV, ensemble un Poëme, un Panégyrique, un discours funèbre, & un Eloge par P. Mathieu, *Paris, Guillemot*, 1613, *in-*8. *vélin.* 1...16.

2532 L'Intrigue du Cabinet sous Henri IV & Louis XIII, terminée par la Fronde, par M. Anquetil. *Paris, Moutard*, 1780, 4 *vol. in-*12. 6...0.

2533 Réflexions chrétiennes & politiques sur la vie des Roys Henry le Grand & Louys le Juste, par de Ceriziers. *Paris*, 1642, *in-*12. *v. f.* avec fil. d'or. 1...1.

Louis XIII.

2534 Histoire de Louis XIII, par Charles Bernard. *Paris, Aug. Courbé,* 1646, *in-fol. v. f.* 1...14.

2535 Histoire du Regne de Louis XIII, par Mi- 7...10.

HISTOIRE.

chel le Vaſſor, quatrième édition. *Amſterdam, P. Brunel*, 1712, 18 *vol. in* 12. *v. b.*

2536 Hiſtoire de la vie de Louis XIII, par de Bury. *Paris, Saillant*, 1768, 4 *vol. in*-12. *v.*

2537 Les Triomphes de Louis le Juſte XIII du nom, Roy de France & de Navarre. *Paris, Ant. Eſtiene*, 1649, *in-fol. gr. pap. v. b.*

2538 Mémoires de la Régence de la Reyne Marie de Médicis, connus ſous le nom de Mémoires d'Eſtrées. *Paris*, 1666, *in* 12. *v. b.*

2539 Mémoires contenant les affaires de France ſous la Régence de Marie de Médicis, avec un journal des conférences de Loudun. *La Haye*, 1720, 2 *vol. in*-8. *v. b.*

2540 Hiſtoire de la mere & du fils, c'eſt à-dire, de Marie de Médicis & de Louis XIII, par Fr. Eudes de Mézeray. *Amſterdam, M. Ch. le Cene*, 1731, 2 *vol. in*-12. *v. b.*

2541 Vie de Marie de Médicis, par Madame Thiroux d'Arconville. *Paris, Ruault*, 1774, 3 *vol. in*-8. *v. avec fil. d'or.*

2542 Mémoires pour ſervir à l'Hiſtoire d'Anne d'Autriche, épouſe de Louis XIII, par Madame de Motteville. *Amſterdam, Changuion*, 1723, 5 *vol. in*-12. *v. b.*

2543 Mémoires pour ſervir à l'Hiſtoire d'Anne d'Autriche, épouſe de Louis XIII, par Madame de Motteville. *Amſterdam, François Changuion*, 1723, 5 *vol. in*-12.

2544 Mémoires de M. le Duc d'Orléans, contenant ce qui s'eſt paſſé de plus conſidérable en France, depuis 1608 juſqu'en 1636, rédigés par Etienne Algay de Martignac. *Paris*, 1685, *in*-12. *v. b.*

HISTOIRE.

2545 Mémoires du Duc d'Orléans. *Paris*, 1685, *in* 12. *v. f.* (Le frontispice manque). . . . . . 1...11.

2546 Mémoires de feu le Duc d'Orléans, contenant ce qui s'est passé en France de plus remarquable depuis 1608 jusqu'en 1636, publiés par Est. Algay de Martignac. *La Haye, Chr. Van Lom*, 1717, *in* 16. *v. f.* . . . . 2...9.

2547 La Conjuration de Conchine. *Paris, Pierre Rocolet*, 1618, *in* 8. *vélin.* . . . . 2...14.

2548 Le Chant du Cocq François, au Roi, où sont rapportées les Prophéties d'un Hermite Allemand de nation, dont aucunes déja accomplies, & les autres prédisent que le Roy doit réunir toutes les fausses Religions à la Catholique, & se rendre Empereur de l'Univers. *Paris*, 1621, *in*-8. *v.* . . . . 3...19.

2549 Historiarum Galliæ, ab excessu Henrici IV, usque ad annum 1629, Libri XVIII, autore Gab. Bartholom. Gramondo. *Moguntiæ*, 1673, *in* 8. *vélin.* . . . . 1...4.

2550 Mémoires du Duc de Rohan sur les choses advenues en France depuis la mort d'Henri IV jusqu'au mois de juin 1629. *Paris*, 1661, *in*-12. *v. b.*

2551 Mémoires du Duc de Rohan, depuis la mort de Henri IV jusqu'en 1629. *Amsterdam*, 1756, 4 part. 2 vol. *in*-12. *v. m.*
} 2...8..

2552 Mémoires & Lettres de Henri, Duc de Rohan, sur la guerre de la Valteline, publiés par M. le Baron de Zur Lauben. *Paris, Vincent*, 1758, 3 vol. *in*-12. *v.* . . . . . . 3...0.

2553 Histoire de Henri, Duc de Rohan, Pair de France. *Paris, de Sercy*, 1666, *in*-12. *v.* } 1...1.

HISTOIRE.

2554 Histoire de Henri, Duc de Rohan. *Suivant la copie de Paris*, 1667, *in-*12. *v. b.*

2…8. 2555 Mémoires & la Vie du Baron de Sirot, sous les Regnes de Henry IV, Louis XIII & Louis XIV. *Paris, Cl. Barbin*, 1683, 2 *vol. in-*12. *v. b.*

4…10. 2556 Recueil des Pieces les plus curieuses qui ont été faites pendant le Regne du Connétable de Luyne. 1625, *in-*8. *v.*

3…2. 2557 Vie du Cardinal de Richelieu, par Jean le Clerc. *Cologne*, 1696, 2 *vol. in-*12. *v. f. d. f. tr.*

3…16. 2558 Mémoires pour l'Histoire du Cardinal de Richelieu, recueillis par Aubery. *Paris, Ant. Bertier*, 1660, 2 *vol. in-fol. v. m.*

2…19. 2559 Journal du Cardinal de Richelieu, ès années 1630 & 1631. *Sur l'imprimé à Paris*, 1652, 2 *vol. in-*12. *v. b.*

2…0. 2560 Anecdotes du Ministere du Cardinal de Richelieu & du Regne de Louis XIII, trad. de l'italien par M. de V***. *Amsterdam*, 1717, 2 *vol. in-*12. *v. b.*

1…0. 2561 Illustres Cardinales, Armandus D. de Richelieu & Mazarinus, sive Historia de Ministerio DD. Card. Richelii & Mazarini, ab anno 1624 usque ad hæc tempora, cum observationibus politicis. *Francofurti ad Mœnum*, 1652, 2 *vol. in-*8.

1…0. 2562 Les Vérités Françoises opposées aux calomnies Espagnolles, ou Réfutation des impostures contenues en la Déclaration imprimée à Bruxelles, sous le nom du Cardinal Infant, par le sieur de Beinville. *Beauvais*, 1636, *in-*8, *vélin*. (Piece rare).

HISTOIRE.

2563 Les Vérités Françoises opposées au calomnies Espagnoles. *Beauvais*, 1637, 2 *part.* 1 *vol. in* 8. *vélin.*

2564 Mémoires de M. le Comte de Rochefort, contenant ce qui s'eft paffé de plus particulier fous le Miniftere du Cardinal de Richelieu & du Cardinal Mazarin. *Cologne*, 1688, *in*-12. *v. b.* — 1...0.

2565 Mémoires de M. de B ***., Secretaire de M. le Cardinal de Richelieu, depuis 1622 jufqu'en 1636, par Gatien de Corutily. *Amfterdam, Schetten*, 1711, 2 *vol. in*-12. *v. b.* — 1...6.

2566 Mémoires de M. de Montchal, contenant des particularités de la vie & du miniftere du Cardinal de Richelieu. *Amfterdam*, 1718, 2 *tom.* 1 *vol. in*-12. *v. b.*

2467 Le Véritable Pere Jofeph, Capucin, contenant l'hiftoire anecdote du Cardinal de Richelieu. *A S. Jean de Maurienne*, *Gafp. Butler*, 1750, 2 *vol. in*-12. *v. b.*

} 3..12.

2568 Hiftoire de la Vie du Connetable de Lefdiguieres, par Louis Videl fon fecretaire. *Paris*, 1638, *in-fol.* — 1...17.

2569 Hiftoire du Maréchal de Toiras, fous le Regne de Louis XIII. *Paris*, 1666, 2 *vol. in*-12. *v. b.* — 1...0.

2570 Hiftoire du Maréchal de Guebriant, avec l'hiftoire généalogique de fa Maifon, par Jean le Laboureur. *Paris, P. Lamy*, 1657, *in-fol. v. b.* — 1...6.

2571 Hiftoire de Henri II, dernier Duc de Montmorency, par M. C. D. *Paris*, 1699, *in*-12. *v.*

2572 Les Mémoires de feu M. le Duc de Guife. *Cologne*, 1668, 2 *part.* 1 *vol. in*-12. *vélin.*

} 1...8.

HISTOIRE.

2573 Ambassade de MM. les Duc d'Angoulesme, Comte de Béthune, & de Préaux Chasteau-Neuf, envoyés par Louis XIII en 1620, vers l'Empereur Ferdinand II. *Paris*, 1667, *in-fol. v. b.*

2574 La Voix gémissante du Peuple Chrétien & Catholique, sur les désastres & miseres des guerres de ce temps. *Paris*, 1640, *in-4. vélin.*

2575 Histoire de la guerre des Huguenots, faicte en France sous Louis XIII, par le Baron de Chabans. *Paris, T. du Bray*, 1634, *in-4. vélin.*

2576 Le fidele Historien des affaires de France depuis décembre 1620 jusqu'en 1623, par le sieur de Franville. *Paris*, 1623, *in-8. vélin.*

2577 Le fidele Historien des affaires de France, depuis 1620 jusqu'en 1623, recueilly par le sieur de Franville. *Paris, Touss. du Bray*, 1623, *in-8. v. f. avec fil.*

2578 Le Maréchal d'Ornano, Martyr d'Estat. 1643, *in-4. vélin.*

2579 Mémoires de Henri Charles de la Trémoille, Prince de Tarente. *Liege, J. F. Bassompierre* 1767, *in-12. v.*

2580 Mémoires de M. de la Porte, contenant plusieurs particularités des Regnes de Louis XIII & de Louis XIV. *Geneve*, 1755, *in 12. v. m.*

2581 Mémoires de M. le Comte de Brienne, contenant les événemens les plus remarquables du Regne de Louis XIII & de celui de Louis XIV jusqu'à la mort du Cardinal Mazarin. *Amsterdam*, 1720, 2 *vol. in-12. v. b.*

2582 Mémoires de Jacques de Chastenet, Seigneur de Puysegur, sous les Regnes de Louis XIII & de Louis XIV, donnés au public par M. du Chesne. *Paris*, 1747, 2 *vol. in-12. v.*

HISTOIRE.

2583 Mémoires de Robert Arnauld d'Andilly, écrits par lui-même. *Hambourg*, 1734, 2 part. 1 *vol. in-*8. *v.*

2584 Ambassades & Négociations de M. le Comte d'Estrades en Italie, en Angleterre & en Hollande, depuis 1637 jusqu'en 1662. *Amsterdam*, 1718, *in-*12. *v. b.*

} 1 - - 12 - -

Louis XIV.

2585 Histoire du Regne de Louis XIV, par H. P. de Limiers. *Amsterdam*, 1720, 3 vol. *in-*4. *v. b.*   3 - - - - -

2586 Histoire de France sous le Regne de Louis XIV, par de Larrey. *Rotterdam*, 1722, 2 vol. *in-*4. *v. m.*   2 - - - 8 - -

2587 Histoire de la Vie & du Regne de Louis XIV, publiée par Bruzen de la Martiniere. *La Haye*, 1740—1742, 5 *vol. in-*4. *v. m.*   8 - - - 10 -

2588 Histoire du Regne de Louis XIV, par M. Reboulet. *Avignon*, 1744, 3 *vol. in-*4. *v.*   3 - - - 10 -

2589 Histoire du Regne de Louis XIV, par Reboulet. *Avignon, Fr. Girard*, 1746, 9 vol. *in-*12. *v. b.*   4 - - - 4 -

2590 Histoire en abrégé de Louis XIV, par le Comte de Bussy-Rabutin. *Paris*, 1699, *in-*12. *v.*   1 - - - 0 -

2591 Histoire abrégée de Louis XIV, par M. de Rabutin, Comte de Bussy. *Amsterdam*, 1700, *in-*12. *v.*   1 - - - 10 -

2592 Mémoires & Réflexions sur les principaux événemens du Regne de Louis XIV, par M. le Marquis de la Farre. *Amsterdam*, 1749, *in-*12. *v.*   1 - - - 0 -

2593 Mémoires pour servir à l'Histoire de Louis XIV, par le sieur de Vizé, 1697-1703, 10 vol. *in-fol. mag. v. b. d. s. tr.*   52 - - - 19 -

HISTOIRE.

2594 Mémoires pour servir à l'Histoire de Louis XIV, par l'Abbé de Choisy. *Utrecht*, 1727, *in*-12. *v. f.*

2595 Histoire de Mademoiselle de la Charce, ou Mémoires de ce qui s'est passé sous le Regne de Louis XIV. *Paris, P. Gandouin*, 1731, *in*-12. *v. m.*

2596 Histoire de Louis XIV, depuis 1661 jusqu'en 1678, par M. Pellisson. *Paris*, 1749, 3 *vol. in*-12. *v.*

2597 Lettres historiques de M. Pellisson, depuis 1670 jusqu'en 1688. *Paris, Fr. Didot*, 1729, 3 *vol. in*-12. *v. b.*

2598 Essai sur l'Histoire du Regne de Louis le Grand jusqu'en 1697, par le Gendre. *Paris*, 1697, *in*-4. *gr. pap. v.*

2599 Histoire de la Monarchie Françoise sous Louis XIV, par M. de Riencourt. *Paris*, 1690, 2 *vol. in*-12. *v. b.*

2600 La Monarchie universelle de Louis XIV, trad. de l'italien de M. Leti. *Amsterdam*, 1701, 2 *vol. in*-12. *v. b.*

2601 Médailles sur les principaux événemens du Regne de Louis XIV, avec des explications Historiques. *Paris, Imprim. Royale*, 1702, *in*-4. *v. b.* (La préface de l'édition *in-fol.* est ajoutée ici en manuscrit).

2602 Médailles sur les principaux événemens du Regne entier de Louis le Grand, avec des explications historiques. *Paris, Imp. Royale*, 1723, *in-fol. mar. r. d. sur. tr. avec fil. d'or.* (La préface s'y trouve).

2603 L'Esprit de la Fronde, ou Histoire politique & militaire des troubles de France pendant

HISTOIRE.

dant la minorité de Louis XIV. *Paris*, 1772, 1773, 5 *vol. in*-12. *v.*

2604 Hiſtoire du temps, ou le véritable récit de ce qui s'eſt paſſé dans le Parlement depuis le mois d'aouſt 1647 juſqu'au mois d'avril 1649. 1649, 2 *part.* 1 *vol. in*-12. *v. f.*

2605 Hiſtoire de la priſon & de la liberté de M. le Prince. *Paris, Aug. Courbé*, 1651, *in*-4. vélin.

2606 Les Affaires qui ſont aujourd'hui entre les Maiſons de France & d'Autriche. 1648, *in*-12. *v.*

2607 Hiſtoire du Cardinal Mazarin, par Aubery. *Paris, D. Thierry*, 1688, 2 *vol. in*-12. *v. b.*

2608 Recueil de Maximes véritables & importantes pour l'inſtruction du Roy contre la politique du Cardinal Mazarin, prétendu ſur-Intendant de l'éducation de Sa Majeſté. *Paris*, 1652, *in*-8. *v. b. avec fil. d'or.*

2609 Recueil de Maximes véritables & importantes, pour l'inſtruction du Roy contre la politique du Cardinal Mazarin, prétendu ſur-Intendant de l'éducation de Sa Majeſté. *Paris*, 1653, *in*-12. *v. b.*

2610 Jugement de tout ce qui a été imprimé contre le Cardinal Mazarin, par Gab. Naudé. *in*-4. *gr. pap. v. b. 718 pag.*

2611 Lettres, Mémoires & Négociations de M. le Comte d'Eſtrades, depuis l'année 1637 juſqu'en 1668, dans leſquelles ſont compris l'achat de Dunkerque en 1662, & pluſieurs autres pieces curieuſes. *La Haye*, 1719, 6 *vol. in*-12. *broch.*

2612 Recueil hiſtorique contenant diverſes pieces

HISTOIRE.

curieuses de ce temps. *Cologne, Christ. Van Dyck*, 1666, *in*-12. *v. b.*

2613 Histoire des démêlés de la Cour de France avec la Cour de Rome, au sujet de l'affaire des Corses en 1662, avec les preuves, la pyramide & l'inscription, par l'Abbé Régnier Desmarais. *Paris, Impr. Royale*, 1707, *in*-4. broch.

2614 Les Risées de Pasquin, ou l'Histoire de ce qui s'est passé à Rome entre le Pape & la France, dans l'Ambassade de M. de Crequi, avec autres entretiens touchant les plus secrettes affaires de plusieurs Cours de l'Europe. *Cologne*, 1674, *in*-12. *v. b.*

2615 Histoire du Traité de paix conclu à Saint Jean-de-Luz, entre les deux Couronnes (la France & l'Espagne) en 1659, trad. de l'italien du Comte Galeazzo Gualdo Priorato. *Cologne*, 1665, *in*-12. *v. b.*

2616 Histoire du Traité de la paix conclue sur la frontiere d'Espagne & de France entre les deux Couronnes en 1659, avec un Recueil de diverses matieres concernantes le sieur Duc de Lorraine. *Cologne*, 1665, *in*-12. *v. br.*

2617 Histoire de la paix conclue sur la frontiere de France & d'Espagne entre les deux Couronnes en 1659, avec un Recueil de diverses matieres concernant le sieur Duc de Lorraine. *Cologne*, 1667, *in*-12. *v.*

2618 Mémoires de M. de Lyonne au Roy, interceptez par ceux de la garnison de Lille la campagne passée. — Remarques sur le procédé de la France, touchant la négociation de la paix. — Suite des fausses démarches de la France sur la négociation de la paix. 1668, *in*-16. *vélin.*

HISTOIRE.

2619 Le Politique du temps, ou Conseil fidele sur les mouvemens de la France tiré des événemens passés, pour servir d'instruction à la triple Ligue. *Charle-Ville*, 1671, *in-12. vélin.*

2620 Le vrai Intérêt des Princes Chrétiens, contre les prétentions d'un Roi ambitieux (Louis XIV) qui voudroit s'assujettir tous les Etats de l'Europe. *Strasbourg*, 1686, *in-12. v. f. avec fil. d'or.*

2621 Histoire de la décadence de la France, prouvée par sa conduite. *Cologne*, 1687, *in-12. v. b.*

2622 La Cour de France turbanifée, & les trahisons démasquées, en trois part., par M. L. B. D. E. D. E. *Cologne*, 1687, *in-12. v. éc. d. f. tr. avec fil. d'or.*

2623 L'esprit de la France & les Maximes de Louis XIV découvertes à l'Europe. *Cologne*, 1688, *in-12. v. b.*

2624 Les Soupirs de la France esclave qui aspire après la liberté. *Amsterdam*, 1690, *in-4. m. r. d. f. tr.* (Exemplaire complet d'un livre fort rare).

2625 La Pierre de touche de la Lettre à M. le Marquis de ***, sur un livre intitulé les Soupirs de l'Europe. 1712, *in-12. v.*

2626 Le Salut de l'Europe considéré dans un état de crise, avec un avertissement aux Alliez sur les conditions de paix que la France propose aujourd'hui. *Cologne*, 1694. — Réponse à l'écrit de M. le Comte d'Avaux, touchant les conditions de paix que la France offre aux Alliez. 1694. — Miroir historique de la Ligue de 1464, où peut se reconnoître la Ligue de 1694. *Cologne*, 1694, *in-12. v. b.*

2627 Le Salut de l'Europe considéré dans un

HISTOIRE.

état de crise, avec un avertissement aux Alliés sur les conditions de paix que la France propose aujourd'hui. *Cologne*, 1694, *in*-12. *v. b.*

2628 Histoire de Madame Henriette d'Angleterre, premiere femme de Philippe de France, Duc d'Orléans, par Madame de la Fayette. *Amsterdam*, 1720, *in*-12. *v. avec le portrait.*

2629 Histoire de Madame Henriette d'Angleterre, premiere femme de Philippe de France, Duc d'Orléans, par Madame de la Fayette. *Amsterdam*, 1720, *in*-12. *v. f.*

2630 Luxembourg apparu à Louis XIV la veille des Rois, sur le rapport du P. la Chaise, fait à la Société. *Cologne*, 1695, *in*-12. *fig. v. b.*

2631 La Chasse au loup de Monseigneur le Dauphin, ou la Rencontre du Comte du Rourre dans les plaines d'Anet. *Cologne, Pierre Marteau*, 1695, *in*-12. *v. b.*

2632 Lettres de Louis XIV au Comte de Briord, Ambassadeur de Sa Majesté auprès des Etats généraux, dans les années 1700 & 1701. *La Haye*, 1728, *in*-12. *v.*

2633 Le Détail de la France sous le Regne présent, nouvelle édition augmentée. 1707, 2 *part.* 1 *vol. in*-12. *v. b.*

2634 Histoire secrete des intrigues de la France en diverses Cours de l'Europe, trad. de l'anglois. *Londres*, 1713, 1714, 3 *tom.* 1 *vol. in*-8. *v. f.*

2635 La véritable Vie d'Anne-Genevieve de Bourbon, Duchesse de Longueville. *Amsterdam, J. F. Jolly*, 1739, 2 *tom.* 1 *vol. in*-12. *v. marb.*

2636 Vie de J. B. Colbert, Ministre d'Etat. *Cologne*, 1695, *in*-12. *v. b.*

2637 Entretiens de M. de Colbert avec Bouin,

HISTOIRE.

fameux Partifan, fur plufieurs affaires curieufes. Cologne, 1701, 2 vol. in-12. v.

2638 Mémoires du Maréchal de Baffompierre. Cologne, 1665, 1666, 2 vol. in-12. v.

2639 Ambaffades du Maréchal de Baffompierre en Efpagne, en Suiffe & en Angleterre, en 1621, 1625, 1626. Cologne, 1668, 2 vol. in-12. v. b.   2..0

2640 Ambaffade du Maréchal de Baffompierre en Efpagne, l'an 1621. Cologne, 1668, in-12. v. f. avec fil. d'or.

2641 Mémoires de M. l'Abbé Arnauld, depuis 1634, jufqu'en 1675. Amfterdam, 1756, 3 part. 1 vol. in-12. en cart.   1..19

2642 Mémoires du Marquis de Montglat, depuis la déclaration de la guerre jufques à la paix des Pirennées en 1660. Amfterdam, 1728, 4 vol. in-12. v.   3..16

2643 Mémoires de M. le Marquis de Chouppes. Paris, 1753, 2 vol. in-12. v.   2..9

2644 Mémoires de la Porte, contenant plufieurs particularités des Regnes de Louis XIII & de Louis XIV. Geneve, 1756, in-12. en cart.   1..0

2645 Mémoires de M. de Gourville, depuis 1642 jufqu'en 1698. Paris, Ganeau, 1724, 2 vol. in-12. v. b.   5..10

2646 Mémoires de M. de Montrefor. Cologne, 1664, 2 vol. in-12. v. b.   3..7

2647 Mémoires de M. le Duc de Nevers. Paris, Louis Billaine, 1665, 2 vol. in-fol. v.   13..10

2648 Mémoires de Mademoifelle de Montpenfier, nouvelle édition augmentée. Amfterdam. 1746, 8 vol. in-12. v.   16..4

2649 Mémoires du Cardinal de Retz, avec fon   15..10

T iij

portrait. *Amsterdam, J. Fr. Bernard*, 1731 ; 4 *vol. in*-8. *v.*

2650 Mémoires de Joly pour servir d'éclaircissement & de suite aux Mémoires du Cardinal de Retz. *Amsterdam*, 1718, 2 *tom.* 1 *vol. in*-12. *v. b.*

2651 Mémoires de la Duchesse de Nemours jusqu'à la prison du Cardinal de Retz en 1652. *Amsterdam, J. Fr. Bernard*, 1738, *in*-8. *v. b.*

2652 Mémoires de M. de la Rochefoucault sur les brigues à la mort de Louis XIII, les guerres de Paris & de Guienne, & la prison des Princes. *Cologne*, 1662, *in*-12. *v. b.*

2653 Mémoires de la minorité de Louis XIV, par M. le Duc de la Rochefoucault. *Trevoux*, 1754, 2 *vol. in*-12. *v.*

2654 Mémoires secrets de la Cour de France, contenant les intrigues du Cabinet pendant la minorité de Louis XIV, par de Saint-Jorry. *Amsterdam*, 1733, 3 *vol. in*-12.

2655 Mémoires de Lenet, contenant l'Histoire des guerres civiles des années 1649 & suiv. & principalement celles de Guienne & autres Provinces. 1729, 2 *vol. in*-12. *v. b.*

2656 Mémoires de la Vie de Frédéric Maurice de la Tour d'Auvergne, Duc de Bouillon, &c. *Amsterdam, Adrian Brackman*, 1693, *in*-16. *v. b.*

2657 Mémoires du Duc de Navailles & de la Valette. *Amsterdam, J. Malherbe*, 1701, *in*-12. *v. b.*

2658 Mémoire du Chevalier de Terlon, pour rendre compte au Roi de ses négociations depuis l'année 1656 jusqu'en 1661. *Suiv. la co-*

HISTOIRE. 295

pie imprim. à Paris, chez L. Billaine, 1682, 2 vol. *in*-16. *vélin.*

2659 Mémoires de M. le Duc de Montaufier, Gouverneur de M. le Dauphin, écrits sur les Mémoires de Madame la Duchesse d'Uzès sa fille, par N***. avec la guirlande de Julie, pour Mlle. de Rambouillet, depuis Duchesse de Montaufier. *Paris*, 1736, *in*-8. *v.* - - - - - - - - - - - -

2660 Mémoires de Roger de Rabutin, Comte de Buffy, nouv. édition augmentée. *Amsterdam, Zach. Chatelain*, 1731, 2 *vol. in*-12. *v. m.* - - - - - - - - - - - - - - - 2 . . . 10.

2661 Mémoires de M. de Bordeaux, par Gatien des Courtilz. *Amsterdam*, 1758, 4 *vol. in*-12. *v.* . . 3 . . . 0.

2662 Mémoires du Comte de Brienne. *La Haye, Marthior*, 1721, 2 *vol. in*-12. *v. b.* - - - - - 1 . . . 0.

2663 Mémoires de M. de St. Hilaire, contenant ce qui s'est passé de plus considérable en France depuis le décès du Cardinal Mazarin jusqu'à la mort de Louis XIV. *Amsterdam, Merkus*, 1766, 4 *vol. in*-12. *v.* - - - - - - - - - - 3 . . . 6.

2664 Mémoires du Maréchal de Tourville. *Amsterdam, Fr. Girardi*, 1742, 3 *vol. in*-12. *v. b.* . . 3 . . . 8.

2665 Mémoires de Gaspard, Comte de Chavagnac. *Besançon, F. L. Rigoine*, 1699, *in*-12.

2666 Mémoires de Gaspard, Comte de Chavagnac, troisieme édition corrigée. *Amsterdam*, 1701, *in*-12. — La Guerre d'Italie, ou les Mémoires du Comte D***., nouvelle édition augmentée. *Cologne, P. Marteau*, 1707, *in*-12. *vélin.* } 1 . . . 10.

2667 Mémoires du Maréchal de Gramont, publiés par le Duc de Gramont son fils. *Paris*, 1716, 2 *vol. in*-12. *v.* - - - - - - - - - - - 2 . . . 3.

HISTOIRE.

2668 Mémoires de M. Omer Talon, Avocat général. *La Haye, Goſſe*, 1732, 8 *vol. in*-12. *v. m.*

2669 Mémoires de la Cour de France pour les années 1688 & 1689, par Madame de la Fayette. *Amſterdam, J. Fr. Bernard,* 1731,*in*-12.

2670 Mémoires du Marquis de Feuquiere. *Paris, Rollin*, 1750, 4 *vol. in*-12. *v.*

2671 Lettres & Négociations du Marquis de Feuquiere. *Amſterdam*, 1753, 3 *vol. in*-12. *v.*

2672 Lettres & Négociations du Marquis de Feuquiere en 1633 & 1634. *Paris*, 1753, 3 *vol. in*-12. *baſ.*

2673 Mémoires de Charles Perrault, contenant beaucoup de particularités & d'anecdotes du Miniſtere de M. Colbert. *Avignon*, 1759, *in*-12. *v.*

2674 Mémoires ou Eſſai pour ſervir à l'Hiſtoire de M. le Marquis de Louvois, Miniſtre & Secretaire d'Etat. *Amſterdam*, 1740, *in*-12. *v. b.*

2675 Mémoires du Marquis de Langallery. *La Haye, Dan. Aillaud*, 1743, *in*-12. *v. m.*

2676 Mémoires de Meſſire Jean-Baptiſte de la Fontaine, Brigadier & Inſpecteur général des Armées du Roi. *Cologne, P. Marteau*, 1699, *in*-12. *v. b.*

2677 Mémoires du Marquis de Montbrun, enrichis de fig. *Amſterdam, Nic. Chevalier*, 1701, *in*-16. *v. b.*

2678 Mémoires de M. de la Colonie, avec les aventures & les combats de l'Auteur. *Bruxelles*, 1737, 2 *vol. in*-12. *en cart.*

2679 Mémoires de M. d'Artagnan. *Cologne, P. Marteau*, 1700, 3 *vol. in*-12. *v.*

2680 Lettres & Mémoires de Madame de Main-

HISTOIRE.

tenon, publiés par la Baumelle. *Amsterdam*, 1755, 1756, 15 *vol. in-*12. *pap. fort. v.*

2681 Mémoires de l'Abbé de Montgon. 1750, 6 *vol. in-*12. *v.*

2682 Recueil de Lettres & Mémoires écrits par M. l'Abbé de Montgon, concernant les négociations dont il a été chargé. *Liege*, *J. Fr. Broncart*, 1732, *in-*12. *v. m.*

2683 Mémoires de du Guay-Trouin. *Amsterdam, Pierre Mortier*, 1740, *in-*4. *v. m.*

2684 Mémoires de M. du Guay-Trouin. *Amsterdam*, 1756, *in-*12. *en cart.*

2685 Histoire militaire du Regne de Louis XIV, par M. le Marquis de Quincy. *Paris, Mariette*, 1726, 7 *vol. in-*4. *v. b.*

2686 Recueil de Lettres pour servir d'éclaircissement à l'Histoire militaire du Regne de Louis XIV. *Paris, Boudet*, 1760—1764, 8 *vol. in-*12. *v.*

2687 Histoire de Louis de Bourbon II du nom, Prince de Condé, par P ***., seconde édition augmentée. *Cologne*, 1694, *in-*12.

2688 Histoire de Louis de Bourbon II du nom, Prince de Condé, ornée de plans, de sièges & de batailles, par M. Désormeaux. *Paris, Saillant*, 1766-1768, 4 *vol. in-*12. *v.*

2689 La Bataille de Lents (20 août 1648). *Paris, Imprim. Royale*, 1649, *in-fol. v. m.*

2690 Mémoires des expéditions militaires faites en Allemagne, en Hollande & ailleurs, depuis le Traité d'Aix-la-Chapelle jusqu'à celui de Nimégue. *Paris*, 1734, 2 *vol. in-*12. *v.*

2691 Histoire de la campagne de M. le Prince de Condé en Flandre, en 1674, par le Che-

298 HISTOIRE.

valier de Beaurain. *Paris , Ant. Jombert* , 1774, *in fol. v. f. d. f. tr. avec fil.*

2692 Histoire & Mémoires du Vicomte de Turenne, par M. de Ramsay. *La Haye*, 1736, 4 vol. *in-*8. *v.*

2693 Mémoires des deux dernieres Campagnes de M. de Turenne en Allemagne. *Strasbourg*, 1734, *in-*12. *v. b.*

2694 Histoire du Maréchal de Fabert, Gouverneur de la Ville & Château de Sedan. *Amsterdam*, 1697, *in-*12. *v.*

2695 Mémoires pour servir à la Vie du Maréchal de Catinat. *Paris, veuve Duchesne*, 1775, *in-*12.

2696 Journal véritable du siège de Philisbourg, par de Rigauville. *Fribourg en Brisgau, J. J. Wehrlin*, 1679, *in-*12. *vélin.*

2697 Relation véritable de la Campagne des Allemans, de l'année 1690. *Liege, J. le Blanc*, 1691, *in-*16. *vélin.*

2698 Campagne de Hollande en 1672, sous les ordres de M. le Duc de Luxembourg. *La Haye,* 1759, *in-fol. en cart.*

2699 Journal des marches, campemens, batailles, sièges & mouvemens des armées du Roi en Flandre, & de celles des Alliés depuis 1690, jusqu'en 1694 inclusivement, par le sieur Vaultier. *Paris,* 1740, *in-*12. *v. b.*

2700 Histoire militaire de Flandre, depuis l'an 1690 jusqu'en 1694 inclusivement, par le Chevalier de Beaurain. *Paris*, 1755, 3 *tom.* 2 *vol. in-fol. v. f. avec fil. d'or.*

2701 Relation de la campagne de Flandre &

du siège de Namur en l'année 1695, avec des cartes & des plans. *La Haye*, 1696, *in-fol. en cart.*

2702 Campagne du Maréchal de Villars & de Maximilien-Emmanuel, Electeur de Baviere en Allemagne, en 1703, par M. Carlet de la Roziere. *Paris, Merlin,* 1766, *in-12. broch.*

2703 Campagne du Maréchal de Villars en Allemagne, en 1703. *Amsterdam, Michel Rey,* 1762, 2 *vol. in-12. v.*

2704 Campagne du Maréchal de Marsin en Allemagne en 1704. *Amsterdam, Michel Rey,* 1762, 3 *vol. in-12. v.*

2705 Campagne du Maréchal de Tallard en Allemagne, en 1704. *Amsterdam, Michel. Rey,* 1763, 2 *vol. in-12. v.*

Louis XV.

2706 Précis du siècle de Louis XV, par M. de Voltaire. *Geneve,* 1769, 2 *tom.* 1 *vol. in-12. v. m.*

2707 Panégyrique de Louis XV. 1748, *in-8. gr. pap. v.*

2708 Médailles du Regne de Louis XV, par Godonnesche. *in-fol. v. b.*

2709 Médailles du Regne de Louis XV. *in-fol. v.*

2710 Histoire des conquêtes de Louis XV, depuis 1744 jusqu'à la paix conclue en 1748, par M. Dumortous. *Paris,* 1759, *in-fol. v.*

2711 Monumens érigés à la gloire de Louis XV, par M. Patte. *Paris, Desaint,* 1765, *in-fol. v. m.*

2712 Mémoires de la Régence du Duc d'Orléans, durant la minorité de Louis XV. *La Haye,* 1729, 3 *vol. in-12. v. f.*

HISTOIRE.

2713 Histoire du système des finances sous la minorité de Louis XV, pendant les années 1719 & 1720. *La Haye*, 1739, 3 *vol. in*-12. *v. f.*

2714 Histoire générale & particuliere du Visa. *La Haye*, 1743, 4 *vol. in*-12. *v. f.*

2715 Journal historique du voyage de S. A. S. Mademoiselle de Clermont, depuis Paris jusqu'à Strasbourg; du mariage du Roi & du voyage de la Reine depuis Strasbourg jusqu'à Fontainebleau, par le Chevalier Daudet. *Châlons*, 1725, *in*-12. *v.*

2716 Vie de Louis IX, Dauphin de France, depuis 1729 jusqu'en 1767, par l'Abbé de Villiers. *Paris*, 1769, *in*-12. *v. ec. d. f. tr. avec fil. d'or.*

2717 Mémoires de M. le Duc de Villars, depuis 1670 jusqu'en 1734. *La Haye*, 1736, 3 *vol. v. m.*

2718 Mémoires du Maréchal de Berwick. *La Haye*, 1737, 2 *vol. in*-12. *v. b.*

2719 Mémoires du Maréchal de Berwick, écrits par lui-même. *Paris*, 1778, 2 *vol. in*-12. *v.*

2720 Mémoires de Madame de Staal. *Paris, Rozet*, 1767, 3 *vol. in*-12. *v.*

2721 La Vie politique & militaire de M. le Maréchal de Belle-Isle, publiée par M. D. C**. *La Haye*, 1762, *in*-8. *demi-rel.*

2722 Campagnes de MM. de Maillebois, Broglie & Belle-Isle en Westphalie, Bohême & Baviere, en 1741, 1742, 1743. Campagnes de MM. de Noailles & Coigny en Allemagne, 1743, 1744. *Amsterdam, M. M. Rey*, 1760-1773, 20 *part.* 16 *vol. in*-12. *dont 6 reliés.*

2723 Histoire des campagnes du Maréchal de Maillebois en Italie, pendant les années 1745

HISTOIRE.

& 1746, par le Marquis de Pezay. *Paris, Imp. Royale*, 1775, 3 *vol. in*-4. *v.*

2724 Plans & Journaux des sièges de la derniere guerre de Flandre, (1744-1748), par MM. Funck & d'Illens. *Strasbourg*, 1750, *in*-4. *v.*

2725 Campagne de l'armée du Roi en 1747. *La Haye*, 1747, *in*-8. *v.* avec *fil. d'or.*

2726 Journal du siège de Bergopzoom en 1747, avec les plans de la Ville & des Forts, par M. Eggers. *Amsterdam*, 1750, *in*-8. *v. b.*

2727 Opérations de l'armée du Roy dans les Pays-bas en 1748. *La Haye in*-8. *v.* avec *fil. d'or.*

2728 Cartes & plans pour l'intelligence des deux éditions *in*-12. de l'Histoire du Maréchal de Saxe. *gr. in*-4. *br.*

2729 Histoire du Maréchal de Saxe. *Dresde*, 1752, 2 *vol. in*-12. *v. br.*

2730 Histoire du Maréchal de Saxe, par le Baron d'Espagnac. *Paris*, 1773, 2 *vol. in*-12. *v.*

2731 Pieces relatives aux Lettres, Mémoires & Négociations particulieres du Chevalier d'Eon. *Londres*, 1765, *in*-12. *v.*

Histoire générale & particuliere des Villes & Provinces de France.

2732 Mémoires des Généralités de France, dressés par les Intendans. 34 *vol. in*-4. *mss.* (Exemplaire de M. Secousse). *vélin b.*

2733 Nouvelles Recherches sur la France, ou Recueil de Mémoires historiques sur quelques Provinces, Villes & Bourgs du Royaume. *Paris, Hérissant*, 1766, 2 *vol. in*-12. *v.*

2734 Plan de la Ville & Fauxbourgs de Paris,

HISTOIRE.

sur différens deſſins tirés du Cabinet du Chevalier de Beaurain, par Deharme. *Paris*, 1763, *pet. in-fol. en cart.*

2735 Paris ancien & nouveau, par M. le Maire. *Paris, Nic. le Clerc*, 1698, 3 *vol. in*-12. *v. b.*

2736 Deſcription de Paris, par Piganiol de la Force. *Paris, Thom. Legras*, 1742, 8 *vol. in*-12. *v.*

2737 Géographie Pariſienne, en forme de Dictionnaire, par M. Teiſſerenc. *Paris*, 1754, *in*-12.

2738 Les Rues & les environs de Paris, par ordre alphabétique. *Paris*, 1757, *in*-12. *v.*

2739 Le Géographe Pariſien, ou le Conducteur chronologique & hiſtorique des rues de Paris, par le Sage. *Paris*, 1769, 2 *vol. in*-8. *baſ.*

2740 Hiſtoire de la ville de Paris, par DD. Félibien & Lobineau. *Paris, Deſprez*, 1725, 5 *vol. in-fol. v. b.*

2741 Nouvelles Annales de Paris juſqu'au Regne de Hugues Capet, avec le Poëme d'Albon ſur le ſiege de Paris, par les Normands en 885 & 886, par Dom Touſſaints du Pleſſis. *Paris*, 1753, *in*-4. *v.*

2742 Eſſais hiſtoriques ſur Paris, par M. de Saint-Foix, avec les Suppléments. *Paris*, 1754—1765, 6 part. 4 *vol. in*-12. *v. m.*

2743 Eſſais hiſtoriques ſur Paris, par M. de Saint-Foix, 1759, 3 *vol. in*-12. *mar. r. d. ſ. tr. avec fil.*

2744 Deſcription de la nouvelle Egliſe de l'Hôtel Royal des Invalides, avec un plan général de l'ancienne & de la nouvelle Egliſe, par M.

HISTOIRE. 303

Félibien des Avaux. *Paris, Jacq. Quillau*, 1706, *in-12. m. r. d. ſ. tr. avec fil.*

2745 Voyage pittoreſque des environs de Paris, par M. d'Argenville. *Paris, Debure*, 1762, *in-12. v.* - - - - - - - - - - 2...1...

2746 Mémoires des Pays, Villes, Comtés & Comtes, Evêchés & Evêques, &c. de Beauvais & Beauvaiſis, par Ant. Loiſel. *Paris, Sam. Thibouſt*, 1617, *in-4. vélin.* - - - 4...10...0

2747 Hiſtoire de la Ville & Cité de Bauvais & des Antiquités du Pays de Beauvaiſis, par P. Louvet. *Rouen, de Preaulx*, 1614, *in-8. vélin.* ...1...4...0

2748 Hiſtoire de la Ville & Cité de Beauvais, & des Antiquités du Pays de Beauvaiſis, par P. Louvet. *Rouen, Man de Preaulx*, 1614, *in-8. vélin.* - - - - - - - - 1...0..

2749 Supplément à l'Hiſtoire du Beauvaiſis, par M. Simon. *Paris, Cavelier*, 1704, *in-12. v. b.* ...1...

2750 Le Valois Royal, par Nic. Bergeron. *Paris, G. Beys*, 1583, *in-8. vélin.* - - - - - 3...4.

2751 Le Triomphe de la Ville de Guiſe ſous Louis XIV, ou l'Hiſtoire héroïque du ſiège de Guiſe en 1650, par le P. J. B. de Verdun. *Paris*, 1687, *in-12. vélin.* - - - - - - - 1...4.

2752 Hiſtoire de la Ville de Soiſſons, par Claude Dormay. *Soiſſons*, 1663, *in-4. v. f.* - - 9...0.

2753 Abrégé de l'Hiſtoire de l'ancienne Ville de Soiſſons, extraict des Mémoires de Melchior Regnault. *Paris, P. Ménard*, 1633, *in-8. v. f.*

2754 Diſſertations ſur l'état des anciens Habitans du Soiſſonnois avant la conquête des Gaules par les Francs, par l'Abbé le Beuf. *Paris*, 1735, *in-12. m. r. d. ſ. tr. avec fil. d'or.* } 1...19.

2755 Hiſtoire générale du Pays du Gaſtinois, 6...0.

HISTOIRE.

Senonois & Hurpois, par Dom Guil. Morin. *Paris, P. Chevalier*, 1630, *in-4. v. b.*

2756 Recherches de l'Antiquité de la Ville & Bailliage de Chasteau-Landon. *Paris, Th. Charpentier*, 1662, *in-8. mar. c. d. s. tr. & fil.*

2757 Privilèges, Franchises & Libertés de la Ville de Montargis-le-Franc. *in-8.*

2758 Les Antiquités de la Ville, Comté & Châtelenie de Corbeil, par Jean de la Barre. *Paris, de la Coste*, 1647, *in-4. vélin.*

2759 Mémoires de la Ville de Dourdan, par Jacq. Delescornay. *Paris*, 1624, *in-8. vélin.*

2760 Mémoires de la Ville de Dourdan, par Jacq. Delescornay. *Paris, B. Martin*, 1624, *in-8. vélin.*

2761 Histoire de la Ville de Melun, par Seb. Rouillard. *Paris*, 1627, *in-4. v. f.*

2762 Histoire de Melun, par Seb. Rouillard. *Paris, Jean Guignard*, 1628, *in-4. vélin n.*

2763 Histoire de la Ville d'Amiens, par le P. Daire, Célestin. *Paris, Delaguette*, 1757, 2 *vol. in-4. v.*

2764 Britannia, ou Recherches de l'antiquité d'Abbeville, par N. Sanson. *Paris, Rob. Mansion*, 1636, *in-8. vélin.*

2765 Britannia, ou Recherches de l'antiquité d'Abbeville, par N. Sanson. *Paris, Rob. Mansion*, 1636, *in-8. vélin.*

2766 Histoire de la Ville de Calais & du Calaisis, par M. Le Febvre. *Paris*, 1766, 2 *vol. in-4. v.*

2767 Discours abrégé de l'Artois, membre ancien de la Couronne de France & de ses possesseurs depuis

HISTOIRE. 305

depuis le commencement de la Monarchie, par Combault d'Auteuil. 1640, *in-4. v. f.*

2768 Relation de la Campagne de Tannierres, contenant un journal de ce qui s'est passé au siège de Tournay, à la bataille de Malplaquet & au siège de Mons en 1709. *La Haye, in-12. vélin.* — — — — — — — 1 .. 11.

2769 Histoire des choses plus mémorables advenues depuis 1130 jusqu'à notre siècle, selon le temps & ordre qu'ont dominé les Seigneurs d'Enghien, terminés ès familles de Luxembourg & de Bourbon, par Pierre Colins. *Mons, 1634, in-4. bas.* — — — — — 2 .. 18.

2770 Description historique de Dunkerque, par Pierre Faulconnier. *Bruges, Cappelle, 1730, 2 vol. in-fol. v. b.* — — — — 6 .. »

2771 Réflexions sur l'importance de Dunkerque, & sur l'état présent de cette place, trad. de l'anglois de Richard Steele. *Londres, A. Baldwin, 1715, in-8. v. b.* — — — — 2 .. 4.

2772 Les Chastelains de Lille, leur ancien estat, office & famille, &c. par Floris Vander Haer. *Lille, 1611, in-4. vélin.* — — — 1 .. 19.

2773 Histoire de Lille & de sa Châtelenie, par le Sr. ***. *Lille, Charl. Louis Prévost, 1730, in-12. v.* — — — — — — 2 .. 8.

2774 Histoire de la Ville & Comté de Valenciennes, par Henri & Pierre d'Outreman. *Douay, 1639, in-fol. v. b.* — — — — 8 .. 10.

2775 Le siège de Hesdin, par Antoine de Ville. *Lyon, 1639, in-fol. vélin.* — — — 1 .. 4.

2776 Mémoires sur la Flandre & sur la province du Haynaut. *in-fol. MS.* — — — 1 .. 10.

2777 Mémoires historiques de la Province de 4 .. 6.

V

HISTOIRE.

Champagne, par M. Baugier. *Chaalons, Cl. Bouchard*, 1721, 2 *vol. in*-8. *v. b.*

2778 Histoire des Comtes de Champagne & de Brie, par l'Evêque de la Ravallierre. 1753, 2 *tom.* 1 *vol. in*-12. *v.*

2779 Le dessein de l'Histoire de Reims, avec des remarques touchant l'établissement des peuples & la fondation des Villes de France, par Nic. Bergier. *Reims, Fr. Bernard*, 1635, *in*-4.

2780 Discours de l'antiquité de l'Eschevinage de la Ville de Reims. *Reims, Sim. de Foigny*, 1628, *in*-8. *vélin.*

2781 Description géographique & historique de la haute Normandie. *Paris*, 1740, 2 *vol. in*-4. *v.*

2782 Histoire de Normandie jusqu'à la derniere réduction d'iceluy Pays à l'obéissance de la Couronne de France. *Rouen*, 1558, *in*-8. *vélin.*

2783 Recherches & antiquités de la Province de Neustrie, mais plus particulierement de la Ville & Université de Caen, par Charles de Bourgueville. *Caen*, 1588, *in*-8. *v.*

2784 Histoire & Chronique de Normandie jusqu'au Roi Henri III, avec la description du Pays & Duché de Normandie. *Rouen*, 1589, *in*-8. *vélin.*

2785 Histoire générale de Normandie, par Gab. Dumoulin. *Rouen, J. Osmont*, 1631, *in-fol. v. m.*

2786 Les Conquêtes & les Trophées des Normans François, par Gabriel Dumoulin. *Rouen*, 1658, *in-fol. v. b.*

2787 Recueil des antiquités & singularités de la

HISTOIRE.

Ville de Rouen, par F. N. Taillepied. *Rouen*, 1587, *in-8. vélin.*

2788 Abrégé de l'Histoire ecclésiastique, civile & politique de la Ville de Rouen, par M. ***. *Rouen, Fr. Oursel*, 1759, *in-12. v. f.* . . . . . 1 . . 1 . 0

2789 Histoire de la Ville de Rouen, nouvelle édition augmentée. *Rouen, Eust. Hérault*, 1710, 3 *vol. in-12. v. b.* . . . . . . 1 . . . 10 .

2790 Histoire de la Ville de Rouen, suivie d'un essai sur la Normandie littéraire, par M. Servin. *Rouen, le Boucher*, 1775, 2 *vol. in-12. v.* . . . . . 4 . . . 0

2791 Les Origines de la Ville de Caen & des lieux circonvoisins, par M. Huet, Evêque d'Avranches. *Rouen*, 1702, *in-8. v.* . . . . . 3 . . 14 .

2792 Histoire civile & ecclésiastique du Comté d'Evreux, par le Brasseur. *Paris*, 1722, *in-4. broch.* . . . . . 2 . . . 0

2793 Mémoires sur le port, la navigation & le commerce du Havre de Grace, & sur quelques singularités de l'Histoire naturelle des environs, par M. ***. *Au Havre de Grace, P. J. D. G. Faure*, 1753, *in-8. v. m.* . . . . . 2 . . . 0

2794 Histoire critique de l'établissement des Bretons dans les Gaules, & de leur dépendance des Rois de France & des Ducs de Normandie, par l'Abbé de Vertot. *Paris*, 1720, 2 *vol. in-12. v. b.* . . . . . 2 . . 12 .

2795 Les grandes Chroniques de Bretagne. *Paris, Galliot Dupré*, 1514, *in-fol. goth.* . . . . . 1 . . . 5 .

2796 Histoire de Bretagne, par Dom Lobineau. *Paris, Guérin*, 1707, 2 *vol. in-fol. v. b.* . . . . 7 . . 15 .

2797 Histoire ecclésiastique & civile de Bretagne, par DD. Morice & Taillandier. *Paris, Delaguette*, 1750-1756, 2 *vol. in-fol. v. m.* — Mé- 54 . . . 0

HISTOIRE.

moires pour servir de preuves à l'Histoire de Bretagne de Dom Morice. *Paris, Osmont,* 1742-1746, 3 *vol. in-fol. v. b.*

2798 Traicté de l'ancien Estat de la petite Bretagne, & du droict de la Couronne de France sur icelle, contre l'Histoire du sieur Bertrand d'Argentré, par Nic. Vignier. *Paris,* 1619, *in-4. v. b.*

2799 Histoire de Conan Mériadec, I Souverain de la Bretagne Gauloise, avec la premiere partie des recherches générales de cette Province, par le P. T. de S. Luc, Carme. *Paris,* 1664, *in-8. vélin.*

2800 Histoire de Blois, par J. Bernier. *Paris, Fr. Muguet,* 1682, *in-4. v. b.*

2801 Histoire des Pays & Comté du Perche & Duché d'Alençon, par Gilles Bry, sieur de la Clergerie. *Paris, P. le Mur,* 1620, *in-4. vélin.*

2802 Mémoires des Comtes du Maine, par P. Trouillart. *Au Mans,* 1643, *in-8. vélin.*

2803 L'Invasion de la Ville du Mans par les Religionnaires en 1562, avec le Religionnaire ataqué & défendu. *Au Mans,* 1667, *in-8. v.*

2804 Annalles & Chroniques des Pays d'Anjou & du Maine, par Jehan de Bourdigné. *Paris,* 1529, *in-fol. goth. v. m.*

2805 Des Antiquités d'Anjou, par Jehan Hiret. *Angers,* 1618, *in-12. vélin.*

2806 Histoires des anciens Comtes d'Anjou & de la construction d'Amboise, par l'Abbé de Marolles. *Paris,* 1681, *in-4. v.*

2807 Le Paradis délicieux de la Touraine, par le R. P. Martin Marteau de S. Gatien. *Paris, Jean l'Epicier,* 1663, *in-4. v. f.*

HISTOIRE

2808 Histoire de Berry, par Jean Chaumeau. *Lyon, Ant. Gryphius*, 1566, *in-fol. vélin.*

2809 Histoire de Berry, par Gaspard Thaumas de la Thaumassiere. *Bourges*, 1689, *in-fol. v. b.* . . 14 . . 19 . . o

2810 Histoire des Comtes de Poitou & Ducs de Guyenne, avec divers traités Historiques, par J. Besly. *Paris*, 1647, *in-fol. v. f. avec fil. d'or.* . . 6 . . o .

2811 Histoire des Comtes de Poictou & Ducs de Guyenne, par Jean Besly. *Paris*, 1647, *in-fol. v. b. avec fil. d'or.* . . . . 4 . . o .

2812 Histoire du Pays & Duché de Nivernois, par Guy Coquille. *Paris*, 1612, *in-4. vélin.* . . 2 . . o .

2813 Histoire de Rochefort, par le P. Théodore de Blois. *Blois*, 1733, *in-4. v. b.* . . . . . 4 . . 10 .

2814 Discours sur la naissance, ancien estat, progrez & accroissement de la Ville de la Rochelle. *Paris*, 1629, *in-8. vélin.* . . . . . 8 . . 8 .

2815 Journal des choses plus mémorables qui se sont passées au dernier siège de la Rochelle. 1627-1628, par Pierre Mervault. *in-8. v.* . . . 1 . . 1 .

2816 La Vie du Prince Jean, Comté d'Angoulême, ayeul du grand Roy Françoys, par Jean Duport, sieur des Rosiers. *Angoulême*, 1589, *in-4. vélin.* . . . . 3 . . 1 .

2817 Histoire générale & particuliere de Bourgogne, par Dom Plancher. *Dijon, Ant. Defay*, 1739—1748, 3 vol. *in-fol. v. m. avec fil. d'or.* . . 31 . . o .

2818 Annales de Bourgongne, par Guil. Paradin. *Lyon, Ant. Gryphius*, 1566, *in-fol. v. b. avec fil. d'or.* . . . . 1 . . 10 .

2819 Histoire des Roys, Ducs & Comtes de Bourgongne, par André Duchesne. *Paris, Séb. Cramoisy*, 1619-1628, 2 vol. *in-4. v.* . . . 6 . . o .

2820 Histoire des Ducs de Bourgogne, par M. . . 1 . . 10 .

V iij

de Fabert. *Cologne, P. Marteau,* 1687, *in-*12. *v.*

2821 De l'origine des Bourgognons & antiquités des Estats de Bourgongne, des antiquitez d'Autun, de Chalon, Mascon & de Tournus, par Pierre de Saint-Julien. *Paris, Nic. Chesneau,* 1581, *in-fol. v.*

2822 Mémoires d'Olivier de la Marche, mis en lumiere par Denys Sauvage. *Lyon, Guil. Rouille,* 1562, *in-fol. vélin.*

2823 Description du Gouvernement de Bourgogne, avec un abrégé de l'Histoire de la Province, par Garreau. *Dijon, A. Defay,* 1717, *in-*8. *v. b.*

2824 Le Bourguignon intéressé. *Cologne, Pierre ab Egmont, in-*12. *vélin.*

2825 Histoire des antiquitez & prérogatives de la Ville & Comté d'Auffonne, par Cl. Jurain; plus la Harengue fur le trépas de Henry le Grand, par le même. *Dijon, Claude Guyot,* 1611 & 1612, *in-*8. *vélin.*

2826 Recherches & Mémoires servans à l'Histoire de l'ancienne Ville & Cité d'Autun, par Jean Munier & Claude Thiroux. *Dijon,* 1660, *in-*4. *v. b.*

2827 Histoire de la prise d'Auxerre par les Huguenots, & de la délivrance de la même Ville en 1567 & 1568, par l'Abbé le Beuf. *Auxerre, in-*8. *v. b.*

2828 Histoire de la Ville de Beaune & de ses antiquités, par l'Abbé Gandelot. *Dijon, L. N. Frantin,* 1772, *in-*4. *v. m.*

2829 Traicté des Pays & Comté du Charollois, par Emmanuel Philibert de Rymon. *Paris,* 1619, *in-*8. *v. f. avec fil. d'or.*

HISTOIRE.

2830 Traicté des Pays & Comté de Charrollois & des droicts de souveraineté de la France sur iceux, par Emm. Philibert de Rymon. *Paris, Jean Richer*, 1619, in-8. vélin.

2831 Histoire des Peuples habitans aux trois Bourgs de Ricey, par Pierre Dubrueil. *Paris*, 1654. — Description de la Terre & Baronnie de Ricey, située en Bourgogne, par Nicolas de la Brosse. *Paris*, 1654, in-8. vélin n.

2832 Mémoires historiques de la République Séquanoise & des Princes de la Franche-Comté de Bourgongne, par Louis Gollut. *Dijon, Palliot*, 1647, in-fol. v. b.

2833 Mémoires pour servir à l'Histoire du Comté de Bourgogne, par Dunod de Charnage. *Besançon, J. B. Charmet*, 1740, in-4. v.

2834 Histoire des Séquanois & de la Province Séquanoise, &c. par M. Dunod. *Dijon*, 1735, 2 vol. in-4. v. b.

2835 Le Siège de la Ville de Dole & son heureuse délivrance, descrits par Jean Boyvin. *Anvers*, 1638. — Relation de tout ce qui s'est passé au siège & prise de Brême. *Anvers*, 1638, in-4. en cart.

2836 Histoire de Lyon, par Claude Rubys. in-fol. v. f. (manque le frontispice).

2837 Histoire civile de la Ville de Lyon ancienne & moderne, par le P. Jean de St. Aubin. *Lyon*, 1666, in-fol. fig. v.

2838 Recherches des antiquités & curiosités de la Ville de Lyon, avec un Mémoire des principaux Antiquaires & Curieux de l'Europe, par J. Spon. *Lyon*, 1673, in-8. vélin.

2839 Recherches des Antiquités & Curiosités de

V iv

HISTOIRE.

la Ville de Lyon, avec un Mémoire des principaux Antiquaires & Curieux de l'Europe, par J. Spon. *Lyon*, 1675, *in-8. v.*

2840 Eloge historique, ou Histoire abrégée de la Ville de Lyon ancienne & moderne, par Brossette. *Lyon, Girin*, 1711, *in-4. v. b.*

2841 Recherches pour servir à l'Histoire de Lyon, ou les Lyonnois dignes de mémoire, par l'Abbé Pernetti. *Lyon*, 1757, 2 *vol. in-8. v.*

2842 Discours des premiers troubles advenus à Lyon, avec l'apologie pour ladite Ville, contre le libelle intitulé la juste & saincte Défence de la Ville de Lyon, par Gabriel de Saconay. *Lyon*, 1569, *in-8. v. b.*

2843 L'Entrée de Henri IV en la Ville de Lyon le 4 septembre 1595, contenant l'ordre & la description des magnificences dressées pour cette occasion, par Pierre Matthieu. *Lyon, in-4. vélin.*

2844 Le Soleil au signe du Lyon, d'où quelques parallèles sont tirés avec Louis XIII en son entrée dans sa Ville de Lyon, avec un sommaire de tout ce qui s'est passé de remarquable en ladite entrée de Sa Majesté & d'Anne d'Autriche le 11 décembre 1622. *Lyon*, 1623, *in-fol. fig. vélin.*

2845 Les Réjouissances de la paix faites dans la Ville de Lyon le 20 mars 1660 & autres réjouissances faites aussi dans la Ville de Lyon, dans diverses circonstances. *Lyon*, 1660 & *ann. suiv. in-fol. vélin.*

2846 L'Entrée solemnelle dans la Ville de Lyon du Cardinal Flavio Chigi, Légat à latere en France. *Lyon*, 1664, *in-fol. v. b.*

HISTOIRE.

2847 Les Masures de l'Abbaye Royale de l'Isle-Barbe-lès-Lyon, par C. le Laboureur. *Lyon*, 1665, *Paris*, 1681, 2 tom. 1 vol. in-4. v. f.

2848 Histoire de Bresse & de Bugey, par Sam. Guichenon. *Lyon, Ant. Huguetan*, 1650, 4 part. 1 vol. in-fol. v. b.

2849 Abrégé de l'Histoire de la Souveraineté de Dombe, par Claude Cachet de Garnerans. *Thoissei*, 1696, in-fol. en cart.

2850 Mémoires contenant ce qu'il y a de plus remarquable dans Villefranche, capitale du Beaujolois. *Villefranche, Ant. Baudrand*, 1671, in-4. v. b.

2851 Description de la Limagne d'Auvergne, en forme de dialogue, &c. trad. de l'italien de Gabriel Syméon, par Ant. Chappuys. *Lyon, Guil. Rouille*, 1561, in-4. vélin.

2852 Les Origines de Clairmont, Ville Capitale d'Auvergne, par Jean Savaron. *Clairmont, B. Durand*, 1607, in-8. vélin.

2853 Les Annales d'Aquitaine, par Jean Bouchet, augmentées par A. Mounin. *Poictiers, Abr. Mounin*, 1644, in-fol. v. f. avec fil. d'or.

2854 Traité en forme d'abrégé de l'Histoire d'Aquitaine, Guyenne & Gascogne, par P. Louvet. *Bourdeaux, G. de la Court*, 1659, in-4. v.

2855 Remontrance ou Harangue faite au Siège Présidial d'Agenois, où se voient les antiquités de la Ville d'Agen & Pays d'Agenois, par Jehan Darnalt. *Paris*, 1606, in-8. vélin.

2856 Histoire de Saintonge, Poitou, Aunix & Angoumois, par Arm. Maichin. *Saint-Jean d'Angely, Henri Boysset*, 1671, in-fol. v. b.

2857 Chronique Bourdeloise, par Gabriel de

Lurbe, continuée & augmentée par Jean Darnal. *Bourdeaus*, 1619, *in-*4. *vélin.*

2858 Dissertations sur les anciens monumens de la Ville de Bordeaux sur les gahets, les Antiquités & les Ducs d'Aquitaine, avec un Traité historique sur les monnoyes que les Anglois ont frappées dans cette Province, &c. par l'Abbé Venuti. *Bordeaux*, *J. Chappuis*, 1754, *in-*4. *bas.*

2859 Histoire de Béarn, par Pierre de Marca. *Paris*, *J. Camusat*, 1640, *in-fol. v. b.*

2860 Histoire de Foix, Béarn & Navarre, par Pierre Olhagaray. *Paris*, 1699, *in-*4. *vélin.*

2861 Histoire de Navarre, par André Favin. *Paris*, 1612, *in-fol. v. b.* (Le frontispice restitué à la main).

2862 Mémoires de l'Histoire de Languedoc, par Guil. de Catel. *Tolose*, 1633, *in-fol. v. f.* avec *fil. d'or.*

2863 Remarques sur l'Histoire de Languedoc, par P. Louvet. *Tolose*, *Fr. Boude*, 1657, *in-*4. *v. b.*

2864 Histoire générale de Languedoc, par DD. de Vic & Vaissette. *Paris*, *J. Vincent*, 1730-1745, 5 *vol. in-fol. v. b.*

2865 Lettre à M. Barrillon, contenant la relation & la description des travaux qui se font en Languedoc, pour la communication des deux mers, par M. de Froidour. *Toulouse*, 1672, *in-*8. avec planches, *vélin.*

2866 Histoire Tolosaine, par Antoine Noguier. *Tolose*, *G. Boudeville*, 1559, *in-fol. vélin n.*

2867 Annales de la Ville de Toulouse, par G. la Faille. *Toulouse*, *L. Colomiez*, 1687-1701, 2 *vol. in-fol. v. b.*

HISTOIRE.

2868 Histoire des Comtes de Tolose, par Guil. Catel. *Tolose, Pierre Bosc*, 1623, *in-fol. v. b.* . . . 2...1

2869 Recherches historiques & chronologiques sur la Ville de Beaucaire. *Avignon*, 1718, *in-8. baf.* . . . 2...1

2870 Histoire des Comtes de Carcassonne, par G. Besse. *Beziers*, 1645, *in-4. v. b.* . . . 3...11

2871 Traicté du Comté de Castres, des Seigneurs & Comtes d'icelui, par David Defos. *Tolose*, 1633, *in-4. vélin.* . . . 1...0

2872 Idée de la Ville de Montpellier, par Pierre Gariel. *Montpellier*, 1665, *in fol. v. b.* . . . 35...19

2873 Discours historial de la Cité de Nismes, par Jean Poldo d'Albénas. *Nismes*, 1591, *in-fol. v. f.* (Le frontispice fait à la main). . . . 2...1

2874 Histoire & Chronique de Provence de César de Nostradamus. *Lyon, Simon Rigaud*, 1614, *in-fol. vélin avec fil. d'or.* . . . 8...0

2875 La Chorographie ou Description de Provence, & l'Histoire chronologique du même Pays, par Honoré Bouche. *Aix, Ch. David*, 1664, 2 *vol. in-fol. v. f. avec fil. d'or.* . . . 60...19

2876 Histoire des Troubles de Provence, depuis son retour à la Couronne jusqu'à la paix de Vervins en 1598, par P. Louvet. *Sisteron*, 1680, 2 *vol. in-12. v.* . . . 8...3

2877 Histoire du siège de Toulon, par de Vizé. *Paris, Brunet*, 1707, 2 *vol. in-12. v.* . . . 2...3

2878 Histoire de la Ville d'Aix, Capitale de la Provence, par J. Schol. Pitton. *Aix, Charles David*, 1666, *in-fol. v. b.* . . . 13...12

2879 Les Antiquités de la Ville de Marseille, translatées du latin de N. Jules Raymond de So- . . . 4...19

HISTOIRE.

lier par Charles Annibal Fabrot. *Coligny*, 1615, *in-*8. *v. f. avec fil d'or.*

2880 Histoire de la Ville de Marseille, par Antoine de Ruffy. *Marseille, Cl. Garcin*, 1642, *in-fol. v.*

2881 Tableau de l'Histoire des Princes & Principauté d'Orange, illustré de généalogie & enrichi de plusieurs belles antiquités, par Joseph de la Pise. *La Haye*, 1638, *in-fol. fig. v. f. avec fil d'or.*

2882 Labyrinthe Royal de l'Hercule Gaulois triomphant (Henri IV.) représenté à l'entrée de la Reine en la Cité d'Avignon, le 19 Novembre 1600. *Avignon, Jacq. Bramereau, gr. in-*4. *v. avec fil d'or.*

2883 Discours historique touchant l'état général des Gaules, & principalement des Provinces de Dauphiné & Provence, par Aymar du Perier. *Lyon*, 1610, *in-*8. *vélin.*

2884 Histoire générale de Dauphiné, par Nic. Chorier. *Grenoble*, 1661, *in-fol. v. b.*

2885 Histoire de Dauphiné & des Princes qui ont porté le nom de Dauphins, par M. de Valbonais. *Geneve, Barrillot*, 1722, 2 *vol. in-fol. v. b.*

2886 Histoire des Dauphins de Viennois, d'Auvergne & de France, par le Quien de la Neufville. *Paris, Guil. Desprez*, 1760, 2 *vol. in-*12. *v.*

2887 Histoire de l'antiquité & sainteté de la Cité de Vienne en la Gaule Celtique, par Jean le Lievre. *Vienne, J. Poyet*, 1623, *in-*8. *vélin.*

2888 Les Antiquités de Metz, ou Recherches sur l'origine des Médiomatriciens, par Dom Joseph Cajot. *Metz*, 1760, *in-*8. *v. avec fil. d'or.*

HISTOIRE.

2889 Le Siege de Metz en 1552, par le sieur B. de Salignac. *Paris, Ch. Estienne*, 1553, *in-4. vélin.*

2890 Voyage du Roy à Metz, ensemble les signes de réjouissance faits par ses Habitans pour honorer l'entrée de Sa Majesté, par Abr. Fabert. 1610, *in-fol.*

2891 Combat d'honneur concerté par les IV élémens sur l'entrée de Madame la Duchesse de la Valette en la Ville de Metz, ensemble la réjouissance publique sur le même sujet. *in-fol. vélin.*

2892 Combat d'honneur concerté par les IV élémens sur l'entrée de la Duchesse de la Valette en la Ville de Metz, ensemble les réjouissances publiques. *in-fol. v. b. avec fig.*

2893 Journal de ce qui s'est fait pour la réception du Roy dans sa Ville de Metz, le 4 août 1744, *Metz*, 1744, *in-fol. fig. bas.*

2894 La Lorraine ancienne & moderne, par J. Mussey, 1712, *in-8. v. b.*

2895 Histoire Ecclésiastique & Civile de Lorraine, par Dom Aug. Calmet. *Nancy, J. B. Cusson*, 1728, 4 *vol. in-fol. v. b.*

2896 Histoire de Lorraine contenant la Bibliotheque Lorraine, par Dom Calmet. *Nancy*, 1751, *in-fol. v. m.*

2897 Recherches sur la nature & l'étendue d'un ancien ouvrage des Romains, appellé communément Briquetage de Marsal, avec un abrégé de l'Histoire de cette Ville, par M. de la Sauvagere. *Paris*, 1740, *in-8. v. b.*

2898 Recherches des saintes antiquités de la

Vosge, par J. Ruyr. *Espinal, Amb. Ambroise*, 1633, *in-4. vélin.*

2899 Question historique, si les Provinces de l'ancien Royaume de Lorraine doivent être appellées Terres de l'Empire, par Louis Chantereau-le-Febvre. *Paris*, 1644, *in-8. vélin.*

2900 Recueil des Fondations & Etablissemens faits par le Roi de Pologne, Duc de Lorraine & de Bar. *Luneville, Cl. Fr. Messuy*, 1762, *in-fol. en cart.*

2901 Histoire de la Vie & Trépas de Charles de Lorraine, Duc de Mayenne, par le sieur de Nerveze. *Paris*, 1613, *in-8. vélin.*

2902 Histoire de Philippe Emmanuel de Lorraine, Duc de Mercœur. *Cologne*, 1689, *in-12. bas.*

2903 Mémoires du Marquis de Beauvau, pour servir à l'Histoire de Charles IV, Duc de Lorraine. *Cologne*, 1688, *in-12.*

2904 Vie de Charles V, Duc de Lorraine & de Bar, 3e. édition. *Amsterdam, G. Garrel*, 1691, *in-12. v. b.*

2905 Histoire de Stanislas I, Roi de Pologne, Duc de Lorraine & de Bar, par M. D. C***. *Londres*, 1741, 2 *tom.* 1 *vol. in-12. v.*

2906 Antiquitates Germaniæ primæ & in hac Argentoratensis Ecclesiæ Evangelicæ, è variis impressis & manu exaratis monumentis congestæ & explicatæ, studio & operâ Baltas. Bebelii. *Argentorati*, 1669, *in-4. vélin.*

2907 Ulrici Obrechti Alsaticarum Rerum Prodromus. *Argentorati*, 1681, *in-4. vélin.*

2908 Alsatia illustrata & diplomatica, autore J. D. Schoepflino. *Colmariæ & Mannhemii*, 1751—

HISTOIRE. 319

1775, 4 vol. in-fol. v. f. d. f. tr. avec fil. (le 4e. en cart).

2909 Histoire de la Province d'Alsace, par le P. Louis Laguille. *Strasbourg*, 1727, 3 part. 1 vol. in-fol. v. m. avec dent. d'or. . . . . . 5...

2910 Journal du siège de Landau en 1702, par M. de Breande. *Metz*, 1703, in-8. v. . . . 4...15

MÉLANGES DE L'HISTOIRE DE FRANCE.

Traités concernant la succession au Royaume de France, & Prérogatives & Droits des Rois de France, &c.

2911 La Loy Salique, livret de la premiere humaine vérité, là où sont en bref les origines & auctorités de la Loy Gallique, nommée communément Salique, par Guillaume Postel. *Paris*, 1552, in-12. m. r. d. f. tr. avec fil. . . . . . 24...0

2912 Traicté de la Loi Salique, armes, blasons & devises des François, par C. Malingre. *Paris, C. Collet*, 1614, in-8. vélin. . . . . 2...10

2913 Traité de la majorité de nos Rois, & des Régences du Royaume, par M. Dupuy. *Paris*, 1655, in-4. v. b. . . . . 1...11

2914 Recueil des Rois de France, leurs Couronne & Maison, par Jean du Tillet. *Paris, Jean Houzé*, 1602, in-4. vélin.

2915 La Grandeur de nos Rois & de leur souveraine puissance. *Paris*, 1615, in-8. vélin } 2...12

2916 De la Souveraineté du Roy, & que Sa Majesté ne la peut soumettre à qui que ce soit, ni aliéner son domaine à perpétuité, par Jehan Savaron. *Paris*, 1620, *in*-8. *vélin*.

2917 Divers Traités sur les droits & les prérogatives des Rois de France, tirés des Mémoires historiques & politiques de M. Charles Sorel, S^r. de Soigny. *Paris*, 1666, *in*-12. *v. b.*

2918 La Recherche des droits du Roi & de la Couronne de France, sur les Royaumes, Duchés, Comtés, Villes & Pays occupés par les Princes étrangers, par Jacq. de Cassan. *Paris*, 1634, *in*-4. *vélin*.

2919 La Recherche des droits du Roy & de la Couronne de France, sur les Royaumes, Duchez, &c. & Pays occupés par les Princes étrangers, par Jacq. Cassan. *Paris*, 1646, *in*-8. *v. b.*

2920 Le Bouclier de la France, ou Sentimens de Gerson & des Canonistes, touchant les différens des Rois de France avec les Papes. *Cologne, Sambix*, 1692, *in*-12. *vélin*.

2921 La Vérité défendue des sophismes de la France, & Réponse à l'Hauteur des prétentions du Roi très-Chrétien sur les Etats du Roi Catholique. 1668, *in*-12. *vélin*.

2922 Raisons qu'a eu Louis XIV de préférer le testament de Charles II au partage de la succession d'Espagne. *Pampelune*, 1701, *in*-12. *v. b.*

2923 La Souveraineté du Roi à Metz, Pays Metsin, contre les prétentions de l'Empire, de l'Espagne & de la Lorraine, par Charles Hersent. *Paris, Blaise*, 1632, *in*-8. *vélin*.

2924 Mémoires & Instructions pour servir dans les négociations & affaires concernant les droits du

HISTOIRE.

du Roi de France. *Amsterdam*, 1665, *in-12. vélin.*

2925 Mémoires & Instructions pour servir dans les négociations & affaires concernant les droits du Roy de France. *Amsterdam, Ant. Michel,* 1665, *in-16. vélin.*

2926 L'Avocat condamné & les Parties mises hors de procez, ou la France & l'Allemagne également défendues par la réfutation du Traité du sieur Aubery, des prétentions du Roy sur l'Empire, par L. D. M. C. S. D. S. E. D. M. 1669, *in-12. vélin v.*

2927 Nouveau Bouclier d'Etat & de Justice, où l'on découvre le peu de fondement qu'ont les Rois de France dans leurs prétentions à l'Empire & autres Royaumes de Charlemagne, &c. *Amsterdam*, 1696, *in-12. v. b.*

2928 Lilium Francicum, veritate historicâ, botanicâ & heraldicâ illustratum, autore Joan. Jac. Chifletio. *Antuerpiæ*, 1658, *in-fol. v. b.*

2929 Traité du Lis, symbole de l'Espérance, contenant la défense de sa gloire, dignité & prérogative, par Jean Tristan. *Paris, Jean Piot*, 1656, *in-4. fig. v. b.*

2930 Diverses Pieces pour la défense de la Reine, mere de Louis XIII, faites par Mathieu de Morgues. *in-fol. vélin.*

2931 Diverses Pieces pour la défense de la Reine, mere de Louis XIII, faites par Mathieu de Morgues. *in-fol. vélin.*

2932 Diverses Pieces pour la défense de la Reine, mere de Louis XIII, par Mathieu de Morgues, sieur de St. Germain. 1643, *in 8. vélin.*

2933 Bouclier d'Etat & de Justice contre le des-

HISTOIRE.

sein de la Monarchie universelle, sous le vain prétexte des prétentions de la Reine de France. 1667, *in*-12. *v. b.*

2934 Bouclier d'Etat & de Justice contre le dessein manifestement découvert de la Monarchie universelle, sous le vain prétexte des prétentions de la Reine de France. 1667, *in*-12. *vélin.*

2935 Défense du droit de Marie-Thérese d'Autriche, Reine de France, à la succession des Couronnes d'Espagne, par George d'Aubusson. *Suivant la copie de Paris*, 1699, *in*-12. *v.*

2936 Alexandri Patricii Armacani Mars Gallicus, seu de justitiâ armorum & fœderum Regis Galliæ, Libri duo, secunda editio locupletior. 1636, *in*-4. *vélin.*

2937 Traité de la Politique de France, par M. P. H., Marquis de C. *Cologne, P. Marteau,* 1669, *in*-12. *v. b.*

2938 Traité de la Politique de France, par M. P. H., Marquis de C. *Cologne*, 1669, *in*-12. *v.*

2939 La France d'après nature, ouvrage très-utile pour bien se mettre au fait des intrigues des Ministres de la Cour de Versailles contre la Maison d'Autriche. *Cologne, héritiers de P. Marteau,* 1747, *in*-12.

2940 Raisons & causes de préséance entre la France & l'Espagne, par N. Vignier. *Paris*, 1608, *in*-8. *vélin.*

2941 Mémoires concernant la préséance des Rois de France sur les Rois d'Espagne, par Théod. Godefroy. *Paris*, 1614, *in*-4. *v.*

HISTOIRE.

Cérémonial, Gouvernement, Etats Généraux, & Finances de France.

2942 Le Cérémonial de France, par Th. Godefroy. *Paris, Ab. Pacard,* 1619, *in-*4. *vélin.*

2943 Le Cérémonial François, par MM. Godefroy. *Paris,* 1649, 2 *vol. in-fol. v. f. avec fil. d'or.*

2944 Histoire des Sacres & Couronnemens de nos Rois depuis Clovis jusqu'à Louis XV. *Reims,* 1722, *in-*8. *broch.*

2945 Le Sacre & Couronnement de Louis XIV. *Paris, Jacq. Chardon,* 1717, *in-*12. *v. b.*

2946 L'Ordre tenu à la nouvelle entrée de Henri II en la Ville & Cité de Paris le 16 juin 1549. *Paris, Jean Dallier.* — L'ordre & forme tenue au Sacre & Couronnement de Catherine de Médicis en l'Eglise Saint-Denys, le 10 juin 1549. *Paris, Jean Dallier, in-*4. *vélin.*

2947 Ordre qui a été tenu à l'entrée du Roy Henry II en sa bonne Ville de Paris, le 16 juin 1549. *Paris, Jean Dallier, in-*4. *fig. v. m.*

2948 C'est la déduction de l'ordre, spectacles & Théâtres dressés en la Ville de Rouen au mois d'octobre 1550, lors de l'advénement d'Henry II & de Katharine de Médicis en icelle Ville. *Rouen,* 1551, *in-*4. *vélin.*

2949 Bref & sommaire Recueil de ce qui a été fait à l'entrée de Charles IX en la Ville de Paris le 6 mars 1571, avec le Couronnement d'Elizabet d'Autriche son épouse & son entrée en ladite Ville de Paris. *Paris,* 1572, *in-*4. *fig. v.*

HISTOIRE.

2950 Le Camp de la Place Royale, ou Relation de ce qui s'y est passé les 5, 6 & 7 avril 1612, pour la publication des mariages du Roi & de Madame, avec l'Infante & le Prince d'Espagne. *Paris, Jean Laquehay*, 1612, *in-*4. *vélin.*

2951 Eloges & discours sur la triomphante réception du Roi en sa Ville de Paris, après la réduction de la Rochelle. *Paris*, 1629, *in-fol. fig. mar. bl. d. s. t. avec fil. & fleurs de lys d'or.*

2952 Eloges & Discours sur la triomphante réception du Roi en sa Ville de Paris, après la réduction de la Rochelle, accompagnés de figures. *Paris*, 1629, *in-fol. vélin.*

2953 L'Entrée de leurs Majestés Louis XIV & Marie-Thérèse d'Autriche son épouse dans la Ville de Paris, au retour de la signature de la paix générale, & de leur mariage, enrichie de plusieurs figures. *Paris*, 1662, *in-fol. m. r. d. s. tr. avec fil. d'or.*

2954 Recueil des chartres, créations & confirmations des Colonels, Capitaines, Majors, Officiers & Gardes de la Ville de Paris, & leurs privilèges, revu & augmenté jusqu'en 1770, par M. Hay. *Paris, G. Desprez*, 1770, *in-*4. *gr. pap. v. éc. d. s. tr.*

2955 Histoire de l'ancien Gouvernement de la France, avec XIV Lettres historiques sur les Parlemens ou Etats généraux, par le Comte de Boulainvilliers. *La Haye*, 1727, 3 *vol. in-*12. *v. m.*

2956 Parallele des Romains & des François par rapport au Gouvernement, par l'Abbé de Mably. *Paris*, 1740, 2 *vol. in-*12. *v. m.*

HISTOIRE.

2957 L'ordre tenu & gardé en l'assemblée des trois Etats en la Ville de Tours sous Charles VIII. *Paris, Galliot Dupré*, 1558, *in-8. vélin.* . . . . 1" . 3 . 0

2958 La Harangue faicte par Henry III, à l'ouverture de l'assemblée des trois Etats généraux, en sa Ville de Bloys, le 16 octobre 1588. *Paris*, 1588, *in-4. mar. v.*

2959 Le secret des Finances de France, découvert & départi en 3 livres, par N. Froumenteau. *Paris*, 1581, *in-8. vélin.* — — — — — 5 . . 19 .

2960 Très-humble Remontrance faite au Roi d'un style respectueux, burlesque, sérieux & de carnaval, par M. de Briand, concernant les concussions & malversations commises par les Financiers, Partisans & Traitans. *Nyort*, 1662, *in-8. vélin.* 1 10

2961 Recherches des monnoies de France, depuis le commencement de la Monarchie, par Cl. Bouteroue. *Paris, Seb. Cramoisy*, 1666, *in-fol. v. b.* . . . .

2962 Traité historique des monnoies de France, depuis le commencement de la Monarchie jusqu'à présent, par M. le Blanc, avec sa Dissertation historique sur quelques monnoies de Charlemagne, Louis le Débonnaire & successeurs, frappées dans Rome. *Paris*, 1690, *in-4. v. b.* . . . . 18 . . . 10

OFFICES ET MAGISTRATURES DE FRANCE.

Militaire de France.

2963 L'Etat de la France, *Paris*. 1692, 2 *vol. in-12. v. b.* . . . . 1 . . . 10

HISTOIRE.

2964 L'Etat de la France, par les Peres Bénédictins. *Paris*, 1736, 6 vol. *in*-12. *v.*

2965 Abrégé chronologique des grands Fiefs de la Couronne de France, par Brunet. *Paris*, *Saillant*, 1759, *in*-8. *v.* avec *fil. d'or.*

2966 Traités des premiers Officiers de la Couronne de France, par André Favyn. *Paris*, 1613, *in*.8. *v. f.*

2967 Histoire de la Pairie de France & du Parlement de Paris, par M. de Boulainvilliers. *Londres*, 1740, *in*.12. *v.*

2968 Le grand Aulmosnier de France, par Séb. Roulliard. *Paris*, 1607, *in*-8. *demi-rel.*

2969 Histoire des Connestables, Chanceliers & Gardes des Sceaux, &c. depuis leur origine, par J. le Feron, revue & continuée par Denys Godefroy. *Paris, Imp. Royale*, 1658, *in-fol. gr. pap. v. b.*

2970 Recherches des Connétables, Maréchaux & Amiraux de France, par M. A. Mathas. *Paris*, 1623, *in*-8. *v.*

2971 Histoire des Ministres d'Estat, par Auteuil. *Paris*, 1642, *in-fol. v. f.* avec *fil. d'or.*

2972 Histoire des Secrétaires d'Estat, par Fauvelet du Toc. *Paris, Charles de Sercy*, 1668, *in*-4. *v. b.*

2973 Le Prévôt de l'Hôtel, & grand Prévôt de France, avec les Edits, Arrêts, &c. concernans sa Jurisdiction, par Pierre de Miraumont. *Paris*, 1615, *in*-8. *v. b.*

2974 Origines des Dignitez & Magistrats de France, recueillies par Cl. Fauchet. *Paris, Jer. Perier*, 1600. —— Origines des Chevaliers, Armoiries &

Héraux, recueillies par le même. *Paris, Jer. Perier*, 1600, *in-8. v. b.*

2975 Origine des Parlemens de France & des Etats généraux, justifiée par ordre des temps, depuis la 1re. & 2e. Race de nos Rois, & jusques où s'étend leur pouvoir. *in-fol. v. m.* MS. moderne sur pap. . . . . 4 ... 10

2976 Treize Livres des Parlemens de France, par Bernard de la Roche-Flavin. *Bourdeaus, Sim. Millanges*, 1617, *in-fol. v. b.* . . . . . 2 l : 19

2977 Le Parlement de Bourgogne, son origine, son établissement & son progrès, &c. par P. Palliot. *Dijon, Palliot*, 1649, *in-fol. v. b.* . . . 1 ... 19

2978 Les Mémoires de Pierre de Miraulmont, sur l'origine & institution des Cours Souveraines & Justices Royales étans dans l'enclos du Palais Royal de Paris. *Paris*, 1612. —— Traité de la Chancellerie, par le même. *Paris*, 1610, *in-8. vélin.* . . . . 1 ... o

2979 Traicté de la Chancellerie, avec un Recueil des Chanceliers & Gardes des Sceaux de France, par Pierre de Miraulmont. *Paris, Huby*, 1610, *in-8. v. b.* . . . . 4 ... 9

2980 Histoire de la Milice Françoise, par le P. Daniel. *Amsterdam*, 1724, 2 *tom.* 1 *vol. in-4. fig. v. b.* . . . . 6 ... 19

2981 Chronologie historique militaire, tirée sur les originaux par M. Pinard. *Paris, Cl. Hérissant*, 1760, 1763, 6 *vol. in-4. v.* . . . . 8 ... 19

2982 Des anciennes Enseignes & Etendarts de France, par Aug. Galland. *Paris*, 1637, *in-4. vélin.* . . . . 1 ... o

2983 Essai historique sur le Régiment de Picardie, par M. de Roussel. *Paris*, 1765, *in-12. bas.* . . 1 ... 10

2984 Essai historique sur le Régiment de Navarre par M. de Roussel. *Paris*, 1766, *in*-12. *baf.*

Histoire d'Allemagne.

2985 Germania topo-chronostemmato-graphica, autore Pat. Gabriel. Bucelino. *Ulmæ*, 1655-1662, 2 *vol. in-fol. v. b.*

2986 Description du Danube, contenant des observations géographiques, astronomiques, hydrographiques, historiques & physiques, par le Comte Louis-Ferd. de Marsigli, trad. du latin. *La Haye*, 1744, 6 *vol. gr. in-fol. v. m.*

2987 Monarchia Occidentalis, seu Aquila inter Lilia, sub quâ Francorum Cæsarum, à Carolo Magno usque ad Conradum X, elogiis, hieroglyphicis, numismatibus, insignibus, symbolis fasta exarantur, autore Joan. Palatio. *Venetiis*, *Jac. Herz*, 1671, *in-fol. v. b.*

2988 Annales de l'Empire depuis Charlemagne, par M. de Voltaire. *Basle*, 1753, 2 *vol. in*-12. *en cart.*

2989 Histoire de la décadence de l'Empire après Charlemagne, & des différends des Empereurs avec les Papes, au sujet des investitures & de l'indépendance, par le P. Louis Maimbourg. *Paris*, 1682, 2 *vol. in-*12. *v. b.*

2990 La Vie de l'Empereur Charles V, trad. de l'italien de M. Leti. *Bruxelles*, 1710, 4 *vol. in*-12. *v.*

2991 Histoire du Regne de l'Empereur Charles-Quint, trad. de l'anglois de Robertson, par M. Suard. *Paris*, 1771, 6 *vol. in*-12. *v.*

2992 Solemnia Electionis & Inaugurationis Leopoldi Romæ Imperatoris, seu descriptio & repræsentatio eorum omnium quæ anno 1658 ante, in & post electionem apud Mœno-Francofurtanos evenerunt, cum tabulis & figuris Casp. Meriani. *Francofurti ad Mænum*, 1660, *in-fol. v. b.*

2993 Annales rerum belli domique ab Austriacis Habsburgicæ Gentis Principibus, à Rudolpho I usque ad Carolum V, per Gerardum de Roo. *Halæ-Magdeburgicæ*, 1709, *in-4. v. m.*

2994 Genealogia diplomatica augustæ Gentis Habsburgicæ, operâ & studio P. Masquardi Herrgott. *Viennæ Austriæ*, 1737, 3 *vol. in-fol. c. m. cum fig. v. b.*

2995 La Politique de la Maison d'Autriche, par Varillas. *Paris, Barbin*, 1688, *in-12. v.*

2996 Etat présent des affaires d'Allemagne, avec les intérêts & les généalogies des Princes de l'Empire, avec la relation de ce qui s'est passé dans la campagne de M. de Turenne, depuis le commencement de 1674 jusqu'en 1675, par le sieur Bruneau. *Paris, Pierre le Petit*, 1675, *in-12. v. b.*

2998 Histoire de l'Empereur Charles VI & des Révolutions arrivées dans l'Empire sous les Princes de la Maison d'Autriche jusqu'à présent, par M. L. D. M. *Amsterdam*, 1741, 2 *tom.* 1 *vol. in-12. v. m.*

2999 Mémoires de la Reine de Hongrie, ou les Evénemens intéressans arrivés dans le système de l'Europe après la mort de l'Empereur Charles VII jusqu'au temps de l'élection de l'Empereur François I. *Francfort*, 1745, *in-12. v.*

3000 Les Mémoires du Comte de Vordac, Gé-

330 HISTOIRE.

néral des armées de l'Empereur. *Paris, Ant. Gandouin*, 1723, 2 *vol. in-*12. *v. b.*

3001 Mémoires du Marquis de Maffey, Lieutenant Général des troupes de l'Empereur. *La Haye, J. Neaulme*, 1740, 2 *vol. in-*12. *en cart.*

3002 Lettres du Comte d'Arlington au Chevalier Temple, contenant la relation exacte des Traités de l'Evêque de Munster, de Breda, d'Aix-la-Chapelle & de la Triple-Alliance, publiées par Thom. Bebington. *Utrecht*, 1701, *in-*12. *v.*

3003 Vienne deux fois affiégée par les Turcs, 1529 & 1683, & heureusement délivrée, avec des réflexions sur la Maison d'Habsbourg ou d'Autriche, & sur l'origine, grandeur & décadence derniere de la Puissance Ottomane, par le S^r. J. de Rocoles. *Leyde*, 1684, *in-*12. *fig. v.*

3004 Pompe funèbre du Prince Albert, Archiduc d'Autriche, Duc de Bourgogne, de Brabant, &c. représentée au naturel en tailles-douces dessinées par Jacq. Francquart, & gravées par Corneille Galle, avec une dissertation historique & morale d'Eryce Puteanus. *Bruxelles, J. Léonard*, 1729, *in-fol. v. m. avec fil. d'or.*

3005 Joannis Adlzreitter à Tetenweis & Andreæ Brunneri Annales Boicæ Gentis, cum præfatione Godefridi Guilielmi Leibnitii. *Francofurti ad Mœnum*, 1710, *in-fol. v. f.*

3006 Histoire de Baviere, par le sieur Blanc. *Paris*, 1680, 4 *vol. in-*12. *v. b.*

3007 Ludovicus IV Imperator, Bavariæ Ducum progenitor, ab injuriis Bzovii defensus, à Joan. Georgio Herwarto ab Hohenburg : accessit Mantissa aliorum Bzovii errorum. *Monachii*, 1618, 1619, *in-*4. *vélin.*

HISTOIRE.

3008 Mémoires pour servir à l'Histoire de la Maison de Brandebourg, par le Roi de Prusse. *Berlin*, 1751, 2 *part*. 1 *vol. in-*4. *v. m. avec fil. d'or*. — 6...2

3009 Mémoires pour servir à l'Histoire de Brandebourg, avec quelques autres Pieces intéressantes, par le Roi de Prusse. 1751, 2 *vol. in-*8. *v. m.* — 2...o

3010 Levoldi à Northof Origines Marcanæ, seu Chronicon Comitum de Marca & Altena, notis illustratum ab Henrico Meibomio. *Hanoviæ*, 1613, *in-fol. v. f.*

3011 Lacus-Potamici olim Mœsii & Acronii nec non confinium, sub nomine Constantiæ sacræ & profanæ Descriptio topo-chrono-stemmatographica, authore R. P. F. Gabr. Bucelino. *Francofurti ad Mœnum*, 1667, *in-*4. *v. b.*

4...10

3012 Fuldensium Antiquitatum Libri IV, auctore R. P. Christophoro Browero. *Antuerpiæ*, 1612, *in-*4. *vélin*.

3013 Précis de l'Histoire du Palatinat du Rhin, depuis que la Maison régnante la possede jusqu'à nos jours, par M. Colini. *Francfort*, 1763, *in-*8. *broch*.

1...10

3014 Thorn affligée, ou Relation de ce qui s'est passé dans cette Ville depuis le 16 juillet 1724 jusqu'à présent, trad. de l'allemand de Jablonski par C. L. de Beausobre. *Amsterdam, Pierre Humbert*, 1726, *in-*12. *v. b. fig*. — 1...19

3015 Ephraïm justifié, Mémoire historique & raisonné sur l'état passé, présent & futur des Finances de Saxe, avec le parallele de l'Œconomie Prussienne & de l'Œconomie Saxonne. *Erlang*, 1758, *in-*8. *broch*.

1...10

3016 Joannis Mauritii Gudeni Historia Erfurtensis, ab urbe conditâ ad reductam. *Duderstadii, Joannes Westenhoff*, 1675, *in-*8. *v.*

Histoire de Flandre & de Hollande.

3017 Omnium Belgii, sive inferioris Germaniæ Regionum Descriptio, Lud. Guicciardino authore, recens ex italico in latinum sermonem conversa à Regnero Vitellio Zirizæo. *Arnhemii*, 1616, *in-*4. *obl. vélin.*

3018 Antonii Sanderi Flandria illustrata, sive Provinciæ ac Comitatûs hujus Descriptio. *Hagæ-Comitum*, 1732, 3 *vol. in-fol. fig. v. m.*

3019 Les Délices, ou Histoire générale des Pays-Bas, contenant la description des XVII Provinces. *Bruxelles*, 1720, 4 *vol. in-*8. *fig. v. b.*

3020 Histoire des Provinces-Unies des Pays-Bas, avec médailles & leurs explications, par M. le Clerc. *Amsterdam*, 1723, *in-fol. v. b.*

3021 Histoire métallique des XVII Provinces des Pays-Bas, depuis l'abdication de Charles-Quint jusqu'à la paix de Bade en 1716, trad. du Hollandois de Gérard Van Loon. *La Haye, P. Gosse*, 1732-1737, 5 *vol. in-fol. fig. v. f.*

3022 Annales des Provinces-Unies depuis les négociations pour la paix de Munster, avec la description historique de leur Gouvernement, par M. Basnage. *La Haye, Charles Levier*, 1719-1726, 2 *vol. in-fol. v. m.*

3023 Histoire abrégée des Provinces-Unies des Pays-Bas. *Amsterdam*, 1701, *in-fol. fig. v. b.*

3024 Chroniques des Ducs de Brabant, composées par Adrian Barlande. *Anvers*, 1603, *in-fol. fig. l. r.* —— Histoire universelle des Indes oc-

HISTOIRE.

cidentales, nouvellement trad. du latin de Wytfliet. *Douay*, 1607, *in-fol. v. b. d. f. tr. avec fil. d'or.*

3025 Annales & Histoires des troubles des Pays-Bas, par Hugo Grotius. *Amsterdam*, 1672, *in fol. v. f.*

3026 Deux volumes de la Thoifon d'or, composés par Guillaume, Evêque de Tournay, auxquels font contenus les haulx faitz, tant des très-Chrétiennes Maifons de France, Bourgongne & Flandres que d'autres Roys & Princes de l'ancien & nouveau Teftament. *Troyes, Nic. le Rouge*, 1530, *in-fol. goth. v. f. avec fil. d'or.*

3027 Cronique de Flandres par Denis Sauvage. *Lyon*, 1562, *in-fol.* — Mémoires d'Olivier de la Marche, mis en lumiere par Denis Sauvage. *Lyon*, 1562, *in-fol. v. f. avec fil. d'or.*

3028 Abrégé chronologique de l'Hiftoire de Flandre, par A. J. Panckoucke. *Dunkerque*, 1762, *in-8. v. m.*

3029 La Légende des Flamens, Artifiens & Haynuyers, ou autrement leur Cronique abrégée, en laquelle font contenues plufieurs hyftoires de France, Angleterre & Allemaigne. *Paris*, 1522, *in-4. goth. vélin.*

3030 La Légende des Flamens, Cronique abrégée en laquelle eft fait fuccinct Recueil de l'origine des Peuples & Eftatz de Flandre, Arthois, Haynault & Bourgongne, & des guerres par eulx faites à leurs Princes & à leurs voifins. *Paris, Galliot Dupré*, 1558, *in-8. v. f. fil. d'or.*

3031 Hiftoire de la Guerre de Flandre, de Famianus Strada, trad. par P. du Ryer. *Bruxelles*, 1712, 3 *vol. in-12. v. b.*

HISTOIRE.

3032 Supplément à l'Histoire des guerres civiles de Flandre, sous Philippe II, Roi d'Espagne, du P. Famien Strada & d'autres Auteurs. *Amsterdam*, 1729, 2 vol. *in-*12. *v. b.*

3033 Histoire des Guerres de Flandre, par le Cardinal Bentivoglio, trad. de l'italien par M. Loiseau. *Paris*, 1769, 4 *vol. in-*12. *v.*

3034 Le Miroir de la Tyrannie Espagnole perpétrée au Pays-Bas par le Tyran Duc d'Albe & autres Commandeurs de par le Roy Philippe II, avec la seconde partie des tyrannies commises aux Indes Occidentales par les Espagnols. *Amsterdam*, 1620, *in-*4. *fig. vélin.*

3035 Description de la Ville de Bruxelles. *Bruxelles*, 1743, *in-*12. *broch.*

3036 Caroli Scribanii S. J. Antuerpia. *Antuerpiæ*, 1610, *in-*4. *fig. vélin.*

3037 Le Triumphe d'Anvers, faict en la susception du Prince Philips, Prince d'Espaignes, le 10 septembre 1549. *Anvers*, 1550, *in-fol. vélin.*

3038 Histoire du Siège de Bolduc & de ce qui s'est passé ès Pays-Bas unis l'an 1629, faite françoise du latin de Daniel Heinsius. *Lugduni Batavorum, ex Officinâ Elzevirianâ*, 1631, *in-fol. vélin.*

3039 Le mémorable Siège d'Ostende, décrit & divisé en 12 livres, par Christophle de Bonours. *Bruxelles*, 1633, *in-*4. *v. f.*

3040 Histoire de la Ville de Mons ancienne & nouvelle, par G. J. de Boussu. *Mons, J. N. Varret*, 1725, *in-*4. *v. b.*

3041 Les Délices de la Hollande. *Amsterdam*, 1685, *in-*12. *fig. v. b.*

HISTOIRE.

3042 Les Délices de la Hollande, avec un abrégé historique depuis l'établissement de la République jusqu'en 1710. *La Haye*, 1710, 2 *vol. in-*12. *fig. v. b.*

3043 Matthæi Vossii Annales Hollandiæ Zelandiæque, altera editio auctior, curâ Ant. Borremansii. *Amstelædami*, 1680, *in-*4. *v.*

3044 La grande Chronique ancienne & moderne de Hollande, Zélande, Westfrise, &c. jusqu'à la fin de l'an 1600, par J. Fr. le Petit. *Dordrecht*, 1601, 2 *vol. in-fol. l. régl. v. b.* avec fil. d'or.

3045 La grande Chronique ancienne & moderne de Hollande, Zélande, Westfrise, &c. jusqu'à la fin de l'an 1600, par J. Fr. le Petit. *Dordrecht*, 1601, 2 *vol. in-fol vélin.*

3046 Mémoires pour servir à l'Histoire de Hollande & des autres Provinces-Unies, par Louis Aubery. *Paris*, 1688, *in-*8. *v. f.*

3047 Le Mercure Hollandois, ou l'Histoire de la République des Provinces-Unies des Pays-Bas, depuis sa naissance jusqu'à présent, par P. Louvet. *Lyon, Est. Baritel*, 1673-1676, 4 *vol. in-*12. *v.*

3048 Description de tout ce qui s'est passé dans les guerres entre le Roi d'Angleterre, le Roi de France, les Etats des Provinces-Unies du Pays-Bas & l'Evêque de Munster, depuis 1664 jusqu'à la paix de Breda en 1667. *Amsterdam*, 1668, *in-*4. *fig. vélin.*

3049 Relation du Voyage de Sa Majesté Britannique (Guillaume III) en Hollande, & de la réception qui lui a été faite (1691). *La Haye*, 1692, *in-fol. fig.*——Les Marques d'honneur de la

Maison de Taſſis, par Jules Chifflet. *Anvers*, 1645, *in-fol. fig. v.*

3050 Hiſtoire Métallique de la République de Hollande, par M. Bizot. *Paris*, 1687, *in-fol. fig. v. b.*

3051 Hiſtoire du Stadhouderat, depuis ſon origine juſqu'à préſent, par l'Abbé Raynal. 1750, *2 vol. in-8. v.*

3052 Mémoires de Frédéric Henri, Prince d'Orange, qui contiennent ſes expéditions militaires depuis 1621 juſqu'à l'année 1646. *Amſterdam*, 1733, *in-4. broch. ;* avec des fig. de Bern. Picart.

3053 Hiſtoire de Guillaume de Naſſau, Prince d'Orange, avec des notes politiques, hiſtoriques & critiques de M. Amelot de la Houſſaye. *Londres*, 1754, *2 vol. in-12. v.*

3054 Rerum Urbis Amſtelodamenſium Hiſtoria, autore Joh. Iſ. Pontano. *Amſterodami*, 1611, *in-fol. fig. vélin.*

3055 Marie de Médicis entrant dans Amſterdam, ou Hiſtoire de la réception faite à la Reine mere par les Bourgmaiſtres & Bourgeois d'Amſterdam, trad. du latin de Gaſp. Barleus. *Amſterdam, Blaeu*, 1638, *in-fol. fig. vélin.* (Les deux premieres pages reſtituées à la main).

3056 Marie de Médicis entrant dans Amſterdam, ou Hiſtoire de ſa réception dans la Ville d'Amſterdam, trad. du latin de Gaſp. Barleus, avec fig. *Amſterdam, Blaeu*, 1638, *in-fol. mar. r.*

Hiſtoire de la Suiſſe & de Geneve.

3057 Les Délices de la Suiſſe, avec un Mémoire inſtructif

HISTOIRE.

instructif sur les causes de la guerre arrivée en Suisse l'an 1712, par Gottlieb Kypseler de Munster. *Leyde*, 1714, 4 *vol. in-*12. *fig. v. b.*

3058 L'Etat de la Suisse écrit en 1714, traduit de l'anglois. *Amsterdam*, 1714, *in-*8. *v.*

3059 L'Etat & les Délices de la Suisse. *Amsterdam*, 1730, 4 *vol. in-*12. *fig. v. b.*

3060 Helvetiorum Respublica. *Lugduni - Batav. ex Officinâ Elzevirianâ*, 1627, *in-*16. *v. f.* avec *fil. d'or.*

3061 La République des Suisses, trad. du latin de Josias Simler, avec le portrait des Villes des XIII Cantons. *Paris*, 1579, *in-*8. *v. f.*

3062 La République des Suisses, trad. du latin de Josias Simler, avec une exhortation & un quatrain aux Suisses pour leur conservation. *Geneve*, 1639, *in-*8. *vélin.*

3063 Abrégé de l'Histoire générale des Suisses, avec une description particuliere du Pays des Suisses, de leurs Sujets & de leurs Alliés, par J. B. Plantin. *Geneve, de Tournes*, 1666, *in-*8. *v.* avec *fil. d'or.*

3064 Histoire de la Confédération Helvétique, par Alexandre Louis de Watteville. *Berne*, 1754, 2 *tom.* 1 *vol. in-*8. *v. b.*

3065 Histoire militaire des Suisses au service de France, avec les pieces justificatives, par M. le Baron de Zur-Lauben. *Paris*, 1751-1753, 8 *vol. in-*12. *v.*

3066 Code Militaire des Suisses, pour servir de suite à l'Histoire militaire des Suisses au service de France, par le Baron de Zur-Lauben. *Paris*, 1758, 4 *vol. in-*12. *v.*

3067 Le Mercure Suisse. *Paris, Jean Martin,* 1634, *in-*8. *vélin.*

3068 Les Soirées Helvétiennes, Alsaciennes, & Fran-Comtoises. *Amsterdam, (Paris, Delalain)* 1771, *in-*8. *v.*

3069 Histoire de la Ville & de l'Etat de Geneve, par Jacob Spon. *Utrecht,* 1685, *in-*12. *fig. vélin.*

Histoire d'Espagne & de Portugal.

3070 Les Délices de l'Espagne & du Portugal, par Don Juan Alvarez de Colménar. *Leyde,* 1715, 6 *vol. in-*12. *fig. v. avec fil. d'or.*

3071 Relation du Voyage d'Espagne, par Madame d'Aulnoy. *Paris,* 1699, 3 *vol. in-*12. *v. b.*

3072 Hispania, sive de Regis Hispaniæ regnis & opibus Commentarius. *Lugduni-Batavorum, ex Officinâ Elzevirianâ,* 1629, *in-*16. *vélin.*

3073 Th. Campanellæ de Monarchiâ Hispanicâ Discursus. *Amstelodami,* 1640, *in-*12. *vélin.*

3074 Histoire générale d'Espagne jusqu'au Regne de Philippes II. *Lyon,* 1587, *in-fol. v. f. avec fil. d'or.*

3075 Abrégé chronologique de l'Histoire d'Espagne, par M. Désormeaux. *Paris,* 1758, 5 *vol. in-*12. *v. m.*

3076 Etat présent de l'Espagne, où l'on voit une géographie historique du Pays, l'établissement de la Monarchie, ses révolutions, sa décadence, son rétablissement & ses accroissemens, &c. par l'Abbé de Vayrac. *Amsterdam, Steenhouwer,* 1719, 3 *vol. in-*12. *v.*

3077 Etat présent d'Espagne, l'origine des Grands,

HISTOIRE.

avec un voyage d'Angleterre. *Villefranche, Etienne le Vray*, 1717, *in-12. v. b.*

3078 La Libra de Grivilio Vezzalmi, traducida de italiano in lengua castellana, pesanse las ganancias y las perdidas de la Monarquia de España en el Regnado de Filipe IV. *En Pamplona, in-4. vélin.*

3079 Histoire des Guerres civiles de Grenade, trad. de l'espagnol en françois, par Madame la Roche-Guilhen. *Paris, veuve Louis Billaine,* 1683, 3 *part.* 1 *vol. in-12. v. b.*

3080 Relation de ce qui s'est passé en Espagne à la disgrace du Comte Duc d'Olivarez, trad. d'italien en françois. *Paris, Aug. Courbé,* 1650, *in-8. v. b.*

3081 Relation des différents arrivés en Espagne entre D. Jean d'Autriche & le Cardinal Nitard. *Paris*, 1677, 2 *vol. in-12. v. b.*

3082 Mémoires de la Cour d'Espagne depuis 1679 jusqu'en 1681, par Madame d'Aulnoy. 1690 & 1692, 2 *vol. in-12. v.*

3083 La Guerre d'Espagne, de Baviere & de Flandre, ou Mémoires du Marquis D***. *Cologne, P. Marteau,* 1707, *in-12. v. f.*

3084 Mausolée érigé à la mémoire de la Princesse Claire, Eugénie, Isabelle d'Autriche, Infante d'Espagne, par le sieur de la Serre. *Bruxelles*, 1634, *in-fol. fig. vélin.*

3085 Entrevues de l'Empereur Charles IV, de son fils Wenceslaus & de Charles V, Roi de France, à Paris, en 1378; de Louis XII & de Ferdinand, Roi d'Arragon, à Savonne en 1507; Discours sur l'origine des Rois de Portugal, issus de la Maison de France; Mémoi-

Y ij

res sur la dignité & majesté des Rois de France, par T. Gofefroy. *Paris*, 1614, *in-*4. *v.*

3086 La Vie de Philippe II Roi d'Espagne, trad. de l'italien de Greg. Leti. *Amsterdam, Mortier*, 1734, 6 *vol. in-*12. *v.*

3087 Histoire du Cardinal de Granvelle, Ministre de Charles-Quint & de Philippe II Roi d'Espagne. *Paris, Duchesne*, 1761, *in-*12. *v. m.*

3088 Histoire du Ministere du Comte-Duc, avec des réflexions politiques & curieuses. *Cologne*, 1673, *in-*12. *v.*

3089 Histoire de la derniere révolte des Catalans & du siege de Barcelonne. *Lyon*, 1714, *in-*8.

3090 Mémoires de M. d'Ablancourt, Envoyé de Sa Majesté Louis XIV, en Portugal, contenant l'histoire de Portugal depuis le Traité des Pyrenées de 1659 jusqu'en 1668, &c. *Amsterdam*, 1701, *in-*12. *v. b.*

3091 Révolutions de Portugal, par l'Abbé de Vertot. *Paris*, 1722, *in-*12. *v. b.*

3092 L'Union du Royaume de Portugal à la Couronne de Castille, trad. de l'italien du sieur Hierome de Franchi Contestaggio, par M. Thom. Nardin. *Arras*, 1600, *in-*8. *v. b. d. s. tr.* avec fil. d'or.

3093 Relation de la Cour de Portugal sous D. Pedre II, avec des remarques sur les intérêts de cette Couronne par rapport aux autres Souverains, trad. de l'anglois. *Amsterdam*, 1702, 2 *tom.* 1 *vol. broch.*

3094 Adventure admirable par dessus toutes autres des siecles passez & présent, qui contient un discours touchant les succez du Roi de Portugal, Dom Sébastian, depuis son voyage d'Aphrique, auquel il se perdit en la bataille qu'il eut contre les infideles l'an 1578 jusqu'au 6 de janvier, an présent 1601, &c. &c. 1601. *in-16. v. b.*

Histoire d'Angleterre, d'Ecosse & d'Irlande.

3095 Les Délices de la Grande Bretagne & de l'Irlande, par James Beeverell. *Leyde*, 1707, 8 tom. 9 vol. *in-12. fig. v. b.* . . . . 9 . . 12 . .

3096 Nouveau Théâtre de la Grande-Bretagne, ou Description exacte des palais de la Reine & des maisons les plus considérables des Seigneurs & des Gentils-hommes de la Grande-Bretagne. *Londres, David Mortier*, 1708, *gr. in-fol. v. m. d. s. tr. avec fil. d'or.* . . . . 15 . . .

3097 Mémoires & Observations faites par un voyageur en Angleterre, sur ce qu'il y a trouvé de plus remarquable, tant à l'égard de la Religion, que de la politique, des mœurs & des curiosités naturelles & quantité de faits historiques. *La Haye, Henri Van Bulderen*, 1698, *in-12. fig. v.* . . . . 2 . . 10 .

3098 Histoire d'Angleterre, d'Ecosse & d'Irlande, par de Larrey, avec des portraits des Rois, Reines & autres personnes illustres. *Rotterdam, Leers*, 1697, 1698, 2 vol. *in-fol. v. f.* . . . . 6 . . 1 .

3099 Histoire d'Angleterre, d'Ecosse & d'Irlande, avec un abrégé des événemens les plus remarquables arrivés dans les autres Etats, par M. de Larrey. *Rotterdam, Reinier Leers*, 1707, 4 vol. *in-fol. fig. v. b.* . . . . 6 . . 2 .

3100 Histoire d'Angleterre, d'Ecosse & d'Irlan- . . . 5 . . 1 .

342 HISTOIRE.

de, avec un Abrégé des événemens les plus remarquables arrivés dans les autres Etats, par le sieur de Larrey. *Roterdam, Reinier Leers*, 1707, 4 vol. in-fol. fig. v. b.

3101 Histoire d'Angleterre depuis la descente de Jules-César jusqu'au Traité d'Aix-la-Chapelle en 1748, trad. de l'anglois de M. Smolett par M. Targe, avec la suite jusqu'au Traité de Paris en 1763. *Orléans & Paris*, 1756—1768, 24 vol. in-12. v.

3102 The History of England, ou Histoire d'Angleterre, par David Hume. *London, A. Millar*, 1759—1762, 6 vol. in-4. reliure angloise avec fil. d'or.

3103 Histoire d'Angleterre depuis l'invasion de Jules-César jusqu'à l'avénement de Henri VII, ou Histoire de la Maison de Plantagenet, trad. de l'anglois de M. Hume, par Madame Belot. *Amsterdam*, 1765, 6 vol. in-12. v.

3104 Histoire d'Angleterre contenant la Maison de Tudor, trad. de l'anglois de David Hume, par Madame Belot. *Amsterdam*, 1763, 6 vol. in-12.

3105 Histoire de la Maison de Stuart sur le Trône d'Angleterre, trad. de l'anglois de M. Hume, par l'Abbé Prévost. *Londres*, 1761, 6 vol. in-12. v.

3106 Abrégé de l'Histoire d'Angleterre, par Rapin Thoyras. *La Haye*, 1730, 10 vol. in-12. v.

3107 Histoire d'Angleterre, par le Chevalier Temple, pour servir d'introduction à celle de Rapin & autres, trad. de l'anglois. *Amsterdam*, 1744, in-8. v. b.

3108 Chronique des Rois d'Angleterre, écrite en

HISTOIRE.

anglois selon le style des anciens Historiens Juifs, par Nathan Ben Saddi, & trad. en françois dans le même stile. *Londres*, 1743, *in-8. v.*

3109 Histoire des Révolutions d'Angleterre, par le Pere d'Orléans. *Paris*, 1724, 4 *vol. in-12. fig. v. b.*

3110 Histoire de Guillaume le Conquérant, Duc de Normandie & Roi d'Angleterre par M. l'Abbé P.***. *Paris*, 1742, 2 *vol. in-12. v. m.* . . . . 2 - - - 8 . .

3111 Annales des choses plus mémorables arrivées tant en Angleterre qu'ailleurs, sous les Regnes de Henri VIII, Edouard VI & Marie, trad. par le sieur de Loigny. *Paris*, 1647, *in-4. vélin.* . . . 4 - - - 11 .

3112 Le Portrait du Roi de la Grande-Bretagne, fait de sa propre main, durant sa solitude & ses souffrances, par Porrée. *Paris*, 1649, *in-12. v. f. avec fil. d'or.*

3113 Elenchus Motuum nuperorum in Angliâ, simul ac Juris Regii & Parlamentarii brevis enarratio, autore Georg. Bateo. *Amstelodami*, 1663, *in-12. vélin.*

3114 Histoire des troubles de la Grande-Bretagne, depuis 1633 jusqu'à l'année 1646, par Robert Mentet de Salmonet. *Paris*, 1661, *in-fol. v. b.* } 4 - - - 5 .

3115 Histoire du Schisme d'Angleterre de Sanderus, mise en françois par M. Maucroix. *Paris*, 1676, *in-12. v.* . . . . 1 - - - 0

3116 Discours de la vie abominable, ruses, trahisons, meurtres, paillardises & autres très-iniques conversations desquelles a usé & use journellement le Mylord de Leceftre, contre l'honneur de Dieu, la Majesté de la Royne d'An- . 3 - - - 5 .

Y iv

HISTOIRE.

gleterre sa Princesse, &c. trad. de l'anglois, 1585, *in-8. vélin.*

3117 La Vie d'Elisabeth, Reine d'Angleterre, trad. de l'italien de Grégoire Leti. *Amsterdam, Desbordes,* 1695. 3 *vol. in-12. bas.*

3118 Histoire de Guillaume III, Roi d'Angleterre, par médailles, inscriptions, arcs de triomphe & autres monumens publics, recueillis par N. Chealier. *Amsterdam,* 1692, *in-fol. vélin.*

3119 Vie de la Princesse Henriette-Marie de France, Reyne de la Grande-Bretagne. *Paris,* 1690, *in-8. v. b.*

3120 Histoire d'Olivier Cromwel, par M. Raguenet. *Paris,* 1691, 2 *vol. in-12. v. b.*

3121 La Vie d'Olivier Cromwel, par Grégoire Leti. *Amsterdam,* 1752, 2 *vol. in-12. v. m.*

3122 Le Voyage de Cromwel en l'autre Monde, & son retour sur la terre, avec ses nouveaux desseins & ses nouvelles intrigues, avec la généalogie de Jacques II, & un sonnet sur la mort de Cromwel, par Jacques le Noir. *Londres,* 1690, *in-8. vélin.*

3123 La Conduite du Prince de Malborough dans la présente Guerre, avec plusieurs pieces originales, trad. de l'anglois. *Amsterdam,* 1712, *in-8. en cart.*

3124 Les Soupirs de l'Europe, à la vue du projet de paix contenu dans la harangue de la Reine de la Grande-Bretagne à son Parlement, du $\frac{6}{17}$ juin 1712. 1712, *in-12. v.*

3126 Histoire de ce qui s'est passé de plus mémorable en Angleterre pendant la vie de Gilbert Burnet. *La Haye,* 1735, 2 *vol. in-4. fig. v. m.*

HISTOIRE.

3127 Mémoires du Chevalier de Saint-Georges, trad. de l'anglois. *Cologne*, 1713, *in*-12.

3128 Œuvres diverses de M. Richard Steele sur les affaires de la Grande-Bretagne, traduites de l'anglois. *Amsterdam*, 1715, *in*-8. *v. f.*

1...16.

3129 Lettres de M. Filtz-Moritz sur les affaires du temps, trad. de l'anglois par M. de Garnesay. *Roterdam*, 1718, *in*-12. *v.*

3130 Les Intérêts de l'Angleterre mal entendus dans la guerre présente, trad. de l'anglois. *Amsterdam*, J. L. de Lorme, 1704, *in*-12.

1...6

3131 Histoire de l'expédition de l'Amiral Byng, dans la Sicile, en 1718, 1719 & 1720, trad. de l'anglois. *Paris, la veuve Ganeau*, 1744, *in*-12. *v.*

3132 Histoire du Parlement d'Angleterre, par l'Abbé Raynal. *Londres*, 1751, 2 *vol. in*-8. *v.*   2...o

3133 Constitution de l'Angleterre, avec un essai sur la véritable liberté civile, Discours adressé au peuple d'Angleterre. *Londres*, 1771, *in*-8. *v. m.*   1...9

3134 L'Observateur Anglois, ou Correspondance secrette de Milord all'eye et milord all'ear. Londres, 1777. 2 vol. in 12. broch.

3135 Histoire Naturelle & Civile de l'Isle de Minorque, trad. de l'anglois de J. Armstrong. *Paris, de Hansy le jeune*, 1769, *in*-12. *fig. v. m.*

1...5

3136 Scotorum Historiæ à primâ Gentis origine, cum aliarum & rerum & gentium illustratione non vulgari, autore Hect. Boethio. *Typis Jodoci Badii Ascensii*, *in-fol. v. b.*   1...10

3137 De vitâ & rebus gestis S. Principis Mariæ Scotorum Reginæ, Franciæ Dotariæ, quæ scrip-   4...o

346 HISTOIRE.

tis tradidere autores XVI, recensita à Sam. Jebb. *Londini*, 1725, 2 *vol. in-fol. v. m.*

3138 Histoire de Marie Stuard, avec les pieces justificatives & des remarques. *Londres*, 1742, 2 *vol. in*-12. *v. m. avec fil. & bord. dorés.*

3139 L'innocence de la Princesse Madame Marie Royne d'Ecosse, contre un livre secrettement divulgué en France en 1572, touchant tant la mort du Seigneur d'Arley son époux, que autres crimes dont elle est faulcement accusée. 1572, *in*-8. *v. b. avec fil. d'or.*

3140 Apologie ou Défense de l'honorable Sentence & très-juste exécution de défuncte Marie Steuard, derniere Royne d'Ecosse, &c. le tout trad. de l'anglois. 1588, *in*-8. *v. m.*

3141 Histoire de la Révolution d'Irlande, arrivée sous Guillaume III. *Amsterdam*, 1692, *in*-12.

Histoire des Pays Septentrionaux de l'Europe.

3142 Olai Magni Historia de Gentium Septentrionalium, variis conditionibus statibusve & de moribus. *Basileæ*, 1567, *in-fol. fig. vélin.*

3143 De Regno Daniæ & Norvegiæ, Insulisque adjacentibus, juxtà ac de Holsatia, Ducatu Slesvicensi, & finitimis Provinciis, Tractatus varii. *Lugd. Batavorum, ex Officinâ Elzevirianâ,* 1629, *in*-16. *vélin.*

3144 Monumens de la Mythologie & de la poésie des Celtes, & particulierement des anciens Scandinaves, pour servir de supplément & de preuve à l'introduction à l'Histoire de Dannemarc, par M. Mallet. *Copenhague*, 1756, *in*-4. *broch.*

HISTOIRE.

3145 Mémoires de M. Molesworth, Envoyé de Sa Majesté Britannique à la Cour de Dannemarc. *Nancy*, 1664, *in-*8. *v. b.* } 2...11.

3146 Histoire de la Laponie, trad. du latin de Jean Scheffer, par le P. A. L. *Paris*, 1678, *in-*4. *fig. v. b.*

3147 Relation du Groenland. *Paris, Aug. Courbé*, 1647, *in-*8. *v. m. avec fil. d'or.* } 1...16.

3148 Description & Histoire naturelle du Groenland, par M. Eggede, Missionnaire & Evêque du Groenland, trad. en françois par M. des Roches de Parthenay. *Copenhague*, 1763, *in-*8. *fig. en cart.*

3149 Histoire de Suede avant & depuis la fondation de la Monarchie, par le Baron de Pufendorff. *Amsterdam*, 1732, 3 *vol. in-*12. *en cart.* . . . . 2...1

3150 Histoire des Révolutions de Suede, par l'Abbé de Vertot. *Paris*, 1751, 2 *vol. in-*12. *v.* . . . . 3...o

3151 L'Etat présent de la Suede, avec un abrégé de l'Histoire de ce Royaume, trad. de l'anglois de M. Robinson. *Amsterdam*, 1720, *in-*12. *v. b.*

3152 Le Soldat Suédois, ou Histoire véritable de ce qui s'est passé depuis l'avenue du Roi de Suede (Gustave) en Allemagne jusqu'à sa mort, par Spanheim. *Rouen*, 1633, *in-*8. } 1...o

3153 Mémoires concernant Christine, Reine de Suede, suivis de deux de ses ouvrages. *Amsterdam*, 1751 & 1759, 3 *vol. in-*4. *v.* . . . . . 4...12

3154 Lettres choisies de Christine, Reine de Suede, avec la mort tragique de Monaldeski son Grand-Ecuyer, par M. L. ***. *Villefranche*, 1760, 2 *part.* 1 *vol. in-*12. *demi-reliure.* . . . . 1...12

3155 Histoire de Gustave Adolphe, Roi de Suede . . 3...o

composée principalement sur les manuscrits de M. Arkenholtz, par M. de M. ***. Amsterdam, 1764, in-4. v. avec le portrait de Gustave, d'après Van Dyck.

3156 Histoire du Regne de Charles Gustave, Roi de Suede, trad. du latin du Baron Samuel de Pufendorff. Nuremberg, 1697, in-fol. fig. demi-rel.

3157 Les Campagnes de Charles XII, Roi de Suede, par Jean Léonor le Gallois, S^r. de Grimarest. Paris, 1705, in-12. v.

3158 Histoire militaire de Charles XII, Roi de Suede, par Gustave Adlerfeld. Paris, Ganeau, 1741, 3 vol. in-12. v.

3159 Description historique de l'Empire Russien, trad. de l'allemand du Baron de Strahlenberg. Paris, 1757, 2 vol. in-12. v.

3160 Histoire des Révolutions de l'Empire de Russie, par M. Lacombe. Amsterdam, 1760, in-12. en cart.

3161 Mémoires historiques, politiques & militaires sur la Russie, depuis 1727 jusqu'en 1744, par le Général Manstein, avec la vie de l'Auteur par M. Huber, & une carte géographique. Paris, 1771, in-8. v. avec fil. d'or.

3162 Mémoires du Regne de Pierre le Grand, par le B. J. Wan Nestesuranoi. Amsterdam, Westeins, 1740, 5 vol. in-12. v. b.

3163 La Relation de trois Ambassades du Comte de Carstille, de la part de Charles II, Roi d'Angleterre, vers le Czar Alexey Michailovitz, Charles, Roi de Suede, & Frédéric III, Roi de Dannemarc, en 1663 & 1664. Rouen, L. Maurry, 1670, in-12. v. b.

3164 Bellum Scythico-Cosacicum, autore Joach.

HISTOIRE. 349

Paſtorio. *Dantiſci*, 1652, *in*-4. (Le frontiſpice manque).

3165 Reſpublica, ſive Status Regni Poloniæ, Li-
tuaniæ, Pruſſiæ, Livoniæ, &c. diverſorum
Autorum. *Lugduni - Batavorum, ex Officinâ
Elzevirianâ*, 1627, *in*-16. *vélin*.

3166 Hiſtoire des Rois de Pologne & des Révolutions arrivées dans ce Royaume, depuis
le commencement de la Monarchie juſqu'à préſent, par P. Maſſuet. *Amſterdam*, 1734, 5
vol. in-12. *en cart*.

3167 Hiſtoire des Révolutions de Pologne, depuis
le commencement de cette Monarchie juſqu'à
la derniere élection de Staniſlas Lſezczynski,
par l'Abbé Desfontaines. *Amſterdam, Fr. l'Honoré*, 1735, 2 *vol. in*-12. *v*.

3168 Manifeſte de la République confédérée de
Pologne, du 15 novembre 1769, trad. du polonois. 1770, *in*-4. *demi-rel*.

3169 Les Droits des trois Puiſſances alliées ſur
pluſieurs Provinces de la République de Pologne, ou Partage de la Pologne. *Londres*, 1774,
2 *vol. in*-8. *demi-rel*.

3170 Hiſtoire & Relation du Voyage de la Royne
de Pologne & du retour de Madame de Gué-
brian, par la Hongrie, l'Autriche, &c. & un
Traité du Royaume de Pologne, de ſon Gouvernement ancien & moderne, de ſes Provinces, &c. par J. le Laboureur, ſieur de Bleren-
val. *Paris., R. de Nain*, 1648, *in*-4. *v. b*.

3171 Hiſtoria Uladiſlai Poloniæ & Sueciæ Principis, autore Staniſlao à Kobierzicko Kobier-
zicks. *Dantiſci*, 1655, *in*-4. *v*.

3172 Hiſtoire de Jean Sobieski, Roi de Polologne, par l'Abbé Coyer. *Amsterdam*, 1761, 3 *tom.* 1 *vol. in*-12. *v. f.*

3173 Histoire des Révolutions de Hongrie. *La Haye*, 1739, 6 *vol. in*-12. *v.*

3174 Mausoleum Regni Apostolici Regum & primorum militantis Ungariæ Ducum, cum versione operis germanicâ, autore Franc. de Nadasd. *Norimbergæ*, 1664, *in-fol. fig. v. f. & fil. d'or.*

3175 Mausoleum Regni Apostolici Regum & primorum militantis Ungariæ Ducum, vindicatis à mortuali pulvere reliquiis ad gratam apud posteros memoriam à patriæ dolore erectum, autore Francisco de Nadasd, cum versione germanicâ. *Norimbergæ*, *Mich. & Joan. Endteri*, 1664, *in-fol. fig. v. b.*

3176 Description de la Livonie, avec une Relation de l'origine, du progrès & de la décadence de l'Ordre Teutonique, des révolutions arrivées dans ce Pays, &c. *Utrecht*, 1705, *in*-12. *v.* avec *fil. d'or.*

Histoire de l'Asie.

3177 Bibliotheque Orientale, ou Dictionnaire universel, contenant tout ce qui regarde la connoissance des Peuples de l'Orient, leurs Histoires, leurs Religions, Sectes & Politiques, &c. par M. d'Herbelot. *Paris*, 1697, *in-fol. v. m.*

3178. Histoire générale des Huns, Turcs, Mogols & autres Peuples Orientaux, par M. Deguignes. 1756—1758, 5 *vol. in-*4. *v. éc.* avec *fil. d'or.*

3179 Histoire générale des Turcs de Chalcon-

HISTOIRE.

dyle, trad. par Blaife de Vigenaire, & continuée jufques en l'an 1612, par Thom. Artus, & jufqu'en 1661, par M. de Mezeray. *Paris*, 1662, 2 *vol. in-fol. baf. b.*

3180 De la République des Turcs, & là où l'occafion s'offrira des mœurs & loi de tous Muhamédiftes, par Guillaume Poftel. *Poitiers*, 1560, *in-4. vélin.* . . . . 1..1

3181 Des Hiftoires Orientales & principalement des Turkes ou Turchikes & Schitiques & Tartarefques & aultres qui en font defcendues, œuvre pour la tierce fois augmenté, par Guillaume Poftel. *Paris, Hiérôme de Marnef*, 1575, *in-12. m. bl. d. f. tr. avec fil. d'or.* . . . . . 13..4

3182 Hiftoire de l'Empire Othoman, avec des notes, par le Prince Cantimir, trad. en françois par le fieur de Joncquieres. *Paris*, 1743, 4 *vol. in-12. v. f.* . . . . 3..4

3183 L'Hiftoire Mahométane, ou les quaranteneuf Califes du Macine, avec l'Hiftoire & le Portrait du grand Tamerlan, le tout trad. de l'arabe, par Pierre Valtier. *Paris*, 1657, *in-4. vélin.* . . . . 4..o

3184 Hiftoire générale du Serrail & de la Cour du grand Empereur des Turcs, avec l'Hiftoire de la Cour du Roi de la Chine, par le fieur Michel Baudier. *Paris*, 1631, *in-4. demi-rel.* } 4..8

3185 Hiftoire de l'Etat préfent de l'Empire Ottoman, contenant les maximes politiques des Turcs, les principaux points de la Religion Mahométane & leur difcipline militaire, trad. de l'anglois de Ricaut, par M. Briot. *Paris*, 1670, *in-4. v. b.* . . . . 3..2

3186 L'Etat militaire de l'Empire Ottoman, fes . . . 6..1

HISTOIRE.

progrès & sa décadence, par M. le Comte de Marsigli. *La Haye*, 1732, *in-fol. fig. v. m.*

3187 La Vie de Mahomet, trad. & compilée de l'Alcoran, des traditions authentiques de la Sonna & des meilleurs Auteurs Arabes, par Jean Gagnier. *Amsterdam*, 1732, 2 *vol. in*-12. *fig. v.*

3188 Histoire de Georges Castriot, surnommé Scanderberg, Roi d'Albanie, par Jacq. de Lavardin. *Paris*, 1576, *in*-4. *v. m. avec fil. d'or.*

3189 Histoire de Georges Castriot, surnommé Scanderberg, Roi d'Albanie, poursuivie jusqu'à la mort de Mahomet II, par Jacques de Lavardin, sieur du Plessis, &c. avec une Chronologie turcique, depuis la mort de Mahomet II jusqu'à l'an 1598. *Franche-Ville, Jean Arnaud*, 1604, 3 *vol. in*-8. *v. éc. d. s. tr. avec fil.*

3190 Histoire de Scanderberg, Roi d'Albanie, par le P. Duponcet. *Paris*, 1709, *in*-12.

3191 Description géographique & historique de la Morée reconquise par les Vénitiens du Royaume de Négrepont & des lieux circonvoisins, par le P. Coronelli. *Paris*, 1687, *in-fol. fig. v. b.*

3192 Les Mémoires du Voyage du Marquis de Ville au Levant, ou Histoire curieuse du siege de Candie, tirés des Mémoires de J. B. Rostagne, par Fr. Savinien d'Alquié. *Amsterdam*, 1671, 2 *vol. in*-12. *v. b.*

3193 Histoire de la Guerre de Chypre, écrite en latin par Ant. Maria Gratiani, & trad. en françois par M. le Peletier. *Paris*, 1685, *in*-4. *v. b.*

3194 Relation d'un Voyage du Levant, fait par ordre

HISTOIRE.

ordre du Roi, par M. Pitton de Tournefort. *Lyon*, 1727, 3 *vol. in*-8. *fig. v. b.*

3195 Trattato delle Piante & Immagini de sacr Edifizi di Terra Santa disegnate in Jerusalemme secondo le Regole della prospettiva & vera misura della lors Grandezza dal R. P. F. Bernardino. *In Firenza*, 1620, *in*-4. *vélin.* . . . . 2 . . . 10 . .

3196 Description dressée sur les Mémoires du sieur Georges Psalmanaazaar, contenant une relation de l'Isle Formosa en Asie, du Gouvernement, des Loix, des Mœurs & de la Religion de ses Habitans. *Paris*, 1739, *in*-12. *fig. v.* . . . . 2 . . . . o

3197 Persia, seu Regni Persici Status. *Lugd. Batavorum, ex Officinâ Elzevirianâ*, 1633, *in*-16. *v. b. avec fil. d'or.* . . . . 1 . . . o

3198 Les Beautés de la Perse, par le sieur Daulier Deslandes, avec une Relation de quelques avantures maritimes de L. M. P. R. D. G. D F. *Paris*, 1673, *in*-4. *fig. vélin.*

3199 Essai sur les troubles actuels de Perse & de Géorgie, par M. de P***. *Paris*, *Desaint*, 1754, *in*-12. *v.*
} 1 . . . 16

3200 Histoire du Christianisme des Indes, par la Croze (Mathurin Veyssiere). *La Haye*, 1758, 2 *vol. in*-12. *v.* . . . . 1 . . . . o

3201 Histoire des Indes Orientales, par Souchu de Rennefort. *Paris*, *Arn. Seneuze*, 1688, *in*-4. *v. b.*

3202 Histoire des Indes Orientales, anciennes & modernes, par l'Abbé Guyon. *Paris*, 1744, 3 *vol. in*-12. *v. b.*
} 2 . . . 8

3203 Mémoires historiques sur les missions des Indes Orientales, par le P. Norbert, Capucin, } . 1 . . . 4 .

Z

HISTOIRE.

présentés au Pape Benoît XIV. *Luques*, 1744, (*tom.* I. *part.* I.) *in-*4. *v. m.*

3204 Lettres édifiantes & curieuses sur la visite apostolique de M. de la Baume, Evêque d'Halicarnasse à la Cochinchine en 1740, pour servir de continuation aux Mémoires historiques du P. Norbert, par M. Favre. *Venise*, 1746, *in-*4. *v. m.*

3205 Mémoires du Colonel Lawrance, contenant l'Histoire de la guerre dans l'Inde, entre les Anglois & les François sur la Côte de Coromandel, depuis 1750 jusqu'en 1761, &c. trad. de l'anglois de Richard Owen Cambridge. *Amsterdam*, 1766, 2 *vol. in-*12. *v.*

3206 Relation de l'Inquisition de Goa. *Paris, Dan. Horthemels*, 1688, *in-*12. *fig. en cart.*

3207 Histoire de l'Isle de Ceylan, trad. du portugais de J. Ribeyro, par l'Abbé Legrand. *Amsterdam*, 1701, *in-*12. *fig. v. b.*

3208 Histoire civile & naturelle du Royaume de Siam, & des Révolutions qui ont bouleversé cet Empire jusqu'en 1770, par M. Turpin. 1771, 2 *vol. in-*12. *v.*

3209 Histoire de M. Constance, premier Ministre du Roi de Siam, & de la derniere Révolution de cet Etat, par le P. d'Orléans. *Lyon*, 1754, *in-*12. *en cart.*

3210 Description géographique, historique, chronologique, politique & physique de l'Empire de la Chine & de la Tartarie Chinoise, enrichie de cartes, & ornée d'un grand nombre de fig., par le P. J. B. du Halde. *Paris, P. G. le Mercier* 1735, 4 *vol. in-fol. gr. pap. v. f. avec fil. d'or.*

HISTOIRE.

3211 La Chine d'Athanaſe Kirchere, illuſtrée de pluſieurs monumens, tant ſacrés que prophanes, avec un Dictionnaire chinois & françois, trad. par F. S. Dalquié. *Amſterdam*, 1670, *in-fol. fig. v. b.* . . . . 8 . . . o

3212 Nouveaux Mémoires ſur l'Etat préſent de la Chine, par le P. Louis le Comte. *Amſterdam*, 1698, 2 *vol. in-*12. *fig.* . . . . . . 1 . . . 12.

3213 L'Ambaſſade de la Compagnie Orientale des Provinces-Unies vers l'Empereur de la Chine ou Grand Cam de Tartarie, par J. Nieuhoff & Jean le Carpentier. *Leyde*, 1665, 2 part. 1 *vol. in-fol. fig. v.* . . . . . . 4 . . . 10

3214 Le Chou-King, un des livres ſacrés des Chinois, qui renferme les fondemens de leur ancienne Hiſtoire, les principes de leur Gouvernement & de leur morale, trad. par feu le P. Gaubil, & publié avec de nouvelles notes, par M. de Guignes. *Paris*, 1770, *in-*4. *v.* . . . 4 . . . o

3215 Hiſtoire Naturelle, Civile & Eccléſiaſtique de l'Empire du Japon, par Engelbert Kæmpfer & Jean-Gaſp. Scheuchzer. *La Haye*, 1729, 2 *vol. in-fol. fig. v. éc. avec fil. d'or.* . . 17 . . . 2.

3216 Hiſtoire du Japon, par le P. de Charlevoix. *Paris*, 1754, 6 *vol. in-*12. *fig. v.* . . . . 10 . . . 10

3217 Ambaſſades mémorables de la Compagnie des Indes Orientales des Provinces-Unies vers les Empereurs du Japon. *Amſterdam, Jacob de Meurs*, 1680, *in-fol. fig. v. b.* . . . . *Gaté* 4 . . . 12.

3218 Hiſtoire de la Conquête des Iſles Moluques par les Eſpagnols, par les Portugais & par les Hollandois, trad. de l'eſpagnol d'Argenſola. *Amſterdam, Jacq. Desbordes*, 1707, 2 *vol. in-*12. *v. b.* . . . . 1 . . . o

Z ij

HISTOIRE.

Histoire d'Afrique.

3219 Description de l'Afrique, trad. du flamand d'O. Dapper. *Amsterdam*, 1686, *in-fol. fig. v. b.*

3220 Histoire de l'Empire des Cherifs en Afrique, sa description géographique & historique, la relation de la prise d'Oran par Philippe V, Roi d'Espagne. *Paris*, 1733, 2 vol. *in-12. en cart.*

3221 Histoire du Christianisme d'Ethiopie & d'Arménie, par Mathurin Veyssiere la Croze. *La Haye, veuve Levier*, 1739, *in-8. en cart.*

3222 Relation historique d'Abissinie du P. Jérôme Lobo, trad. du portugais par M. le Grand. *Paris*, 1728, *in-4. fig. v. f.*

3223 Histoire de Barbarie & de ses Corsaires, par le P. Pierre Dan. *Paris*, 1649, *in-fol. v. b.*

3224 Histoire du Royaume d'Alger, par M. Laugier de Tassy. *Amsterdam*, 1727, *in-12.*

3225 Histoire des Révolutions de l'Empire de Maroc, depuis la mort de Muley Ismael, pendant l'année 1727 & partie de 1728, avec des observations naturelles, morales & politiques sur le Pays & les Habitans, trad. de l'anglois de Braithwaite. *Amsterdam*, 1731, *in-12. en cart.*

3226 Relation de ce qui s'est passé dans le Royaume de Maroc, depuis 1727 jusqu'en 1737. *Paris*, 1742, *in-12. v.*

3227 Relation de la Captivité du sieur Moüette dans les Royaumes de Fez & de Maroc, avec un Traité du Commerce & de la maniere que les Négocians s'y doivent comporter, avec les termes de la langue la plus en usage dans le Pays. *Paris*, 1702, *in*-12. *v. b.*

3228 Description du Cap de Bonne-Espérance, où l'on trouve tout ce qui concerne l'Histoire naturelle du Pays, la Religion, les mœurs & les usages des Hottentots, & l'établissement des Hollandois, tirée des Mémoires de Pierre Kolbe. *Amsterdam, Jean Catuffe*, 1741, 3 *vol. in*-12. *fig. v.*

Histoire de l'Amérique.

3229 L'Histoire du nouveau Monde, ou Description des Indes Occidentales, par le sieur Jean de Laet. *Leyde*, 1640, *in-fol. fig. v. m.* avec fil. d'or. . . . . 1 . . 5

3230 La Découverte des Indes Occidentales, écrite par Dom Balthazar de Las-Casas, Evêque de Chiapa. *Paris, André Pralard*, 1697, *in*-12. *v. b.* . . . . 1 . . 4

3231 Histoire de l'Amérique, par M. Robertson, trad. de l'anglois. *Paris*, 1778, 4 *vol. in*-12. broch. . . . . 5 . . 2

3232 Histoire des guerres civiles des Espagnols dans les Indes, trad. de l'espagnol de Garcilasso de la Vega, par J. Baudoin. *Paris*, 1658, 2 *vol. in*-4. *v.* . . . . 1 . . 18

3233 Histoire des Avanturiers Flibustiers qui se sont signalés dans les Indes, par Alex. Olivier Oexmelin. *Paris*, 1699, 2 *vol. in*-12. *fig. v. b.* . . 3 . . 5

3234 Histoire de la Découverte & de la conquête du Pérou, trad. de l'Espagnol d'Augustin de Zarate, par S. D. C. *Paris*, 1706, 2 *vol. in*-12. *fig. v. b.* . . . . 8 . . 0

3235 Histoire des Incas, Rois du Pérou, trad. de l'espagnol de Garcilasso de la Vega, avec des . . 3 . . 10

HISTOIRE.

notes & des additions fur l'Hiſtoire naturelle de ce Pays. *Paris*, 1744, 2 *vol. in*-8. *v. m.*

3236 Hiſtoire naturelle & morale des Antilles de l'Amérique, avec un Vocabulaire Caraïbe. *Roterdam*, 1665, *in*-4. *fig. v. m. avec fil. d'or.*

3237 Hiſtoire de l'Iſle d'Eſpagne ou de Saint-Domingue, par le P. de Charlevoix. *Amſterdam*, 1733, 4 *vol. in*-12. *v. b.*

3238 Hiſtoire de la Jamaïque, trad. de l'anglois. *Londres*, 1751, 2 *part.* 1 *vol. in*-12. *v.*

3239 Voyage de la France équinoxiale en l'Iſle de Cayenne, entrepris par les François en 1652, par Ant. Biet. *Paris*, 1664, *in*-4.

3240 Hiſtoire de la Nouvelle-France, par Marc Leſcarbot, avec les Muſes de la Nouvelle-France, par le même Auteur. *Paris*, 1618, *in*-8. *vélin d. ſ. tr. avec fil. d'or.*

3241 Hiſtoire du Canada, & Voyages que les Freres mineurs Récollets y ont faits pour la converſion des infideles, par le F. Gabriel Sagard Théodat. *Paris, Cl. Sonnius*, 1636, *in*-8. *vélin.*

3242 Hiſtoire & Deſcription générale de la Nouvelle-France, par le Pere de Charlevoix. *Paris, Ganeau*, 1744, 6 *vol. in*-12. *v. m.*

3243 Avantures de M. Robert Chevalier, dit de Beauchêne, Capitaine de Flibuſtiers dans la Nouvelle-France, rédigées par M. le Sage. *Paris*, 1732, 2 *vol. in*-12. *fig. v. b.*

3244 Mémoires hiſtoriques ſur la Louiſianne, compoſés ſur les Mémoires de M. Dumont, par l'Abbé le Maſcrier. *Paris*, 1753, 2 *vol. in*-12. *v.*

3245 Hiſtoire naturelle & politique de la Penſyl-

HISTOIRE.

vanie & de l'établissement des Quakers dans cette contrée, trad. de l'allemand par M. de Surgy. *Paris*, 1768, *in*-12. *v.*

3246 Histoire naturelle de la Pensylvanie, & de l'établissement des Quakers dans cette contrée, trad. de l'allemand. *Paris*, 1768, *in*-12. *broch.* — 1 ... 1.

3247 Nouvelle Relation de la Gaspésie, qui contient les mœurs & la religion des Sauvages Gaspésiens, Porte-Croix & d'autres Peuples de l'Amérique Septentrionale, dite le Canada, par le P. Chret. le Clercq. *Paris*, 1691, *in*-12. *v. b.*

3248 Mémoires des Commissaires du Roi & de ceux de S. M. Britannique, sur les possessions & les droits respectifs des deux Couronnes en Amérique, avec les actes publics & pieces justificatives. *Paris, Impr. Royale*, 1756, 6 vol. *in*-12. *en cart.*

} 6 ... 0 . t

3249 Lettres d'un François à un Hollandois, au sujet des différends entre la France & la Grande-Bretagne, touchant leurs possessions respectives dans l'Amérique Septentrionnale. 1755, *in*-12. *v. avec fil. d'or.* — — — — — — — — — 1 ... 5

Histoire Héraldique & Généalogique.

3250 Traité de la Noblesse & de ses différentes espèces, par Guil. André de la Roque. *Paris*, 1678, *in*-4. *v. b.* — — — — — — — 2 ... 3.

3251 Traité de l'origine des noms & des surnoms, par André de la Roque. *Paris, Michallet*, 1681, *in*-12. *v. b.* — — — — — — 2 ... 10

3252 Traité des Nobles & des vertus dont ils sont formés, leurs charges, généalogies; de . 3 ... 19

Z iv

l'origine des fiefs & armoiries, avec l'Histoire & description généalogique de la Maison de Couci & de ses Alliances, par Franç. de l'Alouete. *Paris*, 1577, *in-4. l. r. vélin.*

3253 Trois Traitez; savoir, de la Noblesse de race, de la Noblesse civile, des immunitez des Ignobles, touchant les exemptions, immunitez & autres droicts des Nobles & Ignobles, par Florentin de Thierriat. *Paris, Bruneau,* 1606, *in-8. vélin.*

3254 Théâtre d'Honneur & de Chevalerie, ou le Miroir héroïque de la Noblesse, par Marc de Wison de la Colombiere. *Paris*, 1648, 2 *vol. in-fol. fig. gr. pap.*

3255 De Militiâ equestri antiquâ & novâ Libri V, auctore Hermanno Hugone, Soc. Jesu. *Antuerpiæ*, 1630, *in-fol. fig. vélin.*

3256 Dissertations historiques & critiques sur la Chevalerie ancienne & moderne, séculiere & réguliere, avec des notes par le P. Honoré de Sainte Marie. *Paris*, 1718, *in-4. v. b.*

3257 De la Chevalerie ancienne & moderne & de la maniere d'en faire les preuves, pour tous les Ordres de Chevalerie, par le P. Menestrier. *Paris*, 1683, *in-12. v. b.*

3258 Mémoires sur l'ancienne Chevalerie considérée comme un établissement politique & militaire, par M. de la Curne de Sainte-Palaye. *Paris*, 1759., 2. *vol. in-12. v. m.*

3259 Le Blason des couleurs en armes, livrées & devises, livre très-utile pour sçavoir & congnoistre d'une & chacune couleur la vertu & propriété, & la maniere de blasonner & faire livres, devises & leur Blason, par Sicile, Hé-

HISTOIRE.

raut du Roi Alphonse d'Arragon. *Paris, P. Ménier*, 1614, *in-*8. *demi-rel.*

3260 Le Roy d'Armes, ou l'art de bien former, charger, briser, timbrer, parer, expliquer & blasonner les armoiries, par le P. Marc Gilbert de Varennes. *Paris*, 1640, *in-fol. demi-rel.* — 3 .. o

3261 Discours de l'origine des armes & des termes receus pour l'explication de la Science Héraldique, par le S^r. L. L. P. A. de L. B. *Lyon*, 1658, *in-*4. *v.* — 1 .. 5 .

3262 La vraye & parfaite Science des armoiries, par P. Palliot. *Paris, Léonard*, 1664, *in-fol. v. b.* — 6 .. 1 .

3263 Le Trophée d'Armes Héraldiques, ou la Science du Blason. *Paris*, 1672, *in-*4. *vélin.* — 1 .. o

3264 L'Art Héraldique, contenant la manière d'apprendre facilement le blason, avec fig. col. par M. Baron, nouv. édit. augmentée par M. Playne. *Paris*, 1695, *in-*12. *v.* — 1 .. 11

3265 Les diverses espèces de Noblesse & les manieres d'en dresser les preuves, par le P. Menestrier. *Paris*, 1681, *in-*12. *v.* — 3 .. o

3266 Origine des armoiries, par le P. Menestrier. *Paris*, 1679, 2 vol. *in-*12. *v.* — 6 .. o

3267 L'Art du Blason justifié, ou les preuves du véritable art du Blason, par le P. C. Fr. Menestrier. *Lyon*, 1661, *in-*12. — 1 .. 16

3268 Le véritable Art du Blason, & la pratique des armoiries depuis leur institution, par le P. Menestrier. *Lyon, Th. Amaulry*, 1671, *in-*12. *v.* — 1 .. 11

3269 Le véritable Art du Blason, ou l'usage des armoiries, par le P. Menestrier. *Paris*, 1673, 2 vol. *in-*12. *v.* — 2 .. o

3270 Abrégé méthodique des principes héraldi- — 1 .. 16

ques, ou le véritable Art du Blason, par le P. Fr. Menestrier. *Lyon*, 1677, *in-*12. *v. b.*

3271 Le Blason de la Noblesse, ou les Preuves de Noblesse de toutes les Nations de l'Europe, par le P. Menestrier. *Paris*, 1683, *in-*12. *v.*

3272 La nouvelle Méthode raisonnée du Blason, par le P. Menestrier. *Lyon*, 1734, *in-*12. *v.*

3273 L'Alliance sacrée de l'honneur & de la vertu au mariage de M. le Dauphin avec la Princesse Electorale de Baviere, par le P. Menestrier. *Paris, de la Caille*, 1680, *in-*4. *v.*

3274 L'Art des Emblêmes, par le P. C. Fr. Menestrier. *Lyon*, 1662, *in* 8. *v.*

3275 La Philosophie des images énigmatiques, par le P. Cl. Fr. Menestrier. *Lyon*, 1694, *in-*12. *v.*

3276 La Devise du Roy, justifiée par le Pere Menestrier, avec un Recueil de cinq cents devises faites pour sa Majesté & toute la Maison Royale. *Paris*, 1679, *in-*4. *v. b.*

3277 Des Décorations funèbres, par le P. C. F. Menestrier. *Paris*, 1684, *in-*8. *v. m.* avec fil. d'or.

3278 Armorial universel, par C. Segoing. *Paris*, 1654, *in-fol. vélin.*

3279 Promptuaire armorial & général, par J. Boisseau. *Paris*, 1658, *in-fol. v. b.* avec fil. d'or.

Généalogies de France.

3280 Essais sur la Noblesse de France, contenans une dissertation sur son origine & abaissement, par feu M. le Comte de Boulainvilliers. *Amsterdam*, 1732, *in-*12. *v. b.*

HISTOIRE. 363

3281 Origine de la Noblesse Françoise, contre le système des Lettres imprimées à Lyon en 1763, par M. le Vicomte d'Alès de Corbet. *Paris*, 1766, *in-12. v.*

3282 Le Blason de France, ou Notes curieuses sur l'Edit concernant la police des armoiries. *Paris, Ch. de Sercy*, 1697, *in-8. v.*

3.....5....

3283 Histoire généalogique de la Maison de France, par Scévole & Louis de Sainte-Marthe. *Paris*, 1618, 2 *vol. in-fol. v. b. avec fil. d'or.* 3 0

3284 Histoire généalogique & chronologique de la Maison Royale de France, & des grands Officiers de la Couronne & de la Maison du Roi, par le P. Anselme. *Paris*, 1712, 2 *vol. in-fol. v. b.* . . . 3 . . . 0

3285 Histoire généalogique & chronologique de la Maison Royale de France & des grands Officiers de la Couronne, par le P. Anselme. *Paris*, 1726, 9 *vol. in-fol. magn. v.* . . . 90 . . . 0

3286 Tableaux généalogiques de la Maison Royale de France, & des six Pairies Laïques, par le P. Phil. Labbe. *Paris, Gasp. Meturas*, 1652, *in-12. v. m.*

3287 Alliances généalogiques des Rois & Princes de Gaule, avec les blasons enluminés, par Claude Paradin. *Lyon*, 1606, *in-fol. v. f.*

2 . . . 10 .

3288 Histoire généalogique des Roys de France, enrichie de leurs portraits & d'un sommaire de leurs vies, extraits de l'Histoire universelle de Jacq. de Charron. *Paris, Th. Blaise*, 1630, *in-8. v. b.*

1 . . . . 10 .

3289 La véritable origine de la seconde & troisieme lignée de la Maison Royale de France, par du Bouchet. *Paris, Dupuis*, 1646, *in-fol. v. b.*

HISTOIRE.

3290 Tableaux généalogiques, ou les seize Quartiers de nos Rois depuis Saint Louis jusqu'à présent, par M. le Laboureur, avec un Traité de l'origine & de l'usage des quartiers pour les preuves de Noblesse, par le P. Menestrier. *Paris, Fr. Coustelier, 1683, in-fol. v. b.*

3291 Tableaux généalogiques, ou les XVI Quartiers de nos Rois depuis Saint Louis jusqu'à présent, par M. le Laboureur, avec un Traité de l'origine & de l'usage des Quartiers, pour les preuves de la Noblesse, par le P. Menestrier. *Paris, 1683, in-fol. en cart.*

3292 Les Blasons des armes de la Royale Maison de Bourbon & de ses Alliances, recherchés par le sieur de la Rocque. *Paris, P. Firens, 1626, in-fol. v. f.*

3293 Explication de la généalogie de Henry IV, trad. du latin du P. Joseph Texere, par C. de Héris. *Paris, 1595, in-4. vélin.*

3294 Le César armorial, ou Recueil des armes & blasons de toutes les illustres Maisons de France, par ordre alphabéthique, par C. D. G. *Paris, 1645, v. f. avec fil. d'or.*

3295 Les Tombeaux des personnes illustres, avec leurs généalogies, armes & devises, par J. le Laboureur. *Paris, 1642, in-fol. v. b. avec fil. d'or.*

3296 Catalogue des Rolles Gascons, Normands & François conservés dans les archives de la Tour de Londres, par Thom. Carte. *Paris, Jacq. Barois, 1743, 2 tom. 1 vol. in-fol. v. b.*

3297 Les Généalogies des Maistres des Requêtes ordinaires de l'Hostel du Roy. *Paris, J. le Gras, 1670, in-fol. v. b.*

HISTOIRE.

3298 Armorial général de la France, par M. d'Hozier, 1er. regiftre. *Paris, Colombat,* 1738, *in-fol. mar. bl. d. f. tr. avec dent.* ----- 6...o

3299 Recueil de plufieurs Nobles & illuftres Maifons (de Picardie) du Diocèfe d'Amiens, par Adr. de la Morliere. *Amiens, Jacq. Hubault,* 1630, *in-4. vélin.*

3300 Recherche de la Nobleffe de Picardie, par M. Bignon. *in-fol. c. m. v. b.* (Cet exemplaire eft celui de feu M. de la Cour, Garde des généalogies à la bibliotheque du Roi). } 2...o

3301 Nobiliaire de Picardie, par Haudicquer de Blancourt. *Paris,* 1693, *in-4. v. b.* ----- 1)...19

3302 Généalogies des principales Familles de Paris tant anciennes que modernes, dreffées fur plufieurs bons titres, avec blazons coloriés. *infol. v. br. MS. fur papier fait l'an 1648.* --- 12...19

3303 Armorial de la Ville de Paris, gravé par Beaumont, Graveur ordinaire de la Ville. *in-fol. mar. r. avec dent.* ----- ..3...o

3304 Eloges des Premiers Préfidens du Parlement de Paris, avec leurs généalogies, par François Blanchard & J. B. l'Hermite-Souliers. *Paris,* 1645, *in-fol. v. b.* ----- . 2...o

3305 Les Préfidens à Mortier du Parlement de Paris, avec un Catalogue de tous les Confeillers, felon l'ordre de temps & de leurs réceptions, par François Blanchard. *Paris,* 1647, *in-fol. v. b. d. f. tr. avec dent. d'or.* ---- '2...o

3306 Anciennes Remarques de la Nobleffe Beauvaifine & de plufieurs Familles de France, par P. Louvet. *Beauvais, G. Valet,* 1640, *in-8. vélin.* ----- 1...o

3307 Hiftoire généalogique de plufieurs Maifons .. 6..t 1.

illustres de Bretagne, par Fr. Augustin du Paz. *Paris, Buon*, 1619, *in-fol. v. b.*

3308 Armorial Breton, augmenté d'un abrégé de la Science du Blason, par Guy le Borgne. *Rennes*, 1681, *in-fol. v.*

3309 Inventaire de l'Histoire généalogique de la Noblesse de Touraine, par J. B. l'Hermite de Souliers. *Paris*, 1669, *in-fol. v. b.*

3310 Recueil des Titres, Qualités, Blazons & Armes des Seigneurs Barons des Etats généraux de la Province de Languedoc, tenus par le Prince de Conti en la Ville de Montpellier en 1654, par Bejard. *Lyon*, 1655, *in-fol. v. b. avec fil. d'or.*

3311 Armorial des Etats de Languedoc, par Gastelier de la Tour. *Paris, Vincent*, 1767, *in-4. v. m.*

3312 Armorial de la Noblesse des Capitouls de Toulouse, par de la Faille, troisieme édition augmentée. *Toulouse, G. L. Colomyés*, 1707, *in-4. v. b.*

3313 Histoire de la Noblesse du Comté Vénaissin, d'Avignon & de la Principauté d'Orange, dressé sur les preuves, par Pithon-Curt. *Paris, David Jeune*, 1743-1750, 4 vol. *in-4. v. m.*

Généalogies particulieres de France, par ordre alphabétique.

3314 La Généalogie & les Alliances de la Maison d'Amanzé au Comté de Masconnois en Bourgogne, par P. Palliot. *Dijon*, 1659, *in-fol. vél.*

3315 Histoire généalogique de la Maison d'Auvergne, par Baluze. *Paris*, 1708, 2 vol *in-fol. gr. pap. v. b.*

3316 Histoire généalogique de la Maison de Beau-

HISTOIRE.

vau, par MM. de Sainte-Marthe. *Paris, J. Laquehay*, 1626, *in-fol. vélin.*

3317 Histoire de la Maison de Béthune, par André Duchesne. *Paris, Séb. Cramoisy*, 1639, *in-fol. v. b.*

3318 Discours généalogique, Origine & Généalogie de la Maison de Bragelongne. *Paris*, 1689, *in-8. v. b.* — 1 ... 0

3319 Histoire généalogique de la Maison des Briçonnets, par Gui Bretonneau. *Paris, J. Daumalle*, 1620, *in-4. vélin.*

3320 Histoire généalogique de la Maison des Chasteigners, par André Duchesne. *Paris*, 1634, *in fol. v. b.* . . . . 3 ... 0

3321 Histoire de la Maison de Chastillon-sur-Marne, par André Duchesne. *Paris, Séb. Cramoisy*, 1621, *in-fol. v. f.* . . . . 3 ... 0

3322 Histoire généalogique de la Maison du Chatelet, par Dom Aug. Calmet. *Nancy, J. B. Cusson*, 1741, *in-fol. v. f.* . . . . 1 ... 10

3323 Preuves de la Maison de Coligny, par du Bouchet. *Paris, J. Dupuis*, 1662, *in-fol. v. b.* . . 8 ... 14

3324 Histoire généalogique de la Maison Royale de Courtenay, par du Bouchet. *Paris, Dupuis*, 1661, *in-fol. v. b.* . . . . 1 ... 5

3325 Histoire généalogique de la Maison Royale de Dreux de Bar-le-Duc, de Luxembourg & de Limbourg, du Plessis de Richelieu, de Broyes & de Chasteau-Villain, par André Duchesne. *Paris, Séb. Cramoisy*, 1631, *in-fol. v. b.* . . 4 ... 10

3326 Recueil de Titres de la Maison d'Estouteville. 1741, *in-4. v.* — 1 ... 12

3327 Histoire généalogique de la Maison de Fau-

HISTOIRE.

doas. *Montauban*, *F. Descaussat*, 1724, *in-4. vélin.*

3328 Histoire généalogique de la Maison de Gondi, par de Corbinelli. *Paris, J. B. Coignard*, 1705, 2 vol. *in-4. gr. pap. v. b.*

3329 Histoire généalogique des Maisons de Guines, d'Ardres, de Gand & de Coucy, & de quelques autres Familles qui y ont été alliées, par André Duchesne. *Paris, Séb. Cramoisy*, 1631, *in-fol. v. b.*

3330 L'Origine de l'illustre Maison de Lorraine, avec un abrégé de l'Histoire de ses Princes, par le P. Benoît de Toul, Capucin. *Toul, Alexis Laurent*, 1704, *in-8. v.*

3331 Histoire de la Maison de Luxembourg, par Nicolas Vigner, publiée avec autres pieces sur le même sujet, par André Duchesne. *Paris*, 1617, *in-8. vélin.*

3332 Extrait de la Généalogie de la Maison de Mailly, Marquis d'Aucourt, & de celle des Marquis du Quesnoy, par M. de Clairambaut. *Paris, Ballard*, 1757, *in-4. v.*

3333 Table généalogique des anciens Vicomtes de la Marche, Seigneurs d'Aubusson, par du Bouchet. *Paris, Martin*, 1682, *gr. in-fol. v. b.*

3334 Histoire généalogique de la Maison de Monmorency & de Laval, par André Duchesne. *Paris, Séb. Cramoisy*, 1624, *in-fol. v. f.*

3335 Généalogie de la Maison du Puydufou. *in-fol. vélin.*

3336 Mémoire de René, Sire de Rieux, Prince de la Maison de Bretagne, Marquis d'Ouessant, présenté au Roi, & la généalogie de sa Maison. *Paris, Fr. Muguet*, 1713, *in-4. v. b.*

3337

HISTOIRE.

3337 Généalogie historique & critique de la Maison de la Rocheaymon, par l'Abbé d'Etrées. Paris, Ballard, 1776, in-fol. v. m. avec fil. d'or. — 4...4

3338 Histoire de Sablé, par Ménage. Paris, P. le Petit, 1683, in-fol. v. b.

3339 Histoire de la Maison des Salles, originaire de Béarn, depuis son établissement en Lorraine jusqu'à présent, avec preuves. Nancy, 1716, in-fol. } 1...18

3340 Histoire généalogique de la Maison de Savonniere en Anjou, par L. Trincant. Poictiers, Jul. Thoreau, 1638, in-4. vélin.

3341 Histoire généalogique de la Maison de Surgeres en Poitou, par L. Vialart. Paris, 1717, in-fol. broch. } 1...0

3342 Histoire généalogique de la Maison de la Trémoille, avec preuves, par M. de Sainte-Marthe. Paris, 1667, in-12. v.

3343 Histoire généalogique de la Maison de Vergy, par André du Chesne. Paris, Séb. Cramoisy, 1625, in-fol. v. b. — 3...0

3344 Généalogie de la Maison de Vipart en Normandie, par Fr. Aug. de Vipart. 1751, in-4. vélin v. — 1...10

GÉNÉALOGIES.

Italie, Allemagne, Flandre, &c.

3345 Histoire généalogique de la Royale Maison de Savoye, par Sam. Guichenon. Lyon, 1660, 2 vol. in-fol. gr. pap. v. b.   retiré

3346 Augustæ Regiæque Sabaudiæ Domûs, arbor gentilitia, autore Francisco-Maria Ferrerro 5...0

HISTOIRE.

à Labriano. *Augustæ-Taurinorum, Jo. Bap. Zappata*, 1702, *in-fol. fig. v. m.*

3347 Questions abrégées de généalogie, par Jean Hubner, avec des tables relatives pour l'éclaircissement de l'Histoire politique, & continuées jusqu'au temps présent. *Hambourg*, 1712, *in* 12. *v. f.* (en allemand).

3348 Questions abrégées de généalogies, avec les tables qui y appartiennent pour l'éclaircissement de l'Histoire politique, & continuées jusqu'à présent, par J. Hubner. 1737, *in*·12. *m. r.* avec dentelles. (en allemand).

3349 Tables généalogiques des Maisons d'Autriche & de Lorraine, & leurs alliances avec la Maison de France, précédées d'un Mémoire sur les Comtes de Habspourg, par le Baron de Zur-Lauben. *Paris, Desaint*, 1770, *in-8*. broch.

3350 Histoire généalogique des Pays-Bas, ou Histoire de Cambray & du Cambresis, par Jean le Carpentier. *Leyde*, 1664, 2 *vol. in-4. v. b.*

3351 La Toison d'or, composée par Guillaume, Evêque de Tournay, auquel sous les vertus de magnanimité & justice appartenans à l'état de noblesse, sont contenus les hauts faits tant des Maisons de France, Bourgogne & Flandre, que d'autres Rois & Princes de l'ancien & nouveau Testament. *Paris, François Regnault*, *in-fol.* goth. *v. m.* (Le dernier feuillet rétabli par le secours de la plume).

3352 Le Blason des armoiries de tous les Chevaliers de l'Ordre de la Toison d'or, avec leurs noms, surnoms, titres & cartiers, ensemble leurs

HISTOIRE.

éloges décrites en bref, par Jean-Baptiste Maurice. *La Haye, Jean Rammazeyn*, 1667, *in-fol. v. b.*

3353 Les Généalogies & anciennes descentes des Forestiers & Comtes de Flandre, avec brieves descriptions de leurs vies & gestes, le tout recueilli par Corn. Martin, & ornés de portraits par Pierre Balthasar. *Anvers*, 1598, *in-fol. vél.*

3354 Miroir des Nobles de Hasbaye, composé en forme de chronicque, par Jacq. de Hemricourt, l'an 1353, où il traite des généalogies de l'ancienne Noblesse de Liege & des environs, mis du vieux en nouveau langage par le sieur de Salbray. *Bruxelles*, 1673, *in-fol. fig. v. b.*

3355 Recueil héraldique des Bourguemestres de la Cité de Liege, où l'on voit la généalogie des Evêques & Princes, de la Noblesse & des principales Familles de ce Pays, par J. G. Loyens. *Liege*, 1720, *in-fol. v. b.*

3356 Généalogie des Comtes de Nassau, avec la Description de toutes les victoires lesquelles Dieu a octroiées aux Etats des Provinces-Unies des Pays-Bas, sous la conduite & gouvernement de Maurice de Nassau. *Leyden*, 1615, *in-fol. fig. v. b.* avec fil. d'or.

3357 Nobleza del Andaluzia de Gonçalo Argote de Molina. *En Sevilla*, 1588, *in-fol. v. b.*

ANTIQUITÉS.

Rites, Usages & Coutumes des anciens & des modernes.

3358 Novus Thesaurus Antiquitatum Romanarum,

HISTOIRE.

372

congestus ab Alberto Henrico de Sallengre. *Hagæ-Comitum*, 1716—1719, 3 *vol. in-fol. v. f.*

3359 L'Antiquité expliquée & représentée en figures, par Dom Bernard de Montfaucon. *Paris*, 1722, 10 *vol. in-fol. v. b.* — Supplément à l'Antiquité expliquée par le même Dom Bernard de Montfaucon. *Paris*, 1757, 5 *vol. in-fol. gr. pap. en cart.*

3360 Antiquités sacrées & profanes des Romains, expliquées, ou Discours historiques, mythologiques & philologiques sur divers monumens antiques, en latin & en françois, par M. A. V. N. *La Haye*, *Alberts*, 1726, *in-fol. v. m.* (Manquent plusieurs feuillets à la fin).

3361 Explication de divers monumens singuliers qui ont rapport à la Religion des plus anciens peuples, avec un traité de l'Astrologie judiciaire, par Dom Martin. *Paris*, 1739, *in-4. fig. v. éc.*

3362 Funerali Antichi di diversi Popoli & Nationi, descritti in dialogo da Thomaso Porcacchi, con le fig. di Girolamo Porro. *Venetia*, 1574, *in-4. v. f.* avec fil. d'or. (Bonne édition & recherchée).

3363 Funérailles & diverses manieres d'ensevelir des Romains, Grecs & autres Nations tant anciennes que modernes, décrites par Claude Guichard. *Lyon*, 1581, *in-4. v. m.*

3364 Le Réveil de l'antique Tombeau de Chyndonax, Prince des Vacies, Druides, Celtiques, Dijonnois, avec les cérémonies des anciennes sépultures, par J. Guenebault. *Paris* (*Dijon*), 1623, *in-4. fig. v. b.*

3365 Recherches sur la maniere d'inhumer des anciens, à l'occasion des tombeaux de Civaux en Poitou. *Poitiers, J. Faulcon*, 1738, *in*-12. *v. b.*

3366 Essai sur les Hiéroglyphes des Egyptiens, trad. de l'anglois de Warburthon, avec des observations sur l'antiquité des Hiéroglyphes scientifiques, & des remarques sur la chronologie & sur la premiere écriture des Chinois. *Paris*, 1744, 2 *vol. in*-12. *fig. v. b.* - - - - - - - 10 ..... 1.

3367 Des Sibylles célebres, tant par l'antiquité payenne que par les Saints Peres, discours traitant des noms & du nombre des Sibylles, de leurs conditions, de la matiere de leurs vers & de leurs livres, par David Blondel. 1649, *in*-4. *vélin.* - - - - - - - - - - - - - - 2 .... 8.

3368 Traité historique sur les Amazones, par P. Petit. *Leyde*, 1718, 2 *vol. in*-12. *v.* - - - - - 8 .... 4.

3369 Histoire du Commerce & de la Navigation des anciens, par M. Huet. *Lyon*, 1763, *in*-8. en cart. - - - - - - - - - - - - - - - - 1 .... 10.

3370 Dissertation sur les festins des anciens Grecs & Romains & sur les cérémonies qui s'y pratiquoient, par Muret. *La Haye*, 1715, *in*-12. *v. b.* - - - - - - - - - - - - - - - - 2 .... 19.

3371 Summaire ou Epitome du livre de Asse, fait Guill. Bude, par ledit Bude, reveu & additionné oultre les précedentes impressions. *Paris, les Angeliers freres*, 1538, *in*-8. *goth. v. m.*

3372 B. Balduinus de Calceo antiquo, & Jul. Nigronus de Caliga veterum : accesserunt ex E. Sept. Fl. Tertulliani, Cl. Salmasii, & Alb. Rubenii scriptis plurima ejusdem argumenti. *Amstelodami, Seb. Combus*, 1667, *in*-12. *fig. vélin.*

3373 Anselmus Solerius de Pileo, cæterisque ca- 2 ... 10.

1 .. 18.

pitis tegminibus tam sacris quam profanis. *Amstelodami*, 1672, *in*-12. *fig. v. avec fil. d'or.*

3374 Recherches sur l'époque de l'équitation & de l'usage de chars équestres chez les anciens, par le P. Gabr. Fabricy. *Marseille*, 1764, 2 part. 1 vol. *in*-8. *v.*

3375 Notitia Dignitatum Imperii Romani, ex novâ recensione Phil. Labbe, cum pluribus aliis opusculis, indicibus ac notis. *Parisiis, Typographia Regia*, 1651, *in*-12. *v.*

3376 Discours de la Religion des anciens Romains, de la castramétation & discipline militaire d'iceux, des bains & antiques exercitations grecques & romaines, par Guil. du Choul. *Lyon*, 1581, *in*-4. *vélin.*

3377 Discours de la Religion & sur la castramétation & discipline militaire des Romains, par Guillaume du Choul. *Wesel*, 1672, *in*-4. *fig. v.*

3378 Histoire des grands chemins de l'Empire Romain, par Nicolas Bergier, enrichie de cartes & de figures. *Bruxelles*, 1728, 2 vol. *in*-4. *v. b.*

Inscriptions & Médailles.

3379 Inscriptiones sacro-sanctæ vetustatis non illæ quidem romanæ, sed totius ferè orbis, per Petrum Apianum & Barthol. Amantium. *Ingolstadii*, 1534, *in-fol. v.*

3380 Territorii Patavini Inscriptiones sacræ & profanæ, in lucem productæ à Jacobo Philippo Tomasino. *Patavii*, 1654, *in*-4. *en cart.*

3381 Discours sur les médailles & gravures antiques, & principalement romaines, par Ant.

HISTOIRE.

le Pois. *Paris, Mamert Patiſſon,* 1579, *in-*4. avec la fig. qui manque quelquefois. — J. Diſcorſi del S. Don Antonio Agoſtini ſopra le médaglie & altre anticaglie, diviſi in XI dialoghi, trad. della lingua ſpagnvola nell' italiana. *in-*4. *v. b.*

3382 Diſcours ſur les Médailles antiques, par L. Savot. *Paris,* 1627, *in-*4. *vélin.* — — — — 1 — 0

3383 Hiſtoire des Médailles, ou Introduction à la connoiſſance de cette Science, par Charles Patin. *Paris, veuve Mabre Cramoſy,* 1695, *in-*12. *fig. v. b.* — — — — — — — 1 — 0

3384 La Science des Médailles antiques & modernes. *Paris,* 1715, 2 *vol. in-*12. *fig. v. b.* — 2 — 0

3385 Selecta Numiſmata in ære maximi moduli è Muſæo D. D. Franciſci de Camps, interpretationibus per D. Vaillant illuſtrata. *Pariſiis,* 1694, *in-*4. *v. b.*

3386 Médailles de grand & moyen bronze du Cabinet de la Reine Chriſtine, gravées d'après les originaux, par Pietro Santes Bartolo, expliquées par un commentaire, par Sigebert Havercamp. *La Haye, P. de Hondt,* 1742, *in-fol. gr. pap. v. f.*

3387 Recueil de Médailles de Rois, de Peuples & de Villes, qui n'ont point encore été publiées ou qui ſont peu connues, par M. Pellerin. *Paris,* 1762—1765, 6 *vol. in-*4. *v.* — Supplément aux ſix volumes de Recueil des Médailles des Rois, Peuples & Villes, avec la table générale des ſept volumes, par M. Pellerin. *Paris,* 1765, *in-*4. *v.* — — — — — — 50 — 0

3388 Médailles illuſtrées des anciens Empereurs

376 HISTOIRE.

& Impératrices de Rome, par Jean-Baptifte le Meneftrier. *Dijon*, 1642, *in*-4. *vélin.*

3389 Imperatorum Romanorum Numifmata ex ære mediæ & minimæ formæ, defcripta & enarrata per Carolum Patinum. *Argentinæ*, 1671, *in-fol. v. b.*

3390 Thefaurus Numifmatum modernorum hujus feculi, feu Numifmata Mnemonica & Iconica, quibus præcipui eventus & res geftæ ab anno 1700 illuftrantur, cum latinâ & germanicâ explicatione. *Nurimbergæ*, 1704, *in-fol. v. f. avec fil. d'or.*

DIVERS MONUMENS D'ANTIQUITÉ.

Pierres gravées.

3391 Hiftoire de l'Art chez les anciens, par M. J. Winckelmann, trad. de l'allemand. *Amfterdam*, 1766, 2 *vol. in*-8. *broch.*

3392 Les Ruines de Balbec. *Londres*, 1757, *gr. in-fol. v. f. d. f. tr. avec fil.*

3393 Les Ruines des plus beaux monumens de la Grece, par M. le Roy. *Paris*, *H. L. Guérin*, 1758, *gr. in-fol. fig. v. m. avec fil. d'or.*

3394 Ædes Barberinæ ad Quirinalem, à Comite Hieronimo Tetio Perufino defcriptæ. *Romæ*, 1642, *in-fol. fig. v. f. avec fil. d'or.*

3395 Le Pitture antiche d'Ercolano incife con qualche Spiegazione. *Napoli*, *nella Regia Stamperia*, 1757—1767, 5 *vol. gr. in-fol. v. éc. d. f. tr. avec fil.* — Catalogo de gli antichi Monumenti d'Ercolano. *Napoli*, *nella Regia Stamperia*, 1755, *gr. in-fol. v. éc. d. f. tr. avec fil.*

3396 Recueil de Peintures antiques, imitées fide-

HISTOIRE. 377

lement pour les couleurs & pour le trait, d'après les desseins coloriés fait par Pietre Sante Bartoli, par MM. le Comte de Caylus & Mariette. *Paris*, 1757. — La Mosaïque de Palestrine, expliquée par M. l'Abbé Barthelemy. 1760, *in fol. gr. pap. m. r. d. s. tr. avec fil. d'or.* (Superbe exemplaire).

3397 Découverte de la maison de campagne d'Horace, ouvrage qui donne occasion de traiter d'une suite considérable de lieux antiques, par M. l'Abbé Capmartin de Chaupy. *Rome*, 1767, 3 *vol. in-*8.

3398 Recueil des Antiquités & Monumens Marseillois qui peuvent intéresser l'Histoire & les Arts, par M. J. B. B. Grosson. *Marseille*, 1773, *in-*4. *fig. broch.*

3399 Augustarum Imagines æreis formis expressæ, vitæ quoque earumdem breviter enarratæ, ab Ænea Vico Parmense, nunc à Joanne-Bapt. du Vallio restitutæ. *Parisiis*, 1619. — Ex libris XXIII Commentariorum in vetera Imperatorum Numismata Æneæ Vici Liber primus, opus à J. B. du Vallio restitutum. *Parisiis*, 1619, *in-*4. *v. b.*

3400 Monumenta Paderbornensia ex Historiâ Romanâ, Francicâ, Saxonicâ erecta, & novis inscriptionibus ac figuris illustrata. *Noribergæ*, 1713, *in-*4. *v. b.*

3401 Pierres gravées antiques, sur lesquelles les Graveurs ont mis leurs noms, gravées par B. Picart, & expliquées par Philippe de Stosch, & trad. en françois par M. de Limiers. *Amsterdam*, 1724, *gr. in-fol. d. s. tr. avec fil. m. bl.*

3402 Traité des Pierres gravées par P. J. Mariette.

Paris, 1750, 2 vol. in-fol. fig. m. r. d. f. tr. avec fil.

Mélanges d'Antiquités.

3403 Les illustres Observations antiques du sieur Gabriel Syméon, dans son voyage d'Italie l'an 1557. *Lyon*, 1558, *in-4. vélin.*

3404 Recherches curieuses d'antiquité, contenues en plusieurs dissertations sur des médailles, bas-reliefs, statues, &c. par Spon. *Lyon*, 1683, *in-4. fig. v. b.*

3405 Recueil d'Antiquités égyptiennes, étrusques, grecques & romaines, par M. le Comte de Caylus. *Paris*, 1752—1767, 7 *vol. in-4. fig. v. d. f. tr. avec fil.*

3406 Recueil d'Antiquités dans les Gaules, ouvrage qui peut servir de suite aux Antiquités de M. le Comte de Caylus, par M. de la Sauvagere. *Paris*, 1770, *in-4. fig. v.*

3407 Musæum Florentinum, exhibens insigniora vetustatis Monumenta quæ Florentiæ sunt in thesauro medicéo, cum observationibus Ant. Fr. Gorii & figuris æneis elegantissimis. *Florentiæ*, 1731 & *ann. seq.* XI *vol. in-fol. magn. v. f.*

3408 Le Cabinet de la Bibliotheque de Sainte-Genevieve, contenant les antiquités de la Religion des Chrétiens, des Egyptiens & des Romains, &c. par le R. P. Claude du Molinet. *Paris*, 1692, *in-fol. gr. pap. fig. v. f.*

3409 Le grand Cabinet Romain, ou Recueil d'Antiquités Romaines, qui consistent en bas-reliefs, statues, instrumens sacerdotaux, lampes, &c. que l'on trouve à Rome, avec les explications

HISTOIRE.

de Michel-Ange de la Chausse. *Amsterdam, François l'Honoré*, 1706, *in-fol. v.*

HISTOIRE LITTERAIRE.

Histoire des Lettres & des Langues, &c.

Histoire des Académies, &c.

3410 Recherches curieuses sur la diversité des langues & Religions en toutes les principales parties du Monde, par Ed. Brerewood, & mises en franç. par J. de la Montagne. *Paris*, 1663, *in-8. v.* — 1...1..

3411 Monde primitif analysé & comparé avec le Monde moderne, précédé du plan général des diverses parties qui composeront ce Monde primitif, par M. Court de Gebelin. *Paris*, 1773 *& années suivantes*, 9 *vol. in-4. fig. broch.* — 41...0.

3412 Histoire de l'Imprimerie & de la Librairie, où l'on voit son origine & son progrès jusqu'en 1689, par Jean de la Caille. *Paris*, 1689, *in-4. v.* — 2...3

3413 Histoire de l'origine & des premiers progrès de l'Imprimerie, par Prosper Marchand. *La Haye*, 1740, *in-4. en cart.* — Supplément à l'Histoire de l'Imprimerie de Prosper Marchand, par M. l'Abbé Mercier. *Paris*, 1773, *in-4. demi-rel.* — 1...10.

3414 Traités historiques & critiques sur l'origine & les progrès de l'Imprimerie, par Fournier le jeune. *Paris, J. Barbou*, 1760, *in-8. broch.* — 2...0

3415 L'Origine de l'Imprimerie de Paris, dissertation historique & critique, par André Chevillier. *Paris, Jean de Laulne*, 1694, *in-4. v. b.* — 6...10.

HISTOIRE.

3416 Annales Typographici, ab Artis inventæ origine ad annum 1500, operâ Mich. Maittaire. *Hagæ-Comitum*, 1719, *in-4.*

3417 Annales Typographici ab Artis inventæ origine ad annum 1557, cum appendice, operâ Mich. Maittaire. *Hagæ-Comitum*, 1719, 1722, 1725, 5 *vol. in-4. C. M. v. éc. avec fil. d'or.*

3418 Annalium Typographicorum indices, operâ Mich. Maittaire. *Londini*, 1741, 2 *vol. in-4. v. m.*

3419 Histoire de l'Académie Royale des Inscriptions & Belles-Lettres, depuis son établissement jusqu'à présent, avec les Mémoires de Littérature, tirés des Registres de cette Académie, depuis son renouvellement. *Paris, Imprimerie Royale*, 1717 & ann. suiv. 35 *vol. in-4. v. b.*

3420 Mémoire historique & littéraire sur le Collège Royal de France, par l'Abbé Gouget. *Paris, Lottin*, 1758, 3 *vol. in-12. v.*

3421 Origine des Jeux-Fleureaux, par feu M. de Caseneuve, avec la Vie de l'Auteur, par M. Médon. *Toulouse*, 1659., *in-4. vélin.*

BIBLIOGRAPHIE.

Traités singuliers des Livres en général, &c.

Bibliographes généraux.

3422 Dictionnaire typographique, historique & critique des Livres rares & singuliers en tous genres, par J. B. L. Osmont. *Paris, Lacombe*, 1768, 2 *tom.* 3 *vol. in-8. demi-rel.*

3423 Bibliotheque curieuse, historique & critique, ou Catalogue raisonné de livres difficiles

HISTOIRE. 381

à trouver, par David Clément. *Gottingen*, 1750-1760, 9 *vol. in-*4. *en cart.*

3424 Bibliotheque d'un homme de goût, ou avis sur le choix des meilleurs livres écrits en notre langue sur tous les genres de Sciences & de Littérature, par L. M. D. V. *Avignon*, 1772, 2 *vol. in-*12. *broch.* — — — — — — 2...12.

3425 Traité historique des plus belles Bibliotheques de l'Europe, par le sieur le Gallois. *Paris*, 1680, *in-*12. *vélin.* — — — — — — 2...

3426 Conseils pour former une bibliotheque, par M. Formey, avec une notice des ouvrages de l'Auteur. *Berlin*, 1755, *in-*8. *v. m.* — — — 2...4.

3427 Bibliotheque choisie de M. Colomiés. *La Rochelle*, 1682, *in-*8. *v. b.*

3428 Bibliotheque universelle des Historiens, contenant leurs vies, l'abrégé, la chronologie, la géographie & la critique de leurs Histoires, par Ellies du Pin. *Paris*, 1707, 2 *vol. in-*8. *vélin.*

3429 Bibliotheque critique, ou Recueil de diverses pieces critiques publiées par M. de Sainjore, (Richard Simon). *Amsterdam, J. Louis de Lormes*, 1708-1710, 4 *vol. in-*12. *v. b.*

3430 Mémoires de Littérature, par Sallengre. *La Haye, Henri du Sauzet*, 1715-1717, 2 *vol. in-*12. *v. b.*

3431 Continuation des Mémoires de Littérature & d'Histoire de M. de Sallengre, par Desmolets. *Paris*, 1726-1731, 11. *vol. in-*12. *v. b.*

3432 Jugemens des Savans sur les principaux ouvrages des Auteurs, par Adrien Baillet, corrigés & augmentés par M. de la Monnoye. *Paris*, 1722-1730, 8 *vol. gr. in-*4. *v. éc. avec fil. d'or.* 14...o

HISTOIRE.

3433 Auteurs déguisés sous des noms étrangers, empruntés, supposés, &c. par M. Baillet. *Paris, Ant. Dezallier*, 1690, *in-12. v. m.*

3434 Querelles littéraires, ou Mémoires pour servir à l'Histoire des Révolutions de la République des Lettres, depuis Homere jusqu'à nos jours. *Paris*, 1761, 4 *vol. in-12. broch.*

Bibliographes périodiques, ou Journaux littéraires.

3435 Nouvelles de la République des Lettres, depuis mars 1684 jusques & compris les 4 premiers mois de 1689, par P. Bayle, reprises & continuées depuis janvier 1699, jusques & compris décembre 1709, par Jacq. Bornard. *Amsterdam*, 1686, 32 *vol. in-12. v.* (Manquent les quatre derniers mois de 1684).

3436 Bibliothèque universelle & historique, par Jean le Clerc, depuis 1686, jusques & compris 1693. *Amsterdam*, 25 *vol. in-12. v. f.*

3437 Bibliotheque choisie pour servir de suite à la Bibliotheque universelle, depuis 1703 jusques & compris 1712, par Jean le Clerc. *Amsterdam, Schelte*, 1703, 25 *vol. in-12. v. f.*

3438 Bibliotheque ancienne & moderne, pour servir de suite aux Bibliotheques universelle & choisie, depuis 1714 jusques & compris 1719, par Jean le Clerc. *Amsterdam, D. Mortier*, 1714, 12 *vol. in-12. v. f.*

3439 Histoire des Ouvrages des Savans depuis le mois de septembre 1687 jusques & compris le mois de juin 1709, par Basnage, sieur de Bauval. *Rotterdam, R. Leers*, 1687, 24 *vol. in-12. v.* (Manquent juillet & août 1688).

HISTOIRE

3440 Biblotheque Britannique, ou Histoire des ouvrages des Savans de la Grande-Bretagne *La Haye, P. de Hondt*, 1733–1738, 12 vol. in-8, broch. — 1...10

3441 Le Mérite vengé, ou Conversations littéraires & variées sur divers écrits modernes, pour servir de réponse aux observations de l'Abbé Desfontaines, par le Chevalier de Mouhy. *Amsterdam*, 1737, *in*-12. *v. f.* — 2...4

3442 Les cinq Années littéraires, ou Lettres de M. Clément sur les ouvrages de littérature qui ont paru dans les années 1748, 1749, 1750, 1751 & 1752. *Berlin*, 1755, 2 *vol. in*-12. *vél. v.* — 01...8

3443 Le Nouvelliste œconomique & littéraire. *La Haye*, 1754, 19 *tom.* 9 *vol. in* 8. *demi-rel.* — 2...19

3444 Bibliotheque annuelle & universelle, contenant un catalogue de tous les livres qui ont été imprimés en Europe pendant les années 1748, 1749, 1750, 1751. *Paris, P. G. le Mercier*, 1751–1757, 6 *vol. in*-12. *v.* — 3...16

3445 Le sage Moissonneur, ou le Nouvelliste historique, politique, critique, littéraire & galant, 1741, 1742. *Utrecht, Etienne Neaulme*, 1741–1743, 6 *vol. in*-12. *v.* — 3...6

3446 La Bigarure ou Meslange curieux de nouvelles, de critique, de morale, &c. *La Haye*, 1749, 20 *tom.* 7 *vol.* — La nouvelle Bigarure. *La Haye*, 1653, 16 *tom.* 5 *vol. in*-8. *demi-rel.* — 5...10

3447 Le Conservateur, ou Collection de morceaux rares & d'ouvrages anciens élagués, trad. & refaits en tout ou partie, année 1757 entiere & les 6 premiers mois de 1758. *Paris, Lambert*, 1757 & 1758, 9 *vol. in*-12. *v.* — 5...6

HISTOIRE.
BIBLIOGRAPHES NATIONAUX.

Bibliographes simples, ou Catalogues des Bibliotheques, par ordre alphabéthique.

3448 Bibliotheque françoise du sieur de la Croix du Maine. *Paris*, 1584, *in-fol. v. d. s. tr. avec fil. d'or.*

3449 La Bibliotheque françoise d'Antoine du Verdier, sieur de Vauprivas. *Lyon*, 1585, *in-fol. v. b.*

3450 Bibliotheques françoises de la Croix du Maine & de du Verdier, corrigées & augmentées par M. Rigoley de Juvigny. *Paris*, 1772, 1773, 6 vol. *in-4. m. mar.*

3451 La Bibliotheque françoise de M. C. Sorel. *Paris*, 1667, *in-12. v.*

3452 La France littéraire. *Paris*, 1769, 2 vol. *in-8.*

3453 Bibliotheque des Auteurs de Bourgogne, par feu l'Abbé Papillon. *Dijon, Fr. Desventes*, 1745, 2 vol. *in-fol. v. m.*

3454 Bibliotheque historique & critique du Poitou, par M. Dreux du Radier. *Paris, Ganeau*, 1754, 5 vol. *in-12. v. m.*

3455 Catalogus Codicum manuscriptorum Bibliothecæ Regiæ. *Parisiis, Typographiâ Regiâ*, 1739 & *ann. seq.* 4 vol. *in-fol. v. m. avec fil. d'or.*

3456 Catalogue des livres imprimés de la Bibliotheque du Roi. *Paris, Imprimerie Royale*, 1739 & *ann. suiv.* 6 vol. *in-fol. v. m. avec fil. d'or.*

3457 Catalogue de la Bibliotheque de feu M. Bourret. *Paris, Jean Boudot*, 1735, *in-12. v.*

HISTOIRE.

3458 Catalogue des livres de M. Imbert de Cangé. *Paris, Jacq. Guérin, 1733, in-12. v. b.*
3459 Bibliotheca Colbertina. *Parisiis, Gabr. Martin, 1728, 3 vol. in-12. v. b.* . . . . 1..″..9..
3460 Catalogue raisonné de la collection de livres de M. Pierre Antoine Crevenna, Négociant à Amsterdam. *1776, 6 vol. in-4. broch.* 24...0.
3461 Catalogue des livres de M. Crozat de Tugny. *Paris, Thiboust, 1751, avec une Table des Auteurs.* — Catalogue des livres du Président Dauneuil. *Paris, Delaguette, 1749, in-8. demi-rel.* 1...2.
3462 Catalogue des livres de feu M. Delaleu, avec une Table des Auteurs. *Paris, Nyon, 1775, in-8. demi-rel.*
3463 Catalogue des livres de la bibliotheque de M. du Doyer. *Paris, Mérigot, 1763, in-8. v. avec les prix & une Table des Auteurs.* . . . . . 3...1.
3464 Catalogus librorum bibliothecæ D. Joachimi Faultrier. *Parisiis, Prosp. Marchand, 1709, in-8. v. f.*
3465 Catalogue des livres rares & singuliers du cabinet de M. Filheul, avec une Table des Auteurs. *Paris, Dessain junior, 1779, in-8. demi-reliure.* 1...18.
3466 Catalogue des livres de feu M. Louis-Jean Gaignat. *Paris, Guil. Fr. de Bure le jeune, 1769, 2 vol. in-8. v. avec les prix & une Table des Auteurs.* . . . . 16...0.
3467 Bibliotheca D. Joannis Galloys. *Parisiis, Laur. Seneuze, 1710, in-12. v. b.*
3468 Catalogue des livres de M. le Gendre d'Arminy. *Paris, Prault fils, 1740, avec les prix.* — Catalogue des livres de feu M. le Blanc, 1..7..10.

B b

HISTOIRE.

Paris, Gabr. Martin, 1729, *in-8. v. m. avec fil. d'or.*

3469 Bibliotheca Hohendorfiana, ou Catalogue de la bibliothèque du Baron de Hohendorf. *La Haye, Abr. de Hondt*, 1720, *in-8. v. f.*

3470 Catalogue des livres de la bibliotheque des Jésuites du Collége de Clermont. *Paris, le Clerc* 1764, *in-8. demi-rel. avec une Table des Auteurs.*

3471 Catalogue des livres de feu M. Lancelot. *Paris, G. Martin*, 1741, *in-8. v. avec fil. d'or.*

3472 Catalogue de livres choisis du cabinet de M. le Comte de Lauraguais. *Paris, Guil. de Bure fils aîné*, 1770. — Catalogue des livres de feu M. Perrot. *Paris, Gogué*, 1776. — Catalogue des livres de feu M. Lemarié. *Paris, Guill. de Bure fils aîné*, 1776, *in-8. v.* (Ces trois catalogues sont avec les prix & des Tables des Auteurs).

3473 Catalogue des livres de la bibliotheque de M***. *Paris, de Bure le jeune*, 1738. — Catalogue des livres de la Bibliotheque de M***. *Paris, Pierre Gandouin*, 1740, *in-8. v. m. avec fil. d'or.*

3474 Catalogue des livres du cabinet de M. Girardau de Préfond. *Paris, G. Fr. de Bure le jeune*, 1757, *avec une Table des Auteurs.* — Catalogue d'une collection de livres choisis, provenans du Cabinet de M. le Comte de Lauraguais. *Paris, Guil. de Bure fils aîné*, 1770, *in-8. demi-reliure, avec une Table des Auteurs.*

3475 Catalogue des livres de feu M. l'Abbé de Rothelin. *Paris, Gabriel Martin*, 1746, *in-8. demi-rel. avec une Table des Auteurs.*

3476 Catalogue des livres de la bibliotheque de

HISTOIRE.

M. Secousse. *Paris, Barrois*, 1755, *in-8. demi-rel. avec une Table des Auteurs.*

3477 Catalogue des livres de feu M. de Senicourt. *Paris. J. B. G. Musier*, 1766, *in-8. demi-rel. avec une Table des Auteurs.* . . . . 1 -- 10

3478 Bibliotheca Telleriana, sive Catalogus librorum bibliothecæ D. D. Caroli Mauritii le Tellier. *Parisiis, è Typographiâ Regiâ*, 1693, *in-fol. demi-rel.* . . . . 9 -- 16

3479 Catalogue des livres provenans de la bibliotheque de M. le Duc de la Valliere. *Paris, Guil. Franç. de Bure le jeune*, 1767, 2 *tom. 1 vol. in-8. tiré sur papier in-4., avec les prix & une Table des Auteurs.* . . . . 7 -- 10

3480 Catalogues de Madame la Comtesse de Verrüe, de M. Brinon de Caligny, & du Maréchal de Lautrec. *in-8. demi-rel.*

3481 Bibliotheca Uffenbachiana manuscripta, seu Catalogus & recensio manuscriptorum codicum qui in Bibliothecâ Zacariæ Conradi ab Uffenbach Trajecti ad Mœnum adservantur. *Halæ Hermundurorum*, 1720, *in-fol. bas. b.* } 2 -- 19

3482 Catalogues de MM. Abbé Desessarts, de Laleu, de la Serre, Bonnemet, Bonneau, Coquelet, & autres petits Catalogues. 15 *vol. in-8. broch.* . . . . 1 -- 10

3483 Catalogues de MM. Comte de Makarty, Duc de la Valliere, Abbé Boucher, Président de Rieux & autres. 16 *vol. in-8. broch.* . . . 2 -- 4

3484 Catalogues de MM. Pâris de Meyzieu, Pont-de-Vesle, Comte de Makarty, la Condamine, Duc de Saint-Aignan, de la Live & autres. 22 *vol. in-8. broch.* . . . . 1 -- 19

3485 Catalogue de MM. Perrot, Lemarié, le . . 3 -- 3

HISTOIRE.

Sage, Président Hénault, Godefroy, Abbé de Fleury & autres. 18 *vol. in-*8. broch.

3486 Catalogues de MM. de Randon, le Chancelier, Rouillé, Crequy, Gillet, du Faure, L***., Gibert & de Madame la Princesse de Conty, 9 *vol. in-*8. & *in-*12. broch. (Tous avec les prix).

3487 Catalogues de MM. le Baron de Thiers, Crozat de Tugny ; Gluc de Saint-Port, Barrier des Cazeaux, Marquis de Felino. 5 *vol. in-*8. *br.* (Tous avec les prix).

Vies des illustres Personnages anciens Grecs & Romains.

3488 Diogenis Laertii de Vitis, dogmatibus & apophthegmatibus clarorum Philosophorum libri decem, græcè & latinè. *Lipsiæ, impensis Joan. Pauli Krausii,* 1759, *in-*8. *en cart.*

3489 Les Vies des plus illustres Philosophes de l'antiquité, trad. du grec de Diogene Laerce, auxquelles on a ajouté la vie de l'Auteur & celles d'Epictete & de Confucius, &c. *Amsterdam, J. H. Schneider,* 1758, 3 *vol. in-*12. *v. m.*

3490 Les Œuvres morales & mêlées de Plutarque, translatées de grec en françois, par Jacq. Amiot. *Paris, Michel de Vascosan,* 1575. — Les Vies des hommes illustres de Plutarque, translatées de grec en françois par Jacq. Amyot. *Paris, Jacq. Dupuys,* 1575, 2 *vol. in-fol. v. f. avec fil. d'or.*

3491 Les Vies des Hommes illustres de Plutarque, trad. en francois avec des remarques, par M. Dacier, nouvelle édition augmentée de plusieurs notes & d'un dixieme tome. *Amsterdam,* Za-

HISTOIRE.

charie Chatelain, 1735, 10 vol. in-12. fig. v. m.

3492 Les Vies des Hommes illustres de Plutarque, trad. en françois par M. Dacier, nouvelle édit. Paris, 1762, in-12. 14 vol. v. - - - - - - 16 - - 0

3493 Cornelius Nepos de Vitâ excellentium Imperatorum, ex recognitione Steph. And. Philippe. *Lutetiæ Parisiorum*, *Mich. Steph. David*, 1745, *in-12. m. r. d. f. tr. fil. d'or*. - - - - - 2 - - 5

3494 Images des Héros & des grands Hommes de l'antiquité, dessinées sur des médailles, des pierres antiques & autres anciens monumens, par Jean-Ange Canini, & gravées par B. Picart, avec les observations de Jean-Ange & M. Ant. Canini, italien & françois. *Amsterdam*, 1731, *in-4. v. m.* - - - - - - 5 - - 0

3495 Histoire des sept Sages, par M. de Larrey. *Rotterdam*, 1713, *in-8. v.* - - - - - - 1 - - 0

3496 Vie d'Apollonius de Tyane, par Philostrate, avec les Commentaires donnés en anglois par Charles Blount sur les deux premiers livres de cet ouvrage, le tout trad. en françois par M. de Castillon. *Berlin*, 1774, 4 *vol. in-12. v. m. avec fil. d'or*. - - - - - - 3 - - 0

3497 Abrégé des Vies des Poëtes Grecs, par M. le Fevre. *Saumur, Dan. de Lerpiniere*, 1664. — Le Mariage de Belfegor, nouvelle italienne. 1664, *in 8. v. b.*

3498 Les Vies des Poëtes Grecs en abrégé, par M. le Fevre, avec les remarques de M. Adrien Reland. *Basle, Jean Schweighauser*, 1766, *v. f.*

HISTOIRE.

Vies des illustres Personnages modernes.

3500 Le livre de Maître Jehan Bocace, qui traite des fortunes des nobles hommes & femmes, translaté de latin en françois par Laurent du premier Fait. *MS. sur vélin du commencement du* XVI*e. siecle, & décoré d'une miniature & de beaucoup de lettres majuscules en or & couleurs, m. r. d. s. tr. avec fil. in-fol.*

3501 Le Livre de Jehan Boccace, des nobles hommes & femmes infortunés, translaté de latin en françois. *Paris, Nic. Couteau, 1538, in-fol. goth. vélin avec fil. d'or.*

3502 Traité de mesadventures de personnages signalés, trad. du latin de Jean Boccace, & réduict en IX livres, par Cl. Witart. *Paris, Nic. Eve, 1578, in-8. lav. reg. vélin.*

3503 Les vrais pourtraits des Hommes illustres en piété & doctrine, avec les descriptions de leur vie & de leurs faits plus mémorables, trad. du latin de Théodore de Beze. *Geneve, 1581, in-4. vélin.*

3504 Prosopographie où Description des Hommes illustres & autres, depuis la création du monde jusqu'à ce temps, par Antoine du Verdier. *Lyon, 1589, 2 tom. 1 vol. in-fol.*

3505 La Galerie des Femmes fortes, par le P. Pierre le Moine. *Paris, 1647, in-fol. fig. v. f.*

3506 Histoire des plus illustres Favoris anciens & modernes, par P. du Puy, avec un Journal de ce qui s'est passé à la mort du Maréchal d'Ancre. *Leide, 1659, in-4. v. b.*

3507 La Fortune marastre de plusieurs Princes

HISTOIRE.

& grands Seigneurs de toutes Nations, depuis environ deux siecles, par J. B. de Rocoles. *Leyde, Jean Prins*, 1684, *in*-12. *fig. v. f. avec fil. d'or.*

3508 Les Imposteurs insignes, ou l'Histoire de plusieurs hommes de néant de toutes les Nations qui ont usurpé la qualité d'Empereur, de Roi & de Prince, par J. B. de Rocoles. *Bruxelles*, 1728, 2 *vol. in*-8. *fig. v. b.* . . . . . 3 . . . 10 . .

3509 L'Europe illustre, par M. Dreux du Radier, avec les fig. d'Odieuvre. *Paris, le Breton*, 1755, 6 *vol. in*-4. *v. m.* . . . . 40 . . . 0

3510 Portraits des Rois, Reines, Princes & Princesses de l'Europe & des autres parties du Monde, gravés par Larmessin depuis Henry IV jusqu'en 1700, avec la table manuscrite. *in*-4. *v. b.* . . . . 6 . . . . 3.

3511 Mémoires de Pierre de Bourdeille, Seigneur de Brantome. *Leyde, J. Sambix*, 1722, *& La Haye*, 1743, 15 *vol. in*-12. *v.* . . . . . 19 . . . 4

3512 Iconographie, ou Vies des Hommes illustres du XVIIe. siecle, écrites par M. V***., avec les portraits peints par Ant. Van Dyck, & gravés sous sa direction. *Amsterdam*, 1759, 2 *vol. in-fol. v. m. avec fil. d'or.* . . . . 25 . . 3

3513 Les Hommes illustres qui ont paru en France pendant ce siecle, avec leurs portraits, par M. Perrault. *Paris*, 1696, *in-fol. m. r. d. s. tr. avec fil. d'or.* (Bel exemplaire avec les portraits de MM. Arnauld & Pascal). . . . . . 51 . . . 0

3514 Les Vies de plusieurs Hommes illustres & grands Capitaines de France, avec leurs portraits. *Paris, Th. le Gras*, 1726, 2 *vol. v. f.* . . . 2 . . . 15

3515 Les Vies des Hommes illustres de la Fran- . . . 31 . . . 10

HISTOIRE.

ce, par MM. d'Auvigny, Perau & Turpin. *Paris*, 1739—1768, 26 *vol. in*-12. *v.*

3516 Vie de Michel de l'Hôpital, Chancelier de France. *Paris, de Bure*, 1764, *in*-12. *br.*

3517 Histoire de la Vie du Duc d'Espernon, par Girard. *Paris, Aug. Courbé*, 1655, *in. fol. v. f.*

3518 Histoire de Henry de la Tour d'Auvergne, Duc de Bouillon, par Marsollier. *Paris*, 1719, 3 *vol. in*-12. *v. b.*

3519 Mémoires pour servir à l'Histoire de M. le Chevalier de Folard. *Ratisbonne*, 1753, *in*-12. broch.

3520 Mémoires pour servir à la vie de Nicolas de Catinat, Maréchal de France. *Paris*, 1775, *in*-12. broch.

3521 La Vie de Christofle Colomb, & la découverte qu'il a faite des Indes Occidentales, composée par Fernand Colomb, & trad. en françois. *Paris*, 1681, 2 *vol. in*-12. *v. b.*

3522 Mémoires de la vie & des aventures de Nicolas Gargot, Capitaine de Marine. *in*-4. *gr. pap. v. b.*

Vies des Hommes illustres dans les Sciences & dans les Arts.

3523 Mémoires pour servir à l'Histoire des Hommes illustres dans la République des Lettres, avec un Catalogue raisonné de leurs ouvrages, par le P. Niceron. *Paris*, 1729 & ann. suiv. 44 *vol. in*-12. *v. b.*

3524 Académie des Sciences & des Arts, contenant les vies & les éloges historiques des Hom-

HISTOIRE.

mes illustres qui ont excellé en ces professions depuis environ IV siecles parmi diverses Nations de l'Europe, avec leurs portraits, par Isaac Bullart. *Amsterdam*, 1682, 2 *tom.* 1 *vol. in-fol. v. b.*

3525 Histoire des Philosophes modernes, avec leurs portraits gravés dans le goût du crayon, d'après les desseins des plus grands Peintres, par Alexandre Saverien, & publiée par M. François. *Paris*, 1760, 1761, 4 *vol. in-*4. *v. m. avec fil. d'or.*

3526 Histoire littéraire du Regne de Louis XIV, par l'Abbé Lambert. *Paris*, 1751, 3 *vol. in-*4. *v.*

3527 Eloges de quelques Auteurs François, par M. Jolly. *Dijon, P. Marteret*, 1742, *in-*8. *en cart.*

3528 Vie de Cassiodore, premier Ministre de Théodoric le Grand, par de Sainte-Marthe. *Paris, J. B. Coignard*, 1694, *in-*12. *v. b.*

3529 Mémoires de la Vie de J. Aug. de Thou, avec la traduction de la préface qui est au-devant de sa grande Histoire. *Rotterdam*, 1711, *in-*4. *v.*

3530 Mémoires touchant M. de Thou, où l'on voit ce qui s'est passé de plus particulier durant son ambassade d'Hollande, par M. D. L. R.

3531 La Vie, Mort & Doctrine de J. Calvin, escrite par Hierosme Hermet Bolsec: ensemble la vie de Jean Labadie. *Lyon, Ant. Offray*, 1664, *in-*8. *vélin.*

3532 La Vie de Maître J. B. Morin, Docteur en Médecine, avec quantité de prédictions qu'il a faites en différentes occasions. *Paris*, 1660, *in-*12. *v. f.*

3533 Vie de Grotius, avec l'Histoire de ses ou-

394 HISTOIRE.

vrages & des négociations auxquelles il fut employé, par M. de Burigny. *Paris, de Bure*, 1752, 2 *vol. in*-12. *v.*

3534 Histoire littéraire des Troubabours, contenant leurs vies, les extraits de leurs pieces, & plusieurs particularités sur les mœurs, les usages & l'Histoire des 12ᵉ. & 13ᵉ. siecles, par l'Abbé Millot. *Paris, Durand*, 1774, 3 *vol. in*-12. *v. m.*

3535 Les Vies des plus célebres & anciens Poëtes Provensaux qui ont floury du temps des Comtes de Provence, par Jehan de Notre-Dame. *Lyon, Alexandre Marsilii*, 1575, *in*-8. *vélin.*

3536 Mémoires sur la Vie de M. de Pibrac, avec ses Lettres amoureuses & ses Quatrains. *Amsterdam*, 1761, *in*-12. *v.*

3537 Mémoires pour servir à l'Histoire du célebre Rousseau & des fameux Couplets. *Bruxelles*, 1753, *in*-12. *broch.*

3538 Mémoires pour servir à l'Histoire de la Vie & des Ouvrages de M. de Fontenelle, par l'Abbé Trublet. *Amsterdam, M. Michel Rey*, 1759, *in*-12. *en cart.*

3539 Mémoires pour la Vie de Francois Pétrarque, tirés de ses œuvres & des Auteurs contemporains, avec des notes ou dissertations, & les pieces justificatives. *Amsterdam (Paris) Arskée & Merkus*, 1764, 1767, 3 *vol. in*-4. *demi-rel.*

3539 La Vie du Tasse, Prince des Poëtes Italiens. *Paris*, 1695, *in*-12. *en cart.*

3540 Histoire générale des Larrons, par F. D. C. *Rouen*, 1649, *in*-8. *vélin.*

3541 Histoire de la Vie & du Procez du fameux

HISTOIRE.

Louis-Dominique Cartouche & de plusieurs de ses complices. *Amsterdam*, 1736, *in*-12.

3542 Testament politique de Louis Mandrin, suivi de son Oraison funèbre & d'une Epitaphe. *Valence*, 1755, *in*-8. *broch.*

DIVERSES COLLECTIONS

tirées & extraites des Historiens anciens & modernes.

Dictionnaires historiques.

3543 Æliani variæ Historiæ, editio accuratior: præfatus est & indices vocum subjecit M. Christ. Kretzschmar, græcè. *Dresdæ*, 1746, *in*-8. *v.*

3544 Epitomes de cent Histoires tragiques, partie extraites des actes des Romains & autres, de l'invention de l'Autheur, avecque les demandes, accusations & deffences sur la matiere d'icelles, & quelques Poëmes, par Alexandre Sylvain. *Paris, Nic. Bonfons*, 1581, *in*-8. *m. r. d. s. tr. avec fil.*

3545 Le Tableau des Merveilles du Monde, contenant les stratagêmes & rares leçons des Hommes illustres & autres personnes signalées de l'Univers, recueillies par P. Boitel. *Paris*, 1617, *in*-8. *v. b.*

3546 Trésor d'Histoires admirables & mémorables de notre temps, par Simon Goulart. *Geneve*. 1620, *in*-8. *vélin avec dos.*

3547 Trésor d'Histoires admirables & mémorables de nostre temps, par Simon Goulart, seconde édition. *Geneve, Jacq. Crespin*, 1628 *in*-8. *v. & vélin.*

3548 Les Décades historiques de Jean-Pierre

396   HISTOIRE.

Camus, Evêque de Belley. *Douay, veuve Marc Wyon*, 1633, *in-8. vélin.*

3549 Histoires tragiques de notre temps, par le sieur de Saint-Lazare. *Rouen*, 1641, *in-8. vélin.*

3550 Recueil A, B, &c. *Fontenoy*, 1745—1762, 24 part. 12 *vol. in-*12. *v. f. avec fil. d'or.*

3551 Théâtre du Monde, où, par des exemples tirés des Auteurs anciens & modernes, les vertus & les vices sont mis en opposition, par M. Richer. *Paris*, 1775, 2 *vol. in-*8. *fig. v.*

3552 Dictionnaire historique & critique, par P. Bayle, quatrieme édition, augmentée, avec la vie de l'Auteur, par M. des Maizeaux. *Amsterdam*, 1730, 4 *vol. in-fol. v.*

3553 Œuvres diverses de M. Bayle. *La Haye*, 1727—1731, 4 *vol. in-fol. v.*

3554 Nouveau Dictionnaire historique & critique pour servir de supplément au Dictionnaire de M. Bayle, par Jacq. Georges de Chaufepié. *Amsterdam*, 1750, 4 *vol. in-fol. v.*

3555 Dictionnaire historique, ou Mémoires critiques & littéraires, par Prosper Marchand. *La Haye*, 1758, *in-fol. v.*

3556 Remarques critiques sur le Dictionnaire de Bayle, par l'Abbé Joly. *Paris*, 1748, *in-fol. v.*

3557 Nouveau Dictionnaire historique, avec des tables chronologiques pour réduire en corps d'Histoire les articles répandus dans ce Dictionnaire, par une société de gens de Lettres. *Paris*, 1772, 6 *vol. in-*8. *v. éc.*

3558 Dictionnaire historique portatif des Femmes célebres. *Paris, L. Cellot*, 1769, 2 *vol. in-*8. *v.*

SUPPLÉMENT
AU CATALOGUE
des Livres de M. le Baron d'H***.

1. PETRI Comestoris Trecensis Historia Sacra & Scholastica. *MS. sur vélin du XIV*e*. siecle, bien conservé, in-fol. bas. rouge à compartimens.* . . . 6 - -
2. Le Procès de Belial, Procureur d'Enfer, à l'encontre de Jésus, fils de la Vierge Marie, translaté du latin de Jacques de Ancharano, par Pierre Ferget de l'Ordre des Augustins. *Lyon sur le Rhosne*, 1482, *in-fol. goth. fig. en bois, m. bl. d. s. tr. avec fil.* (Edition rare & la premiere de ce livre en françois). . . . 31 - 19
3. Les Rossignols spirituels, avec les airs notés. *Valencienne, Jean Veruliet*, 1616, *in-12. v. b.* . . 4 - - 5
4. La Philomele séraphique, avec les airs notés. *Tournay, Adrien Quinqué*, 1632, 2 *vol. in-8. v. f. avec fil.* . . . 6 - - 0
5. Traité des Reliques, ou Advertissement très-utile du grand profit qui revient à la Chrétienté, s'il se faisoit inventaire de tous les corps saints & Reliques qui sont tant en Italie qu'en France, Allemagne, Espagne & autres Royaumes & Pays, par Jean Calvin, &c. *Geneve, Pierre de la Rovierre*, 1601, *in-12. v.* . . . 3 - 19
6. Histoire de la Mappemonde Papistique, en laquelle est déclaré tout ce qui est contenu & pourtrait en la grande table ou carte de la map- . . 21 - - 0

pemonde, composée par M. Frangidelphe Ecorche-Messes. *Imprimée en la Ville de Luce-nouvelle, par Brifaud Chasse-Diables*, 1567, *in-*4. *m. bl. d. s. tr. avec fil.*

7 Le Songe du Berger ou du Vergier. *in-fol. MS. sur papier du XVI*e. *siècle, bien conservé, v. b. avec fil. d'or.*

8 Traité du Délit commun & Cas privilégiés, ou de la puissance légitime des Juges séculiers sur les Personnes Ecclésiastiques, par B. M. C. *Paris*, 1611, *in-*8. *v.*

9 La Conduite Canonique de l'Eglise pour la réception des Filles dans les Monasteres, par M^{re}. Ant. Godefroy. *Paris, veuve Charles Savreux*, 1670, *in-*12.

10 Les Devoirs de l'homme & du citoyen, trad. du latin du Baron de Pufendorf, par Jean de Barbeyrac. *Londres, Jean Nourse*, 1741, 2 *vol. in-*12.

11 Requête, Procès-verbaux & avertissemens, faits à la diligence de M. le Recteur & par ordre de l'Université, pour faire condamner une doctrine préjudiciable à la Société humaine, & particulierement à la Vie des Rois, enseignée au College de Clairmont détenu par les Jésuites. *A Paris*, 1644, *in-*8. *vélin.*

12 Procès du P. Girard & de Mlle. Cadiere. *in-fol. v. m.*

13 Recueil des Pieces touchant l'affaire des Princes légitimes & légitimez, mises en ordre. *Rotterdam*, 1717, 4 *vol. in-*12. *v. b.*

14 Platonis de Republicâ, sive de Justo Libri X, versionem emendavit, notasque adjecit Edmundus Massey. *Cantabrigiæ*, 1713, *in-*8. 2 *vol. v.*

SUPPLEMENT. 399

15 Platonis Dialogi III.
  { Alcibiades primus.
  { Alcibiades secundus.
  { Hipparchus.
  Quibus præfiguntur Olympiodori Vita Platonis & Albini in dialogos Platonis Introductio, operâ & studio Guil. Etwal. *Oxonii*, 1771, *in-8. v.* — 3 — 4

16 Platonis Dialogi V, scilicet amatores sive de Philosophiâ, Euthyphro, Apologia Socratis, Crito, Phædon, græcè & latinè, recensuit, notisque illustravit Nath. Forster, tertia editio. *Oxonii*, 1765, *in-8. v.* — 5 — 19

17 Platonis Phædo, græcè & latinè, versionem Marsilii Ficini emendavit cum commentationibus philosophicis Joh. Henr. Winkler. *Lypsiæ*, 1744, *in 8. mar. r.* — 7 — 19

18 Aristotelis Physica, græcè. *Francofurti, hæredes Andr. Wecheli*, 1584, *in-4. lav. réglé, vélin.* — 9 — 0

19 Alexandri Aphrodisiei Problemata, græcè & latinè, Joan. Davioni studio illustrata. *Parisiis*, 1541, *in-8. v.*

20 Maximi Tyrii Dissertationes græcè & latinè, ex recensione Joan. Davisii, cum Jer. Marklandi annotationibus. *Londini, Gulielmus Bowyer*, 1740, *in-4.*
} 14 — 19

21 Examen du Pyrrhonisme ancien & moderne, par M. de Crousaz. *La Haye*, 1733, *in-fol. v.* — 1 — 16

22 Epicteti Enchiridium, unà cum Cebetis Thebani Tabulâ, græcè & latinè, ex recensione Abrah. Berkelii, cum ejusdem notis, quibus accedunt notæ Wolfii, Casauboni, Caselii. *Lugduni-Batavorum*, 1670, *in-8. v.* — 5 — 19

23 Manuel d'Epictete, trad. par M. Dacier. *Pa*- — 1 — 10

380 SUPPLEMENT.

ris, *Imp. de Didot*, 1775, *in-24. v. jaspé.*

24 Theophrasti Caracteres Ethici, græcè & latinè, cum notis Joannis Angelii Werdenhagen. *Lugduni - Batavorum, Joan. Maire*, 1632, *in-32. v. b.*

25 La Morale de Tacite, de la Flaterie, par le sieur Amelot de la Houssaye. *Paris, Jean Boudot*, 1686, *in-12. v.*

26 Bagatelles morales, par l'Abbé Coyer. *Paris*, 1754, *in-12. broch.*

27 Messire François Pétrarcque, des Remedes de l'une & l'autre fortune, prospere & adverse. *Paris, Galliot Dupré*, 1523, *in-fol. fig. en bois, v. b.*

28 Essai sur le bonheur, ou Réflexions philosophiques sur les biens & les maux de la vie humaine. *Amsterdam*, 1759, *in-8. broch.*

29 La Doctrine des mœurs, par le sieur de Gomberville. *Paris*, 1646, *in-fol. fig. v.*

30 Tableau de la mort, par le Marquis de Caraccioli. *Francfort, J. F. Bassompierre*, 1761 *in-12. en cart.*

31 Traité historique & critique des principaux signes dont nous nous servons pour manifester nos pensées, par le R. P. Alphonse Costadeau. *Lyon, veuve J. B. Guillimin*, 1717, 4 *vol. in-12. fig. v.*

32 Lettres de M. de Saint-André, Médecin, à quelques amis, au sujet de la Magie, des Maléfices & des Sorciers. *Paris*, 1725, *in-12. v.*

33 Secret merveilleux de la Magie naturelle & cabalistique du petit Albert, trad. du latin avec fig. mystérieuses & la maniere de les faire. *Lyon*, 1751 *in-12. en cart.*

SUPPLEMENT.

34 Traité sur la Magie, le Sortilege, les Possessions, Obsessions & Maléfices, par M. D***. Paris, 1732, in-12. v. f. avec fil. d'or.

35 Des Satyres, Brutes, Monstres & Démons, de leur nature & adoration, contre l'opinion de ceux qui ont estimé les Satyres être une espèce d'hommes distincts & séparés des Adamicques, par F. Hedelin. Paris, Nic. Buon, 1627, in-8. v. m.

36 La Physique occulte, ou Traité de la Baguette divinatoire, par M. LL. de Vallemont. Paris, 1693, 2 vol. in-12. v. b.

37 Lettres qui découvrent l'illusion des Philosophes sur la baguette, & qui détruisent leurs systêmes, par le P. le Brun. Paris, 1693, in-12.

38 Traités des Barometres, Thermometres & Notiometres ou Hygrometres, par Martin Dalencé. Amsterdam, Henry Wetstein, 1688, in-12. fig. v. b. (bonne édition).

39 Traité du Feu & du Sel, par Blaise de Vigenere. Rouen, 1642, in-4. demi-rel.

40 Della Storia naturale delle Gemme, delle Pietre e di tutti i Minerali, ouvero della Fisica sotteranea di D. Giacinto Gimma. In Napoli, Gennaro Muzio, 1730, 2 vol. in-4. v. m.

41 Les plus nouvelles découvertes dans le Regne Végétal, ou Observations microscopiques sur les parties secretes de la génération des plantes renfermées dans leurs fleurs, & sur les insectes qui s'y trouvent, par le Baron de Gleichen, trad. de l'allemand en françois par Math. Verdier de la Blaquiere. Nuremberg, 1763, in-fol. en cart.

SUPPLEMENT.

(figures parfaitement coloriées). Cet ouvrage paroît imparfait.

42 Traité des arbres fruitiers, contenant leur figure, leur description, leur culture, &c. par M. Duhamel du Monceau. *Paris, Desaint,* 1768, 2 vol. *in-*4. *gr. pap. fig. m. bl. d. s. tr. avec filets.*

43 Fructologie, ou Description des arbres fruitiers, ainsi que des fruits que l'on plante & qu'on cultive ordinairement dans les jardins, suivie de la Pomologie, par Jean Herman Knoop. *Amsterdam, M. Magerus,* 1771, *in-fol. fig. coloriées, v. m. avec fil. d'or.*

44 La Zoomorphose, ou Représentation des animaux vivans qui habitent les coquilles de mer, de rivière & de terre, avec leurs explications, par M. d'Argenville. *Paris, de Bure,* 1757, *in-*4. *fig. en cart.*

45 Commentarii de rebus in Scientiâ naturali & Medicinâ gestis. *Lypsiæ, Joh. Frid. Gleditsch,* 1752—1755, 8 *vol. broch.*

46 Catalogue systématique & raisonné des Curiosités de la nature & de l'art qui composent le cabinet de M. Davila. *Paris, Briasson,* 1767, 3 *vol. in-*8. *broch.*

47 L'Art de faire des garçons, ou nouveau Tableau de l'Amour conjugal, par M***. Médecin. *Montpellier,* 1770, *in-*12. *v. f.*

48 Mirabilis Liber qui prophetias revelationesque, nec non res mirandas præteritas, præsentes & futuras apertè demonstrat. *Parisiis, Englebert de Marnef,* 1523, *in-*4. *goth. vélin.*

49 Encyclopédie élémentaire, ou Introduction à l'étude des Lettres, des Sciences & des Arts,

SUPPLEMENT.

par M. l'Abbé de Petity. *Paris, Hériffant*, 1767, 3 vol. in-4. v. m.

50 Epreuve du premier Alphabet droit & penché, ornée de cadres & de cartouches, par L. Luce. 1740, in-32. v. m. .... ` `

51 Ecole militaire, ouvrage compofé par ordre du Gouvernement. *Paris, Durand*, 1762, 3 vol. in-12. v. .... 2..8.

52 Le Combat de Mutio Juftinopolitain, avec les refponfes chevalereffes, auquel eft amplement traitté du légitime ufage des combats & de l'abus qui s'y commet, trad. de l'italien, par Antoine Chapuis. *Lyon, Ant. Tardif*, 1582, in-8. mar. v. d. f. tr. avec fil. 11

53 Cinquante Jeux divers d'honnête entretien, induftrieufement inventés par Meffer Innocent Rhinghier, Gentilhomme Bolongnoys, & fais françois par Hubert Philippe de Villiers. *Lyon, Charles Pefnot*, 1555, in-4. v. m. 12

54 Dictionnaire univerfel, vulgairement appellé Dictionnaire de Trevoux. *Paris*, 1771, 8 vol. in-fol. demi-rel.

55 M. Tullius Cicero de Officiis. *Amfterodami, Guil. J. Cæfius*, 1625, in-32. m. r. d. f. tr. .... 1..6.

56 Marcus Tullius Cicero de Officiis. *Lutetiæ, Jof. Barbou*, 1773, in-32. m. r. d. f. tr. avec fil. d'or. .... 3..4.

57 Marci Tullii Ciceronis de amicitiâ Dialogus. *Lutetiæ, Jof. Barbou*, 1771, in-32. m. r. d. f. tr. avec fil. d'or. .... 2..11.

58 Le Faut-mourir & les excufes inutiles que l'on apporte à cette néceffité, par Jacq. Jacques, (en vers). *Rouen, L. Maurry le jeune*, 1670, in-12. vél. .... 1..6.

C c ij

SUPPLEMENT.

59 Recueil d'anciennes pieces du théâtre françois. 16 vol. in-4.

60 Recueil de Pieces de Théâtre. 17 vol. in-8. & in-12.

61 Orlando furioso di Lodovico Ariosto. Birmingham, G. Baskerville, 1773, 4 vol. gr. in-8. fig. en cart.

62 La Lucerna di Euseta Misoscolo Academico Filarmonico, con la Messalina & altre composizione, autore Francesco Pona. In Venetia, 1628, in-4. vélin.

63 La Filomela, con otras diversas rimas, prosas y versos, de Lope de Vega Carpio. En Madrid, Alonso Martin, 1621, in-4. vélin.

64 Poema heroico de la invencion de la Cruz por el Emperador Constantino Magno, dedicalo al Rey nuestro senor Franc. Lopez de Zarate. En Madrid, Franc. Garcia, 1648, in-4. vél.

65 Recueil de pieces de Théâtre en Espagnol. 7 vol. in-4. vélin.

66 The Works of M. William Congreve, consisting of his Plays and Poems. Birmingham, John. Baskerville, 1761, 3 vol. gr. in-8. fig. v. f. avec fil. d'or.

67 L'Espion civil & politique, ou Lettres d'un Voyageur sur toutes sortes de sujets, par M. D. V***, surnommé le Chrétien errant. Londres, 1744, in-8. demi-rel.

68 Voyage historique & littéraire dans la Suisse Occidentale, Neuchâtel, 1781, 2 vol. in-8. demi-rel.

69 Mœurs des Israélites & des Chrétiens, par l'Abbé Fleury. Paris, 1739, in-12. v.

70 Thuringia Sacra, sive Historia Monasteriorum

SUPPLEMENT.

quæ olim in Thuringiâ floruerunt; accedunt Samuelis Reyheri Monumenta Landgraviorum Thuringiæ & Marchionum Misniæ, aucta & emendata. *Francofurti*, 1737, *in fol. fig. v. m.*

71 Vindiciæ Vindiciarum Koppianarum, ac proindè etiam Actorum Murensium adversùs D. P. Rustenum Heer Bibliothecarum San-Blasianum adornatæ à P. Joan. Bapt. Wieland. *Monacho-Murensi, Typis Casp. Jos. Baldingeri*, 1765, *in-4. en cart.*

72 La Guerre séraphique, ou Histoire des périls qu'a courus la Barbe des Capucins, par les attaques des Cordeliers ; avec une dissertation sur l'inscription du grand portail de l'Eglise des Cordeliers de Reims. *La Haye*, 1740, *in-12. v.*

73 Mensa Nazaræa, seu Historia Imaginis Divæ Claromontanæ, à S. Luca Evangelista depictæ, proposita ab A. R. P. Anastasio Kiedrzynski. *Typis Claromontanis*, 1763, *in-4. d. s. tr. avec couverture en étoffe.*

74 Mémoires pour servir à l'Histoire de la Fête des Foux, qui se faisoit autrefois dans plusieurs Eglises, par M. du Tilliot. *Lausanne*, 1751, *in-8. fig. v. éc.*

75 Histoire de la Confession d'Auxpourg, recueillie par David Chytreus, & mise en françois par Luc le Cop. *Anvers*, 1582, *in-4. v.*

76 Histoire de la Ligue, par le P. Maimbourg. *Paris*, 1683, 2 *vol. in-12. v. b.*

75 Du grand & loyal devoir, fidélité & obéissance de Messieurs de Paris envers le Roi & Couronne de France. 1565, *in-8. bas. m.*

78 Du grand & loyal devoir, fidélité & obéis-

SUPPLEMENT.

sance de Messieurs de Paris envers le Roi & Couronne de France. 1565, *in*-8. *v. f.*

79 Les glorieuses Conquêtes de Louis XIV, par le sieur de Beaulieu. 4 *vol. in*-4. *obl. v. b.*

80 Mémoires de M. du Noyer, écrits par lui-même. *Paris*, 1713, *in*-12. *v.*

81 Histoire de la derniere Peste de Marseille, Aix, Arles & Toulon ; avec plusieurs avantures arrivées pendant la contagion, par le sieur Martin. *Paris, Paulus du Mesnil*, 1732, *in*-12. *v. m.*

82 Description des Fêtes données par la Ville de Paris, à l'occasion du mariage de Madame Louise-Elisabeth de France, & de Dom Philippe Infant d'Espagne. *Paris, le Mercier*, 1740, *gr. in-fol. fig. v. m. d. f. tr.* avec dent. (deux exemplaires).

83 La Bibliothèque choisie de M. Colomiés, augmentée des notes de MM. Bourdelot, de la Monnoye & autres, & de quelques Opuscules de M. Colomiés. *Paris*, 1731, *in*-12. *v.*

84 Bibliotheque raisonnée des ouvrages des Savans de l'Europe, depuis le mois de juillet 1728 jusques & compris le mois de décembre 1737. *Amsterdam, Wetsteins*, 1728, 19 *vol. in*-12. *v. f.*

85 Plutarchi Liber de verâ Numinis vindictâ : accedit fragmentum eidem vindicatum Ap. Stobæum. recensuit, emendavit, illustravit Daniel Wyttembach. *Lugd. Batav., S. & J. Luchtmans*, 1772, *in*-8. *v. éc.*

86 Traité de Plutarque sur la maniere de discerner un flatteur d'avec un ami, & le Banquet des sept Sages du même Auteur, avec une version françoise & des notes par M. la Porte du

Theil. *Paris, Imprimerie Royale,* 1771, *in-*8. *v. m. avec fil. d'or.*

87 Le plaisant Livre de Jehan Bocace auquel il traicte des faitz & gestes des illustres Dames, trad. de latin en françois. *Paris, Guill. le Bret*, 1538, *in* 8. goth. v. éc. . . . . 1 -- 10

88 La Vie de Scaramouche Tiberio Fiorilli, par le sieur Angelo Constantini, dit Mezetin. *Paris,* 1695, *in*-12. v. b. . . . . 1 -- 18

FIN.

Lu & approuvé, ce 9 juillet 1782.
FOURNIER, Adjoint.

TABLE ALPHABÉTIQUE
DES AUTEURS

DES LIVRES DE M. LE BARON D'H.**

A BAT, (le P. Bonav.) 630.
Abbadie, 326, 327.
Ablancourt, (d') 3090.
Adlzreitier a Tetenweis, (Joan.) 3005.
Ælianus, 3543.
Æneas Tacticus, 2194.
Æschines, 1063, 1064.
Æschylus, 1102, 1103.
Æsopus, 1355 à 1358.
Affichard, (l') 1500.
Agostini, (Don Ant.) 3381.
Agrippa, (H. Corn.) 605, 1773.
Alar, (Ant.) 292.
Alberoni, (le Card. Jules) 551.
Albert le Grand, (Fr.) 2330.
Albert, (le petit) 33 supp.
Albert, (Léon-Bapt.) 1408, 1511.
Albertus de Padua, 66.
Alberti, (Fra. Leandro) 2235.
Albin, (Eleazar) 725, 749.
Albinus, 15, supp.
Albumasar, 844.
Alderfeld, (Gust.) 3158.
Aleaume, (Jacq.) 859.
Alembert, (d') 1834, 2076.
Alès, (le Comte d') 596, 3281.
Alexander Aphrodisieus, 19

supp.
Alfonce, (Jean) 1929.
Algag de Martignac, 2544, 2546.
Allard, (le Présid.) 1629.
Alletz, 1084, 2377.
Alouette, (Fr. de l') 3252.
Amantius, (Barth.) 3379.
Amboise (le Card. d') 2441.
Ambrogi, (Anton.) 1148.
Ambrun, (Jacq. d') 256.
Amelot de la Houssaye, 497, 572, 1824, 2208, 2253, 2255, 2482, 3053, 25, supp.
Amelotte, (le P. D.) 34, 35.
Amirault, (Moyse) 342, 2488.
Ammien Marcellin, 2215.
Ampelius, (Lucius) 2190.
Amyot, 1401, 1396, 3490.
Anacréon, 1097 à 1099.
Ancharano, (Jacq. de) 2 sup.
Ancillon, 383.
Andreu de Belistein, 946.
Andry, 785.
Anquetil, (l'Abbé) 2491, 2532.
Anselme, (le P.) 3284, 3285.
Anson, (George) 1911.
Antonini, (l'Abbate) 1311.
Apianus, (Petr.) 3379.

Dd

Apollodorus Athenienſis, 1348.
Apollonius Rhodius, 1096.
Apollonius Sophiſta, 1094.
Apuleè, 1362.
Aquila Romanus, 1061.
Arcuſſia, (Charl. d') 1003.
Ardene, (le P. d') 708.
Aretino, (Léon.) 2258.
Aretino, (M. Pietro) 39.
Argenſola, 3218.
Argenville, (d') 666, 734, 735, 2745. 44, ſupp.
Argote de Molina, (Gonçalo) 3357.
Arioſte, 1309, 1320 à 1323. 61 ſupp.
Ariſtophanes, 1120, 1121.
Ariſtoteles, 477, 487, 488, 1059, 1081. 18, ſupp.
Arlington, (le Comte d') 3002.
Armacanus, (Alex. Patricius) 2936.
Armſtrong, (J.) 3135.
Arnaud d'Andilly, 200, 1868, 2157, 2583.
Arnauld, (l'Abbé) 2641.
Artagnan, (d') 2679.
Artemidorus, 846.
Artigny, (l'Abbé d') 1835.
Aſtruc, 68.
Athenagoras, 189, 1394.
Attaignant, (l'Abbé de l') 1204.
Aubais, (le Baron d') 2301.
Aube, (d') 417.
Auberius, (Cl.) 487.
Aubert de la Chenaye, 930.
Aubert de Poitiers, (Guil.) 1669.
Aubert, (Pierre) 2360.

Aubery, 2558, 2607.
Aubery, (Jean) 761.
Aubery, (Louis) 3046.
Aubignac, (l'Abbé d') 1208.
Aubigné, (d') 2392, 2529.
Aubin, (Jean de S.) 2326, 2837.
Aubuſſon, (George d') 2935.
Aucourt, (d') 1451.
Avellaneda, (Alonſo Fernando de) 1698.
Auguſtinus, (S) 195 à 202.
Aviano, (Marc d') 1552.
Avianus, (Flavius) 1161.
Avity, (Pierre d') 1890.
Aulnoy, (Madame d') 1470, 1556, 1563, 2012, 3071, 3082.
Aulus Gellius, 1702, 1703.
Avrigny, (le P. d') 2010.
Auſonne, 1178.
Auteuil, 2410, 2971.
Auton, (Jean d') 2439.
Autreau, 1269.
Auzolez la Peire, (Jacq.) 72.
Auvigny, (d') 3515.

B

BACHOT, (Gaſp.) 775.
Baconus, (Fr.) 658.
Bail, (du) 1460, 1495, 1609.
Baillet, 2101, 2416, 3432, 3433.
Bailly, 1265.
Baker, (Henr.) 739.
Baldit, (Mich.) 676.
Balduinus, (B.) 3372.
Balinghein, (Abot de) 458.
Balſac, (de) 1812.
Balthaſar, Pierre) 3353.

DES AUTEURS.

Baluzius, (Stepha.) 433, 3315
Bandelis, (Vincent de) 231.
Bannier, (l'Abbé) 1159, 1345.
Barba, (Alvaré Alfonfe) 660.
Barbarano de Mironi, (P. Fr.) 2256.
Barbazan, 1195.
Barbe, 812.
Barbeyrac, (Jean) 418, 10 fup.
Barbier, (Melle) 1256.
Barcley, (Jean) 1719, 1432 à 1435.
Bardet de Villeneuve, 934.
Barent Coenders van Helpen, 826.
Barlande, (Adr.) 3024.
Barlet, (Annibal) 820.
Barleus, (Gafp.) 3055, 3056.
Baro, 1440.
Baron, 1246.
Baron, 3264.
Barre, (Jean de la) 2758.
Barrow, (J.) 1908.
Barthelemi, (l'Abbé) 3396.
Bartholinus, (Gafp.) 720.
Bartholomeus Brixienfis, 371.
Bafta, (Georg.) 973.
Bafnage, 73, 2088, 3022, 3439.
Bafan, (Fr.) 898.
Bateus, (Georg.) 3113.
Batteux, (l'Abbé) 1081.
Baudelot de Dairval, 1902.
Baudier, (Mich.) 3184.
Baudot de Jully, 1597, 2427.
Baudouin, (J.) 1344, 1358, 1476, 1794, 2108, 2400, 3232.
Baugier, 2777.

Baudry, 677.
Baune, (Jacob de la) 1074.
Baumelle, (la) 2680.
Baxter, (Guliel.) 1099.
Bayle, (P.) 3435, 3552.
Bazinghein, (Abot de) 458.
Beau, (le) 2229.
Bebelius, (Balt.) 2906.
Bebington, (Thom.) 3002.
Beeverell, (James) 3095.
Bede, (Jean) 349.
Beaumont, 3303.
Beaurain, (le Chevalier de) 2691, 2700.
Beaulieu, (Mademoifelle de) 1315, 79 fup.
Beaufobie, (C. L. de) 3014.
Beaumanoir, (de) 1285.
Beaumont, 1760.
Beauvau, (Henri de) 1950.
Beinville, (de) 2562.
Bejard, 3310.
Bekker, (Balthafar) 604.
Bellay, (René du) 2442.
Bellami, (Mᵉ) 453.
Beïdor, 834, 986.
Belleforeft, (Fr. de) 2356, 2375.
Bellegarde, (l'Abbé de) 287, 523.
Belleville, (Philippe de) 1690.
Belle-Ifle, (le Maréchal de) 552.
Belley, 315.
Beton, (Pierre) 722.
Belon, (H.) 301.
Belot, (Jean) 850.
Belot, (Mde) 3103, 3106.
Belloy, (de) 1276.
Bembe, 1861.
Beningely, (Cid. Amet) 1698.

D d ij

Bentivoglio, (le Card.) 1879, 3033.
Benoît de Toul. (le P.) 3330.
Benoît, (le P.) 310.
Berain, (P.) 2408.
Bergier, 335.
Bergier, (Nic.) 2779, 3378.
Bergeron, (Nic.) 2750.
Berkelius, (Abrah.) 22 supp.
Berkeley, (George) 791.
Bernardino, (R. P. F.) 3195.
Bernard, (Charl.) 2534.
Bernard, (Jean) 989.
Bernard, (Messire) 817.
Bernard, (P.) 1078.
Bernard, (S.) 207.
Bernier, 1956.
Bernier, (J.) 2800.
Beroalde de Verville, (Fr.) 1541.
Berquin, 1207.
Berquin, (Rob. de) 668.
Berruyer, (le P. If.) 2159.
Berthelin, 1188.
Bertrand, (M. E.) 659, 664.
Berwick, (de) 2718, 2719.
Besly, (J.) 2810, 2811.
Besse, (G.) 2870.
Besset de la Chapelle, 470.
Betzky, 472.
Bettange, (de) 586.
Beuf, (l'Abbé le) 2299, 2319, 2320, 2336, 2754, 2827.
Beurrier, (le P. Louis) 2064.
Beverland, 363.
Beza Vezelius, (Théod.) 338, 1179, 3503.
Biancollelli, (Dominique) 1291.
Bidloo, (Godéfr.) 800.

Bidpaï, 1359.
Bielfeld. (le Baron de) 534, 1280.
Biervillas, (Innigo de) 1965.
Biet, (Ant.) 3239.
Bignon, 3300.
Billon, (Fr. de) 1774.
Binet, (le P. Estienne) 314.
Bion, (J.) 244.
Birac, (le sieur de) 970.
Bircovius, (Sim.) 1060.
Biverus, (Petr.) 323.
Bizot, 3050.
Blanc, (le) 2962, 3006.
Blaeu, (Joan.) 1899, 2236.
Blanchard,)Fr. 3304, 3305.
Blanc, (l'Abbé le) 1877.
Blegny, (de) 767.
Bléning, (le Baron de) 1343.
Bletterie, (l'Abbé de la) 2209, 2223, 2226.
Blois, (le P. Théod. de) 2813.
Blond, (le) 915.
Blondel, (Franç.) 913.
Blondel, (David) 3367.
Blount, (Charl.) 3496.
Boccaccio, (Giov.) 1308, 1350, 1378 à 1382, 1497, 1580, 3500 à 3502, 87 supp.
Boece, 493.
Bocchius, (Achilles) 1795.
Boccone, 737.
Bochartus, (Sam.) 70.
Bodinus, (Joan.) 540, 609, 613.
Boehm, (Fr. Jos.) 2316.
Boethius, (Hect.) 3136.
Boguet, (Hen.) 617.
Boile, (R.) 697.
Boileau Despréaux, (Nic.) 1081, 1199.

Boileau, (l'Abbé) 2154.
Boillot, (Joseph.) 982.
Boispreaux, de) 1714.
Boindin, 1826.
Boisseau, (J.) 3279.
Boissy, (de) 1264.
Boitel, (P.) 1479, 3545.
Boitet, 1119.
Boizard, (Jean) 585.
Bolec, (Hier. Hermet.) 3531.
Bombelles, (de) 998.
Bonarelli, (le Comte) 1332.
Bonaventure, (J.) 201, 208.
Bondonnet, (Dom J.) 2334.
Bongars, (de) 1862.
Bonnani, (le P.) 810.
Bonneville, (de) 962, 963.
Bonours, (Christ.) 3039.
Boot, (Boèce de) 669.
Borgne, (Guy le) 3308.
Borie, (Fr. de la) 215.
Bornard, (Jacq.) 3435.
Borremansius, (Ant.) 3043.
Boscq, (le P. du) 1776.
Bosquier, (le P. Philip.) 255.
Bosroger, (le P. Esprit de) 623.
Bosse, (Ab.) 871.
Bossu, 1975.
Bossuet, (Jacq. Benigne) 331, 332, 1996.
Botero, (Giov.) 544.
Bottée, 979.
Bouaistuau, (P.) 559.
Bouche, (Honoré) 2875.
Bouchet, (du) 3289, 3323, 3324, 3333.
Bouchet, (Guil.) 1372.
Boucher, (Jean) 2506, 2507.
Bourgueville, (Charl. de) 1912, 2180, 2783.

Bougainville, (de) 1139.
Bouhours, (le P.) 1790, 1854.
Boujeant, (le P.) 638, 2019.
Bouillart, (Dom) 2321.
Boulæse, (Jean) 619.
Boulainvilliers, (le Comte de) 2300, 2372, 2955, 2967, 3280.
Boulesteys, (Louis) 574.
Boullemiers, (des) 1290, 1302.
Bouquet, (Dom Martin) 2342.
Bourdaloue, (le P.) 277.
Bourdelot, 83. sup.
Bourdigné, (Jean de) 2804.
Bourgeois, (L.) 758.
Bourignon, (Antoinette) 353.
Boursault, 1236.
Boussanelle, (de) 942.
Bussu, (G. J. de) 3040.
Bouteroue, (Cl.) 2961.
Bouvières de la Mothe Guion, (J. M.) 305.
Boxhornius, (Zuerius) 1901.
Boyer, 1057, 1058.
Boyer d'Aguilles, 897.
Boyer d'Argens, (Luc de) 2096.
Brachstrom, (J.) Fred. 1012.
Braithwaire, 3225.
Brandt, (Sébast.) 1181.
Brantome, (de) 3511.
Brasseur, (le) 2792.
Breande, (de) 2910.
Brebœuf, 1169.
Breil, (André du) 781.
Brerewood, (E.) 1015, 1016, 3410.
Bretonneau, (Gui) 3319.
Briand, (de) 2960.

Brianville, (de) 56, 2371.
Brion, 1900.
Briot, 3185.
Briquet, 437.
Brisson, 723.
Brossard, (Sébast. de) 873.
Brosse, (le Présid. de) 2199.
Brosse, (Nic. de la) 2381.
Brossette, 2840.
Browerus, (Christ.) 3012.
Brown, 1079.
Brown, (Edouard) 1942.
Brown, (Th.) 364.
Brueys, (de) 1247, 2145.
Bruhier, (Jacq. Jean) 794.
Brumoy, (le P.) 1091, 1823.
Brun, (le) 1298.
Brun, (Corneille le) 1952.
Brun, (le P. le) 37 supp.
Brunck, (Rich. Fr.) 1089, 1096, 1102.
Bruneau, 2996.
Brunet, 2965.
Brunnerus, (And). 3005.
Bruscambille, 1369.
Bruys, 2042.
Bry, (Gilles) 2801.
Brydone, 1938.
Bucelinus, (Gab.) 2985, 3011.
Buchananus, (Georg.) 24.
Buchoz, 653, 662.
Budé, (Guill.) 3371.
Bueil, (Cl. de) 1676.
Buffon, (le Comte de) 650, 726.
Bugnyon, (Phil b.) 1065.
Bullart, (Isaac) 3524.
Burigny, (de) 479, 3533.
Burke, 1701.
Burlamaqui, (J. J.) 416.

Burmannus secundus, (P.) 1121.
Burnet, (Gilbert) 3126.
Burnet, (Thom.) 244.
Busbequius, (A. Gisl.) 1857.
Buffon, (Jul.) 755.
Butini, 1543.
Burton, (Joan.) 1090.
Bury, (de) 2495, 2536.
Bussy, (Roger de Rabutin Comte de) 1867, 2590, 2591. 2660.

B

CACHET de Garnerans, (D.) 2849.
Cæsar, (C. Julius.) 2202 à 2207.
Caille, (l'Abbé de la) 1969.
Caille, (Jean de la) 3412.
Caillet (Paul) 531.
Cailliere (de) 2074, 2486.
Cajot (Dom. Joseph.) 2888.
Callimachus 1117.
Calmet, Dom. Aug.) 62, 74, 2895, 2896, 2322.
Calmette, (Fr.) 780.
Calprenede, (de la) 1458, 1621.
Calvin (Jean), 28, 337, 5 sup.
Calvitius, (Dion.) 193.
Cambray, (le Ch. de) 922.
Camerarius, (Joach.) 1104, 1355, 1357.
Campain de S. Martin, 1362.
Campanella, (Th.) 3073.
Campistron, 1244.
Camus, 835, 840.
Camus de Belley, 281, 330, 3548.

Camufat, (Nic.) 2383.
Cange, (Charles du) 2132, 2411.
Canini, (Jean, Ange & Ant.) 3494.
Cantarenus, (Casp. 2251.
Canterus (Gul. 487. 1111.
Cantimir, (le Prince de) 318z.
Capacius, (Jul. Cæsar) 2245.
Capmartin de Chaupy, 3397.
Cappellus, (Lud. 1019.
Capperonerius, (Joan) 1105, 2204.
Capre, (Fr.) 2100.
Caracccioli, (le Marquis) 519, 567 30. sup.
Cardan, (H.) 857.
Cardonne, 1359.
Carion, (Jean) 1991.
Carlet de la Roziere, 2702.
Carolet, 1304.
Carpentier, (Jean le) 3213, 3350.
Carte, (Th.) 3296.
Casaubonus, (If.) 1883, 2194, 2211. 22 sup.
Caselius, 22 sup.
Caseneuve, (de) 3421.
Caffan, Jacq. de) 2918. 2919.
Caffanæus, (Barth.) 636.
Caffianus, 203.
Caffini fils, (de) 841
Castel, 1989.
Castel, Abbé de St. Pierre, (Irené) 432.
Castillon, (de) 3496.
Catel, (Guil.) 2862, 3868.
Catesby, (Marc. 752.
Catinal Vaufroger, (N.) 293.
Catullus, 1140 à 1142.

Caustin, (le P. Nic.) 318.
Cayet, (Pierre) 2499, 2500.
Caylus, (le Comte de) 1752 à 1756, 1692, 3396, 3405. 3409.
Ceée, (Vincent) 590.
Cellarius, (And.) 1898.
Cephala, (Rizi Constan.) 1088.
Ceviliers, (de) 2533.
Cervantes, (Mig. de) 1696 à 1699.
Chabans, (le Baron de) 2575.
Chabert, (de) 197°.
Chalon, Claude) 2369.
Chambray, (de) 910.
Chambre, (de la) 635.
Champlain, (de) 1977.
Champmeflé, (de) 1241.
Chantereau le Febvre, (Louis) 2407, 2899.
Chapelle (de la) 1243.
Chapelle, (la) 2017.
Chappe d'Autroche, (l'Abbé) 841, 1949.
Chappuis, (Gabr.) 544, 1383, 1524, 1669, 1707, 1739, 1878.
Chpapuzeau, 2006.
Chappuys, (Ant.) 2851. 52 sup.
Chardin, 1955.
Charles IX, Roi de France, 1004.
Charlevoix, (le P. de) 3216, 3237, 3242.
Charron, (Jacq. de) 3288.
Charron, (Pierre.) 503.
Chartier, (Alain) 1804.
Chaftel, (Pierre du) 2447.
Chaftelet des Boys, (du) 1913.

Chaufepié, (Jacq. Georg. de) 3554.
Chaumeau, (Jean) 2808
Chauffe, (Mich. Ange de la) 3409.
Chauffée, (Nivelle de la) 1270.
Chenevière, (de) 947.
Chertablon, (de) 243.
Chefnay des Bois, (le l.) 719.
Chefne, (du) 2582, 3343.
Chefneau, (Nic.) 2508.
Chefnée Monftereul, (de la) 707.
Chevalier (N.) 3118.
Cheverny, (d.) 2483, 2484.
Chevigny, (de) 573.
Chevillier, (And.) 3415.
Chevrier, (de) 1420, 1561, 1757, 2025.
Chifletius, (Joan. Jac.) 542, 2124, 2928.
Chifflet, (Jules) 3049.
Chifflet, (P. Pierre Fr.) 2340.
Chiggi, (Fabio) 2052.
Choifelat, (Prudent le) 693.
Choify, (l'Abbé de) 1959, 1960, 2382, 2414, 2417, 2418, 2594.
Cholieres, (de) 1367.
Chomel, (Noël) 692.
Chorier, (Nic.) 2884.
Choul, (Guill. du) 3376, 3377.
Chrift, 889.
Chytreus, (Davïd). 75 fup.
Ciacono, (F. Alfonfe) 2222.
Cicero, (M. T.) 1067 à 1071. 55 à 57 fup.
Clairac, (le Chev. de) 925.
Clairambaut, (de) 3332.

Clairaut, 840.
Clarier, (Fr. de) 1744.
Clark, (Sam.) 1092, 2203
Claudianus, (Cl.) 1177.
Claville, (le Maitre de) 502.
Clément, 1149.
Clément, (David) 3423.
Clément, (Dom.) 1987.
Clément, (l'Abbé) 3442.
Clenardus, (Nic.) 1023.
Clenerzow, (le Prince) 1343.
Clerc, 756.
Clerc, (Jean le) 2557, 3436 à 3438.
Clerc, (le) 782, 838.
Clerc, (le) 3020.
Clercq, (le P. Chrét. le) 3247.
Coeffeteau, (S. N.) 1855.
Colardeau, 1278.
Colbert, (J. B.) 549.
Colet, (Cl.) 1647, 1648, 1669.
Colin, (Ant.) 801.
Colini, 3013.
Colins, (Pierre) 2769.
Colleffon, (M. J.) 828.
Colletet, 1018, 1082.
Colmenar, (Dom Juan Alvarez de) 3070.
Colomb. (Fern.) 3521.
Colombiere, (Marc de Wlfon de la) 3254.
Colomiés, 83 fup.
Colonie, (de la) 2678.
Colonne, 631, 849.
Combault d'Auteuil, 2767.
Comenius, (J. A.) 1017.
Comeftor, (Petr.) 1 fup.
Comines, (Philippe de) 2385, 2386.
Commelinus, (Hier.) 1400.

Commelinus

Commelinus, (Joan.) 117.
Comte, (le P. Louis le) 2212.
Condillac, (l'Abbé de) 582.
Congnard, 2048.
Congreve, (William) 66 fup.
Conradus, (Joan. Hud.) 1703.
Conftantini, (Angelo) 88 fup.
Contant d'Orville, 499.
Contarenus, (Cafp.) 1901.
Conti, (le Prince de) 569.
Cop, (Luc le) 75 fup.
Copelloti, (Abate Pietro) 246.
Coquerel, (Phil.) 210.
Coquille, (Guy) 2812.
Corbichon, (Jean) 678, 680.
Corbin, (Jacq.) 2065.
Corbinelli, (de) 3328.
Cordemoy, (de) 2361
Cordier, (Mathurin) 1847.
Coreal, (Fr.) 1972.
Corinthius, (Grég.) 1024.
Cornaro, (Louis) 771.
Corneille, (Pierre) 286, 1228.
Corneille, (Th.) 876.
Cornelius Nepos, 1070, 3493.
Coronelli, (le P.) 3191.
Corradinus, 2234.
Corrozet, (Gilles de) 2358.
Corfini, (Barth.) 1319.
Coftadeau, (Alph.) 31, fup.
Cofte, (Chrift. de la) 801.
Cofte, (Guill.) 1452.
Cofte, (le P. H. de) 2380.
Cofte, (Pierre) 599, 1806.
Coftehoevius, (Théod.) 1786.
Cotin, (Char. 65.)
Coulon, (R.) 309.
Coulon, (le fieur) 2281.
Courayer, (Pierre Fr. le) 2039, 2040.

Courbeville, (le P. de) 566.
Court de Gebelin, 3411.
Courtilz, (Gatien des) 2661, 1562.
Coufin, (le Préfid.) 2214, 2231.
Coutures, (le Baron des) 1137.
Coyer, (l'Abbé) 3172. 26 fup.
Crebillon, (de) 1257.
Crebillon, fils 1612.
Crefpel, (Emm.) 1978.
Crefpel, (le R. P.) 217.
Crevenna, (Pierre Ant.) 3460
Crevier, 2193, 2220.
Crifpinus, (Jo.) 1030.
Croix, (de la) 2096.
Croix du Maine, (de la) 3448, 3450.
Crofet, (le P. Th.) 303.
Croufaz, (J. P. de) 486. 21 fuppl.
Croze, (la) 3200, 3221.
Cunæus, (Petr.) 1901.
Curcellæus, (Steph.) 1017.
Curtius Rufus, (Q.) 2178, 2179.
Cyaneus, (Louis) 2027.
Cyprian, (S.) 248.
Cyrano de Bergerac, 1231.

D

DACIER, 475, 490, 492, 1154, 3492, 23 fup.
Dacier, (Mde.) 1092, 1099, 1133, 1348, 1700.
Dadré, (Jean) 2327.
Daire, (le P.) 2763.
Dalencé, 663, 38 fup.
Dalquié, (F. S.) 3211.
Damhoudere, (Joffe de) 455, 456.

Dan, (le P. Pierre) 3223.
Danchet, 1258.
Dancourt, 1245.
Danet, 994.
Daniel, (le P. G.) 483, 2366, 2980.
Dante Alighieri, 1306, 1307.
Dantu, (A. M.) 1628.
Darnalt, (Jean) 2855.
Davach de la Riviere, 787.
Daucourt, 1577.
Daudet, (le Chev.) 2715.
Davila, 46. sup.
Davionus, (Joan.) 19 sup.
Davisius, (Joan.) 20 sup.
Dedu, (N.) 697.
Defos, (David) 2871.
Deguignes, 3178.
Deharme, 2734.
Deimier, (Pierre de) 1523.
Delescornay, (Jacq.) 2760.
Demarne, 60.
Demoreaux, 1579.
Demosthenes, 476, 1062 à 1064.
Demours, (M. P.) 739.
Denys d'Hallicar. 2186.
Derham, (W.) 725, 749.
Derodon, (David) 351.
Desargues, 871.
Descartes, 483.
Deseine, (Fr.) 2242.
Desfontaines, (l'Abbé) 1051, 1540, 1827, 3167.
Deslandes, 473, 641.
Deslions, (l'Abbé) 2325.
Deslyon, (Jean) 237 à 239.
Desmarais, (Regnier) 2613.
Desmaretz, 1436, 1437.
Desmarets, (Henri) 30.
Desmarets, (J.) 1849.

Desmarets, (Samuel) 30.
Desmolets, 3431.
Desmoulins, (Guyars) 43, 44.
Desnos, 1900.
Desormeaux, 3075, 2401, 2402, 2688.
Destouches, 1254.
Diderot, 755, 1281, 1833.
Dieterico, (Joan. Geor.) 699.
Digby, (le Chev.) 809.
Dio Cassius, 2197.
Diogenes Laertius, 3488, 3489.
Dionis, 793.
Dionysius, Hall, 1060.
Dixmerie, (de la) 1710.
Dodart, 695, 696.
Dondé, (Ant.) 2115.
Duoet, (Louis) 1677.
Donsieux, (Fr.) 620.
Dony d'Attichy, (le P. Louis) 2072, 2073.
Doré, (F. Pierre) 290, 291.
Dormay, (Claude) 2752.
Dorsanne, (l'Abbé) 226.
Dortous de Mairan, 675.
Dourlens, (L. de) 1447.
Doux, (Gaston le) 813.
Dreux du Radier, 2379, 3454, 3509.
Drexellius, (Jérémie) 240.
Droyn, (Gabr.) 803.
Dubois, 199.
Dubos, (l'Abbé) 2405.
Dubrueil, (Pierre) 2831.
Duchat, (le) 1364.
Duchesne, 442.
Duchesne, (And.) 2819, 3317, 3320, 3321, 3325, 3329, 3331, 3334.

Duchesne, (Fr.) 2055.
Duclos, 513.
Duflos, 2324.
Duguet, 317.
Duhamel du Monceau, 681, 682, 685, 691, 703, 928, 42 sup.
Duker, 2168.
Dumont, (Jean) 420, 421, 424, 425, 1918, 2265.
Dumoulin, (Ant.) 846, 853.
Dumoulin, (Gab.) 2785, 2786.
Dumoulin, (Pierre) 339, 341, 350.
Dumortous, 2710.
Dunod de Charnage, 2833, 2834.
Dupain, 940.
Duperron de Castera, 1339.
Dupleix, (Scipion) 845, 2359.
Duponcet, (le P.) 3190.
Dupuy, (P.) 2090, 2415, 2913.
Duport, (Jean) 2816.
Durand, (David) 648, 649.
Durandus, (Guill.) 75, 76.
Duret, (Claude) 672.
Duryer, (André) 494.
Duval, (Nic.) 524.
Duval, (P.) 2278.

E

Ecluse, (Charles de l') 801.
Ecluse, (l'Abbé de l') 2516.
Edwards, 752.
Eggede, 3148.
Eggers, 2726.
Eidous, 755, 1079.
Elien, 951.
Ellis, (Jean) 738.
Emmius, (Ubbo) 1901, 2165.
Emsterhusius, (Tiber.) 1799.
Enfant, (David l') 2032, 2035 à 2038.
Eon de Beaumont, (d') 1832.
Eon, (le Chev. d') 2731.
Epictetus, 490, 491, 1097, 22, 23 sup.
Epiphanius, (S.) 191, 192.
Erard, 460.
Erasmus, (Desid.) 5. 560, 1730 à 1734, 1786, 1841 à 1843.
Erastus, (Thom.) 607.
Erinna, 1101.
Ernesti, (J. Aug.) 1075, 1092, 2194.
Errard, (J. & A.) 917.
Espagnac, (le Baron d') 937, 938, 2730.
Espagnet, (le Présid.) 563.
Estienne, (Hen.) 1040, 1041, 1715.
Estoile, (Pierre de l') 2467.
Estourneau, (Jacq.) 2003
Etrees, l'Abbé de) 3337.
Etwal, (Guil.) 15 sup.
Euripides, 1102, 1111 à 1113.
Eutropius, 2192.
Expilly, (l'Abbé) 1894.

F

Faber, (Joan.) 429.
Faber Stapulensis, (Jacobus) 2, 26.
Fabert, (Abr.) 2890.
Fabert, (de) 2820.
Fabre, (le P.) 2028.
Fabricius, (Joan. Alb) 2197.

TABLE

Fabricy, (le P. Gab.) 3374.
Fabrot, (Charl. Annibal). 2879.
Faernus, (Gab.) 1360, 1361.
Faesch, 964.
Fagan, 1268.
Fail, (Noel du) 1740.
Faille, (G. la) 2867.
Fame (René) 190.
Farinart, (Georg.) 48.
Farnabius, (Th.) 1156.
Farre, (le Marq. de la) 2592.
Fatinellus de Fatinellis, 2120.
Fauchet, (le Pref.) 2294, 2974.
Favin, (André) 2861, 2966.
Faulconnier, (Pierre) 2770.
Fauvelet du Toc, 2972.
Favre, 3204.
Fay, (l'Abbé du) 922.
Fayette, (Mde. de la) 2629, 2669.
Febvre, (le) 2421, 2766.
Felibien des Avaux, 2744.
Felibien, (Dom Mich.) 2322, 2740.
Fenelon, (de) 1444.
Ferget, (Fr. Pierre) 678, 680. 2 sup.
Feron, (J. le) 2969.
Ferrari, (D. Epifanio) 2269.
Ferrarius, (Jo. Bapt.) 704.
Ferrerus a Labriano, (Fr. Mar.) 3346.
Ferriere, (Claude de) 427.
Feuillée, (le P. Louis) 640.
Feuquierre, (le Marquis de) 2671., 2672.
Fevre de la Boderie, (Guy) 368.
Fevre, (le) 3497, 3498.
Fevre, (Raoul le) 1631.
Ficinus, Marsilius) 478.
Fiesque, (Jean-Louis de) 2273.
Figueroa, (Christoval Suarez de) 1472.
Figuier, (Bern.) 1961.
Filesacus, (Joan.) 211.
Filleau de la Chaise, 2413.
Fischerus, (Joan. Frid.) 1099.
Flechier, 1873, 2057, 2230.
Fleury, (Claude) 369, 533, 2028. 69 sup.
Flint (Mather) 1057.
Floard, 2308.
Florent le Comte, 891, 892.
Florus, (L. Ann.) 2190.
Folard, (le Chev.) 955, 2195, 3519.
Folengi, (Theoph.) 1185.
Fontaine, (Jean de la) 1198, 1232.
Fontanieu, (de) 1606.
Fontette, (Fevret de) 2286.
Forbonnais, (de) 589.
Formey, 474, 3426.
Formi, (Pierre), 728.
Forster, (Math.) 16 sup.
Fort de la Moriniere, (le) 1189.
Fortin, (P.) 532.
Fosse, (de la) 1253.
Foubert, (F. J.) 2266.
Fouilloux, (Jacq. du) 1002.
Foulkes, (P.) 1064.
Fouquet, (Mde.) 789, 790.
Four, (Philip. Silv. du) 768.
Fournier le jeune, 886, 3414.
Fournier, (le p.) 918.
Fournival, (Simon) 457.

DES AUTEURS.

Fousteau, (du) 2284.
Framery, 1560.
Franchi Contestaggio, (Hier. de) 3092.
Franchieres, (Jean) 1002.
Franchin, (F.) 1890.
François, 3525.
François, (l'Abbé des) 1701.
Franville, (de) 2576, 2577.
Freart, (Laur.) 910.
Frederic Roi de Prusse, 955. 1206, 3008, 3009.
Freind, (J.) 1064.
Freny, (du) 1249, 1250.
Freret, 1692.
Froger, 1973.
Froidour, (de) 2865.
Froissard, (Jean) 2347 à 2349.
Fromageau, 268.
Froumenteau, (N.) 2959.
Fumée, (Jacq. de) 2092.
Funck, 2724.
Furetiere, (A.) 1049.
Fursman, (G.) 1342.
Fuscós, (Léon) 698.

G

GABRIEL, 272.
Gaffarel, (J) 855.
Gage, (Thom.) 1982.
Gagnier, (Jean) 3187.
Gaguin, (Rob.) 1989, 2205, 2343, 2345.
Gaillard, 2446.
Gale, (Th.) 1346.
Galland, 450, 1359.
Galland, (Aug.) 2982.
Gallois, (Jean Léonor le) 3157, 3425.
Gallus, 1142.
Gandelot, (l'Abbé) 2828.
Gando, (Nic.) 888.
Ganganelli, 2053.
Garasse, (Fr.) 2296.
Garassus, (le p. Fr.) 1720.
Garidel, 709.
Gariel, (Pierre) 2872.
Garnesay, (de) 3129.
Garnier, 2370.
Garnier, (Rob.) 1218.
Garon, (Louis) 1370.
Garrault, (Franc.) 584.
Garreau, 2823.
Garzoni, (Thom.) 1744.
Gastelier de la Tour 3311.
Gastier, 430.
Gauthier, 632.
Gaurhier de Nimes, 896.
Gauthier, (H.) 920.
Gaya, (Louis de) 933.
Gayot de Pitaval, 464.
Gazel, (Guil. 322.
Gellert, 1881.
Gendre, (Louis le) 2368, 2598.
Genebrardus, 3.
Gentillet, (J.) 188.
Geoffroy, 748.
Gerbault, (Franc.) 1138.
Germanes, (l'Abbé de) 2275.
Gerson, (Joan.) 208, 283.
Gerzan, (de) 1507, 1509.
Gesnerus, (Conr.) 713, 1347.
Gesnerus, (Joan.) Math. 1799.
Gesherus, (M. J. Math.) 1800.
Gheyn, (Jacq. de) 961.
Gherardi, 1294.
Ghirardelli, (Cornelio) 858.
Giannone, (Pierre), 224, 2033.

Gilbert, (le p. Marc. 3260)
Gilles de Rome, 557.
Gilles, (Nic.) 2344.
Gillot, (Jean) 2027.
Gimma, (D. Giacinto), 40 sup.
Giraldy, (Jean-Bapt.) 1383.
Girard, 3517.
Girard, (Bern. de) 2354, 2355.
Girard, (le p. Ant.) 55, 2378.
Glanius, 1920.
Glaser, (Christ.) 806.
Gleichon, (le Baron de) 41 sup.
Gobert, (Thom.) 64.
Godeau, (An) 64.
Godefroy, (Ant.) 9 sup.
Godefroy, (Denis, 2969, 2385, 2422, 2436, 2439.
Godefroy, (Théod., 2941, 2942, 2943, 3085.
Godonnesche, 2708.
Goedart, (Jean) 744.
Goetsmann, 452.
Goguette, 879.
Gohorry, (Jacq.) 1669.
Goldoni, (Ch.) 1326.
Gollut, (Louis) 2832.
Gombauld, (de) 1493.
Gombérville, (de), 501, 1477, 1585, 1586. 29 sup.
Gomez, (Mde. de) 1262, 1475, 1538.
Gordon, 2200.
Gorius, (Ant. Fr.) 3407.
Gottfridus (Jo. Lud.) 1992.
Gottsched, 1055.
Gouget, (l'Abbé) 2490, 3420.

Goulard, (Simon) 861, 2489, 3546, 3547.
Goulon, 921.
Goussancourt, (Math. de) 2094.
Grace, (Felix de la) 395.
Gracian, (Balt.) 518, 566, 571.
Graindorge, (de) 727.
Gramondus, (Gab. Barth.) 2549.
Gramont, (le Duc de) 2667.
Gramont, Scipion (de) 587.
Grancolas, 2318.
Grand, (le) 1240.
Grand., (le) 3222.
Grandet, (J.) 2118.
Grandmaison, (de) 974.
Gratiani, (Ant. Maria) 2276, 3193.
Gregorius Papa, (S.) 205, 206.
Grevin, (Jacq.) 606.
Grew, (N.) 697.
Grimoard, (le Chev. de) 968.
Gringoire, (Pierre) 175.
Gritlch, (Joan.) 271.
Gronovius, (Jacq.) 2194.
Gronovïus, (J. F.) 1165, 1703.
Grosley, 1759.
Grosson, (J. B. B.) 3398.
Grotius, (Hugo) 418, 1168, 3025.
Grouner, 674.
Gruget, (Claude) 1385, 1807, 1851.
Gualdo, (Galeazzo) 2615.
Guarini, (Balt.) 1329 à 1331.

Guay-Trouin, (du) 2683, 2684.
Gudenus, (Joan. Mauritius) 3016.
Guenebault, (J.) 3364.
Guer, 639.
Guerin, 1428.
Gueriniere, (de la) 998.
Guesle, (de la), 2517.
Guette, (Mad. de la) 1557.
Gueyare, (Ant. 558.)
Gueudeville, 1126, 1732 à 1734, 1773, 1843, 1999.
Gueullette, 1558.
Guibert, (de) 967.
Guichard, (Claude) 3363.
Guicciardin, (Louis) 1366, 3017.
Guicciardini, (Franç.) 541, 2239.
Guichenon, (Sam.) 2848, 3345.
Guignard, (de) 944.
Guignes, (de) 3214.
Guigo, 392.
Guilberdiere, (Agnes de) 1464.
Guillaume, Evêque de Tournay, 3026, 3351.
Guilletiere, (de la) 2181.
Guion, (Mde. la Mothe.) 306.
Guischardt, (Charl.) 956.
Guinaud, 864.
Guyon, l'Abbé, 3202.
Guyot de Merville, 1271.
Gyllius, (P.) 1901.

H

Haer, (Florif Van der.) 2772.
Haid, (Joan. Jacob.) 700.
Halde, (le P. J. B. du) 3210.
Haller, 1335.
Hamilton, (C. Ant. 1820.
Hamon, 313.
Hanzelet, 984.
Hardouin de Perefixe, 2493, 2494.
Hardy, (Alex.) 1221 à 1223.
Harpius, Hen.) 322.
Handicquer, de Blancourt, 3301.
Havercamp, (Sigeb.) 3386.
Haurisius, (Benn. Casp.) 2187.
Hauteroche, (de) 1239.
Hay, 2954.
Hay, (Paul) 949.
Haye, (Mad. de la) 1571.
Heath, (Benjam.) 1114.
Hebert, (N.) 294.
Hedelin, (F.) 35 sup.
Hedericus, (M. B.) 1034.
Heinsius, (Dan.) 1073, 1143, 1144, 1155, 2188, 3038.
Heliodorus, 1399 à 1402.
Helvetius, 757.
Helyot, (le P.) 2058.
Hemricourt, (Jacq. de) 3354.
Henault, (le Présid.), 1275, 2373, 2374.
Hennequin, (Jean) 590.
Henri, Duc de Rohan, 925.
Herbelot, (D.) 3177.
Herberay, (Nic. de) 558, 1408, 1669, 1673 à 1675.
Heris, (C. de) 3293.
Herissaye, (de la) 1389.
Hermant, 2089.
Hermitte Souliers, (J. B. L, 3304, 3309.

Herodotus, 2166, 2167
Heron, 250.
Herrgott. (Marq.) 2994.
Herfent, (Charl.) 2923.
Hervieux, 729.
Herwartus, (Geor.) 3007.
Hefiodus, Afcræus, 1095.
Heufinger, (Jac. Frid.(1110.
Heufinger, (Jo. Mich) 1355.
Hieronymus, (S.) 194.
Hilaire, 1722.
Hiret, (Jean) 2805.
Hobbes, (Th.) 535, 536.
Hode, (de la), 2376.
Holberg, (Louis) 1342.
Holftenius, (C. L.) 1347.
Homerus, 1092, 1093.
Hontan, (le Baron de la) 1980.
Hoogftratanus,(David) 1163.
Horatius Flaccus, (Q.) 1081, 1150 à 1154, 1797.
Horftius, 287.
Horfatus, (Theod. Sim.) 1017.
Hoftal, (Pierre L') 2510.
Hofte, (le P. Paul) 868.
Howel, Jacq.) 2011.
Huber, 1881, 3161.
Hubner, (Jean) 1893, 3347, 3348.
Hudfonus, (Joh.) 1355.
Huel, 2791, 3369.
Hugo, (Herm.) 2255.
Hume, (David) 3102 à 3105.
Hutchinfon, Thom.) 2170 à 2173.

I

ILLENS, (D') 2724.

Imbolti, (Bernardin) 972.
Inchofer, (Melch.) 2077.
Indagine, (Jean) 853.
Intras, (Jean d') 1547.
Ifle, (de l) 855.
Ifle, (Fr. de l') 2476, 2477.

J

JACHORIE, 2087.
Jacques, (Jacq.) 58 fup.
Jael, (Curtius) 1735.
James, 755.
Jan, (Jean le) 294.
Janiçon, 529.
Jannotius, (Don.) 1901a
Janua, (Joan. de) 1038.
Jarrige, (Pierre) 2081.
Jaubett, (l'Abbé) 1178.
Jault, (A. F.) 1046.
Jay, (Gab. Fr. le, 2187.
Jean Climaque, (S.) 204.
Jebb, (Sam.) 3137.
Jerome, (Saint.) 2109.
Johnfon, (Abrah.) 760.
Joinville, (Jean de) 2412.
Joly, 1940, 1263, 3527.
Joly, l'Abbé, 3556.
Joncquieres, (de) 3182.
Jonftonus, (Joan.) 702, 714.
Jofephus, (Flavius) 2156, 2157.
Joubert, 895.
Juenin, (Pierre, 2339.
Julienne, (de) 902.
Junker, 1056, 1337.
Jurain, (Cl.) 2825.
Jurieu, (Pierre) 2041, 2143.
Juftinianus, (Imp. Cæf.) 426 à 428.
Juftinus, 1993.

Juvenalis

DES AUTEURS.

Lavirotte, 839.
Laurendiere, (C. M. de) 857.
Laurens, (André du) 784.
Laurens, (Honoré de) 435.
Laurentius, (Joan.) 1162.
Lebeau, (C.) 1983.
Lebrun, (le p. Pierre.) 2135.
Leclerc, (Jean) 53, 2277.
Lecluse, 799.
Leger, (Jean) 2150.
Legrand, (l'Abbé) 3207
Legrand, (Mde.) 240.
Leguat, (Fr.) 1981.
Leibnitius, (God. Guil.) 3005.
Lemne, (Levin) 633.
Lenglet du Fresnoy, 616, 814, 1882, 2386. 2429.
Lescale, (de) 2056.
Lescarbot, (Marc) 3240.
Lestant, (de) 351.
Leti, (Greg.), 588, 2050, 2600, 2990, 3086, 3117, 3121.
Licetus, (Fortun.) 753.
Lichtwehr, 1336.
Liebaut., 1337.
Liergues, (le S. de) 1931.
Lievre, (Jean le) 2887.
Limerno, Pitocco, 1310.
Limiers, (de) 2367, 2585, 3401.
Linage de Vauciennes (P.) 2015, 2054.
Linguet, 419. 2221, 1338.
Livius, (Titus), 2188, 2189.
Lo, (le p. Chrisost. de S.) 319.
Lobineau, (Dom.), 954, 2740, 2796.
Lobo, (Jérome) 3222.
Locamerus, (Georg. David) 426.

Locher, (Jacob.(1181.
Locke, 599.
Loigny, (de) 3111.
Loiseau, 3033.
Loisel, (Ant.) 2746.
Loisy, (Pierre de) 2341.
Lokman, 1359.
Lombert, 197.
Londel, (le P. du) 2387.
Long, (le P. le) 2285, 2286.
Longepierre, (de) 1108 2279.
Longeville Harcouet, 774.
Longus, 1395 à 1398.
Loon, (Ger-Van) 3021.
Lope de Vega Carpio, 63 sup.
Loredano, 71.
Lorens, (du) 445.
Lorenzini, (Fr.) 2121.
Lorgna, (Ant. Mar.) 837.
Lostelneau, (de) 959.
Lottini, (Giofr.) 541.
Louis, (M.) 795.
Louis XII, Roi de France, 2441.
Louis XIV, 2207.
Louvet (P.), 2747, 2748, 2854, 2863, 2876, 3047, 3306.
Louvois, (le Marq. de) 548.
Loyens, (J. G.) 3355.
Loyer, (Pierre le) 615.
Luc, (le P. T. de S.) 2799.
Lucanus, (M. Ann.) 1168 à 1170.
Lucas, (Paul) 1924, 1925.
Luce, (L.) 50 sup.
Lucene, (Vasque de) 2179.
Lucianus, 1799, 1800.
Lucretius Carus, (Titus) 1135 à 1138.
Ludolphus, 46, 47, 48.

C c

Lully, 1300.
Luneau de Boisjermain, 1238.
Luillier, (le S.) 1962.
Lurbe, (Gabr. de 2857.
Luſſan, (Mlle. de) 1424, 1427, 2248, 2424, 2434.
Luzerne, (le C. de la) 2177.

M

MABLY, (l'Abbé de), 424, 489, 2183, 2227, 2956.
Machiavel, (Nic.) 562, 1839.
Macho, (Frere Julien) 45.
Maclaurin, 839.
Maçon, (le) 1380.
Macquer, 805.
Mahomet, 355, 367.
Maichin, (Arm.) 2856.
Maierus, (Mich.) 819.
Maigret, 924.
Maillardus, (Oliv.) 274.
Maimbourg, (Louis) 2001, 2045, 2046, 2140, 2142, 2146 à 2148, 2989, ſup. 76.
Maire, (Jean le) 558, 2034, 2291, à 2293.
Maiſon-Neuve (Eſtienne de) 1644.
Maître-Jean, (Ant.) 731.
Maittaire, (Mich.) 1123, 3416 à 3418.
Maizeaux, (des) 1814, 3552.
Malherbe, (de) 2189.
Malingre, (C.) 2912.
Mallebranche (le P.) 325.
Mallermi, (Nic. de) 37, 38.
Mallet, (Allain Maneſſon) 919, 1891.
Mallet, (P.) 1008.
Mallet 3144.
Mallius, (Fl.) 1083.
Malthe (Fr. de) 983.
Mandeſlo, (Jean Alb.) 1963.
Man'lover d'Oxfordt, 579.
Mannory, 462.
Mantegazzi, (Aleſſ.) 246.
Manzini, 1476.
Marca, (P. de) 2130, 2859.
Marcaille, (Sébaſt.) 2335.
Marcaſſus, (Pierre de) 1398, 1528, 1620.
Marc Aurele-Antonin, 492, 558.
Marcel, (G) 2043, 2404.
Marcel (J.) 1745.
Marchand, (Proſper, 1845, 3413, 3555.
Marche, (Oliv. de la) 3027.
Marchetti (Aleſſ.) 1138.
Marconville, (Jean de) 530.
Mareſchal, 1462.
Marguerite. Reine de Navarre, 1385 à 1388.
Mariana, (Joan.) 553.
Mariette, 3396, 3402.
Marini, (Jean-Ambroiſe) 1454, 1483.
Marivaux, 1261.
Marklandus, (Jer.) 20 ſup.
Marmontel, (de) 1170, 1187, 1449.
Marolles, (Mich. de) 1141, 1167, 1171, 1351, 2403, 2806.
Maronis, (Fr. Franciſcus de) 263.
Marret, (Jean) 751.
Marſais, (du 384, 1045.

Marfi (de) 2164.
Marfigli, (le Comte de) 671, 2986, 3186.
Marfollier, (l'Abbé de) 2062, 3518.
Marteau, (le P. Martin) 2807.
Martialis, (M. Val.) 1172, 1173.
Martin, (David) 57.
Martin, (le P. Edme) 232.
Martin, (J.) 1767, 2289, 3361.
Martin Polonnois, 1989.
Martin, 81 sup.
S. Martin de Chaffonville, (l'Abbé) 1393.
Martineau du Pleffis, (D) 1892.
Martiniere, (Bruzen de la) 804, 1775, 1895, 1946, 1947, 1997, 2587.
Marzilly, (de) 176.
Mafcrier, (l'Abbé le) 3244.
Mafenius, 1182.
Maffé, (Pierre) 608.
Maffey, (Edm.) 14 sup.
Maffiac, (de) 2013, 2014.
Maffillon, 278.
Maffon, J.) 2388, 2428.
Maffuet, (P.) 2020, 3166.
Mathas, (A.) 2970.
Mathieu, (Pierre) 2512, 2521, 2531, 2843.
Mathieu, 2430.
Maubert de Gouveft, 579.
Maucroix, 3115.
Maugin, (Jean) 1554, 1640, 1641, 1642, 1680.
Maupertuis, 840, 1828.
Maurice, (Jean-Baptiste) 3352.
Mauroy, (de) 2473.
Mauvillon, (de) 1985.
Maximus Tyrius, 20 sup.
Mayer, 715.
Maylly, (le Chev. de) 2271.
Mazarin, (le Card.) 1864.
Mechel, (Chretien de) 901.
Medon, 3421.
Meibonius, (Henr.) 3010.
Melampus, 857.
Melanchthon, (Philip.) 477, 1128, 1991.
Meliton, 390.
Mellier, (Laurens) 2210.
Melon, 581.
Ménage, 1042, 1043, 1046, 3338.
Menand, (Guill. le) 47.
Menard, (Cl.) 2420.
Meneftrier, (le P.) 991, 1296, 3257, 3266 à 3277, 3280, 3291, 3388.
Menolut (Mich.) 275.
Mentet de Salmonet, (Robert) 3114.
Mercier, (l'Abbé) 3413.
Merian, (Marie Sibille), 750, 751.
Merianus, (M. & G.) 1896.
Merretus, (Chriftoph.) 590.
Mervault, (Pierre) 2815.
Meffie, (Pierre) 1807.
Metterie, (de la) 796.
Meun, (Jean de) 1190 à 1194.
Meunier, (de) 1938.
Meuriffe, (le R. P.) 2232, 2311.
Muffey, (J.) 2894.
Meyfonnier, (L.) 603.

Mezeray, (de) 1573, 2298.
2363 à 2365, 2540, 3179.
Michaelis, (le P. Seb.) 620.
Miege, 1057.
Millet, (Dom. Germ.) 2123.
Millot, (l'Abbé) 2399,
3534.
Mirabaud, (de) 525.
Miraumont, (Pierre de) 2973,
2978, 2979.
Misson, (Maxim.) 1935.
Mizauld, (Ant. 657, 1365,
1706, 1885.
Mocquet, (Jean) 1927.
Model, 808.
Modeste, 951.
Moine, (le P. Pierre le) 308.
3505.
Moissac, (le Baron de) 384.
Moissy, (de) 1283.
Molesworth, 3145.
Moliere (Franc. de) 1610.
Molinet, (le P. C. du) 2061,
3408.
Molinet, (Jean) 1195.
Molinier, (M. C.) 207.
Momorenci, (Nic. de) 620.
Monaco, (Pietro) 905.
Monconys, (de) 1931.
Moncrif, (de) 1750.
Mongez, (l'Abbé) 2496.
Mongin, (J.) 807.
Monnet, 661.
Monnier, (le) 840.
Monnier, (l'Abbé le) 1134.
Monnoye, (de la) 3432. sup.
83.
Monstrelet, (Aug. de) 2350,
2351.
Montagate, (de) 1426, 1482,
1627.

Montagne, (J. de la) 1015,
1016, 3410.
Montaguet, (Dom. Louis.)
2131.
Montaigne, (Mich. de) 1805,
1806, 1932.
Montand, (Nic. de) 2479.
Montchretien, (Ant. de)
1224.
Monterocherius, (Guido de)
260.
Montesquieu, (le Présid.) de
1876.
Montfaucon, (D. Bern. de)
2297, 3359.
Montfleury, 1229.
Montgon, (l'Abbé de, 2681,
2682.
Montlyard, (J. de) 1344.
Moor, (J.) 1025.
Morabin, 2218.
Moreau de Beaumont, 594.
Morel, (Claude) 202.
Morellus, (Fed.) 1883.
Morgues, (Math. de) 2930 à
2932.
Morice, 2797.
Morin, (Dom. Guil.) 2755.
Morin, (Simon) 361.
Morise, (Frere Paul) 2133.
Moritz, (Filtz-) 3129.
Morliere, (Adr. de la) 3299.
Mornay, (Philip. de) 2044.
Moser, 576.
Mothe le Vayer, (la) 1617,
1810, 1811 1848.
Motraye, (A. de la) 1914,
1915.
Motte, (de la) 1255, 1448.
Motte du Broquart, (de la)
1498, 1499.

DES AUTEURS.

Motteville, (Mde. de) 2542, 2543.
Mouhy, (le Chev. de) 3441.
Moulin, (Ant. du) 558.
Moulin, (Char. du) 445.
Moulin, (J.) 766.
Mounin, (A.) 2853.
Mouton, 798.
Muet, (le sieur le) 911, 912.
Muldener, 470.
Munier, (Jean) 2826.
Muralt, (la Comtesse de) 1532.
Muret, 3370.
Musgrave, (S.) 1113.
Mussart, (Vincent) 254.
Myrus, 1101.

N

Naberat, (Frere Anne de) 408.
Nadasd, (Fr. de) 3174, 3175.
Nannino, (Remigio) 1160.
Nanton, (Robert) 577.
Nardin, (Thom.) 3092.
Nassau, (le Comte de) 957.
Natter, (Laur.) 908.
Natallerus, (Georg.) 1112.
Nau, 1719.
Naudé, (Gab.) 830, 1729, 2610.
Naudé, (Claude) 543.
Neander, (Mich.) 1122.
Nerus, (Anton.) 990.
Nerveze, (de) 1416, 1445, 1446, 2901.
Nestesuranoi, (J. Van) 3162.
Nestor, (Jean) 2260.
Neuvillé, (de) 634.
Newcastle, (le Comte de) 997.

Niceron, (le P.) 3523.
Nickolli, (John) 583.
Nicocles, 489.
Nicole, (P.) 220, 265, 485.
Nider, (Joan) 264.
Nieuhoff, (J.) 3213.
Niphe, (Aug.) 846.
Nivernois, (le Duc de) 2474.
Nodot, 981, 1684.
Noguier, (Ant.) 2866.
Noir, (Jacq. le) 3122.
Nollet, (l'Abbé) 643.
Noue, (de la) 538, 539, 1272.
Nongaret, (M.) 1210.
Nonnus, 1119.
Norbert, (le P.) 3203.
Normant, (J. le) 620.
Nort, (Olivier du) 1904.
Northof, (Levoldus à) 3010.
Notre-Dame, (Jean de) 3535.
Nostradamus, (Mich.) 862, 866.
Nostradamus, (Cesar de) 2874.
Noyer, (Mde. du) 1871, 1872, 80 sup.

O

Obrechtus, (Ulr.) 426, 2907.
Od'apper, 3219.
Oexmelin, (Alex. Oliv.) 3233.
Ogier, 1940.
Olaus Magnus, 3142.
Olearius, (Gottfr.) 1101.
Olhagaray, (Pierre) 2860.
Olivet, (l'Abbé d') 1071.
Olivetan, (Robert-Pierre) 28.

Olivier, (Jacq.) 1778, 1779.
Oresme, (Nic.) 488.
Orleans, (le P. d') 3109, 3209.
Orleans, (Louis d') 2530.
Orneval, (d') 1304.
Orose, 1994.
Orville, (Petrus d') 1184.
Osmont, (J. B. L.) 3422.
Ostervald, (J. F.) 343.
Ovidius Naso, (P.) 1155 à 1160.
Outhier, 1948.
Outreman, (H. & P. d') 2774.
Outreman, (le p. Philippes d') 309.
Owen Cambridge, (Rich.) 3205.
Ozanne l'aîné, 869.
Ozorio, 212.

P

Pacome, (le Frere) 2063.
Padua, (Hieron. de) 1069.
Palæphatus, 1349.
Palaprat, (de) 1248.
Palatius, (Joan.) 2987.
Palavicino, (Ferrante) 1716, 1717, 1718.
Palissot de Montenoy, 1282.
Palladio, 911.
Palliot, (P.) 2977, 3262, 3314.
Panckoucke (A. J.) 3028.
Pannard, 1266.
Paolo Masini, (Ant. d.) 2262.
Papillon, (l'Abbé) 3453.
Paracelsus, (Theophr.) 860.
Paradin, (Guil.) 2818.

Paradinus, (M. Cl.) 1796, 3287.
Paré, (Ambroise) 788.
Parfait, (M. M.) 1211, 1212.
Parmentier, 808.
Parvi, (Guill.) 320.
Pascal, (Blaise) 265, 328.
Pasquier, (Estienne) 396, 2295, 2296.
Pastorius, (Joach.) 3164.
Paterculus, (M. Velleius) 2191.
Patin, (Charles) 1933, 1934, 3383, 3389.
Patin, (Guy) 1865.
Patte, 2711.
Patullo, 684.
Pavillon-Lez-Lorriz, (du) 865.
Paulian, (l'Abbé) 336.
Paulin, (le P.) 393, 625.
Paulus, (D.) 209.
Paz, (Fr. Aug. du) 3307.
Pechier, (le Sr. du) 1325.
Peletier, (le) 2276, 3193.
Pelisseri, 1520.
Pellerin, 3387.
Pelletier, (Dom. Louis le) 1052.
Pellisson, 2596, 2597.
Pelloutier, (Simon) 2288.
Pemberton, (Steph.) 1785.
Pepin, (Guilel.) 276.
Pepliers, 1054.
Perau, 2515.
Peregrinius, (Camillus) 2267.
Perier, (Aymar du) 2883.
Pernetti, (l'Abbé) 2841.
Perrault, (Charles) 2673, 3513.
Perrault, (Pierre) 1316.

DES AUTEURS.

Perret, (du) 1474.
Perriers, (Bonav. des) 1844.
Perron de Caftera, (du) 64.
Perrot d'Ablancourt, 954, 1801, 2169, 2206.
Perfius Flaccus, (A.) 1174 à 1176.
Petit, (J. Fr. le) 3044, 3045.
Petit, (P.) 3368.
Petitdidier, (Jean-Joseph) 259.
Petity, (l'Abbé de) 49, fup.
Petrarcha, (Fr.) 1802, 27 fup.
Petronius, (Titus) 1712 à 1714.
Petrus Comeftor, 43. 44.
Peucer, (Gafp.) 1991.
Peyrat, (Guil. du) 2325.
Peyrere, (If. la) 352, 362.
Pezay, (le Marquis de) 1142, 2723.
Pezeron, (le P.) 1986, 2287.
Phædrus, 1161 à 1164.
Philalethe, (Thimotée) 249.
Philippe, (Steph Andr.) 1131, 1146, 1161, 3493.
Philoftrate, 3496.
Picard, 840.
Pierius Valerianus, (Jo.) 378.
Pierre, (J. de la) 1721.
Pierfonus, (Joan.) 1704.
Pigace, (Nic. de) 901.
Piganiol de la Force, 2736.
Pin, (Ellies du) 3428.
Pinard, 2981.
Pinault,) Math.) 441.
Pindarus, 1122.
Pine, (Joan.) 1151.
Pinet, (Ant. du) 646.
Pinto, (Fern. Mendez) 1961.
Piron, (Alexis) 1202, 1267.
Pife, (Jofeph de la) 2881.
Pifis, (Barth. de) 2068, 2069.
Pithon Curt, 3313.
Pithou, (Pierre) 448
Pithoys, (C.) 843.
Pitton de Tournefort, 694.
Place, (Pierre de la) 522.
Placet, (le P. Fr.) 856.
Plancher, (Dom) 2817.
Planis Campy, (Bern. de) 818.
Plante, (Franc) 1183.
Plante-Amour, (le Chev.) 1772.
Plantin, (J. B.) 3063.
Platon, 475. 476, 14 à 17, fup.
Plautus, (M. Accius) 1124 à 1126.
Playne, 3264.
Plinius fecundus, (Caius) 644 à 649.
Plotinus, 478.
Pluche, (l'Abbé) 652, 1886.
Piuquet, (l'Abbé) 2136.
Plutarque, 491, 530, 995, 996, 1784, 1785, 3490 à 3492, fup. 85. 86.
Pocquet de Livoniere, (Cl.) 451.
Poggio, 2257, 2258.
Poinfinet, 1279.
Poinfinet de Sivry, 647.
Poyret, (P.) 354.
Pois, (Ant. le) 3381.
Poiffon, 1235.
Poldo d'Albénas, (Jean) 2873.
Polien, 954.
Polignac, (le Card. de) 1139.

Pollux, (Julius) 1027.
Polybius, 2194, 2195.
Pomme fils, 783.
Pommeraye, (Dom Fr.) 3329.
Pomponatius, (Petr. 595.
Pona, (Fr.) 62, sup.
Ponce de Leon, (Consalus) 192.
Pontanus, (Joan. Is.) 3054.
Pontas, (Jean) 267.
Pontier, (Gedeon) 2000.
Popelliniere, (de la) 1888, 2391.
Porcacchi, (Thom.) 3362.
Porphyre, 479, 1347.
Porrée, 3112.
Porte, (l'Abbé de la) 1909.
Porte, (la) 2580.
Porterie, (de la) 971.
Porthæsius, (le R. P.) 842.
Portilla, (Fr. de la) 413.
Possevino, (Ant.) 600.
Postellus, (Guill.) 355 à 358, 2290, 2911, 3180, 3181.
Potherie, (de la) 1974.
Pouget, 670.
Poulin de Lumina, 2304.
Poullet, (le S.) 1951.
Prade, (de) 1230.
Premier fait, (Laur. de) 3500, 3501.
Prévost, (l'Abbé) 1455, 1522, 1581, 2217, 3105.
Prideaux, 2158.
Prince, (J. B. le) 907.
Prince de Baumont, (Mad. le) 1544.
Priscianus, 1037.
Propertius, 1140, 1141.

Psalmanaazaar, (Georg.) 3196.
Puget de la Serre, 295, 296, 298, 299, 300, 1601.
Puffendorf, (le Baron de) 1997, 3149, 3156, 10 sup.
Puteanus, (Erice) 3004.
Puy, (Pierre du) 2091, 3506.
Puysegur (le Maréch. de) 932.
Pylades Brixianus, 1095.
Pythagoras, 487.

Q

Querlon, (de) 1730, 1932.
Quesnel, (le P.) 222.
Queyras, (Humb.) 1415.
Quien de la Neufville, 2886.
Quinault, 1233, 1234.
Quincy, (le Marquis de) 2685.

R

Rabelais, (Franc.) 1364.
Racine, 1237, 1238.
Raguenet, 2120.
Rameau, 1010.
Rampalle, 852.
Ramsay, (Ch. Alex.) 884, 1353, 2692.
Rantzau, (Henr.) 859.
Rapin, (le P.) 1708.
Rapine, (Ch.) 2310.
Rasiel de Selva, (Hercule) 2078.
Ravallierre, (l'Evêque de la) 1778.
Raveneau, (Jacq.) 454.

Raynal

DES AUTEURS.

Raynal, (l'Abbé) 2009, 3051, 3132.
Razzi, (Girol.) 1324.
Reau-Châtel, (Christoph.) 763.
Reaumur, (de) 741.
Reboulet, 2588.
Redi, (Franc.) 1318.
Reede, (Hen. Van) 711.
Refuge, (du) 570.
Regnard, 1251, 1252.
Regnault (Melch.) 2755.
Regnault, (le P.) 627, 628.
Regnier, (l'Abbé) 1072.
Reimarus, (Herm. Sam.) 2197.
Reiske, (Joan. Jac.) 1088, 1109.
Remigus, (Nic.) 610.
Remond de Sainte-Albine, 1213.
Remyfort, 786.
Renaudot, (Theoph.) 1809, 2501.
René, (Theodoric de S.) 2126.
Renouard, (N.) 1158.
Renoult, 2070.
Requier, (Simon) 778.
Requier, 2005.
Reuterholm, (de) 916.
Reyherus, (Sam.) 70. sup.
Rhinghier, (Innocent) 53 sup.
Ribera, (le P. F. de) 2113.
Ribeyro, (J.) 3207.
Riccius, (Barth.) 49.
Riccoboni, (Fr.) 1209.
Riccoboni, (Louis) 1289.
Richard, (l'Abbé) 656.
Richelet, (P.) 1188, 1858, 1859.

Richelieu, (le Card. de) 547.
Richemont, (M. J. M. de) 816.
Richeome, (Louis) 321.
Richer, 2164, 2501, 3551.
Riencourt, (de) 2599.
Rigauville, (de) 2696.
Rigoley de Juvigny, 1202, 3450.
Ripa, (Cesat) 1794.
Rivaldus, (F. Car.) 263.
Rivey, (Pierre de la) 1219.
Riviere, (la Comtesse de la) 1875.
Robertson, (Guil.) 1032, 2991, 3231.
Robinson, (Rob.) 1036, 3151.
Rochebrune, (l'Abbé de) 2008.
Roche-Flavin, (Bern. de la) 2976.
Rochefoucault, (le Duc de la) 498, 2652, 2653.
Roche-Guilhen, (Mlle. de la) 3079.
Roche-Maillet, (Gab. Mich. de la) 2277.
Roches de Parthenay, (des) 3148.
Rochon de Chabannes, 1286.
Rocoles, (J. de) 3003, 3507, 3508.
Rocque, (de la) 3292.
Rodericus Zamorensis, 520, 521.
Roe, (Rich.) 760.
Rolan de Virloys, 909.
Rolland de Bellebat (Jacq.) 762.
Rollin, 1014, 2163, 2193

D d

Romagnefi, 1295.
Ronce (le fieur de la) 1315.
Rondelet, (Guil.) 732.
Roo, (Ger. de) 2993.
Roque, (Guil. André de la) 1954, 3250, 3251.
Rofel, (Aug. Jean) 742.
Rofellis de Arelio, (Ant. de) 373.
Roffet, (F. de) 1309, 1677, 1695, 1768.
Roffi, (Jacq.) 904.
Roftagne, (J. B.) 3192.
Rottman, (J. J.) 1531.
Rou, (le) 1513.
Roverius, (P. Petr.) 2338.
Rouge, (le) 1297.
Rouillard, (Sebaft.) 382, 1736, 1737, 2331, 2762, 2763, 2968.
Rouffeau, (Jean) 875.
Rouffel, (de) 2983, 2984.
Rouffel, (l'Abbé) 2315.
Rouffel, 421, 3265.
Roux, (Philib. Jof. le) 1050.
Roy, (le) 3393.
Roy, (Louis le) 476.
Roi de Boifroger, (le) 941.
Royer, (P. du) 3031.
Rubenius, (Alb.) 3372.
Rubys, (Claude) 2836.
Ruffy, (Ant. de) 2880.
Rufinianus, (Julius) 1061.
Ruhkenius, (David) 1961.
Rumphius, (Georg. Everh.) 712, 733.
Rutilius Lupus, 1061.
Ruyr, (J.) 2898.
Ryer, (du) 367, 1020, 2167.
Rymon, (Emm. Philibert de) 2829, 2830.

S

Sabathier de Caftres, 1711.
Sablon, (V.) 2332, 2333.
Saconay, (Gab. de) 2144, 2842.
Sacy, (le Maître de) 27.
Sadeler, (Raph.) 311.
Saddi, (Nathan Ben) 3108.
Sadi, 494.
Sagard Theodat, (le F. Gab.) 3241.
Sage, (le) 1259, 1304, 1484, 2739, 3243.
Saint-André, (de) 32 fup.
Saint-Evremont, 1814.
Saint-foix, (de) 1277, 2099, 2742, 2743.
Saint-Gelais, (Ch. de) 2160, 2161.
Sainjore, (de) 3429.
Saint-Jory, (de) 1821, 2654.
Saint-Julien, (Pierre de) 2821.
Saint-Lazare, (de) 3549.
Saint-Mard, (Rémond de) 1829.
Sainte-Marie, (Honoré de) 3256.
Saint-Martin, (Mich. de) 771.
Saint-Maurice, (Alcide de) 1765.
Saint-Pierre, (de). *Voyez* Caftel.
Saint-Preft, (Yves de) 423.
Saint-Real, (l'Abbé de) 1816.
Sainte-Marthe, (Scevole & Louis de) 3283, 3316, 3342, 3528.

DES AUTEURS.

Sainte Palaye, (de la Curne de) 3258.
Salbray, (de) 3353.
Salerne, 724, 848.
Sales, (S. Fr. de) 2116.
Salignac, (B. de) 2889.
Salle, (Ant. de la) 1887.
Salle de l'Etang (de la) 683.
Sallengre, (Alb. Henr. de) 3358, 3430.
Sallustius Crispus, (C.) 2198, 2199.
Salmasius (Cl.) 2190, 3372.
Salomon, 815.
Salviati, (Lionnardo) 1378.
Sambucus, (Joan) 1125.
Sancta-Cruz, (le Marquis de) 948.
Sanderus, (Ant.) 3018.
Sandrart, (Joach. de) 894.
Sanson, (N.) 2764.
Sansovino, (Fr.) 541, 1307.
Santes Bartolo, (P.) 3386.
Santi, (Padre Fra) 2243.
Saphus, 1099, 1100.
Sarpi, (Fra Paolo) 380, 2039.
Savari, 580.
Saverien, (Alex.) 3525.
Savin, 1435.
Savinien d'Alquié, (Fr.) 3192.
Savot, (L.) 3382.
Saurin, (Jacq.) 59, 344.
Sauvage, (Denis) 2348, 2822, 3027.
Savaron, (Jean) 2852, 2916.
Sauvagere, (de la) 2897.
Scaliger, (Jos.) 1120, 2202.
Scaliger, (Jul. Cæsar) 626.

Scarron, (Paul) 1813.
Scheffer, (Jean) 3146.
Sceuchzer, (J. Jacq.) 61, 701.
Scheuchzer, (Jean Gas.) 3115.
Schildius, (Joan.) 2212.
Schotanus, (Christ.) 6.
Schottus, (And.) 480.
Schouten, (Guil.) 1910.
Schrevelius, (Corn.) 1033.
Schurmans, (Anne-Marie) 866, 1803.
Scribanius, (Car.) 3036.
Scriverius, (Petr.) 1172, 1173, 1901, 2184, 2185.
Scudery, 1227, 1406.
Scudery, (Mlle. de) 1428, 1463.
Seba, (Alb.) 754.
Secousse, 2472.
Segla, (Guil. de) 440.
Segoing, (C.) 3278.
Segrais, (de) 1815.
Seligmann, (Joan. Mich.) 706, 710.
Senault, (L.) 180.
Sendivogius, (Mich.) 825.
Seneca, (L. Ann.) 480, 481, 491, 1161, 1165 à 1167.
Serces, (Jacq.) 346.
Serclier, (Jules) 611.
Serre, (de la) 241, 1226, 1414, 1417, 1439, 1468, 3084.
Serres, (Jean de) 2357.
Serviez, (de) 2228.
Servin, 2790.
Sevigné, (la Marq. de) 1869, 1870.

Sevin, (Adrien) 1580.
Shadwell. 1340.
Sibert, (Gautier de) 2097.
Sicile, (N.) 3259.
Sidney, (Philippe) 1431.
Sigrais, (de) 1751.
Simlerus, (Josias) 1901, 3061, 3062.
Simon, 1874, 2749.
Simon, (Jean), 745.
Simon, (Rich.) 3429.
Simplicius, 490.
Simpson, (Bolton) 2176.
Siri, (Vittorio) 2005.
Sistori, (Jer.) 973.
Sleidanus, (J.) 1901.
Smithus, (Tho.) 1901.
Smolett, 3101.
Socrate, 491, 1362.
Solerius, (Anselmus) 3373.
Solier, (Raymond de), 2879.
Somaize, (de) 1762.
Someire, (de) 1412.
Sophocles, 1102 à 1110.
Sorbiere, (de) 535.
Sorel de Soigny, (Charl.) 2917, 3451.
Sotern, (Joan.) 1087
Souchu de Rennefort, 3201.
Souciet, (le P. Etienne) 836.
Soulier, 2152.
Spanheim, (de) 2047, 2224, 3152.
Spon, (Jac.) 1916, 2838, 2839, 3069, 3404.
Sprecherus, (F.) 1901.
Staal, (Mde. de) 2720.
Stanislas, Duc de Lorraine, 42.
Statius, (Achilles) 1171, 1403, 1404.

Steele, (Rich.) 507, 510, 529, 2771, 3128.
Stengelius, (Car.) 50.
Stobœus, (Ap.) 85 sup.
Stosch, (Philip. de) 3401.
Strabo, 1883.
Strada, (P. Famien) 3032.
Strahlenberg, 3159.
Straparole, 1384.
Struys, (Jean) 1920.
Suard, 2991.
Suchon, (Mlle. Gabrielle) 312.
Suetonius Tranquillus, (C.) 2211 à 2213.
Sully, (Max. de Bethune, Duc de) 2514 à 2516.
Surgy, (de) 3245.
Surirey de Saint Remy, 985.
Sweertius, (Emm.) 705.
Swift., (Jonath.) 1728.
Syen, (Arnold.) 711.
Sylvain, (Alex.) 3544.
Sylvain, (Pierre) 484.
Symeon, (Gab.) 2851, 2403.
Synesius, 193.
Syrius Mimus, (Pet.) 1161, 1164.

T

Tabarin, 1368.
Tachard, (le P.) 1957, 1958.
Tacite, 2208 à 2210, 25 sup.
Tahureau, (Jacq.) 1846.
Taillandier, 2797.
Taillepied, (F. N.) 2787.
Targe, 1908, 3101.
Tasso, (Torq.) 1312 à 1315, 1327, 1328.
Tassoni, (Aless.) 1316, 1317.

Tavernier, (J. B.) 1923.
Taylor, (Joan.) 1063.
Teisserenc, 2737.
Temple, (le Chev.) 3107.
Tencin, (Mde. de) 1483.
Terentius, (Publius) 1127 à 1134.
Terrade, (le Sr. de la) 2098.
Tertulian, (Florent) 248, 3372.
Tetius, (Hieron.) 3394.
Texere, (le P. Jos.) 3293.
Thaumassiere, (Gasp. Thomas de la) 2809.
Theil, (Laporte du) 1118, 86 sup.
Theocritus, 1099, 1115, 1116.
Theodore de Paris, 2114.
Theophrastus, 487, 24 sup.
Theraize, 79.
Thevenot, 1011, 1905, 1906.
Thibault, (Gir.) 993.
Thierriat, (Flor. de) 3253.
Thiroux, (Claude) 2826.
Thiroux d'Arconville, (Mde.) 2541.
Thiers, (J. B.) 82, 235, 236, 257, 304, 316, 376. 379, 388, 405, 2125, 2155.
Thomas, 1771.
Thomas, (L.) 201.
Thou, (Jacq. Aug. de) 2002, 2075.
Thoyras, (Rapin) 3106.
Thucydides, 2168, 2169.
Thuillerie, (de la) 1242.
Thuillier, (Dom Vincent) 2195.
Tibullus, 1140 à 1142.
Tillemont, (Le Nain de) 2029, 2219.
Tillet, (Jean du) 2352, 2914.
Tillot, (du) 74 sup.
Tissot, 776, 777.
Toll, (André) 669.
Tollius, (Corn.) 1349.
Tomasinus, (Jacob. Phil.) 3380.
Tomson, (George) 348.
Tonnelier, (Justin) 1741.
Torche, (de) 1328, 1331.
Torquemade, (Ant. de) 1707.
Tory, (Geoffroy) 883.
Tosini, (l'Abbé) 2241.
Toul, (Ben. de) 2314.
Tour, Hofman (la) 1510.
Tournefort, (Pitton de) 1953, 3194.
Toussaint, 755, 1625.
Toussaint du Plessis, (Dom) 2309, 2741.
Traverse, (le Baron de) 939.
Trembley, 740.
Trepagne de Menerville, 1819.
Treschow, (Herm.) 4.
Trow, (Christ. Jac.) 700, 706, 710.
Tricasse, (Patrice) 851.
Trigautius, (Nic.) 1901.
Trincant, (L.) 3340.
Trissino, (Gian Gior.) 1311.
Tristan, (Jean) 2929.
Tristan l'Hermite, 2261.
Tritheme, (M. J.) 881.
Triveth, (Nic.) 195.
Tronchet, (Etienne du) 1860, 1861.
Trouillard, (P) 2802.

Trouffiere, (la) 2519.
Trublet, (l'Abbé) 3538.
Tuccaro, (Arch.) 1009.
Turpin, 2515, 3208.
Turpin de Lonchamp, 1549.

V

Vadé, 1305.
Vænius, (Otho) 1797.
Vaillant, (D.) 3385.
Vaiffette, (Dom) 2864.
Valbonais, (de) 2885.
Valentinien, Théodofe, 1517.
Valefius, (Henr.) 2197.
Valladier, (André) 2312.
Vallart, (J.) 281, 285.
Vallemont, (de) 36 fup.
Valliere, (le Duc de la) 1299.
Vallius, (Joan. Bapt. du) 3399.
Valmont de Bomare, 654.
Valois, (Th.) 195.
Valtier, (Pierre) 3183.
Vaninus, (Jul. Cef.) 359, 360.
Varenne, (de la) 764.
Varillas, (de) 546, 561, 565, 2138, 2432, 2437, 2438, 2440, 2450, 2451, 2455, 2456, 2465, 2466, 2995.
Valletz, (l'Abbé de) 251.
Vaffor, (Mich. le) 2535.
Vauban, (de) 550, 593, 594, 923.
Vaultier, (le Sieur) 936, 2699.
Vaumoriere, (de) 1504.
Vaux (de) 1748.
Vayer de Boutigni, (le) 385.

Vayrac, (l'Abbé de) 3076.
Vega, (Garcilaffo de la) 3232, 3235.
Vegece, 951, 952, 953.
Velleius, (Hub.) 2345.
Vellutello, (Aleff.) 1307.
Velly, 2370.
Venette, (Nic.) 667, 759.
Venuti, (l'Abbé) 2858.
Ver, (Girard le) 1904, 1904.
Verdier, (Ant. du) 1807, 3449, 3450, 3504.
Verdier, (du) 1461, 1494, 1607, 1619, 1678.
Verdier de la Blaquiere, (Math.) 41. fup.
Verdun, (de), 2751.
Vergy, (de) 948.
Vermile, (Pierre Mattyr) 179.
Verneron, 1989.
Verneffal, (Fr.) de 1679.
Veron, (le P. F.) 329.
Vertot, (l'Abbé de) 2093, 2216, 2454, 2794, 3091, 3150.
Vefpue, (Almeric de) 1970.
Veyffiere, (Math.) 3200, 3221.
Vialar, 516.
Vialart, (L) 3341.
Viard, 1490.
Vic, (Dom de) 2864.
Vida, 1081.
Videl, (Louis) 2568.
Vigenere, (Blaife de) 882, 3179, 39 fup.
Vigneul-Marville, (de) 1825.
Vignier, (Nic.) 2353, 2798, 2940, 3331.
Vignerius, (Fr. Joan.) 209.

DES AUTEURS.

Villanova, (Gio. Bat.) 2268.
Villaret, 2370.
Villars, (l'Abbé de) 831.
Villais, (le Duc de) 2717.
Ville, (Ant. de) 925, 2775.
Ville, (Laurent de) 429.
Villegomblain, (de) 2461.
Villeneuve, (Arnauld de) 774.
Villeroy, (de) 2521 à 2523.
Villiers, (Hub. Philip. de) 53 sup.
Villiers, (l'Abbé de) 2716.
Villoison, (d'Ansse de) 1094.
Vincentius Belvacensis, 218, 1995.
Vincent, (Jacq.) 987.
Vincent-Justinien, (le P.) 234.
Vinci, (Leon. de) 893.
Vintimille, (Jacq. des Comtes de) 1065.
Vipart, (Fr. Aug. de) 3344.
Virgilius Maro, (Pub.) 1143 à 1148.
Visconti, (le Nonce) 1880.
Vitellius, (Regn.) 3017.
Vizé, (de) 2593, 2877.
Voisenon, (l'Abbé de) 1273.
Voiture, (de) 1866.
Voltaire, (de) 1228, 1831, 2706, 2988.
Voragine, (Jac. de) 270, 2102 à 2107.
Vossius, (Ger. Jo.) 1023, 2191.
Vossius, (Math.) 3043.

U

Uptonus, (Jacob) 1060, 1097.
Urfé, (Honoré d') 1440, 1441.
Ursinus, 2194.
Ussieux, (d') 1392.

W

Wailly, (de) 1044.
Wallhausen, (Jacq. de) 969, 977.
Walsingham, (de) 577.
Walter, (Rich.) 1911.
Warburthon, 3366.
Warthon, (Thom.) 1116.
Wassius, 2168.
Watteau, (Ant.) 903.
Watteville, (Alex. Louis de) 3064.
Wattin, 811.
Weinmannus, (Joan. Guil.) 699.
Wells, (Edw.) 2173, 2174.
Werdenhaegen, (Jo. Aug.) 1901, 24 sup.
Wesselingius, (Petrus) 2166.
Westerhovius, 1129.
Wheler, (George) 1916.
Wicherley, 1340.
Wieland, 1334, 1566, 71 sup.
Wier, (Jean) 606, 607.
Winkelman, 1917, 3391.
Winkler, (Joan. Henr.) 17, sup.
Winter, (George Sim.) 999.
Wiquefort, (de) 575, 1921, 1963.
Witart, (Cl.) 3502.
Wolfius, (Jo. Christ.) 1100, 1101, 22 sup.

Wuſt, (le Baron de) 965.
Wytfliet, 3024.
Wyttenbach, (Dan.) 85 ſup.

X

Xenophon, 2169 à 2177.
Xiphilin, 2214.
Xylander, (Guil.) 1884.

Z

Zarate, (Aug.) 3234.
Zecaire, (D.) 817.
Zeillerus, (Mart.) 1896.
Zimmerman, (de) 950.
Zonare, 2214.
Zoſime, 2214.
Zur-Lauben, (le Baron de) 2552, 3065, 3066, 3349.

Pitton, (Jean Schol.) 2878.

FIN

www.ingramcontent.com/pod-product-compliance
Lightning Source LLC
Chambersburg PA
CBHW051823230426
43671CB00008B/811